经济金融系列教材

JINGJI JINRONG XILIE JIAOCAI

U0743350

金融学

FINANCE

主 编 李 莉 徐晓飞

中国金融出版社

责任编辑：丁　芊
责任校对：刘　明
责任印制：陈晓川

图书在版编目（CIP）数据

金融学/李莉，徐晓飞主编 . —北京：中国金融出版社，2020.12
经济金融系列教材
ISBN 978 - 7 - 5220 - 0961 - 2

Ⅰ. ①金…　Ⅱ. ①李…②徐…　Ⅲ. ①金融学—高等学校—教材　Ⅳ. ①F830

中国版本图书馆 CIP 数据核字（2020）第 262252 号

金融学
JINRONGXUE

出版
发行　中国金融出版社

社址　北京市丰台区益泽路 2 号
市场开发部　（010）66024766，63805472，63439533（传真）
网 上 书 店　www.cfph.cn
　　　　　　（010）66024766，63372837（传真）
读者服务部　（010）66070833，62568380
邮编　100071
经销　新华书店
印刷　北京市松源印刷有限公司
尺寸　185 毫米×260 毫米
印张　22.75
字数　426 千
版次　2021 年 4 月第 1 版
印次　2021 年 4 月第 1 次印刷
定价　60.00 元
ISBN 978 - 7 - 5220 - 0961 - 2
如出现印装错误本社负责调换　联系电话（010）63263947

经济金融系列教材编委会

总　序

经济金融全球化的深入发展，对人才的需求越来越大，对人才素质的要求越来越高。尽快培养一支高素质的人才队伍，适应新的国际发展和竞争的要求，是高校当前主要的任务。专业人才培养，本科教育是关键，为此，北京语言大学商学院组织有关专家学者编写了一套大学经济金融专业基础教材。

本套教材涵盖政治经济学、宏观经济学、微观经济学、财政学、会计学、金融学、统计学、计量经济学等经济基础理论教材和经济金融专业教材。全套教材由相关领域的专家学者编写而成，具有以下特点：一是按照教育部本科教学要求，满足经济金融专业学生本科学习需要，全面介绍基础知识，并根据经济金融最新发展，对有关知识进行了拓展和扩充，使学生在熟悉和掌握经济金融基本理论知识的同时，了解本专业最新理论和发展动态；二是教材知识难度适中，适合本科教学使用，并且具有针对性，主要解决学生打牢基础知识的问题；三是理论与实践相结合，国内发展现状与国际发展现状相结合，既介绍最新经济金融理论，又介绍实务部门最新业务发展，使学生熟悉和了解本专业最新理论和实践动态；四是基础理论知识定性与定量相结合，关注数学和计量模型在本专业的应用成果，重点介绍数理经济模型和计量理论知识，使学生掌握最新的定性分析工具和方法，能够做到分析问题时定性与定量相结合；五是语言通俗易懂，教材由浅入深地介绍基本理论知识和各种数理模型以及相关研究分析方法，学生易学易懂。

本套教材从国内国外经典教材和相关专业最新研究成果获得许多有益经验和参考。我们将在相关高校教材的基础上，进一步形成具有特色的教材体系。本套教材适合经济金融专业本科生学习使用，相信对相关岗位在职人员的学习也会有很大的帮助。

本套教材如有不足之处，恳请各位专家学者和学习使用者批评指正。

杜金富

2019 年 5 月

前　言

　　金融学教材是经济金融专业的基础理论教材。本教材在广泛吸收借鉴国内外优秀金融学教材的基础上博采众长、自成一家。本教材的突出特点是：介绍国际最新规则，如货币的计量等；解释和定义一些新的经济行为和现象，如中央银行货币发行等；反映实践特别是我国金融实践成果，如金融稳定等。本教材也是北京语言大学商学院和经济研究院领导和教师根据教育部发布的《普通高等学校本科专业类教学质量国家标准》的新要求策划编写的"8＋X"系列教材中的一部，希望能为金融理论研究和金融实践工作提供有益借鉴。

　　本教材的总体思路和基本框架由北京语言大学商学院院长杜金富和编者提出，经编写组集体讨论确定后分工编写。主编为李莉、徐晓飞。具体分工为：第一章、第二章由杜金富编写；第三章由徐晓飞编写；第四章由李莉编写；第五章、第九章由于菁编写；第六章由刘北编写；第七章由宋晓玲编写；第八章由余葵编写；第十章、第十二章、第十三章由张红地编写；第十一章由陈丹妮编写。在编写过程中，参考了大量的教材、著作、译著，在此谨向所有参考文献的作者、编者和译者表示感谢。

　　由于作者水平、精力、时间有限，书中难免存在错误或不妥之处，敬请读者指正。

编者

2020 年 8 月

目　录

第一章　绪论 ··· 1

学习目标 ··· 1

第一节　金融的概念 ·· 2

第二节　金融的功能与作用 ·································· 5

第三节　金融学研究的主要内容 ······························ 7

本章小结 ··· 8

本章重要概念 ··· 9

复习思考题 ··· 9

本章参考文献 ··· 9

第二章　货币与货币制度 ···································· 10

学习目标 ·· 10

第一节　货币的起源 ·· 10

第二节　货币的本质和职能 ·································· 12

第三节　货币形式的演变 ···································· 14

第四节　货币的计量 ·· 17

第五节　货币制度 ·· 20

本章小结 ·· 25

本章重要概念 ·· 26

复习思考题 ·· 26

本章参考文献 ·· 27

第三章　信用与利率 ·· 28

学习目标 ·· 28

第一节　信用概述…………………………………………………28

第二节　信用工具…………………………………………………39

第三节　利息与利率………………………………………………40

第四节　利息的计算………………………………………………48

本章小结……………………………………………………………55

本章重要概念………………………………………………………56

复习思考题…………………………………………………………56

本章参考文献………………………………………………………57

第四章　外汇与汇率………………………………………………58

学习目标……………………………………………………………58

第一节　外汇与外汇管理…………………………………………58

第二节　汇率与汇率制度…………………………………………69

第三节　汇率决定理论……………………………………………79

本章小结……………………………………………………………86

本章重要概念………………………………………………………87

复习思考题…………………………………………………………87

本章参考文献………………………………………………………88

第五章　金融机构体系……………………………………………89

学习目标……………………………………………………………89

第一节　金融机构概述……………………………………………89

第二节　金融机构体系……………………………………………94

第三节　中国金融机构体系………………………………………100

第四节　国际金融机构体系………………………………………110

本章小结……………………………………………………………120

本章重要概念………………………………………………………121

复习思考题…………………………………………………………121

本章参考文献………………………………………………………121

第六章　商业银行…………………………………………………123

学习目标……………………………………………………………123

第一节　商业银行概述……………………………………………123

第二节　商业银行业务 ……………………………………………… 127

第三节　商业银行的经营管理理论 ………………………………… 132

本章小结 ……………………………………………………………… 141

本章重要概念 ………………………………………………………… 142

复习思考题 …………………………………………………………… 142

本章参考文献 ………………………………………………………… 143

第七章　中央银行 ……………………………………………………… 144

学习目标 ……………………………………………………………… 144

第一节　中央银行的产生及类型 …………………………………… 144

第二节　现代中央银行的基本职能 ………………………………… 150

第三节　中央银行的业务 …………………………………………… 159

本章小结 ……………………………………………………………… 166

本章重要概念 ………………………………………………………… 166

复习思考题 …………………………………………………………… 166

本章参考文献 ………………………………………………………… 167

第八章　其他金融机构 ………………………………………………… 168

学习目标 ……………………………………………………………… 168

第一节　投资银行 …………………………………………………… 168

第二节　保险公司 …………………………………………………… 171

第三节　信托公司和租赁公司 ……………………………………… 174

第四节　其他非银行机构 …………………………………………… 176

本章小结 ……………………………………………………………… 182

本章重要概念 ………………………………………………………… 182

复习思考题 …………………………………………………………… 182

本章参考文献 ………………………………………………………… 183

第九章　金融市场 ……………………………………………………… 184

学习目标 ……………………………………………………………… 184

第一节　金融市场概述 ……………………………………………… 184

第二节　货币市场 …………………………………………………… 191

第三节　资本市场 …………………………………………………… 195

第四节　衍生金融工具市场 ……………………………………………… 200

第五节　其他金融市场 ……………………………………………… 208

本章小结 ……………………………………………… 217

本章重要概念 ……………………………………………… 221

复习思考题 ……………………………………………… 221

本章参考文献 ……………………………………………… 222

第十章　货币供求与均衡 ……………………………………………… 223

学习目标 ……………………………………………… 223

第一节　货币需求 ……………………………………………… 223

第二节　货币供给 ……………………………………………… 240

第三节　货币的均衡 ……………………………………………… 255

本章小结 ……………………………………………… 265

本章重要概念 ……………………………………………… 266

复习思考题 ……………………………………………… 267

本章参考文献 ……………………………………………… 267

第十一章　通货膨胀和通货紧缩 ……………………………………………… 268

学习目标 ……………………………………………… 268

第一节　通货膨胀的一般理论 ……………………………………………… 268

第二节　通货膨胀的成因与治理 ……………………………………………… 275

第三节　通货紧缩的一般理论 ……………………………………………… 279

第四节　通货紧缩的成因与治理 ……………………………………………… 280

本章小结 ……………………………………………… 281

本章重要概念 ……………………………………………… 281

复习思考题 ……………………………………………… 281

本章参考文献 ……………………………………………… 281

第十二章　货币政策 ……………………………………………… 282

学习目标 ……………………………………………… 282

第一节　货币政策目标 ……………………………………………… 282

第二节　货币政策工具 ……………………………………………… 297

第三节　货币政策传导机制 ……………………………………………… 302

本章小结 ·· 311

本章重要概念 ··· 311

复习思考题 ··· 311

本章参考文献 ··· 312

第十三章　金融危机与金融监管 ··· 313

学习目标 ··· 313

第一节　金融风险与金融危机 ·· 313

第二节　金融监管 ·· 329

第三节　国际银行业的监管及其趋势 ··· 340

本章小结 ··· 348

本章重要概念 ··· 348

复习思考题 ··· 349

本章参考文献 ··· 349

第一章
绪 论

学习目标

1. 了解金融的含义；
2. 理解金融的职能作用；
3. 清楚金融学的学科体系；
4. 掌握金融学研究的主要内容。

"金融"这个概念对人们来说并不陌生。《金融时报》《中国证券报》每天刊登大量的货币、信贷、外汇、有价证券等金融工具和银行、证券公司、保险公司等金融机构的有关消息；电视台经济栏目每天播放有关金融政策、金融市场和金融监管等新闻；通过互联网可以便捷地查到有关金融运行的实时信息。

政府、企业和个人与金融有着密切的关系。政府与金融的关系主要有：金融政策是政府宏观调控的重要手段之一，当经济过度增长时，政府可以通过中央银行实施从紧的货币政策；当经济增长下降过大时，政府可以通过中央银行实施从宽的货币政策；金融也是政府通过发行公债筹集资金的重要渠道。企业与金融的关系主要有：企业经营资金不足，可以通过发行股票、债券等有价证券或到银行借款等在金融市场筹集资金；企业有了闲置经营资金，可以买股票、债券等有价证券，也可以存到银行等金融机构；企业的资金往来通过银行等金融机构进行支付清算。个人与金融的关系主要有：个人的收入和支出通过通货、银行卡等支付清算工具来完成；个人的闲置资金可以在金融市场购买金融工具实现投资；资金不足时，可以通过借贷筹集资金。

总之，金融在现代经济中发挥着重要作用，是宏观调控的重要手段，是资金融通交易领域，是完成支付清算的场所。

人们虽然接触金融并知道这个概念，但要说清楚金融并非易事。让我们从最基本的概念谈起，逐步揭开经济中处处存在的金融神秘的面纱。

第一节　金融的概念

前面我们已经谈到"货币""金融工具""金融机构""金融市场""金融政策""金融监管"等与金融相关的概念。"金融"这个词中的"金"是指资金，"融"是指融通。"金融"可以理解为资金的融通。资金是商品和劳务货币计量的价值。货币是资金融通的前提。资金的融通除资金融出者和融入者外，还有资金融通的中介机构——金融机构；以及融资的机制或领域即金融市场。货币量的多少对经济影响很大，这又涉及制定何种政策对经济进行调控，又引出货币政策这个概念。金融的最大特征是具有不确定性，与金融相伴随的是风险，如何防范和化解金融风险又引出金融监管问题等。我们先从货币谈起，层层介绍与金融相关的概念，以期对金融有一个总的了解。

一、货币

货币也是一种商品。最初剩余产品的交换是物物的直接交换，如交换者甲用多少只羊与交换者乙换一头牛等。这种交换要求交换者必须彼此需求一致，即交换者甲、乙交换的物品正好是他们彼此需要的；时间一致，即交换者甲、乙必须在同一时间交换；地点一致，即交换者甲、乙必须在同一地点交换。这三个交换条件使交换成本很高，交换效率较低。在漫长的交换过程中，交换者发现，他们只有把交换的物品换成交换者都愿意接受的物品，然后才能再用这个大家都愿意接受的物品交换自己需要的物品。这样的交换突破了物物直接交换的条件限制，提高了交换的效率，降低了交换的成本。这种交换者都愿意接受的物品或普遍接受的物品就是货币。

货币是固定充当一般等价物的特殊商品，具有表现和衡量价值的记账单位的职能；充当交易媒介的职能；退出流通领域作为财富的一般替代品的价值储存职能；清偿债权债务的支付手段职能；以及在世界市场上发挥世界货币的职能。关于这部分内容我们将在第二章详细介绍。

货币的产生及其职能的发挥，使商品的买卖有可能出现脱节，出售者用商品换取货币后，可能不立即用于购买其他商品，形成了闲置的货币。这些闲置的货币可以贷给其他需要货币购买商品者。这样就形成了货币借贷，即货币的融通。货币融通也属于商品交易，但它与普通商品交易不同，除交易的产品不同外，所反映的经济关系也不一样：普通商品交易，购买者转移出货币购买商品，出售者出售商品获得货币，价值是双向转移；而货币借贷或融资是价值单方面转移，即货币出售者

（贷者）单方面转移给货币购买者（借者），货币出售者（贷者）只是让渡了货币的使用权，并没有让渡货币的所有权，到了约定期限，货币购买者（借者）要偿还这部分货币，并支付使用的价格——利率。关于这部分内容我们将在第三章做详细介绍。

货币在国内发挥一般等价物的作用，但当经济关系跨越国界时，就需要解决在国际交往中用什么货币的问题，货币信用关系就转化为国际货币关系。这部分内容我们将在第四章中做详细介绍。

货币不仅是融资的前提，在现代经济条件下，它又是在融资过程中被创造出来的。仅举存款创造为例，比如某银行（甲银行）吸收存款 10 亿元，它不能把这些存款都用于贷款，要按一定比例（比如 5%）向中央银行缴存法定存款准备 0.5 亿元，剩下的 9.5 亿元可以发放贷款。甲银行把它全部贷给了某企业（甲企业），甲企业把贷款全部用于购买了另外一家企业（乙企业）的货物，乙企业把 9.5 亿元的货款存到了开户银行（乙银行）。乙银行扣除法定存款准备后放款给某企业（丙企业），这样继续下去，存款的派生倍数是 2，即 10 亿元的存款会在借贷过程中派生出 20 亿元的存款。关于这部分内容我们将在第十章中做详细介绍。

货币还是经济中的润滑剂，在经济中起着重要杠杆作用。货币在经济金融中有如此重要的作用，以至于有人把货币和金融并列，如货币金融政策、货币金融学等。

二、金融机构

货币与银行紧密相连，早期的银行是由货币兑换业发展而来的。当时货币铸造分散，重量成色不统一，于是逐渐从商人中分离出一种专门从事货币兑换业务的商人，他们代人保管货币、集中办理支付结算和汇款。这样货币兑换商手中集聚了大量的货币资财。他们就用这些资财办理业务。早期银行就这样产生了。银行是与货币的融资业务相伴而生的。关于这部分内容我们在第五章、第六章中做详细介绍。

随着商品经济的不断发展，银行的数量不断增加，竞争日益激烈。货币发行特别是银行券保证兑现、票据交换和债权债务的清算以及对商业银行的贷款支持问题，都需要一个资金实力雄厚并具有权威的银行，它既能发行在全国统一流通的货币，又能统一从事票据交换和债权债务的清算、统一储存各银行的准备金以备其他银行遇到困难时给予贷款支持，并对银行和其他金融活动进行有效的管理和监督。这个银行就是中央银行。中央银行是普通银行的自然演进。关于这部分内容我们在第七章中做详细介绍。

随着经济的不断发展，社会分工越来越细，要求金融服务多样化，推动着金融创新，除了经营存款和贷款业务的商业银行外，专业性质不同的多种金融机构应运而生，如专门从事证券承销、证券交易、项目融资、企业兼并与收购等业务的投资银行；专门从事财产保险、责任保险、保证保险、人身保险等业务的保险公司；以信托业务为主的信托公司；还有投资基金和租赁公司等。现已形成了以中央银行为核心、由商业银行、专业银行和各种非银行金融机构组成的规模庞大的金融机构体系。金融机构体系的形成是商品经济发展和资金融通发展的需要。关于这部分内容我们在第八章中做详细介绍。

三、金融市场

前面我们介绍的货币兑换业的货币借贷，以及银行通过吸收存款发放贷款的银行借贷，其融资都通过金融中介机构转换，即无论是借者还是贷者，都与金融机构进行借贷，我们把这种融资方式称为间接融资。随着企业组织形式特别是股份公司的发展，间接融资不能完全满足其筹资的需要，出现了股票、债券等直接融资工具，形成了直接融资市场。这就是狭义的金融市场。广义的金融市场既包括直接融资市场，也包括间接融资市场。关于这部分我们在第九章中做详细介绍。

四、货币政策

货币具有一般购买力，有了货币就可以购买商品和劳务。在现代经济条件下，货币发行又是信用发行，如前所述，存款货币可以在信贷业务过程中被创造出来。这样就可以多发行或少发行货币，进而使影响经济扩张或收缩成为可能。但货币发行过多，易造成通货膨胀；货币发行过少，易造成通货紧缩。通货膨胀或通货紧缩都会造成经济震荡，严重时会发生经济危机，给经济社会造成危害。为了熨平货币增长的波动，进而熨平经济的波动，一般中央银行要制定调控货币所要达到的目标及调控货币所要采取的措施，这就是货币政策。关于这部分内容我们在第十一章、第十二章中做详细介绍。

五、金融监管

金融监管主要是针对商业金融机构和金融交易而言的。商业金融机构和金融交易是经营金融产品的金融企业和市场，与非金融企业、家庭、政府和对外实体有着密切的联系，金融业特别是银行业属于高风险行业，资本金占很小比例，大量的资产业务靠负债来支撑，而资产与负债难以做到精确匹配，金融产品和交易结构日益复杂，客户与金融机构之间存在着信息不对称，一旦存款者对银行等金融机构安全产生怀疑，就会提走资金，或抛售金融产品，多者可能形成挤兑或造成市场的剧烈波动，甚至导致整个金融体系的崩溃。监管当局通过对开办金融业务的机构和产品、管理人员的市场准入监管、市场运行监管及市场退出监管等将风险控制在一定范围内，保证金融体系安全运行，保持公众的信心，促进公平竞争，维护金融消费者利益。关于这部分内容我们在第十三章中做详细介绍。

六、金融的定义

从上面对与金融相关概念的介绍，我们可以归纳出以下两点。

一是金融的边界是随经济融资的发展而不断扩展的。从最初的货币兑换业的货币借贷到银行信用借贷，再到没有金融中介机构参与的直接融资，融资的范围不断扩大，我们对金融的界定范围也在不断延伸。从研究教材的角度看，我国出版的《资本主义国家货币流通与信用》《货币信用学》《货币银行学》《货币金融学》《金融学》等教材，就是对金融界定范围不断延伸的反映。

二是研究的角度不同，研究的重点不同，对金融的界定范围并未统一。对金融实质内容的研究，有的侧重于货币的作用，教材称为《货币经济学》；有的认为货币和银行是金融的主要内容，教材称为《货币银行学》；有的认为货币和融资是金融的主要内容，教材称为《货币金融学》；有的认为融资是金融的实质内容，教材称为《金融学》。

综合上述分析，金融可以定义为货币与信用结合形成的融资工具、融资机构、融资市场等行为的集合。换句话说，金融就是资金融通的集合。

第二节 金融的功能与作用

介绍了金融概念之后，接着我们就会想到金融在经济中到底发挥哪些功能作用。我们在介绍金融概念时实际已经涉及其功能作用。不同的研究视角对金融的职能与作用归纳表述并不完全相同。这里的金融是针对整个金融系统或体系而言的。对金融系统或体系的定义如同对金融的定义一样，不同的研究角度可能给出不同的定义。有的认为金融系统或体系包括金融机构、金融市场和金融基础设施；有的认为金融系统或体系包括金融工具、金融机构；我们认为金融系统或体系应包括金融工具、金融机构和金融市场等。金融体系的功能与作用主要是指金融体系在经济活动中的功能与作用。

一、金融与经济的关系

金融与经济的关系可表述为：实体经济决定金融，金融反作用于实体经济。

1. 实体经济决定金融

实体经济决定金融表现为实体经济是金融产生和发展的基础。如前所述，商品经济的发展产生了金融。一国和地区的金融发达程度取决于该国和地区的经济发展程度。市场经济不发达的国家和地区，既不会产生对金融服务的巨大需求，也难以形成规模性的金融服务供给。市场经济发达的国家和地区则不同：一方面发达的市场经济要伴随着经济主体资金或金融服务的大量需求；另一方面，市场经济规模扩大和体制完善，会形成巨大的金融资源供给能力。金融需求和供给的增加会促进金融的发展。

2. 金融反作用于实体经济

金融反作用于实体经济主要体现为金融对经济发展的影响。最早期的金融活动随着货币的出现，突破了物物交换的局限，促进了商品经济的发展。封建社会末期，由于商品经济的发展，借贷、汇兑业务等金融活动范围扩大，从而促进了资本主义生产方式的诞生。自由资本主义时期，银行和信用快速发展，加速了资本积累和生产集中，促使资本主义从自由竞争时代进入垄断阶段。在垄断资本主义阶段，金融垄断资本与工业垄断资本的相互渗透、密切结合，形成了金融资本；金融资本控制了资本主义的经济命脉，成为资本主义经济生活的中心。

现代经济是高度专业化和社会化的市场经济。金融发展促进了资本的集聚与集中，有助于实现现代化的大规模生产经营，实现规模效应。金融发展促进资源效率的提高，从而提高社会经济效率。"金融是经济发展到一定程度的反映。因此，从某种意义上讲，人们可以把金融体系看成是经济结构中的上层建筑。"

我们在分析金融对经济的正面影响的同时，也要看到其负面影响。金融对经济的负面影响可从不同角度去分析。其中最大的负面影响是金融属于高风险活动，金融风险控制不当，会引发金融危机，进而引发经济危机。

二、金融的功能作用

金融在国民经济活动中处于分配环节，最基本的功能是支付结算和资金汇聚与配置，并由此能够使资金供求双方发现合理的资金价格并有效管理风险，金融交易提供的有关信息为宏观决策部门判断并通过金融对经济进行调节。

（一）支付结算

支付结算是金融体系在经济活动中最基本的功能之一。在商品经济的发展过程中，由于商品交换、借贷以及货币的单方面转移（如捐赠、缴款等）等使价值的转移与结清，由单体的直接现金结算发展为通过中介机构的间接非现金结算。支付结算主要是指为单位和个人在社会经济活动中使用票据、银行卡以及汇票、托收承付、委托收款等方式进行货币给付和资金清算的行为。商品经济的发展，要求支付结算的范围不断扩大，支付结算的效率不断提高，支付结算的安全不断得到保障。作为支付结算中间人的银行，运用其技术设施和机构网络，支付结算范围不断扩大，仅从地域来说，不仅有同城的，也有异地乃至跨国的；支付结算方式不断改进，电子支付使资金实时到账清算；支付结算的安全不仅是指当事人转移资金不被盗，而且要求支付结算系统在金融波动时强健可靠。

（二）资金汇聚与配置

促进资金由盈余的一方向短缺的一方流动，促使储蓄向投资转化，实现资金汇集与配置，也是金融基本功能之一。

无论是采取直接融资方式还是间接融资方式，金融突破了资金需求与供给在期限、金额、地域的限制，促使资金在更大范围、更大规模、更长期限的融通，提高了资金的使用效率，促进社会资源优化配置。

（三）管理风险

金融在转移资金的同时也在转移风险，并提供管理风险的手段和机制，将风险暴露转移给那些愿意承担风险者。金融机构、金融合约的创设初衷大多为转移和管理风险。保险公司是进行风险转移的金融中介；征信工具、银行贷款抵押或担保协议，以及远期、期货、期权、互换等金融衍生工具等，都是金融机构为控制和转移风险而设计和开发的。

（四）提供信息

金融在运行中会产生大量的信息，这些信息是金融运行的反映。最常见的有利率、汇率、债券和股票价格等金融资产价格以及金融机构不良资产率、资本充足率、流动性比率等风险指标信息。这些信息可供各部门决策参考。

第三节 金融学研究的主要内容

在了解了金融的概念和功能作用之后，我们需要了解金融学学科体系及研究的主要内容。

如同对金融含义理解不同一样，对金融学研究的内容及其学科的分类等意见也不完全一致。一般认为，金融学是分析研究金融领域发生的经济现象和问题，发现和了解金融领域内的经济运行规律的一门经济类学科。它是由研究金融领域各个方面活动及其规律的各分支学科构成的综合体系。如按照研究融资部门的不同，分为公共金融学（或政府金融学）、企业金融学（或公司金融学）、个人金融学等；按照研究业务领域的不同，分为信贷管理学、投资学、保险学、金融信托租赁学等；按照研究融资机构的不同，分为中央银行学、商业银行管理学、投资银行学等。随着研究的细化，出现了学科交叉的趋势。如金融学与数学交叉，形成了数量金融学；金融学与统计学交叉，形成了金融统计学；金融学与工程学交叉，形成了金融工程学；金融学与法学交叉，形成了金融法学等。

一般认为金融学应包括微观金融学和宏观金融学两大主要分支，分别从个体和整体角度研究金融运行规律。微观金融学以单个金融机构、单项金融业务、单一金融领域为研究对象，如金融市场学、证券投资学、金融工程学、金融风险管理学、商业银行管理学、投资银行学、保险学、信托租赁学等。宏观金融学从整体角度讨论金融系统的运行规律，重点讨论货币供求均衡、金融与经济的关系、通货膨胀与通货紧缩、货币政策与金融调控、国际金融体系等问题。其主要分支学科有中央银行学、货币经济学、金融经济学、金融监管学、货币金融统计学、国际金融统计学等。本教材兼顾了微观金融学和宏观金融学的主要内容。

本章小结

1. "金融"这个词中的"金"是指资金，"融"是指融通。"金融"可以理解为资金的融通。资金是商品和劳务货币计量的价值。货币是资金融通的前提。

2. 货币是固定充当一般等价物的特殊商品，具有表现和衡量价值的记账单位的职能；充当交易媒介的职能；退出流通领域作为财富的一般替代品的价值储存职能；清偿债权债务的支付手段职能；以及在国际市场上发挥世界货币的职能。

3. 货币不仅是融资的前提，在现代经济条件下，它又是在融资过程中被创造出来的。

4. 早期的银行由货币兑换业发展而来。银行是与货币的融资业务相伴而生的。中央银行是普通银行的自然演进。金融机构体系的形成是商品经济发展和资金融通发展的需要。

5. 狭义的金融市场是指直接融资市场。广义的金融市场既包括直接融资市场，也包括间接融资市场。

6. 货币政策是指中央银行制定调控货币所要达到的目标及调控货币所要采取的措施。

7. 金融监管主要是针对商业金融机构和金融交易而言的。目标是保证金融体系安全运行，保持公众的信心，促进公平竞争，维护金融消费者利益。

8. 金融可以定义为货币与信用结合形成的融资工具、融资机构、融资市场等行为的集合。换句话说，金融就是资金融通的集合。

9. 金融与经济的关系可表述为：实体经济决定金融，金融反作用于实体经济。

10. 金融的功能作用主要有支付结算、资金汇聚与配置、管理风险和提供信息。

11. 金融学包括微观金融学和宏观金融学两大主要分支，分别从个体和整体角度研究金融运行规律。微观金融学以单个金融机构、单项金融业务、单一金融领域为研究对象，如金融市场学等。宏观金融学从整体角度讨论金融系统的运行规律，其主要分支学科有中央银行学、货币经济学等。本教材兼顾了微观金融学和宏观金融学的主要内容。

本章重要概念

货币　金融机构　直接融资　间接融资　金融市场　货币政策　金融监管
金融　金融学　微观金融学　宏观金融学

复习思考题

1. 简述金融的概念。

2. 简述金融与经济的关系及金融的功能作用。

3. 简述金融学学科体系及主要研究的内容。

本章参考文献

[1] 曹龙骐. 金融学［M］. 北京：高等教育出版社，2016.

[2] 杜金富. 金融市场学［M］. 北京：中国金融出版社，2018.

[3] 朱新蓉. 货币金融学［M］. 北京：中国金融出版社，2015.

第二章
货币与货币制度

学习目标

1. 了解货币的起源;
2. 理解货币的本质和职能;
3. 熟悉货币的形式演变;
4. 清楚货币计量的框架;
5. 掌握货币制度的主要内容;
6. 了解掌握国际货币体系与汇率制度的主要内容。

经济活动和日常生活离不开货币。人们可以指出哪些是现在的货币,哪些是不流通的历史货币。但对货币是怎么产生的,有哪些职能作用,货币是怎样计量的,货币形态发生哪些变化,货币是如何管理的,并不十分清楚。弄清这些货币问题是我们研究金融的基础。本章主要介绍这些与货币相关的基础知识。

第一节　货币的起源

考古发现人类使用货币距今已有 5000 多年的历史。关于货币的起源古今中外学者有不同的解释,形成了不同的货币起源学说。

一、中外货币起源说

中国古代货币起源主要有两种观点:一种是先王制币说,认为货币是圣王先贤为解决民间交换困难而创造出来的;另一种是自然产生说,认为货币是用来沟通产品交换的手段,是适应产品交换的需要而自然产生的。

西方货币起源说主要有三种观点：第一种是创造发明说，认为货币是由国家或先哲创造出来的；第二种是便利交换说，认为货币是解决直接物物交换困难而产生的；第三种是保存财富说，认为货币是为保存财富而产生的。

二、马克思货币起源说

马克思认为，货币是商品交换发展和与之伴随的价值形态发展的必然产物。在原始社会中，不存在产品交换也就不存在货币。随着社会的发展，出现了剩余产品、社会分工和私有制，劳动产品转化成了为交换而生产的商品。商品具有两种属性，一是使用价值，即满足人们某种需要的物品的效用；二是价值，即凝结在商品中的一般的无差别的人类的劳动，通过商品交换由另一种商品表现出来。商品的价值通过另一种商品或多种商品表现出来，称为价值形式。商品的价值形式经历了四个阶段：简单的（或偶然的）价值形式、扩大的价值形式、一般的价值形式和货币形式。在货币形式下，就产生了货币。这就是货币随着商品交换的发展从萌芽到产生的全部过程。

（一）简单的（或偶然的）价值形式

它是一种商品的价值偶然地、简单地由另一种商品的使用价值来表示的价值形式。

在原始社会末期，随着社会生产力的发展，产品出现剩余，生活需要扩大，出现了交换行为。但交换只是偶然发生，一种商品的价值，只是偶然地表现在另一种商品上。如 1 只绵羊与 2 把石斧交换。绵羊的价值通过石斧表现出来。绵羊处于相对价值形式地位，石斧处于等价形式地位，成了等价物。处于相对价值形式的商品价值量是通过和等价物交换所形成的量的比例表现出来的。

（二）扩大的价值形式

它是指一种商品的价值已经不是偶然地表现在某种商品上，而是经常表现在一系列商品上。

随着社会生产力的发展，出现了第一次社会大分工，即农业和畜牧业分离。产品交换逐渐成为一种经常现象。这时一种商品已经不是偶然地和另一种商品交换，而是经常地和许多商品相交换。于是，一种商品价值也就不是简单地、偶然地在另一种商品上表现出来，而是经常表现在许多种商品上。如 1 只绵羊可以与 2 把石斧相交换，可以与 1 张兽皮相交换，可以与 1 盆粮食相交换，等等。这样 1 只绵羊的价值可以由 2 把石斧、1 张兽皮、1 盆粮食表现出来。这 2 把石斧、1 张兽皮、1 盆粮食都可以成为 1 只绵羊的等价物。这种价值的表现形式称为"扩大的价值形式"。在扩大的价值形式中，每次具体交换只有两种商品交换，不同商品之间是相互排斥的。

（三）一般价值形式

它是指所有商品的价值都用一种商品表现自己的价值的价值形式。随着社会分工和商品交换关系的发展，生产者逐渐把自己的商品换成一种大家都愿意接受而又可以用来交换的商品，然后再去换取所需的商品。如 2 把石斧、1 张兽皮、1 盆粮食都与 1 只绵羊交换，它们的价值可以由绵羊来表现。这样许多商品的价值一般都由绵羊这种特殊的起着媒介作用的商品来表现了。这种特殊商品，由于用来表现其他一切商品的价值，起着一般等价形式的作用，被称为"一般等价物"。

（四）货币价值形式

它是指一切商品的价值固定地由一种特殊商品（货币）来表现，是价值形式的最高阶段。随着商品交换的进一步发展，从几种交替承担等价物作用的商品中分离出一种商品（货币）单独承担等价物作用，货币成为固定地承担一般等价物作用的特殊商品。

第二节　货币的本质和职能

一、货币的本质

马克思通过对价值形式发展历史的考察，解释了货币的起源，揭示了货币的本质，即货币是固定充当一般等价物的特殊商品，体现了一定的社会生产关系。

第一，货币是商品，具有商品的共性，有使用价值和价值。这是它能够与其他一切商品相交换充当一般等价物的基础。

第二，货币是固定充当一般等价物的特殊商品。其所以特殊，是因为它在商品交换中取得了一般等价物的独占权，只有它才能起一般等价物的作用。具有一般等价物的两个特点：体现一切商品价值，可以同一切商品相交换。

第三，货币体现一定的社会生产关系。商品生产者相互交换商品，实际上是相互交换各自的劳动，只不过因为他们之间的劳动不是直接表现出来的，所以才采取了商品的形式来进行交换。因此，货币作为商品的一般等价物，也就使商品的不同所有者通过等价交换实现了他们之间的社会联系。这种联系就是人和人之间的一定的社会生产关系。

二、货币的职能

货币的职能是货币本质的具体表现。多数经济学家们都认为货币具有交易媒介、计账单位、价值贮藏和支付手段四种职能。马克思认为货币具有价值尺度、流通手段、贮藏手段、支付手段和世界货币五种职能。

（一）价值尺度

货币在表现和衡量其他一切商品价值时执行着价值尺度职能。这是货币的基本职能。货币发挥价值尺度职能，把商品的价值表现为同名的量，使它们在质上相同，在量上可以相互比较。

货币之所以成为价值尺度，是因为货币（金）有价值，与其他商品一样都是人类劳动的结晶。正因为如此，其他一切商品作为价值实体就可以通过货币商品来比较，计算自身的价值，货币就成为其他商品共同的价值尺度。

货币通过与商品相交换，把商品的价值表现为一定的货币量，这一定的货币量就是商品的价格。价格是商品价值的货币表现。这样看来，价格与商品的价值成正比，与货币的价值成反比。

货币表现商品的价值就是给商品标价，这时不需要现实的货币，只是观念上或想象中的货币。也就是说，货币在给商品标价时，并不需要在商品旁边摆上若干数量的货币，只要在观念上进行比较就可以了。

货币表现商品的价值，商品的价值有大有小，表现的货币量就有多有少。要比较不同的货币量，就需要确定货币本身的计量单位。最初的价格同货币使用价值的自然单位是一致的。如中国曾以两（16两为1斤）、铢（24铢为1两）作为货币单位，它们既是自然单位（重量），又是价格单位。后来由于外国货币的输入、币材的改变、国家铸造重量不足的货币等原因，货币单位与自然单位分离了。

（二）流通手段

货币在商品交换过程中发挥媒介作用便执行流通手段的职能。在货币出现之前，商品交换采取 W—W 物物交换的形式，货币出现后商品交换的过程分为卖 W—G 和买 G—W 两个环节，突破了物物交换对于使用价值的时间、地点和需求对象必须吻合的局限。

作为执行流通手段的货币与执行价值尺度职能的货币不同，它必须是现实的货币。商品购买者不能凭着观念的货币就能买到商品，商品销售者也不会拿自己的商品和观念的货币交换。

执行流通手段职能的货币，必须是现实的货币，但可以用不足值的铸币或货币符号的纸币来代替。因为货币在交换中是转瞬即逝的，只是交换的媒介，不是交换的目的。所以不足值的铸币或货币符号的纸币就可以代替或满足这种需要。然而，货币符号充当交易媒介后，货币与商品价格关系就发生了变化。在商品数量已定的情况下，进入流通的货币符号的数量就决定商品的价格。货币量增加，商品价格上涨；货币量减少，商品价格下跌。

货币执行流通手段的职能，使商品交换分成两个环节，商品流通渠道和货币流通渠道相对独立，加之货币符号进入流通，会使货币与商品在数量上脱节，造成物价波动，引发货币危机成为可能。

（三）贮藏手段

当货币退出流通领域被人们当作社会财富的代表保存起来时执行贮藏手段的职能。贮藏手段职能是在价值尺度和流通手段职能的基础上产生的。价值尺度职能使货币成为一切商品价值的代表，流通手段职能使人们可以用货币购买其他一切商品。因此货币才能成为社会财富的一般代表，才具有了贮藏的价值。世界上的财富形式多种多样，货币作为一种贮藏形式，贮藏费用最低，因此货币产生以后，人们开始贮藏货币。

货币执行贮藏职能，既不是观念的货币，也不能是不足值的铸币和货币符号。当今世界流通的信用货币，它们是否具有贮藏职能以及具有多大程度的贮藏职能，或具有贮藏职能需具备哪些条件，理论界的认识并不一致。

（四）支付手段

当货币不再是用来作交换的媒介，而是作为价值的独立运动形式进行单方面转移时，就执行支付手段的职能。货币这一职能的产生和发展是与商业信用关系的产生和发展密切相关的。商业信用产生后，商品出卖不能立即得到货币，而是赊销或延期付款，这样买卖关系变成了债权债务关系。卖者成了债权人，买者成了债务人。货币在清偿债权债务或其他支付时，执行支付手段职能。

（五）世界货币

当商品流通超越国界，扩大到世界范围，货币的职能也随之发展。货币超越国内流通领域，在国际市场上充当一般等价物，就执行世界货币的职能。

世界货币职能具体表现为：一是作为国际间的支付手段，用于平衡国际收支差额；二是作为国际间的购买手段，用于购买外国商品；三是作为社会财富的代表，由一国转移到另一国，如支付战争赔款、对外援助等。

在当今世界信用货币流通的条件下，世界货币问题成为国际货币制度研究中的重要课题。

第三节　货币形式的演变

货币自产生以来，其表现形态随着商品经济的发展和生产力的提高而不断变化。

经济学家因分类标准不同而对货币形式有不同的表述。一般根据货币产生和发展过程、币材、与商品货币的关系及货币制度，将货币划分为五种形式：实物货币、金属货币、代用货币、信用货币、电子货币。

一、实物货币

实物货币是指以自然界存在的某种物品或人们生产的某种物品来充当货币，这是最早的货币形态。在中国历史上，许多实物商品充当过货币，如海贝、皮革、牲畜等。此外，日本、东印度群岛以及美洲、非洲的一些地方也有用贝作为货币的历史。

实物货币的共同特点是，相对其他商品而言较为珍贵，人们都愿意接受和使用，比其他商品更容易保存等。随着生产力的进一步发展，大部分实物货币因其数量少和内在价值低而不能适应经济发展的需要，于是人们选择金、银、铜、铁等金属作为币材，也就是马克思所言的一般等价物固定在金银等金属上。

二、金属货币

以金属如铜、银、金等作为材料的货币称为金属货币。严格地讲，金属货币也是一种实物货币或称商品货币，许多经济学家都把它也归为实物货币。因为金属货币在历史上所起的作用巨大，所以单独讨论。

相对其他实物货币而言，金属货币具有价值含量高、体积小、易携带、不易变质等特点。金属货币经历了称量制到铸币制的发展过程。

金属货币最初以金属条块形式流通，使用时每次都要称重量，鉴定成色。有的学者把这种金属货币称为称量货币，有的学者把这种金属货币的流通体系称为称量制，如中国历史上的银元宝、金元宝、银锭、金锭等。

铸币是铸成一定形状并由国家印记证明其重量和成色的金属货币。铸币的出现克服了称量货币使用的称重量鉴成色的不便，便利了商品交易。但同时出现了劣币驱逐良币的现象，即人们把重量和成色不足的劣质铸币用掉，而把重量和成色十足的良质铸币保存起来。

金属货币特别是贵金属货币在历史上流通的时间较长，作用非常重要。马克思指出"金银天然不是货币，但货币天然是金银"。由于贵金属产量跟不上流通的需要、金银的国际分布不平衡等多方面原因，贵金属货币最终还是退出了历史舞台。

三、代用货币

代用货币指政府或银行发行的、代替金属货币执行流通手段和支付手段职能的纸质货币，其本身价值就是代替货币的价值。代用货币产生于贵金属货币流通的制度下，是代替贵金属货币流通的货币符号，它自身的价值低于货币的面值。代用货币相当于一种实物收据，一般由政府或银行发行，但要求以足量的贵金属作为保障，以满足代用货币随时兑现的需要。与金属货币相比较，代用货币的主要优点有：印刷成本低；避免了金属货币在流通中的自然磨损，可以节约贵金属货币；降低了运送货币的成本和风险。但代用货币也有易损坏、易伪造的缺点。

代用货币本质上是代替金属货币流通。代用货币的发行依赖于发行方持有的金属货币的数量。随着金本位制的崩溃，代用货币逐渐被信用货币替代。

四、信用货币

信用货币是指由国家法律规定的、强制流通的不以任何贵金属货币为基础的、独立发挥货币职能的货币。目前世界各国发行的货币基本都属于信用货币。

信用货币本身的价值远远低于其货币的价值。但与代用货币不同，它与贵金属已完全脱钩，不再代表任何数量的贵金属。它是货币形式进一步发展的产物，是金属货币制度崩溃的结果。20 世纪 30 年代发生的世界性经济危机，使主要资本主义国家先后废除金本位和银本位，国家发行的纸币不再能兑换金属货币，信用货币应运而生。

信用货币以通货（纸币和辅币）和存款货币形式存在。信用货币具有以下特征：它是货币的价值符号，它是债务货币，它具有强制性，国家对信用货币进行控制和管理。

五、电子货币

电子货币（Electronic Money）是指在支付机制中，通过计算机及其网络，采用电子数据形式实现流通手段和支付手段功能的货币形式。电子货币是以存款货币为基础的，实际是存款货币的一种执行流通手段和支付手段的形式。因此，有的学者把它归为信用货币。现阶段电子货币主要有银行卡、储值卡、电子钱包等形式。

电子货币的特点是：以计算机技术为依托，进行储存、支付和流通；货币形态的无纸化，电子货币存储在信息卡里，没有其他外在的表现形式，卡里的货币数量（数字）只有通过特定的技术设备才能读取；融储蓄、信贷和非现金结算等多种功能为一体；具有使用简便、安全、迅速、可控的特征。

值得注意的是，随着网络技术的发展，出现了越来越多的"虚拟货币"，如腾讯 Q 币、新浪 U 币，以及比特币（Bitcoin）、赖特币（Litecoin）等。这些虚拟货币可以在网络中购买物品，有较为完善的流通体系，有人愿意用现实的货币购买虚拟货币，有向现实经济扩张的势头，已引起货币管理当局的关注。

对虚拟货币要具体问题具体分析，有的可视为一种商品，或投资品；有的可能是为了解决支付问题。总之，虚拟货币问题需要引起理论界和实务部门的关注和研究。

第四节　货币的计量

前面我们主要从理论方面讨论货币的性质问题，接下来要从现实方面研究货币的数量问题。这里主要介绍国际货币基金组织（IMF）关于货币计量的框架，它也是公认的货币计量的国际准则。

货币计量的框架是：定义广义货币，划分货币的层次，计量货币供应量。

一、广义货币的定义

广义货币一般从三个方面来定义：（1）属于广义货币的金融资产；（2）货币的持有部门；（3）货币的发行部门。广义货币的定义是：特定部门发行的、由特定部门持有的、具有充分的货币性的金融工具的总和。

（一）纳入广义货币的金融资产

首先，讨论货币的基本职能；其次，分析广义货币组成部分的主要特征；最后，对主要金融资产的货币性进行讨论。

1. 货币的基本职能

IMF《货币与金融统计手册与编制指南》（2016）对货币职能的表述为：交易媒介、价值贮藏、记账单位、延期支付的标准。

交易媒介指货币是在获得非金融资产（货物、商品、设备等）、服务和金融资产的时候无须以货易货而确保交易正常进行的工具。

价值贮藏是指货币作为一般购买力，除了作为交易媒介外，也成了价值贮藏的方式，即经济学家所说的"购买力的暂栖所"。

记账单位即价值标准或交易的单位，是指在交换过程中货币表示商品、劳务和金融资产的价格，也就是表示金融资产和非金融资产的价值标准，这为价值对比和编制财务报表提供了途径。

延期支付的标准是指货币在长期合同交易中作为计价支付的单位。这样货币就把信用交易中的目前价值与未来价值联系起来。

在货币的四个基本职能中，前两个职能是主要的，也是定义广义货币时重点考虑的职能，后两个职能是次要的。

2. 广义货币组成部分的主要特征

前面我们已经介绍了货币的四个基本职能，但在现实经济中发挥货币职能或不同程度上发挥货币职能的金融资产种类较多。发挥多大程度货币职能的金融资产可纳入广义货币的范围，就成了一个有争论的问题。经济学家们首先从实际经济生活中金融资产货币作用的充分性标准来描述，即讨论构成广义货币金融资产的主要特征。

某种金融资产是否纳入广义货币，其法偿货币或普遍接受性、可转让性、可分性、期限性、交易成本、盈利性就成为最基本的决定因素。法偿货币（法币）或普遍接受性，是指该金融资产是一国的法定货币；可转让性，是指该金融资产能够直接用于第三方支付；可分性，是指该金融资产可以细分为各种面值，用于支付极为细小的交易；期限性，是指该金融资产规定的到期支付转让的时间，金融资产的期限越短，货币性越强；交易成本，是指该金融资产转换为现钞不以费用或其他收费方式产生显性成本；盈利性，是指该金融资产是生息资产，或虽不生息，只能赢得很低的利息，但持有它可以弥补因持有其他资产可能产生的利息损失。

3. 主要金融资产的货币性

金融资产的货币性就是指金融资产具有多大程度上的货币性，是否应包括在广义货币范围之内。这里主要讨论现金，可转让存款，其他存款，债务性证券，贷款，股权和投资基金份额，保险、养老金和标准化担保计划，金融衍生工具，其他应收/应付账款等金融资产的货币性。（1）现金。现金是最具有流动性的金融资产，包括能直接用作交换工具的纸币和铸币。（2）可转让存款。可转让存款包括：能够在无任何惩罚或限制的情况下以面值立即交换成纸币和现金的存款，能够以支票、汇票、转账指令、直接借记/贷记或其他直接支付工具直接进行第三方支付的存款。（3）其他存款。其他存款的货币性次于现钞和可转让存款，通常也纳入广义货币范围。（4）债务性证券。债务性证券包括债券、企业票据和大额存单。视它们期限、流动性，有的被纳入广义货币范围之内，有的未划入广义货币范围之内。（5）贷款。大部分贷款不具有流动性，因此它们通常不包括在广义货币之内。（6）股权和投资基金份额。股权和投资基金份额流动性有限，这部分金融资产一般也被排除在广义货币之外。（7）保险、养老金和标准化担保计划。保险、养老金和标准化担保计划因非常不具有流动性，一般不包括在货币总量之内。（8）金融衍生工具。有的金融衍生工具也能够用来交易，但因其价格的大幅度波动，使得大多数金融衍生工具被排除在广义货币之外。（9）其他应收/应付账款。其他应收/应付账款本身缺乏归入广义货币所必需的流动性，因此被排除在广义货币之外。

（二）货币持有部门

从货币持有部门讨论广义货币构成是要解决哪些部门持有的金融资产可纳入广义货币总量。货币持有部门一般包括：（1）所有非金融性公司；（2）中央政府以外的其他政府单位；（3）住户和为住户提供服务的非营利性机构；（4）金融性公司部门中除存款性公司（即中央银行和其他存款性公司）之外的所有机构单位，这些部门持有的货币性金融资产易受货币政策的影响，并且这种影响会进一步对宏观经济产生的影响。

被排除在货币持有部门的机构单位有：（1）中央政府。中央政府持有的存款等不包括在广义货币之内，这是因为至少对有些国家来说，中央政府的存款受其发行债券、透支、税收等筹集资金以及这些资金的运用的共同影响，其对经济增长的影响是由相应的财政政策所决定。（2）存款性公司。存款性公司即中央银行和其他存款性公司持有的货币不包括在广义货币之内，是因为存款性公司是货币发行部门，它可以不受任何约束地发行并持有这些货币，但这些货币在存款性公司手里并不对经济起任何实际作用，只有这些货币在货币持有部门手里，才真正起到货币作用。（3）非居民。非居民持有的本国的金融资产通常排除在广义货币之外。这是因为非居民持有的金融资产服务于国外贸易，而不服务于国内贸易。

（三）货币发行部门

讨论货币发行部门是要解决哪些部门发行的金融资产构成广义货币，哪些部门发行的金融资产不构成广义货币。

多数国家将存款性公司划为货币发行部门。有的国家由财政部发行铸币，有的国家财政部也发行纸币。事实上，财政部发行的铸币或纸币已经构成了该国的广义货币，因此其已经成为货币发行部门。

货币发行部门一般包括：（1）存款性公司；（2）中央政府；（3）非金融性公司；（4）非居民。被排除在货币发行部门之外的可能有：（1）住户；（2）不发行票据和债券的非金融性公司；（3）地方政府；（4）该国未把外币纳入广义货币的非居民。

二、货币层次的划分

各种金融工具的流动性不同，即货币性不同，把它们计入广义货币总量，就需要划分为不同的层次。一般来说，划分的层次是从低向高采取叠加的办法。如广义货币划分为三个层次：

$$M_0 = 流通中货币（现钞 + 硬币）$$

$$M_1 = M_0 + 可转让存款（活期存款）$$

$$M_2 = M_1 + 其他存款（定期存款）$$

货币层次的划分及每个层次的内容会随着经济金融的变化而不断调整。并且各个国家划分的标准也不一样，有的国家如巴西划分为四个层次。从理论上讲，金融资产都具有不同的货币性，可以用流动性总量这一指标来兜底。我国目前货币划分为三个层次。

三、货币的计量

货币的计量就是计算货币供应量或流动性总量。货币供应量是一国一定时期货币的存量。流动性总量是一国一定时期货币性金融资产的流量或存量。我国的货币供应量就是 M_2 总额。

通过货币供应量的介绍，我们发现，货币计量不是对发挥货币职能的所有金融资产的计量，而是主要与宏观经济变化高度相关的金融资产的计量。比如中央政府的财政存款也是存款货币，但却未计入货币供应量。货币供应量这个指标是作为货币政策的中介目标监测货币对经济的影响而提出的，随着货币政策调控方式的改变，要不要坚持监测这一指标，学术界和实务部门均有不同的认识。

第五节　货币制度

我们在介绍货币形式的演变时指出，在金属货币铸币制时，出现了国家参与管理的货币制度。货币制度简称币制，是一国以法律形式确定的货币发行和流通的结构和组织形式，以维护货币的信誉，管理金融秩序，促进经济发展。

一、货币制度的构成要素

货币制度的主要内容包括币材和货币单位的规定、本位币与辅币的铸造与偿付能力的规定、银行券与纸币的发行准备与流通的规定、黄金准备制度等。

（一）币材和货币单位的规定

币材的规定就是规定哪一种金属作为货币材料。在金属货币阶段，币材的规定是整个货币制度的基础，确定不同的金属作为货币材料，就构成了不同的货币本位。例如，确定以白银作为币材，就是银本位制；确定以黄金作为币材，就是金本位制；确定以白银和黄金作为币材，就是金银复本位制。

哪种金属作为币材虽然是由国家确定的，但这种选择不是以国家意志为转移，而是受客观经济条件制约。现在各国都实行不兑现的货币制度，法令中已没有任何关于何种材料充当币材的规定。

货币单位的规定，包括规定货币单位的名称和规定货币单位所含有的货币金属量。例如，英国的货币单位定名为英镑，1870年规定每英镑的含金量为7.97克；美国的货币单位定名为美元，1971年12月规定每美元的含金量为0.818513克；我国1914年规定流通银元的名称为"圆"，每一圆含库平银6钱4分8厘（约合23.977克）。在代用货币阶段，货币单位名称与铸币相同，货币含金量为可兑换的金币量或金块量。在现代信用货币制度下，货币单位名称可能会沿用铸币名称，但币值与金属完全分离，国家对货币名义价值也无具体的规定，国家通过各种措施保证币值的稳定。

（二）本位币与辅币的铸造与偿付能力的规定

本位币又称主币，是一国法定的标准货币。其特点是具有无限法偿能力，即用它作为流通手段和支付手段时，债权人不得拒绝接受。辅币是主币单位以下的小面额货币，主要用于零星支付和主币找零。

在金属货币流通中，本位币多以贵金属为币材，是足值的货币。因为辅币流通速度快，流通磨损大，贮藏能力弱，为节约流通成本，辅币多为贱金属不足值货币。为此，国家规定辅币为有限法偿货币。

在现代信用货币条件下，绝大多数国家的主币都是纸币，并有少量基本单位的硬币，均为无限法偿货币。我国人民币是无限法偿货币，并由中国人民银行发行。

（三）银行券与纸币的发行准备与流通的规定

在金属本位币中，代用货币银行券是一种黄金凭证，是商业银行通过商业票据贴现程序投入市场的货币符号，规定了含金量、其发行必须有黄金保证和信用保证。可兑换银行券的持有人可在任何时候向发行者或指定商业银行兑换足额黄金。19世纪中叶以后，可兑换银行券演变成了不可兑换银行券，只规定了含金量，不需要严格的双重保证，也不可兑换黄金。现代信用货币体系与黄金无直接联系，因此，现代货币制度一般只规定信用货币由中央银行发行，国家承担维护币值稳定的义务。

（四）黄金准备制度

在金属货币流通的条件下，黄金准备的用途主要有三个方面：作为国际支付准备金，也就是世界货币的准备金；国内金属货币流通的准备金，以备扩大和收缩对金属货币的不同需求；支付存款和兑换银行券的准备金。现代的黄金准备制度已经没有了后两个方面的用途，只是形成国家储备中的黄金储备，作为国际支付的最后手段。

二、货币制度的演变

货币制度以币材为代表。从货币形式的演变中可以发现，货币依次经历了银本位制、金银复本位制、金本位制和信用货币制度四种货币制度。

（一）银本位制

银本位制是以白银作为本位币的一种货币制度，是最早的货币制度之一。15世纪末，白银矿山的发现和白银产量的增加为许多国家实行银本位制创造了条件。西班牙、墨西哥、秘鲁以及西欧各国相继采用了银本位制。

银本位制的基本特征有：以白银为币材，由政府铸币厂铸造，具有无限法偿能力；银币可以自由铸造和自由熔化；白银和银币可以自由输出输入；纸币和其他货币可以自由兑换银币。随着生产力的发展，银币逐渐表现出价值含量低且币材短缺，不能适应经济发展的需要。19世纪末许多国家相继采用了金银复本位制或直接进入金本位制阶段。

（二）金银复本位制

金银复本位制是指以金、银两种金属作为本位币的一种货币制度。其特征为：金、银两种本位币都具有无限法偿能力；金币、银币可以自由铸造、自由熔化；金银和金银币可以自由输出输入；纸币和其他货币可以自由兑换金银币；两种本位币可以自由兑换。

金银复本位制又分为平行本位制和双本位制两类。平行本位制是指金银两种货币按其各自所含金银的实际价值流通的本位制度。如英国1663年铸造金币"基尼"与原来的银币"先令"按照市场比价同时流通。由于两种不同的金属货币同时充当价值尺度，商品就表现为双重价格——金币表现的价格和银币表现的价格。而两种价格又会随着金银市场比价的变动而波动，因而使商品价格和交易处于紊乱状态，给商品交易带来困难。为了克服这种困难，产生了双本位制。双本位制，是指金银两种货币按法定比价1:15流通。但是这种法律规定与价值规律的自发作用相矛盾，出现了劣币驱逐良币的现象。

劣币驱逐良币是指一国同时存在两种或两种以上货币时，实际价值较高的货币（良币）会被收藏、熔化、输出，因此退出流通界，而实际价值较低的货币（劣币）则会充斥市场。劣币驱逐良币现象又称劣币驱逐良币规律或格雷欣法则。

18世纪末19世纪初，西方资本主义国家的货币制度都从金银复本位制向金本位制过渡。

（三）金本位制

金本位制是以黄金作为本位币的一种货币制度。金本位制又分为金币本位制、金块本位制和金汇兑本位制。

1. 金币本位制

金币本位制是最典型的金本位制。在这一制度下，国家法律规定黄金作为货币金属，具有无限法偿能力。金币本位制的主要特点是：金币可以自由铸造、自由熔化；纸币和其他货币可以自由兑换金币；金币可以自由输出输入国境；国家的金属准备金全部为黄金。随着经济的发展和对外贸易的扩大，黄金在各国的存量分配极其不平衡，少数国家发行纸币弥补财政赤字而使纸币和其他货币自由兑换金币得不到保障，黄金在国际间的流动也受到限制。

2. 金块本位制

金块本位制是第一次世界大战以后的产物，主要是战后黄金供应不足，但又要维持金本位制而出现的有限使用黄金的方式。其特点是：政府停止金币的铸造；不允许金币流通，代替金币流通的是纸币；纸币的发行必须以金块为准备；货币的价值与黄金保持等价关系，即一单位纸币的价值相当于黄金所具有的价值；人们持有其他货币不能兑换金币，但可以兑换金块；黄金仍然可以自由输出输入。

3. 金汇兑本位制

金汇兑本位制的内容与金块本位制大体相同，只是人们持有其他货币在国内不能兑换黄金而只能兑换与黄金有联系的外币。

金汇兑本位制和金块本位制都是一种残缺不全的金本位制，实行时间不长，在20世纪30年代经济大危机后，各国与金本位制告别，而实行不兑换的纸币制度。

（四）信用货币制度

信用货币制度也称纸币本位制，是指以不兑换的纸币为本位币，不规定含金量，也不可兑换黄金的货币制度。它的特点是：信用货币一般是由中央银行发行的，并由国家法律赋予无限法偿的能力；纸币的发行不受黄金准备的限制，其发行量取决于货币当局实现货币政策的需要；发行的货币通过信用程序投放到流通领域，货币流通是通过信用活动进行调节的。我国的人民币也是一种信用货币。

三、我国的人民币制度

1948年12月1日中国人民银行正式成立，同时发行人民币。人民币的发行形成了我国的人民币制度。

我国人民币制度的主要内容有：人民币是我国法定货币，具有无限法偿能力；人民币是唯一的合法的通货，国家现阶段规定了人民币出入国境的限额，金银和外汇不得在国内市场计价、结算和流通，人民币实行以市场供求为基础、参考一篮子货币进行调节、有管理的浮动汇率制度；人民币的发行权集中于中央，国家授权中国人民银行掌管货币发行工作；人民币成为可兑换货币。

四、国际货币制度

（一）国际货币制度的含义

国际货币制度也称国际货币体系，是各国政府对货币在国际范围内发挥世界货币职能所确定的规则、措施和组织形式。国际货币制度通常由参与的各国政府磋商而定。

国际货币制度一般包括三个方面的内容：（1）国际储备资产的确定，即使用何种货币作为国家间的支付货币，哪些资产可作为国际储备资产；（2）汇率制度的安排，即一国货币与其他货币之间的汇率应如何确定和维护；（3）国际收支的调节方式，即当出现国际收支不平衡时，各国政府应采取什么方法措施弥补这一缺口，各国之间的政策措施又如何互相协调。

（二）国际货币制度的演变

迄今为止，国际货币制度经历了从国际金本位制到布雷顿森林体系，再到牙买加体系的演变过程。

1. 国际金本位制

国际金本位制是历史上第一个国际货币制度，其持续时间为1880—1914年。其特点为：（1）黄金可以自由输出和输入国境，保证各国货币之间汇率的稳定和国际收支的平衡；（2）银行券可以自由兑换成黄金，保证币值的稳定；（3）金币可以自由铸造，保证金币的面值与其含金量相一致，金币数量能自发地满足流通中的需要。

国际金本位制具有保持汇率稳定和自动调节国际收支的作用。各国货币的含金量之比被称为铸币平价，而铸币平价是决定两国货币汇率的基础。受供求关系的影响，外汇市场的汇率围绕铸币平价波动，但这有一个限度，这就是黄金输出点和黄金输入点。汇率波动受制于黄金输入点和黄金输出点。因此，国际金本位制具有保持汇率基本稳定的作用。同时，国际金本位制自动调节国际收支，因为当一国国际收支出现不平衡时，引起黄金流动，黄金的流动会引发有关国家货币数量的变化，进而引起物价的变化，这将通过国际贸易的增减来自动纠正这些国家的国际收支不平衡。

国际金本位制在第一次世界大战爆发后，由于世界黄金产量满足不了经济增长的需要，且世界黄金分布极不平衡等原因彻底崩溃。

2. 布雷顿森林体系

为消除国际金本位制崩溃后国际货币的混乱局面，1944年7月，44个国家在美国布雷顿森林召开会议，通过了《布雷顿森林协议》，形成了以美元为中心的国际货币体系，即布雷顿森林体系。

布雷顿森林体系的内容可概括为三个方面：（1）建立全球性的国际金融机构。根据《布雷顿森林协议》，建立国际货币基金组织（IMF），其主要职能是监督会员国官方汇率，为国际收支发生逆差的国家融通资金，促进各国之间的货币合作。（2）以黄金为基础，以美元为主要的国际储备货币。美元与黄金直接挂钩，确定1盎司黄金35美元的官方价格，形成美元与黄金挂钩，其他货币与美元挂钩的制度。（3）取消经常项目下的外汇管制，但保留对资本项目下的限制。布雷顿森林体系面临"特里芬难题"的考验难以长久。美元作为国际储备货币，要求美国必须提供足够数量的美元，用于满足国际间清偿的需要；同时，美国还需保证美元按官方价格兑换黄金，以维持各国对于美元的信任。这两方面是矛盾的：美元供应太多，则会影响其兑换黄金的能力，从而影响各国对美元的信心；但美元供应太少，又难以满足国际市场对美元的需求，导致国际清偿力不足。这个矛盾就是著名的"特里芬难题"。1973年后布雷顿森林体系彻底崩溃。

3. 牙买加体系

布雷顿森林体系崩溃之后，各国都在寻求货币制度改革的新方案。1976年1月，国际货币基金组织国际货币制度临时委员会在牙买加举行会议，达成了著名的《牙买加协议》，形成了国际货币关系的新格局，也就是牙买加体系。

牙买加体系的主要内容包括三个方面：（1）认可了浮动汇率的合法化，同意固定汇率和浮动汇率暂时并存，但成员必须接受国际货币基金组织的监督，以防止出现各国货币竞相贬值的现象。（2）确定以特别提款权（SDR）为主要的储备资产。（3）设立"信托基金"，扩大对发展中国家的资金融通。

牙买加体系基本上摆脱了布雷顿森林体系时期各国货币与美元挂钩后的弊端，在一定程度上解决了"特里芬难题"，对世界经济的发展起到了促进作用。但牙买加体系缺乏国际金本位制下的自发调节机制，国际货币基金组织对世界经济的协调作用不显著，外汇市场动荡混乱，汇率剧烈波动，经济危机频发，进一步改革国际货币制度已成为当前世界各国广泛关注的问题。

（三）国际货币制度改革的前景

现行国际货币体系仍然是以美元为中心的单极国际货币体系。美元作为主权国家的货币成为事实上主导的国际储备货币，国际货币体系的利益往往被美国的利益所绑架，而美元的动荡也容易造成国际货币体系的动荡。国际货币体系向多极化发展，多国储备货币并存的多元国际货币体系可能是未来改革的趋势。

本章小结

1. 关于货币的起源古今中外学者有不同的解释，形成了不同的货币起源学说。

中国有先王制币说、自然产生说；西方有创造发明说、便利交换说、保存财富说。

2. 马克思认为，货币是商品交换发展和与之伴随的价值形态发展的必然产物。

3. 货币是固定充当一般等价物的特殊商品，体现了一定的社会生产关系；货币具有价值尺度、流通手段、贮藏手段、支付手段和世界货币五种职能。

4. 货币表现形态分为五种形式：实物货币、金属货币、代用货币、信用货币、电子货币。

5. IMF 货币计量的框架是：定义广义货币，划分货币的层次，计量货币供应量。

6. 货币计量不是对发挥货币职能的所有金融资产的计量，而是主要对与宏观经济变化高度相关的金融资产的计量。货币供应量这个指标是作为货币政策的中介目标监测货币对经济的影响而提出的，随着货币政策调控方式的改变，要不要坚持监测这一指标，学术界和实务部门均有不同的认识。

7. 货币制度简称币制，是一国以法律形式确定的货币发行和流通的结构和组织形式，以维护货币的信誉，管理金融秩序，促进经济发展。

8. 货币制度的主要内容有：币材和货币单位的规定、本位币与辅币的铸造与偿付能力的规定、银行券与纸币的发行准备与流通的规定、黄金准备制度等。

9. 货币依次经历了银本位制、金银复本位制、金本位制和信用货币制度四种货币制度。

10. 国际货币制度也称国际货币体系，是各国政府对货币在国际范围内发挥世界货币职能所确定的规则、措施和组织形式。

11. 国际货币制度一般包括三个方面的内容：国际储备资产的确定、汇率制度的安排、国际收支的调节方式。

12. 国际货币制度经历了从国际金本位制到布雷顿森林体系，再到牙买加体系的演变过程。国际货币体系向多极化发展，多国储备货币并存的多元国际货币体系可能是未来改革的趋势。

本章重要概念

价值形式　价值尺度　流通手段　贮藏手段　支付手段　世界货币　实物货币
金属货币　代用货币　信用货币　电子货币　货币供应量　货币制度　无限法偿
劣币驱逐良币　国际货币制度　特里芬难题

复习思考题

1. 货币是如何产生的？

2. 货币形态是如何演变的？

3. 如何认识货币的本质？货币具有哪些职能？

4. 怎样看待货币的计量？

5. 简述货币制度的主要内容。

6. 简述货币制度的演变。

7. 简述国际货币制度的主要内容、货币制度的演变。

本章参考文献

［1］朱新蓉．货币金融学［M］．北京：中国金融出版社，2018.

［2］杜金富．货币与金融统计学［M］．北京：中国金融出版社，2018.

［3］曹龙骐．金融学［M］．北京：高等教育出版社，2015.

［4］王晓光．金融学［M］．北京：清华大学出版社，2016.

第三章
信用与利率

学习目标

1. 了解信用的含义及其产生与发展；
2. 熟悉信用的构成要素及其形式；
3. 清楚信用工具的含义及其类型；
4. 掌握利息的理论及利率的计算。

信用是金融机构和金融市场产生和发展的基础，现代经济可称为"信用经济"，信用渗透于经济的方方面面。弄清信用的原理，对于金融发展和防范化解金融风险极为重要。

第一节　信用概述

一、信用的含义

信用（Credit）一词源于拉丁语"Credo"，其意为"信任、声誉"等；汉语中的"信用"原意为能履行承诺而取信于人。

在经济学中，信用是一种体现特定经济关系的借贷行为。这种行为可以有两种表现方式：或者是以收回为前提条件的付出即贷出，或者是以保证归还为义务的获得即借入。一般来说，贷者有权取得利息，借者必须支付利息。所以，信用是一个经济范畴，是以偿还和付息为条件的价值单方面的运动，是价值运动的一种特殊形式，体现一种债权债务关系。

（1）信用不是一般的借贷，而是有条件的借贷。人们互相不计息或者没有其他任何条件要求的借贷行为和借贷关系不是信用和信用的关系。只有有条件的借贷行为即必须偿还和支付利息才是信用。现实经济活动中也有不支付利息的例外，那便是贷方由于某种目的而给予借方的一种优惠，但这种优惠终究还是要通过其他方式获得回报的。例如，不少西方国家的银行对企业的活期存款往往不付利息，但存款者可以享受银行的有关服务和取得贷款的某些权利，所以实际上还是有利息的。

（2）信用是价值运动的特殊形式。价值运动是通过一系列的借贷、偿还、支付过程实现的。信用这种价值运动形式与一般商品交换是有明显区别的。一般商品交换是等价交换，商品的所有权通过交换而发生转移，买卖双方都保留价值。信用（借贷行为）则不然：贷出时，价值作为单方面转移，即贷出的商品或货币的所有权并没有转移，只是让渡了使用权；归还时，价值也是作为单方面转移，只是借者除归还本金外，还要支付利息，贷方得到了价值增值。

（3）信用是一种债权债务关系。在借贷活动中，当事人一方为债权人，他将商品或货币贷出，称为授信；另一方为债务人，他借入债权人的商品或货币，称为受信。债务人遵守承诺按期偿还商品或货币并支付利息称为守信。借贷行为发生后，债务人（借方）有付款的法定义务，债权人（贷方）有要求付款的权利。所以借贷关系反映债权债务关系，信用关系是债权债务关系的统一。

二、信用的产生和发展

（一）信用的产生

人类最早的信用活动开始于原始社会末期。原始社会随着社会生产力的发展出现了两次社会大分工：一是畜牧业与原始农业的分工，二是手工业与农业的分工。这两次社会大分工，加速了商品的生产和交换，加快了原始社会公有制的瓦解和私有制的产生。由于社会分工和私有制的出现，商品生产周期便出现了不一的现象，从而形成了财富占有的不均和分化，贫富差距就自然地出现了。这样，因贫穷而缺少生产资料和生活资料的家庭，为维持生活和继续从事生产，不得不告贷于富贵家庭，通过借贷调剂余缺，信用随之产生了。

随着商品生产和交换的发展，在商品买卖中，由于生产周期的长短不一、商品购销地点的远近不同等因素，造成有的商品生产者出售商品时，商品的购买者却因为自己的商品尚未卖出而无钱购买。为了使社会再生产能够继续进行下去，出现了商品买卖中的延期支付。卖者因为赊销产品，称为信用交易中的债权人，而买者则称为信用交易中的债务人，到约定期限，买者再以货币清偿债务，货币在这里不是作为流通手段，而是作为支付手段发挥作用，以实现价值的转移和返还。

随着商品货币经济的深入发展，货币的支付手段超出了商品流通的范围；而与货币支付手段相联系的信用关系，也就不仅仅表现为商品的赊销赊购，而是日益表现为货币的借贷。货币成为契约上的一般商品：一方面一些人手中积累了货币，或者一些生产流转企业在生产流转过程中出现了闲置的货币，需要寻找运用的场所；另一方面，一些人或企业则需要货币用于生活或者从事生产经营，从而要求通过信用形式进行货币的调剂。

（二）信用的发展

伴随着人类社会的发展，信用也经历了漫长的发展过程，从封闭低效社会环境的高利贷发展到广泛竞争的借贷资本。

1. 高利贷信用

高利贷信用是高利贷资本的运动形式。高利贷信用最初出现于原始公社末期，第一次社会大分工使生产力水平有了迅速的提高和商品经济的加速发展，并使原始公社内部出现了贫富分化和私有制。穷人缺乏必要的生产资料和生活资料，为了生存，不得不向富人借贷，并被迫接受支付高额利息的要求，于是高利贷便产生了。高利贷最初是以实物形式出现的。随着商品货币关系的发展，货币借贷才逐渐取代了实物借贷，成为高利贷的主要形式，并出现了专门从事放贷的高利贷者。

高利贷信用在奴隶社会和封建社会得到了广泛发展，最根本的原因是，高利贷作为生息资本的特殊形式，是同小生产者即自耕农和小手工业占优势的社会特点相适应的。小生产者的经济基础又相当薄弱，且极不稳定，遇到意外事故（洪涝、灾害、干旱、丧葬嫁娶等）就无法维持生计。为了获得购买手段以换取必要的生活资料和生产资料，他们只得向高利贷者求助，小生产者的广泛存在是高利贷信用存在和发展的根本经济基础。除此之外，奴隶主和地主为了满足其穷奢极欲的生活需要而向高利贷者告贷，如购买昂贵的装饰品、建造豪华的宫殿等。当然，有时他们也会出于政治需要而向高利贷者告贷。

高利贷信用除具有一般信用的特点外，还具有利息率特别高和非生产性两个突出特点。高利贷的年息一般在30%以上，200%～300%也是很常见的。如上所述，小生产者借债主要用于生活急需，而奴隶主和地主主要是为了满足消费需求，因而都不具有生产性。正是这两个突出特点决定了高利贷的主要作用必然是消极的。高利贷不利于生产发展，甚至对生产起破坏作用，它使有限的社会资源不能用于支持生产发展。而且高额利息又使小生产者日益贫困，小生产日益萎缩。

高利贷信用既是新的生产方式产生的催化因素之一，又是新的生产方式的破坏因素之一，高利贷信用促使自然经济解体和商品经济发展，高利贷信用的高利盘剥也成为破坏和阻碍生产力发展的绊脚石，必然会被现代化大生产所淘汰。高利贷作为一种残酷剥夺借贷者私人财产的手段，在中国的旧社会尤为盛行，最为常见的是

"驴打滚"利滚利，即以一月为限，过期不还者，利转为本，本利翻转，越滚越大，这是最厉害的复利计算形式。

在我国对于高利贷，民法学界目前有三种不同的观点：

第一种观点认为：借贷的利率只要超过或者变相超过国家规定的利率，即构成高利贷。有的学者认为，借贷利率可适当高于国家银行贷款利率，但不能超过法律规定的最高限度，否则即构成高利贷。

第二种观点认为：高利贷应有一个法定界限，但这个界限不能简单地以银行的贷款利率为参数，而应根据各地的实际情况，专门制定民间借贷指导利率，超过指导利率上限的，即构成高利贷。持这种观点的人还认为，凡约定利率超过法定指导利率的，其超过部分无效，债权人对此部分无请求给付的权利。

第三种观点认为：高利贷就是一种超过正常利率的借贷。至于利息超过多少才构成高利贷，由于在立法和司法中都没有统一的规定和解释，在实践中只能按照《民法通则》和有关法律规定的精神，本着保护合法借贷关系，有利于生产和稳定经济秩序的原则，对具体的借贷关系进行具体分析，然后再认定其是否构成高利贷。这种观点还认为，在确定高利贷时应注意区别生活性借贷与生产经营性借贷，后者的利率一般可以高于前者，因为生活性借贷只是用于消费，不会增值；而生产经营性借贷的目的，在于获取超过本金的利润，因此它的利率应高于生活性借贷的利率。

2. 借贷资本信用

借贷资本信用有的称为现代信用借贷资本，是指在现代商品经济条件下，货币所有者为了获得利息而贷给使用者使用的货币资本，是生息资本的现代形式。

借贷资本信用是在资本主义再生产过程中产生的。在资本主义再生产过程中，必然会产生货币资本的时多时少、有余有缺的现象，一方面，在资本循环和周转中，由于种种原因产生一定货币的闲置，如固定资产的折旧、支付员工工资和购买原材料的流动资金等，这便形成了货币的供给；另一方面，在资本循环过程中，必然会出现部分厂商货币资本的短缺，需要临时性补充，这样就形成了货币的需求，拥有闲置货币资本的厂商，把货币借贷给具有货币需求的厂商，并在一定时期后连本带利一起收回，这样借贷资本信用就形成了。

借贷资本和高利贷资本虽然都是生息资本。两者却有着很大的区别。首先，两者的用途不同。借贷资本主要用于生产，创造剩余价值；而高利贷主要是用于消费。其次，两者的利率不同。借贷资本的利率受到厂商的利润率的限制，必须低于利润率，因此其利率比较低；高利贷的利息可能包括劳动者创造的一部分必要劳动，利率很高。

三、信用的构成要素

与任何经济活动都是由人、物及人与物之间关系这三大要素构成一样，信用活动的构成要素有信用主体、信用标的物、信用条件和信用工具。

（一）信用主体

信用作为特定的经济交易行为，要有行为的主体，即行为双方当事人，其中贷出物品或货币资金的一方为授信人，而接受的一方则为受信人。授信人通过授信取得一定的权利，即在一定时间内向受信人收回一定量货币和其他资产与服务的权利，而受信人则有偿还的义务。在现代市场经济中，信用主体常常既是某一信用活动的授信人同时又是另一信用活动的受信人。

（二）信用标的物

信用作为一种经济交易行为，必定有被交易的对象，即信用的标的物，也称信用客体。这种被交易的对象就是授信方的资产，它可以以货币的形式存在，即货币借贷，也可以以商品或服务的形式存在，即实物借贷。没有这种信用标的物，就不会产生经济交易，因而不会有信用行为的发生。

（三）信用条件

信用条件是授信人要求受信人支付的条件，包括信用内容和信用期限。

在信用内容方面，授信人以自身的资产为依据授予对方信用，受信人则以自身的承诺为保证取得信用，因此，在信用交易行为发生的过程中，授信人取得一种权利（债权），受信人承担一种义务（债务），没有权利与义务的关系也就无所谓信用，所以具有权利和义务关系是信用的内容，是信用的基本要素之一。

在信用期限方面，信用交易从授信开始，授信方向受信方提供资金、物质或者服务，到受信方向授信方偿还，需要一定的期限。一手交钱一手交货的商品交易不是信用交易。信用交易存在两个重要的环节，即承诺与兑现，承诺在先，履约兑现在后。只有经过一定的期限，才能知道是否兑现以及兑现的程度。正是因为信用具有期限性，才使得信用活动天然具有风险性。

（四）信用工具

授信信用双方的权利和义务关系，需要表现在一定的载体上，这种载体被称为信用工具，如商业票据、银行票据、股票、债券、协议或合同等。信用工具是表明权利和义务关系的信用契约或书面凭证，是不同类型信用的重要表现形式，是信用关系的载体。

四、信用形式

信用形式是对信用活动的一种分类。现多数以信用主体不同分为商业信用、银行信用、国家信用、消费信用和国际信用。

（一）商业信用

在现代经济中，与企业经营活动直接联系的信用形式有两种：商业信用（Commercial Credit）和银行信用（Bank Credit）。

典型的商业信用是工商企业以赊销方式对购买商品的工商企业所提供的信用。比如一个工厂，它所生产的产品需要通过商业网进行销售，当销售其产品的商店缺乏购买这部分产品所需的货币资本时，就可以采取赊销方式，即约定经过一定期限，如三个月、半年等，由该商店归还赊销的货款。这种方式对双方都有好处。缺乏购货资本的商店利用这种信用方式可以购入货物、进行推销并取得商业利润。假如在约定还款期限之前可将商品销售出去，这个商店甚至不必准备自有资本。对于工厂来说，虽然当时没有收入货款，但商品毕竟销售出去了，只是推迟到约定的期限才能收款。产品能否销售具有关键的意义：不能销售，工厂必须考虑是否继续再生产；销售出去虽不能立即收到货款，但这展现了该产品有销售的前景，就可以设法筹集资本继续生产。而产品有销售前景的工厂也易于取得贷款者的信任，因为它们有归还贷款的潜力。

商业信用像是以商品提供信用。其实不然，在典型的商业信用中实际包括两个同时发生的经济行为：买卖行为和借贷行为。就上例而言，工厂向商店提供商业信用，一方面是工厂向商店卖出了自己的产品，另一方面则是商店欠了工厂以一定货币金额表示的货款，从而发生了债权债务关系。就买卖行为而言，在发生商业信用之际就已完成，即该产品从工厂所有变为商店所有，与通常的现款买卖一样；而在此之后，它们之间只存在一定货币金额的债权债务关系。这种关系不会因已经属于商店的这批货物命运如何（比如能否销售出去）而发生变化。

商业信用不仅在各国国内交易中广泛存在，并且也广泛存在于国际交易之中，对于推动商品交易和经济增长有着重要意义。

在发达的市场经济中，工商企业之间存在着种种稳定的经济联系：原材料工业必然与加工工业发生联系，工业必须与商业发生联系，批发商必然与零售商发生联系，国内工商业必然与国外进出口贸易商发生联系等。具体的工商企业之间的联系，在竞争中由于要寻求有利的条件而可能不断变化；同时也可能力争稳定彼此之间的联系以加强竞争力量。不论是力求稳定还是多变，联系的本身都是客观的必然。对于经济发展来说，这种联系的顺畅进行是必要条件。但在联系的过程中，购买一方可能缺乏必要的货币资本，如果没有商业信用，这种联系就会发生阻滞；如果卖方有能力提供商业信用，生产和流通过程就会比较顺畅，联系是在经济运行过程中以万计、以亿计的点上发生的；是否需要商业信用，在亿万个点的交往中买卖双方即可独立决策。正是通过这种可以分散决策的商业信用活动，润滑着整个生产流通过程，促进经济的发展。这也就是为什么直到今天，商业信用一直广泛地存在于商品推销和国际贸易领域之中的原因。

商业信用的局限性有两个方面：一方面，这种信用形式存在于工商企业之间。所以它的规模大小是以产业资本的规模为度，其最大的作用是产业资本的充分利用。另一方面，其具有严格的方向性。比如说，纺织印染厂可向服装厂提供商业信用，而服装厂则不能向纺织印染厂提供商业信用，因为纺织印染厂的生产不是以服装为材料，一般来说，是上游产品企业向下游产品企业提供信用，是工业向商业提供信用，因而有些企业很难从这种形式取得必要的信用支持。商业信用的局限性决定了票据流通的局限性，它只能在彼此有经常往来而且相互了解的工商企业之间流通。此外，每张票据的金额都是不同的，支付期限也不同，用于支付不是太方便。

在中国，工商业之间的商业信用，习惯上不是使用固定形式的票据，而是采取"挂账"的办法，即在账簿上记载债权债务关系。这是由封建主义的长期束缚下商品货币关系发展迟缓决定的。1929 年，国民党政府颁布了《票据法》，明确规定商业票据是法定的票据之一，对商业信用较大规模的发展有所推动。

新中国成立之后，由于实施高度集权的中央计划管理体制，取消了商业信用，到 20 世纪 70 年代末实施改革开放的方针政策之后才得以恢复。但是，直到 20 世纪 90 年代初，中国的商业信用依然很不规范，没有得到显著发展。1995 年 5 月 10 日，《中华人民共和国票据法》颁布（2004 年 8 月 28 日修订）。《票据法》明确规定了在商业票据开出与使用过程中各当事人的权利与义务，规定了商业票据中必须记录的条款。《票据法》的实施对中国商业信用的规范化发展起到了推动作用。

商业信用这个概念，其典型含义是买卖交易中延期支付货款，但在中国的经济术语中，它往往泛指一切在企业之间所发生的信用关系，这里还有一个"强制商业信用"的说法，是指本应支付的货款而拖欠不付这类现象，"强制信用"与一般商业信用的区别在于：前者是在商品买方强制拖欠货款的情形下发生的；后者是在商品卖方主动提供，或经买卖双方磋商之下形成的。强制商业信用违背了商品经济下交换与借贷的基本原则，实际是一种拖欠方对被拖欠方的财产侵犯行为。

（二）银行信用

银行信用的特点是：（1）以金融机构作为媒介，这里所说的金融机构主要是指银行，同时也包括经营类似银行业务的其他非银行的金融机构；（2）借款的对象是处于货币形态的资本。

由于借贷的是作为一般购买手段和支付手段的货币而且有金融机构作为中介，前述商业信用的局限性在银行信用这里得以克服。例如，商业信用只能是上游企业贷给下游企业，而在银行信用中，下游企业多余的货币资金也可以贷给上游企业。又如，商业信用的成立需要借者和贷者在借贷规模上取得一致，在银行信用的形式下，聚小额的可贷货币可以满足对大额货币资本的借入需求，大额的可贷货币资本也很容易分散满足较小数额的货币借入需求。再如，商业信用的成立需要借者和贷者在借贷的期限上取得一致，在银行信用形式下，把短期可贷货币连接起来可满足较长期的资本需求者，较长期的可贷货币也可方便地先后贷给较短期的货币需求者等。

在市场经济中，商业信用的发展日益依赖于银行信用，假如没有银行信用存在，一个企业是否提供商业信用，必然要考虑在没有货款收入的情况下自己的企业能否继续周转；有了银行信用，则会考虑可否依据延期付款的承诺从银行获得贷款，如果可能，商业信用即可提供。事实上，商业票据贴现和抵押贷款就是银行发展过程中首先扩展的主要业务。

（三）国家信用

国家信用通常是指政府（或者更广泛地说是统治当局）的信用，是一种古老的信用形式，它或许伴随着国家机器的形成而产生。在传说中，东周的周赧王还不起债，逃到一个高台上去躲避。因此后人把这个台叫"债台"，债台高筑的成语就是从这里来的，在中国史书上，明确记载有不少朝廷借债的事。比如东汉安帝永初四年对羌人作战，军费不断增大，曾有"官负人责（债）数十亿万"的记载；顺帝永和六年，"诏贷王侯国租一岁"和"诏假民有赀者户钱一千"，即向王侯预征一年租税和向有钱的百姓每户借钱一千。资本主义关系发展起来后，国家信用的最早典型事例是，伦敦城的一群商人，为了向当时的英国国王威廉三世贷款而成立了英格兰银行，由于向政府提供贷款支持，1694 年成立的这家私人银行日后变成了英国的中央银行。1844 年，在它日益被明确为中央银行地位之际，根据 1400 万英镑的国家债务发行无黄金保证的银行券，成为这家银行的特权。

通常提到的国家信用，似乎就是国家向臣民借债。其实，国家也往往是放债人，《周礼·泉府》记载：民可以从"泉府"赊贷，有短期无息贷放，有收取利息的贷放，而泉府的收入用于"国事"。汉代，有官府贷放种子、口粮的做法，有时是救济，有时是鼓励务农。上面提到的东汉顺帝就曾对"贫人"放贷，并还有对受灾者"勿收责（债）"的命令。隋唐之际，官府有专门用来放债和经营商业活动的本钱，叫"公廨本钱"，其收益是官俸的来源。这是把放债作为财政收入手段的例子。北宋王安石变法，其中重要的两项措施，一是政府向农民贷钱，贷食物；二是向商贩贷款。其目的是发展经济，增加财政收入。从革命根据地开始直至中华人民共和国成立，革命政权一直对农民发放农贷，正是这种历史传统的延续。

在现代社会中，国家从国内筹款是内债，从国外筹款是外债。不论内债或外债，在经济生活中都是不可忽视的重要因素，表 3 - 1 说明了一些国家政府债务占 GDP 比例的情况。

表 3 - 1   政府债务占 GDP 的比例   单位:%

国家	1980 年	1985 年	1990 年	1995 年	2000 年	2005 年	2010 年	2015 年
加拿大	45.63	66.87	75.19	101.60	82.13	71.61	83.95	91.50
中国	—	3.31	6.95	6.14	16.44	17.64	33.83	43.90
法国	20.73	30.59	35.21	55.41	57.40	66.67	82.32	96.10
德国	31.25	40.69	42.25	55.60	60.18	68.62	83.24	71.20
意大利	56.08	80.53	94.65	121.55	108.51	105.43	118.43	132.70
日本	47.08	67.66	68.04	92.43	142.06	191.64	220.00	229.20
英国	46.16	49.51	38.41	51.23	41.03	42.51	75.50	89.20
美国	41.87	55.45	63.41	70.67	54.52	61.79	95.19	104.20

资料来源：国际货币基金组织网站。

国家信用的主要工具是国库发行的债券，简称国库券，（短期国库券，Treasury Bill；中期国库券，Treasury Note；长期国库券，Treasury Bond）。国家的债务简称国债（National Debt）或公债（Public Debt）。究竟应该如何看待规模越来越大的国家信用，存有不同的看法。传统观念对国家举债持否定态度，自有其根据和道理。在现代经济生活背景下，如何认识国家举债，则是一个需要做专门讨论的问题。

（四）消费信用

消费信用（Consumer Credit）是指对消费者个人提供的、用于满足其消费方面所需货币的信用。

现代消费信用的方式多种多样：商人直接以赊销的方式，特别是分期付款的赊销方式，为顾客提供信用；银行和其他金融机构直接贷款给个人，用于个人购买耐用消费品、住房以及支付旅游等费用；银行和其他金融机构对个人提供信用卡，客户只需持信用卡，便可以在接受该种信用卡的商店购买商品，定期与银行结账等。

消费信用在一定条件下可以促进消费商品的生产与销售，从而促进经济的增长。此外，消费信用对于促进新技术的应用、新产品的推销以及产品的更新换代，也具有不可低估的作用。当然，消费信用在一定情况下也会对经济发展产生消极作用。如果消费需求过高，生产扩张能力有限，消费信用就会加剧市场供求紧张状态，促使物价上涨，促成虚假的繁荣等。

（五）国际信用

国际信用体现着国与国之间的资本流动。国与国之间资本流动的早期形式是资本输出（Export of Capital）。资本输出是指存在资本相对过剩的发达资本主义国家对落后的殖民地国家所进行的单边跨国投资。第一次世界大战之前的一百几十年间，资本输出是国际政治经济关系中的重大问题，与瓜分商品销售市场相同，瓜分资本输出领域是列强之间划分势力范围的焦点。

马克思和列宁对资本输出曾有过深刻分析。马克思认为，随着资本有机构成的提高，平均利润率呈下降趋势。相对于国内日益下降的平均利润率而言，必然存在大量过剩资本。大量过剩资本的存在形成了资本输出的必要条件。马克思指出：资本输往国外"这种情况之所以发生，并不是因为它在国内已经绝对不能使用。这种情况之所以发生，是因为它在国外能够按更高的利润率来使用"。列宁判断，19世纪末20世纪初，资本主义由自由竞争阶段进入垄断阶段，他指出："自由竞争占完全统治地位的旧资本主义的特征是商品输出，垄断占统治地位的最新资本主义的特征是资本输出。"对于资本输出的社会经济意义，列宁认为：一方面加速了输入资本的国家的资本主义的发展；另一方面则成为帝国主义侵略和奴役落后的国家，把它们变成自己的殖民地和附属国的重要手段。

通过第一次世界大战以后几十年间世界政治经济格局的演变，人们普遍采用国际资本流动（International Capital Flow）的词语来代替资本输出的说法。国际资本流动是当今国际经济联系的一个重要特征。与宗主国向殖民地、附属国单边的资本输出相比，国际资本流动反映的是资本在国家之间的多边相互流动。

随着科学技术的飞速进步，生产力得到不断发展，一些工业发达的、富裕的资本主义国家依然面临资本相对过剩和国内市场相对饱和的问题，从而依然存在把资本输出到那些资本相对短缺、劳动力相对过剩的国家的要求。不过，代替过去列强瓜分世界的政治经济格局，现在突出的是经济目标：将资本输入有潜力的销售市场，既可以利用当地的资源和劳动力优势，使资本与当地便宜的劳动力相结合；与此同时，就地生产不仅可以节省各种运输费、保险费等，又可以逃避所在国对输出商品的各种限制，扩大销售。对于资本输入国来说，国际资本流动为本国提供了新的资金来源，提高了投资能力，有利于资源的开发和使用，促进了本国生产能力的提高，增加了本国的就业机会。此外，大量资本的流入常常伴随着先进技术和设备的流入，这对于缺乏资金和技术相较落后的发展中国家尤为重要。

另外，与资本从发达国家流入发展中国家的流向同时存在的，还有资本从发展中国家流向发达国家的流向。比如近些年，中国的企业已经在美国和西欧开设工厂。当然，在发达国家之间和发展中国家之间，也有多种多样的资本流动。

国际资本流动的拓展，是在生产力不断发展的基础上，国际分工关系的日益深化。过去，国际贸易是各国企业为了寻找最佳的资源配置并以最低成本生产最多产品而对商品输出入的利用，但是在现代化大生产情况下，这种商品输出入模式的国际分工已不能完全适应需要。而是进一步要求资本、劳动和资源在国际流动，如果说过去的世界经济联系是一种国内生产、对外交换的模式，现在则日益形成一种跨国生产、跨国经营的现代模式。跨国公司和跨国银行的活动可以说是具体的表现。

国际信用大体可分为国外商业性借贷和国外直接投资两种方式：（1）国外商业性借贷（Foreign Commercial Loan）。其基本特征是资金输出者与使用者之间构成借贷双方。它包括出口信贷、银行贷款、债券发行、政府贷款、国际金融机构贷款、补偿贸易和国际租赁等多种具体形式。（2）国外直接投资（Foreign Direct Investment，FDI）。这是一国资本直接投资于另一国企业，成为企业的所有者或享有部分所有权的一种资本流动形式。一般包括一国的投资者到另一国进行股权式的投资、一国的投资者到另一国进行契约式合营以及一国的投资者到另一国进行独资经营等几种情况。

国外直接投资中的股权式投资，既涵盖于信用范畴，又不等同于简单借贷；至于非股权式投资，则明确不属于一般借贷。但投资一旦跨出国界，立即构成国与国之间债权与债务总体的构成部分。所以，包括直接投资的国际资本流动均概括在国际信用范畴之内；而国家之间的直接投资也就被视为国际信用的一种形式。

与国内信用相比，国际信用在规模、风险、复杂性等方面都有显著的特点：

（1）规模大。国际信用关系中的授信方通常是资金实力较为雄厚的国际金融机构、跨国银行、跨国公司或发达国家政府，有充裕的资金来源；而受信者往往存在大额的资金需求，如果没有国际信用进一步拓展其资金来源，仅靠国内信用筹资难以满足。

（2）风险大，并具有双向性。由于国际信用发生在跨国、跨地区的经济主体之间，受信者对外国政府、企业的资信难以准确评估，除了面临更大的信用风险外，还将面临国家风险、外汇风险等，因而其风险可能大于国内信用。此外，新兴市场国家或地区作为国际信用的一类重要的受信方，由于金融体制不健全，又缺乏完善的风险预防和监控机制，如果引入外资规模不当或过早开放国内金融市场，极易受到巨额短期投机性国际资本的冲击而面临各种风险，严重时甚至引发金融危机或经济危机。

（3）复杂性。表现为国际信用的程序、形式、工具以及动机较国内信用更为复杂。以跨国公司从事国外直接投资为例，除了追求更高的资本收益率这一根本动机之外，还可能是为了分散投资风险，规避母国严格的监管或寻求避税地、维护出口市场。

（4）方向上的不对称性。虽然国际信用的方向具有交叉性，既包含资本从发达国家向发展中国家的"垂直流动"，又包含发达国家之间、发展中国家之间的"水平流动"，并且还包含从发展中国家向发达国家的"逆项流动"，但授信方仍以国际金融机构、发达国家政府、跨国公司及国际商业银行为主，而大多数发展中国家、新兴市场国家从总体上看仍是净债务方。当然也有特例，如美国就是一个最大的负债国家。

此外，随着国际金融市场的发展和经济金融全球化进程的加快，国际信用发展的速度和规模远远快于世界贸易。尤其是 20 世纪 90 年代以来短期投机性国际资本的迅速增长，已经与真实生产和贸易没有直接的联系。

第二节　信用工具

一、信用工具的含义

信用工具也称金融工具，指以书面形式发行和流通、借以保证债权人或投资人权利的凭证。它是金融市场上重要的交易对象。信用工具最初是指债务凭证，现在延伸到股票等股权凭证，有的也把银行发行的现钞、存款、贷款等纳入信用工具中。信用工具包括的范围因研究问题的范围不同也有所不同。

二、信用工具的要素

随着信用在现代经济生活中的不断深化和扩展，信用工具种类越来越多，信用工具从不同的角度可以进行不同的划分。

（1）按信用形式划分，可分为商业信用工具，如各种商业票据等；银行信用工具，如银行券和银行票据等；国家信用工具，如国库券等各种政府债券；证券投资信用工具，如债券、股票等。

（2）按期限划分，可分为长期、短期和不定期信用工具。长期与短期的划分没有一个绝对的标准，一般以一年为界，一年以上的为长期，一年以下则为短期。

一般来说，信用工具由五大要素构成：

（1）面值，即凭证的票面价格，包括面值、币种和金额；

（2）到期日，即债务人必须向债权人偿还本金的最后日期；

（3）期限，即债权债务关系持续的时间；

（4）利率，即债权人获得的收益水平；

（5）利息的支付方式。

三、信用工具的类型

信用工具的类型是对信用工具的分类。通常除通货、存款、贷款外，信用工具主要有同业拆借资金、票据、回购协议、外汇、债券、股票、黄金、金融衍生工具、资产证券化、投资基金份额等。

第三节　利息与利率

一、利息的含义

利息是借款人为了在一定期限内得到稀缺的可贷资金的使用权而向资金借出者支付的报酬。借贷期间所获得的利息和本金的比率，就是利息率，简称利率。利率可以理解为资金的价格，有的文献也称其为信用价格。用 i 代表利率，用 P 代表本金，用 B 代表收益（利息额），则利率应为

$$i = B/P$$

较高的利率能够刺激资金供给者增加资金供给，同时也会降低资金需求者对资金的需求，进而影响投资、消费和经济增长。较低的利率则起相反的作用。利率是一个重要的经济范畴和经济指标，是调控经济的重要工具，是货币政策传导机制的枢纽，是企业、金融机构以及个人投资决策的重要参数。

二、利率分类

利率的主要形式包括简单利率、复合利率、贴现利率、票面利率和市场利率、名义利率和实际利率、税前利率和税后利率。

（一）简单利率

简单利率又称单利。顾名思义，这是一种简单的利率计算方法，即在计算利息时只按面值或本金计算利息、前期本金所产生的利息不再计算利息。假设一笔贷款或一种债券只有一个计息阶段，用 P_0 代表贷款额或债券的初始价格，P_1 代表计息阶段期末返还给贷款人或债券购买人的货币额，则 $P_1 - P_0$ 便是这笔贷款或债券的利息，利率 i 为

$$i = \frac{B}{P} = \frac{P_1 - P_0}{P_0} = \frac{P_1}{P_0} - 1$$

通常都用"年"作为贷款或债券等金融资产的计息期划分单位，一个计息阶段

为一年，利率用百分数表示。所以我们用 N 代表计息期的年度数，再把上式用百分数调整一下，得到单利的计算公式为

$$i = \frac{P_N/P_0 - 1}{N} \times 100\%$$

例如，一张 4 年期的债券，其计息期为 4 年。假设债券的发行价格 $P_0 = 1000$ 元，4 年后的期末偿还额为 $P_4 = 1400$。则用单利公式计算出的年利率为

$$i = \frac{1400/1000 - 1}{4} \times 100\% = 10\%$$

（二）复合利率

复合利率简称复利，与单利相对。当我们研究期限超过一个计息阶段的金融资产时，平均单利便无法反映金融资产产生的实际利息和本金的关系了。因为平均单利的计算方法忽视了一个非常重要的因素，即金融资产的利息通常都是按计息阶段而不是按整个计息期支付的。对于利息获得者来讲，上一个计息阶段获得的利息增大了下一个计息阶段计息基数，从而使利息额相应增加。即经过一定时期，将所生利息并入本金再生利息，逐息滚算，利上加利。为了说明这个问题，我们不妨举一个例子。

假设有一张 4 年期的债券，利率为 i，一年付息一次。这样，这张债券的计息期便分为 P_0 到 P_1、P_1 到 P_2、P_2 到 P_3、P_3 到 P_4 这四个阶段。根据上式推导方法：

$$P_1 = P_0(1 + i)$$
$$P_2 = P_1(1 + i)$$

替换后，可得

$$P_2 = P_0(1 + i) \times (1 + i) = P_0(1 + i)^2$$

依此类推，债券期末价值 P_4 为

$$P_4 = P_0(1 + i)^4$$

根据上式可得出该债券在 4 年期限中的实际利率水平是

$$i = \{(P_4/P_0)^{1/4} - 1\} \times 100\%$$

则上述这张债券的实际利率为

$$i = \{(1400/1000)^{1/4} - 1\} \times 100\% = 8.8\%$$

这与上面计算的 10% 的单利利率相差较大。

复利计算公式为

$$i = \{(P_N/P_0)^{1/N} - 1\} \times 100\%$$

从单利和复利的比较中可以看出，两种利率计算方法的区别在于复利公式中引入了金融资产的计息阶段因素，即付息次数。

（三）贴现利率

贴现利率是贴现利息与贷款或证券到期时应得款项金额的比率。典型的贷款合同是先确定贷款额，即贷款的初始价值 P_0，再确定贷款的期限和计息阶段，即付息次数 N，然后确定利率 i。则贷款到期时银行收回的数额 P_N 应为

$$P_N = P_0(1 + i)^N$$

但在实际经济活动中，常常出现按相反的程序签订的贷款合同。借贷双方首先确定贷款到期偿还额，即贷款的期末值 P_1（因为按这种反程序签订的贷款合同通常只有一个计息阶段），再确定贷款利率 i，然后根据贷款的期末价值 P_1 计算出利息额 $P_1 i$，最后，按先行扣收利息的方式把贷款期末价值和利息额之间的差额作为贷款额 P_0 贷给借款人，这种贷款叫作贴现贷款。

例如，银行在贴现商业票据时，首先认定商业票据的票面额，即银行能到期收回的贷款数额，然后把票面额的一定比例作为利息先行扣收，再把余下的金额付给要求贴现的借款人。我们知道，货币市场工具通常都是按这种贴现方式来发行的。投资人在购买货币市场工具时只需付出票面额和贴现利息之间的差额，到期时再按票面额收回资金。

这种借贷程序下的利率关系，已不再是 $P_1 = P_0(1 + i)$ 的关系，而是 $P_0 = P_1 - P_1 \times i$ 的关系，即

$$P_0 = P_1(1 - i)$$

这时的利率已不再是一般的利率，而是所谓的贴现利率。两者的区别在于，一般利率表示利息在每一个计算阶段的期末支付，因而不能增加本计息阶段的计息基数，而贴现利率表示在每一个计息阶段的期初先行扣付利息，因此所支付的贴现利息应全数纳入本期的计息基数。在后一种情况下，贷款人实际得到的利率将超过贴现利率所表示的利率水平。

例如，购买一张面额为 10000 元的 1 年期国库券，贴现利率为 10%，购买人实际付出的价款为

$$10000 \times (1 - 10\%) = 9000(元)$$

利率水平名义上是 10%。但如果按正常贷款程序下的一般利率公式计算，贷款初始值为 9000 元，到期回收 10000 元，则实际利率为

$$10000 = 9000 \times (1 + i)$$
$$i = (10000/9000 - 1) \times 100\% = 11.1\%$$

可见，用贴现贷款贷出资金的投资人，所获得的实际利率要高于贴现利率。

根据 $P_0 = P_1(1 - i)$ 的贴现利率关系式，可推导出贴现利率的计算公式。以 i 表示贴现利率，则

$$P_0 = P_1(1 - i)$$
$$P_0/P_1 = 1 - i$$
$$i = (1 - P_0/P_1) \times 100\%$$

（四）票面利率和市场利率

票面利率是债券发行人在发行债券时承诺付给购买人的债券年利率，它直接印在债券的票面上，故称票面利率。债券票面利率是根据发行市场上绝大多数投资者同意接受的利率水平确定的，而绝大多数人同意接受的利率水平便是市场利率。金融市场上的利率水平是变幻无常的，往往会出现债券的票面利率刚刚确定或是债券刚刚印制出来，市场利率就发生了变化的情况。这时，债券无法随之改变利率，要使投资人从这种债券的投资中获得现行市场利率的收益只能在债券的出售价格上进行调整。例如，假设某发行人要发行一张面额10000元，期限为1年的债券，决定发行时的市场利率为6%，即 $P_0 = 10000$ 元，$i = 6\%$，债券到期时需支付：

$$P_1 = P_0(1 + i) = 10000 \times (1 + 6\%) = 10600(元)$$

若这张债券印出来尚未发行前市场利率突起变化，从原来的6%上升到10%，如按原来的价格出售，则不会有投资人愿意购买。为了吸引投资人购买这张债券，发行人只能降低债券的售价，使债券也能提供10%的收益率。设债券的售价为 P，则

$$P_1 = P(1 + 10\%)$$
$$P_1 = 10600 = P(1 + 10\%)$$
$$P = 9636.36(元)$$

（五）名义利率和实际利率

名义利率又称货币利率，是借款人用货币支付的利息额与借款额之间的比率。它是与实际利率有很大差别而又与实际利率相对应的一个概念。

以上对利率的讨论中，始终没有提及整个经济机制中的商品价格因素。事实上，在债券或存款、贷款的持有过程中，商品的价格水平随时可能发生变化从而导致金融资产投资人预期获得的货币收入发生价值变化。原因在于，商品价格水平发生变化的另一种表现形式就是货币价值发生变化，而金融资产的未来收入流量恰恰是货币。假如在金融资产持有时期内发生了通货膨胀，即便市场利率不发生变化，投资人按市场利率获得的货币收入也会贬值。我们把不考虑通货膨胀因素的利率叫做名义利率；如果考虑通货膨胀因素，即在名义利率中剔除通货膨胀率，便可得到金融资产的实际利率。用 i_N 表示名义利率，i_R 表示实际利率，i_F 表示通货膨胀率，则

$$i_R = i_N - i_F$$

例如，当名义市场利率为10%，通货膨胀率为6%时，则实际利率为10% −

6% = 4% 。当通货膨胀率高而不稳定的时候，投资人关心的不是名义利率，而是实际利率。随着通货膨胀的变化，投资人不断调整其所要求的名义利率，以便得到预期的实际利率。当然，如果通货膨胀率的上升对市场来说是预期事件，那么名义利率中已纳入了投资人对通货膨胀的预期，名义利率便不会发生波动。

（六）税前利率和税后利率

对金融资产的利息收入课征所得税是国际上通行的做法，因此，区别税前利率和税后利率是非常重要的。对于任何投资人来说，税前利率和税后利率的区别都取决于边际税率，即对达到不同额度的收入规定不同的税率。用 T 来表示个人收入的平均税率，用 i_{AN} 表示税后名义利率，则每个投资人所得到的税前和税后名义利率之间都有如下关系：

$$i_{AN} = i_N(1 - T)$$

上式表示：当一个人的收入达到某一纳税边际额时，便要按照该收入额的平均税率缴纳所得税，其中金融资产的利息收入要减去按 T 的税率上缴国库的部分。设他的税前收入为 A，则

$$A \times i_{AN} = A \times i_N(1 - T)$$

于是

$$i_{AN} = i_N(1 - T)$$

假如一个投资人购买了名义利率为 10% 的债券，使他的年收入额超过了 55300元（假定他的其他收入超过 55300 元，债券收益需按照 50% 的税率缴纳所得税），对他来说，债券的税后名义利率便为

$$i_{AN} = 10\% \times (1 - 50\%) = 5\%$$

现在，我们再来考虑通货膨胀因素对税后利率的影响。根据名义利率和实际利率的关系，税后实际利率应等于税后名义利率减去通货膨胀率。设税后实际利率为 i_{AR}，则它同税后名义利率的关系应为

$$i_{AR} = i_{AN} - i_F = i_N(1 - T) - i_F$$

三、利率决定理论

我们这里所讲的"利率理论"只是研究利率水平的决定，而不研究利息的来源及性质。我们研究的利率是广义的抽象的利率。金融市场上存在多种利率，我们只研究利息和各自本金之间的关系。

代表性的利率决定理论主要有马克思利润率决定利率理论、西方实物资本利率理论、流动性偏好理论、可贷资金利率理论、IS - LM 模型和理性预期理论等。

（一） 马克思利润率决定利率理论

马克思的利润率决定利率理论是以剩余价值在不同资本家之间的分割作为起点。马克思指明，利息是贷出资本家从借入资本的资本家那里分割出来的一部分剩余价值。剩余价值表现为利润，因此，利息量的多少取决于利润总额，利率取决于平均利润率。"因为利息只是利润的一部分……所以，利润本身就成为利息的最高界限，达到这个最高界限，归属于执行职能的资本家的部分就会等于零"，利息也不可以为零，否则借贷资本家就不会把资本贷出。因此利率变化范围是在零与平均利润率之间。当然，并不排除利率超出平均利润率或事实成为负数的特殊情况。那么，在一定时期内，利率在最高与最低之间如何确定呢？这取决于资金的供求状况等因素。

（二） 西方实物资本利率理论

该理论形成于 19 世纪末至 20 世纪初，它最显著的特点就是承袭了古典经济理论强调实物因素的传统，从影响实物资本供求因素的角度出发研究利率的决定，因此也被称为古典利率理论。古典利率理论认为，人们借入货币是为了购买实物资本，因而借入的不是简单的货币，而是凭借这些货币所能购买的实物资本，因而利息不是对货币支付，而是对实物资本支付的。利息并非产生于货币而是首先产生于实物资本，利息是利润的一部分，以利润为最高界限。

资本的供给来源于储蓄，资本的需求来源于投资，储蓄和投资决定着利率。古典利率理论代表人物之一的马歇尔认为，利率应作为一种要素价格来研究，而要素价格是由供求平衡所决定的。在他看来，资本是一种生产要素，利率是其价格，利率的高低由资本供求关系所决定。资本的供给主要来自社会储蓄，储蓄者是为了将来的快乐而牺牲现在的快乐，为此他必然要取得一定的报酬，也就是利息。利息越多，储蓄越多，因此资本供给是利率的递增函数。利息的多少或利率的高低就是资本供给支配性因素。资本需求支配因素是资本的收益性和生产能力。只要借入资本能获得收益，企业就继续借入资本，扩大对资本的需求，直到资本的边际收益率与借贷资本的利率相等。资本的需求是利率的递减函数。这样，利率决定于资本的供求平衡。

（三） 流动性偏好理论

实物资本利率理论强调储蓄、投资等实物因素对利率的决定作用，忽视了货币因素的影响。凯恩斯在他的流动性偏好理论中指出，按照储蓄和投资的定义，二者无论何时都是相等的，所以利率并不能由储蓄和投资来决定。利息和利率完全是一种货币现象，其数量的大小或利率的高低，完全由货币市场的供求关系来决定。流动性偏好是人们在选择储蓄方式时表现出的持有现金的意愿，而利息是指一定时期内放弃流动性偏好的报酬。利率水平主要取决于货币供给数量和人们对货币的偏好程度。

凯恩斯认为，在一定时期内一个国家的货币供给量（M）基本上是由货币当局所掌握和控制，是一个外生变量。因此，货币供给独立于利率的变动，在图上表现为一条直线。货币需求（L）取决于公众的流动性偏好，即货币的流动性偏好取决于交易动机、预防动机和投资动机。其中出于前两者动机的货币需求为收入的递增函数，而出于后一种动机的货币需求为利率的递减函数。若用 M 表示货币供给，L 表示货币需求，L_1 表示交易动机和预防动机货币需求，L_2 表示投资动机货币需求，Y 表示国民收入，i 表示利率，则用公式表示就是：

$$L = M$$
$$L = L_1 + L_2 = L_1(Y) + L_2(i)$$

利率就是由货币总供给与货币总需求达到均衡状态时所决定的。

（四）可贷资金利率理论

可贷资金利率理论产生于 20 世纪 30 年代后期，代表人物有剑桥学派的罗伯逊（Dennis Holme Robertson）、瑞典学派经济学家俄林（Bertil Ohlin）和英国经济学家勒纳（Abba Ptachya Lerner）。可贷资金利率理论认为，在利率决定问题上古典学派储蓄投资理论只分析储蓄与投资的相互作用决定实物资本利息率，忽视货币因素是有不当的。凯恩斯指出了货币因素对利率决定的影响是可取的，但完全否定实质性因素是错误的。

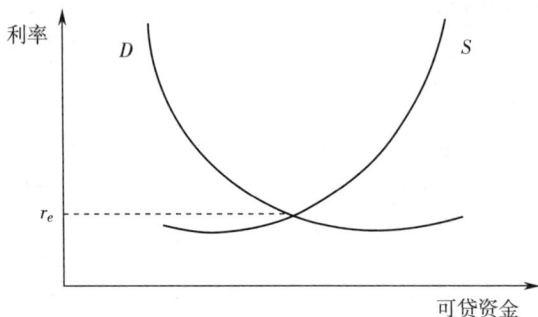

图 3-1 可贷资金利率理论的利率决定过程

可贷资金利率理论认为，利率是借贷资金的价格，借贷资金的价格决定于金融市场上的资金供求关系。借贷资金的来源有自愿储蓄、社会的现金反"窖藏"和新增的货币供给。借贷资金的需求主要来自投资的需求和社会窖藏的资金需求。利率取决于金融市场上可贷资金的供给与需求均衡时的状态。

（五）IS-LM 模型

新古典学派的可贷资金利率理论经希克斯和汉森改造后成为著名的 IS-LM 模

型，他们对投资与储蓄的均衡、货币需求的均衡同国民收入水平和利息水平进行同时分析，确定出均衡利率。他们是这样分析的：不同的投资和储蓄水平各相交点连接起来构成 IS 曲线。因投资是利率的递减函数，储蓄是国民收入的递增函数，所以 IS 曲线表明，要使储蓄与投资相等，利率和国民收入必须配合。不同的货币需求和货币供给量水平各相交点连接起来构成 LM 曲线。货币需求中的交易需求和预防需求是国民收入的递增函数，货币需求中的投机需求是利率的递减函数。LM 曲线表明要使货币供求相等，利率和国民收入必须相互配合。把上面的理论用数学式来表示，则为

$$I = I(i)$$
$$S = S(Y)$$
$$L = L(i \cdot Y)$$
$$M = M$$
$$I = S$$
$$L = M$$

希克斯认为利率 i 的均衡水平是由 IS 曲线和 LM 曲线的交点决定的。只有在货币市场和商品市场同时实现均衡时，才能形成真正的均衡利率和均衡收入。即

$$I(i) = S(Y)$$
$$L(i \cdot Y) = M$$

在利率均衡点上，同时存在以 IS 表示的货币市场均衡和以 LM 表示的资本市场的均衡。如图 3 – 2 所示。

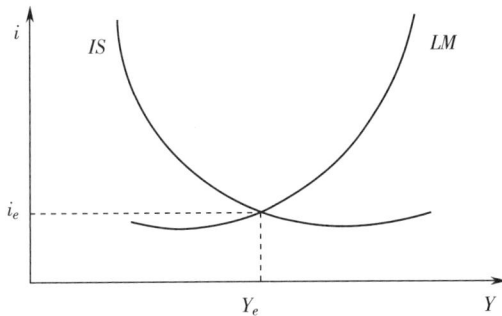

图 3 – 2 IS – LM 模型的利率决定过程

（六）理性预期理论

理性预期理论最近几十年才发展起来，它通过实证发现货币与资本市场在消化影响利率与证券价格的新信息方面非常高效，新数据一旦出现，人们会很快根据这些新信息改变对利率的预期，作出借入或贷出资金的决定，这些变化会立刻反映到

资产价格和利率之中。如果没有新信息出现，那么对下一期利率的最优预测就等于当期的利率。

理性预期理论的重要假设和结论是：（1）证券价格与利率应反映所有可获得的信息，市场利用所有这些信息建立了一个预期未来价格与利率的概率分布。（2）利率与证券价格的变化只与未预期到的信息相关，而与预期到的信息无关。（3）连续时期内收益率之间的相关性为零。（4）在证券市场上不能找到未利用的获利机会，即超过正常利润的机会。（5）证券交易与贮藏的成本可以忽略不计，信息成本相对于交易的证券价格的价值很小。（6）市场上能理性有效地形成关于未来证券价格与利率的预期。

这一理论假定企业和个人都是理性行为者，会最优地利用现有资源，使收益最大化。而且理性人对未来资产价格、利率和其他变量的预测是无偏的，不会犯系统性的预测错误。这种无偏倾向源于理性预期者认为货币或资本市场是高度有效率的，利率和证券价格总是位于或接近均衡水平。

按照理性预期理论，要成为一个正确的利率预测者，你必须知道什么新信息将会出现在市场上以及市场参与者的预期会发生怎样的变化，这确实具有一定的难度。这也给政策制定者提出了难题，因为他们要想使政策有效，就要首先了解公众的预期。

理性预期理论进一步证实了货币中性的结论，即货币当局并不能左右经济中的实际变量，而只能作用于名义变量。因为按照这一理论的逻辑，只有在假定货币当局突然地、出乎意料地改变货币供应增长率的前提下，利率才会发生变动，而这种假定与实际情况并不相符。现实中，货币当局总是按照常规性的原则来决定货币政策，货币政策都会在公众中形成合理的预期，货币政策效果就会被公众采取的对抗行动抵消。

第四节　利息的计算

一、单利与复利

利率的出现使各种金融工具的利息可以计算、量化，但不同的计算方法会得出不同的结果。利息有两种基本的计算方式，即单利和复利。

（一）单利

单利（Simple Interest）是指以本金为基数计算利息，而借贷期内所生利息不再加入本金计算下期利息的一种利息计算方法，即在当期产生的利息不作为下一期的本金，只是把每一期产生的利息累加到投资期末。其计算公式为

$$利息为 \; I = P \times r \times n$$

$$本利和为 \; S = P + I = P(1 + r \times n)$$

式中，I 为利息额，P 为本金，r 为年利率；n 为借贷期限；S 为本金与利息之和，简称本利和。

例如，一笔 5 年期限、年利率为 6% 的 10 万元贷款，在单利计息的情况下，贷款到期时利息总额为 30000（$= 100000 \times 6\% \times 5$）元，本利和为 130000（$= 100000 + 30000$）元。

（二）复利

复利（Compound Interest）俗称"利滚利"，是指本期产生的利息自动计入下一计息期的本金，连同原来的本金一并计息的一种利息计算方法。其计算公式为

$$本利和为 \; S = P(1 + r)^n$$

$$利息和为 \; I = S - P$$

承上例，在复利计息的情况下，本利和大约为 133823〔$= 100000 \times (1 + 6\%)^5$〕元，利息则为 33823（$= 133823 - 100000$）元。可见，按复利计息的利息比单利计息多 3823（$= 33823 - 30000$）元。显然，复利反映了利息的本质，因为利息在未清偿时也相当于债权人借给债务人使用的资本，应算为债权人的本金范畴。这样处理对债权人、债务人双方较为公平、合理。

如果一年内计息次数（或复利次数）为 m 次，此时，复利下的本利和为

$$S = P(1 + r/m)^{mn}$$

承上例，如果改为每月计息一次，则一年内计息次数为 12 次，5 年后的本利和为

$$S = 100000 \times (1 + 6\% \div 12)^{12 \times 5} = 134885(元)$$

可得，利息为 34885 元，比每年计息一次的利息多 1062（$= 34885 - 33823$）元。可见，复利计息次数越多，利息额就越大，因而对债权人越有利。

最极端的例子是计算瞬间复利或连续复利，即每一秒钟都在生息。计算连续复利的公式为

$$S = e^{rn}P$$

式中，$e = 2.71828 \cdots\cdots$，即自然对数的基。那么，在同样的条件下，连续复利会不会是一个天文数字呢？仍以上面的条件为例，连续复利为 $S = e^{rn}P = e^{0.06 \times 5} \times 100000 = 134986$（元），利息为 $I = 134986 - 100000 = 34986$（元）。

可见，在上面的例子中，即使每秒钟都计算利息，与一年计算一次相比，利息

也不过多了 1163 （ = 34986 – 33823 ）元。

（三）复利计算下的名义利率与实际利率

当计息周期小于一年的时候，一个问题就会出现：如何将名义利率转化为实际利率呢？推导过程如下。

设年名义利率为 i，一年内计息次数为 m 次，则计息期利率为 i/m，则有

$$一年后本利和为 S = P(1 + i/m)^m$$

$$利息为 I = P(1 + i/m)^m - P$$

换算成年实际利率 r，则为

$$r = \frac{P(1 + i/m)^m - P}{P} = (1 + i/m)^m - 1$$

这就是在复利计息的情况下，年名义利率 i 与年实际利率 r 的换算公式，二者的关系是：当 $m = 1$ 时，即一年计算一次利息，年名义利率等于年实际利率；当 $m > 1$ 时，即一年计息多次时，年实际利率大于年名义利率。计算次数越多，年实际利率越大。

例如，在每月计息一次的情况下，对于年名义利率为 12% 的贷款来说，其年实际利率为 12.68%。

$$r = \left(1 + \frac{i}{m}\right)^m - 1 = \left(1 + \frac{12\%}{12}\right)^{12} - 1 = 12.68\%$$

再如，如果有一笔贷款，按月计息，月利率为 0.8%，该贷款的年利率是多少呢？根据上面的公式，该贷款的年利率应为 $(1 + 0.8\%)^{12} - 1 = 10.03\%$，而不是 9.6%（ = 12 × 0.8% ）。

同样，当 $m \to +\infty$，即按连续复利计息时，年实际利率的计算公式为

$$年实际利率 = \lim_{m \to \infty}\left[\left(1 + \frac{i}{m}\right)^m - 1\right] = \lim_{m \to \infty}\left[(1 + i/m)^{m/i}\right]^i - 1 = e^i - 1$$

例如，对于一笔年利率为 12% 的贷款，在连续复利的情况下，其年实际利率为 12.75%（ $= e^i - 1 = e^{0.12} - 1$ ）。

因此，一年内计息次数越多，其折合成的年实际利率就越高（12.75% > 12.68%）。

二、现值

（一）现值的概念

复利公式在经济生活中应用很广，现值就是一例。

准确地讲，现值（Present Value，PV）是指将未来某一时点或某一时期的货币金额（现金流量）折算至基准年的数值，也称折现值。它是对未来现金流量以恰当的折现率进行折现后的价值。将前述复利公式进行一般化处理，即用 FV 代表未来

某一时点的资金，称为终值（Future Value）；用 PV 代表现在的一笔资金，即现值，则得到以年为时间单位计算的现值公式为

$$PV = \frac{FV}{(1+r)^n}$$

以小于年的时间单位计算的现值公式为

$$PV = \frac{FV}{(1+r/m)^{n \times m}}$$

未来系列现金流量的现值公式为

$$PV = \frac{CF_1}{(1+r)^1} + \frac{CF_2}{(1+r)^2} + \cdots + \frac{CF_n}{(1+r)^n}$$

通俗地说，通过利率可以计算出现在的一笔资金在未来值多少，也可以计算出未来的一笔资金等于今天的多少，这就是终值与现值的概念。

（二）现值的运用

现值公式是一个非常重要的公式。在整个金融学的学习中会反复使用。需要注意的是，在计算现值时使用的利率通常被称为贴现率（Discount Rate），即使未来值与现在值相等的利率。

从上述公式可以看出，现值的基本特征是：（1）终值越大，现值越大。（2）时间越短，现值越大，这一点很好地体现了货币的时间价值。（3）贴现率越小，现值越大。

应用一：评价未来资金与现在资金的价值关系。

例如，如果从现在起 2 年后要买 15000 元的东西，假定利率为 10%，那么现在需要存多少钱呢？

这就是一个求现值（本金）的问题，代入上面现值的公式，可得到：

$$PV = FV/(1+r)^n = 15000/(1+10\%)^2 = 12396.7(元)$$

即大约要存入 12396.7 元，你在 2 年后才能取出 15000 元。换句话说，在利率为 10% 的情况下，现在的 12396.7 元与 2 年后的 15000 元价值是相等的。

应用二：评价有价证券的理论价格。

例如，某国债的面值是 1000 元，息票利率为 10%，期限 4 年，假定某投资者要求的收益率为 8%，其市场价格应为多少？

将该国债的投资收益（包括本金）根据 8% 的收益率折现为现值，此现值之和就是该国债的理论价格。即

$$P = PV = \frac{100}{1+0.08} + \frac{100}{(1+0.08)^2} + \frac{100}{(1+0.08)^3} + \frac{100+1000}{(1+0.08)^4} = 1066.24(元)$$

该国债的理论价格为 1066.24 元，即只有以 1066.24 元购买，投资者才会实现 8% 的投资收益率。

三、到期收益率

（一）到期收益率的概念

在上面计算现值时，我们都假定收益率是多少，再将未来一笔资金折现为现值。即在现值公式中，给定利率和现金流量，计算出来的值就是现值。现在将问题倒过来，给定未来现金流量和现值，要计算利率（收益率），这个利率就是到期收益率。

到期收益率是一个非常重要的利率概念，甚至被经济学家视为衡量利率的最为精确的指标。例如，在利率期限结构理论中，收益曲线就是描述到期收益率与时间的关系，尽管人们会简化利率与时间的关系。另外，在上面计算现值时是给定利率的，实际上，这一利率就是到期收益率或必要回报率。因此，到期收益率是一个非常关键的利率指标。

到期收益率（Yield to Maturity，YTM）是指使某金融工具未来所有收益的现值等于其当前市场价格的利率。简单地说，到期收益率是这样一种利率，它刚好使得某种金融工具的现值与其现行市场价格相等。

以债券为例，按单利计算的债券到期收益率，是指买入债券后持有至期满得到的收益（包括利息收入和资本损益）与买入债券的市场价格之比，也就是前述持有到期时的实际收益率，计算公式为

到期收益率 = （票面利息 ± 本金损益）/ 市场价格

例如，某种债券的票面金额为 100 元，10 年还本，每年利息为 7 元，张三以 95 元买入该债券并持有到期，那么他每年除了得到 7 元利息收益外，还获得 0.5 ［ = (100 − 95) /10］元的本金盈利。这样，他每年的实际收益就是 7.5 元，其到期收益率为 7.90% （ = 7.5/95 × 100%）。

在实践中，到期收益率多数按复利计算，且由于债券等固定收益证券的利息收入容易获得，在计算其价格时只需确定贴现率（利率）即可。因此，作为利率精确指标的到期收益率在债务工具中使用普遍，它是指能使未来收益现值等于债务工具当前市场价格的贴现率。其计算公式根据不同的债券工具有所不同，下面分别介绍。

（二）到期收益率的估算与运用

为了更好地理解到期收益率，下面考虑四种典型的债务工具到期收益率的计算：息票债券、银行贷款、贴现债券和永久债券。

1. 息票债券的到期收益率

息票债券（Coupon Bond）又称附息债券，是指按期支付定额利息，到期偿还本

金的债券。息票债券概念的来源是，早期这种债券的券面上都印有"息票"或者
"息票附券"，作为按期（一般为 6 个月或 1 年）支付利息的凭据。债券持有人在持
有期内付息时，便从债券上剪下息票附券凭以领取本期的利息。当然，现在息票债
券已没有这种利息附券了，只是规定票面利率而已。息票债券往往适用于期限较长
或在持有期限内不能兑现的债券。息票债券一般是固定利率，也是最常见的债券付
息方式。

息票债券的到期收益率公式为

$$P = \frac{C}{1+r} + \frac{C}{(1+r)^2} + \frac{C}{(1+r)^3} + \cdots + \frac{C+F}{(1+r)^n}$$

或简单地表示为

$$P = \sum_{i=1}^{n} \frac{C}{(1+r)^i} + \frac{F}{(1+r)^n}$$

式中，r 为到期收益率，P 为债券当前价格；C 为每期利息；F 为面值。

例如，对于面值为 1000 元，票面利率为 10% 的 20 年期息票债券，某投资者平
价购买并持有至到期，该债券的到期收益率是多少？

根据到期收益率公式，有

$$1000 = \frac{100}{1+r} + \frac{100}{(1+r)^2} + \frac{100}{(1+r)^3} + \cdots + \frac{1000+100}{(1+r)^{20}}$$

计算得 $r=10\%$，即该息票债券的到期收益率为 10%。这一结果与债券的票面
利率相等，表明到期收益率等于票面利率有着严格的前提条件，即息票债券的价格
等于其面值。一旦债券的现行价格不等于其面值，那么到期收益率也就不再等于票
面利率了，其可能低于或高于票面利率，这取决于债券价格是高于还是低于面值。

根据上面的计算公式，可知息票债券的到期收益率与其票面利率之间存在着以
下关系：第一，债券价格高于面值（溢价出售）时，到期收益率低于票面利率。第
二，债券价格低于面值（折价出售）时，到期收益率高于票面利率。第三，债券价
格等于面值时，到期收益率等于票面利率。

从以上到期收益率与票面利率的关系不难看出，息票债券的到期收益率与价格
呈负相关。也就是说，随着债券价格上升，到期收益率会下降；反之，随着债券价
格下降，到期收益率会上升。

2. 银行贷款的到期收益率

首先，以简单贷款为例，即贷款人向借款人提供一定数额的资金，借款人在到
期日前一次性归还本金及利息。许多货币市场工具都属于此类型，如对企业发放的
短期商业贷款和对个人发放的小额装修贷款等。根据到期收益率的概念，简单贷款
的到期收益率十分易于计算。例如，你向银行借款 10 万元，期限 1 年，1 年后偿还

银行 11 万元本利和，问银行发放这笔贷款的到期收益率是多少？

根据现值的定义有

$$PV = \frac{CF}{(1+r)^n}$$

式中，PV 为贷款金额 10 万元；CF 为 1 年后的现金流 11 万元；n 为年数 1。

因此，有

$$10 \text{ 万元} = \frac{11 \text{ 万元}}{(1+r)}$$

计算得 $r = 0.10 \times 100\% = 10\%$，可以看出到期收益率与贷款的利率相等。于是得出结论，对于简单贷款来说，利率等于到期收益率。

再来看固定支付贷款，所谓固定支付贷款，也称分期偿还贷款，是指贷款人向借款人提供一定数量的资金，在约定的若干年内借款人每个偿还期（如每年或每月）偿还固定的金额给贷款人，其中既包括本金，也包括利息。例如，如果你向银行借款 1000 元，银行要求你在 25 年内每年偿还 126 元，那么这笔贷款的到期收益率是多少呢？

根据到期收益率的定义，我们有：

$$1000 = \frac{126}{1+r} + \frac{126}{(1+r)^2} + \cdots + \frac{126}{(1+r)^{25}}$$

式中，r 就是这笔贷款的到期收益率。

更一般地，对于任何固定支付贷款，有：

$$LP = \frac{FP}{1+r} + \frac{FP}{(1+r)^2} + \cdots + \frac{FP}{(1+r)^n}$$

式中，L 为贷款额；FP 为固定支付额；n 为贷款期限。

式中的贷款额、每年固定支付额和贷款期限都是已知的，只有到期收益率是未知的。因此，我们可以从等式中求解到期收益率（r）。由于这一计算比较烦琐，许多财务计算器都提供了根据贷款额（L）、每年固定支付额（FP）、贷款期限（n）等信息求解到期收益率的程序。

3. 贴现债券的到期收益率

贴现债券（Discount Bond）又称贴水债券，是指票面上不规定利率，发行时按某一折扣率（贴现率），以低于票面金额的价格发行，到期按面额偿还本金的债券。发行价与票面金额之差即为利息。例如，投资者以 70 元的发行价格认购了面值为 100 元的 5 年期债券，那么在 5 年到期后，投资者可兑付到 100 元的现金，其中 30 元的差价即为债券的利息，年息平均为 8.57% ［=（100 − 70）÷ 70 ÷ 5 × 100%］。美国的短期国库券和日本的贴现国债，都是较为典型的贴现债券。我国 1996 年开始发行贴现国债，期限为 3 个月、6 个月和 1 年。

贴现债券的到期收益率 r 的计算公式为

$$P = \frac{F}{(1+r)^n}$$

假设某公司发行的贴现债券面值是 1000 元，期限为 4 年，如果这种债券的销售价格为 750 元，则其到期收益率为 7.5%。

$$750 = \frac{1000}{(1+r)^4}$$

解得 $r = 7.5\%$。

4. 永久债券的到期收益率

永久债券是指定期支付固定息票利息，没有到期日，不必偿还本金的一种债券。假设永久债券每年年末支付利息额 C，债券市场价格为 P，则其到期收益率 r 的计算公式为

$$P = \frac{C}{1+r} + \frac{C}{(1+r)^2} + \frac{C}{(1+r)^3} + \cdots\cdots$$

根据无穷递减等比数列的求和公式可知，上式的右边等于 C/r，因此永久债券的到期收益率计算公式可以简化为

$$r = \frac{C}{P}$$

例如，每年可得到利息收入 100 元、价格为 1000 元的永久债券，到期收益率为 10%（ $= 100/1000 \times 100\%$）。

以上介绍了四种典型的债务工具的到期收益率计算方法。了解到期收益率的含义之后，我们就不难正确回答可能容易迷惑的问题，如永久债券不偿还本金，零息债券不支付利息，还有人买吗？答案是肯定的，因为它们如果能够给持有者带来合适的到期收益率，就会有投资者购买。

本章小结

1. 在经济学中，信用是一种体现特定经济关系的借贷行为。

2. 人类最早的信用活动开始于原始社会末期。伴随着人类社会的发展，信用也经历了漫长的发展过程，从封闭低效社会环境的高利贷发展到广泛竞争的借贷资本。

3. 信用活动的构成要素有信用主体、信用标的物、信用条件和信用工具。

4. 信用形式是对信用活动的一种分类。现多数以信用主体不同分为商业信用、银行信用、国家信用、消费信用和国际信用。

5. 信用工具也叫金融工具，指以书面形式发行和流通、借以保证债权人或投资

人权利的凭证。

6. 信用工具的类型是对信用工具的分类。通常除通货、存款、贷款外，信用工具主要有同业拆借资金、票据、回购协议、外汇、债券、股票、黄金、金融衍生工具、资产证券化、投资基金份额等。

7. 利息是借款人为了在一定期限内得到稀缺的可贷资金的使用权而向资金借出者支付的报酬。借贷期间所获得的利息和本金的比率，就是利息率，简称利率。

8. 利率的主要形式包括简单利率、复合利率、贴现利率、票面利率和市场利率、名义利率和实际利率、税前利率和税后利率。

9. 代表性的利率决定理论主要有马克思利润率决定利率理论、西方实物资本利率理论、流动性偏好理论、可贷资金利率理论、IS–LM 模型和理性预期理论等。

10. 利息的计算涉及单利和复利、现值、到期收益率的计算等问题。

本章重要概念

信用　商业信用　银行信用　国家信用　消费信用　国际信用　信用工具
同业拆借资金　票据　回购协议　外汇　债券　股票　黄金　金融衍生工具
资产证券化　投资基金份额　利息　利率　简单利率　复合利率　贴现利率
票面利率　市场利率　名义利率　实际利率　税前利率　税后利率　流动性偏好理论
IS–LM 模型　现值　到期收益率

复习思考题

1. 简述信用的构成要素。

2. 简述信用的形式。

3. 简述信用工具的要素构成。

4. 简述到期收益率与票面利率的区别和联系。

5. 简述流动性偏好理论的主要内容。

6. 简述西方利率决定理论的主要思想。

7. 假设某公司债券的面值为 100 元，票面利率为 6%，5 年到期，当前价格为 115 元。如果某人购买了该债券并持有 2 年，2 年后以 112 元卖出该债券。

（1）计算到期收益率。

（2）计算实际收益率。

8. 已知实际利率为 4%，名义利率为 8%，计算市场预期的通货膨胀率是多少？说明原因。

9. 一笔为期 3 年的投资在 3 年内每年年末分别取得如下收益：第一年为 450

元，第二年为 600 元，第三年为 650 元，市场利率为 10%，则该笔投资的终值是多少?

10. 讨论货币供给增加对利率的影响。

本章参考文献

［1］杜金富．金融市场学（第三版）［M］．北京：中国金融出版社，2018.

［2］胡靖等．新编货币金融学［M］．上海：复旦大学出版社，2018.

［3］黄达．金融学［M］．北京：中国人民大学出版社，2017.

［4］蒋先玲．货币金融学［M］．北京：中国金融出版社，2017.

第四章
外汇与汇率

学习目标

1. 了解外汇、汇率的含义及其种类；
2. 理解影响汇率变动的因素以及汇率变动对经济的影响；
3. 掌握汇率的决定理论及其运用。

随着经济和技术的发展，经济全球化趋势越来越明显，各国经济交往日益增多，许多债权债务需要结清。由于各国都有自己的货币，在各国交往中就需要解决以何种货币进行支付结算以及各国货币之间的兑换比例问题。本章主要介绍这两个方面内容。

第一节　外汇与外汇管理

一、外汇

外汇是本国货币在国际经济中发挥职能作用的产物，是国际结算的支付手段和工具。

（一）外汇的渊源

前面我们已经介绍，商品交易的需要产生了货币和货币流通，跨国家的商品交易及其他经济活动同样存在着大量的债权债务关系需要货币来支付结清。对于这些跨国的债权与债务，由于各国货币所代表的价值、名称和单位都不同，所以不能直接用一国货币（该国货币就是国际货币除外）来支付结算国际间的债权债务，而必须把该国货币转换成他国接受的货币，来清偿国际间的债权债务。例如，进口商从出口商购买商品，需要把本国的货币换成出口商能够接受的货币，进口商才能购买出口商的商品，完成交易。这样就产生了最初的国际汇兑，即外汇。清偿由进出口贸易而引起的债权债务关系是国际汇兑产生的主要原因。

（二）外汇的含义

外汇（Foreign Exchange）的含义有动态与静态之分。动态的外汇是指一国货币兑换成另一国货币的过程，静态外汇是指清算国际债权债务的手段和工具。

从动态来看，外汇是国际汇兑的简称。其中"汇"是指货币资金在区域间的移动，"兑"是指将一个国家的货币兑换成另一国家的货币。国际汇兑通常与国际债权债务的清偿以及对外投资紧密地联系在一起。

从静态来看，外汇又有狭义与广义之分。

狭义静态的外汇是指以外国货币表示的，为各国普遍接受，可用于国际债权债务结算的手段和工具。外汇不等于外国的货币。一种外币或外币资产成为外汇有三个条件：第一，自由兑换性，即这种外币资产能与主要国际货币进行自由兑换；第二，普遍接受性，即这种外币资产在国际经济往来中被各国普遍地接受和使用；第三，可偿性，即这种外币资产是可以保证得到偿付的。只有符合上述三个条件的外国的货币才是外汇，具体主要包括银行汇票、支票、银行存款等，这也是通常意义的外汇。

广义静态的外汇是指一切以外国货币表示的资产。我国2008年实施的《外汇管理条例》中第三条规定，外汇是指下列以外币表示的可以用作国际清偿的支付手段和资产：（1）外币现钞，包括纸币、铸币；（2）外币支付凭证或者支付工具，包括票据、银行存款凭证、银行卡等；（3）外币有价证券，包括政府债券、公司债券、股票等；（4）特别提款权；（5）其他外汇资产。

国际货币基金组织这样解释"外汇"的含义："外汇是货币行政当局以银行存款、财政部国库券、长期政府债券等形式所持有的在国际收支逆差时可以使用的债权。"作为一个稳定外汇汇率及处理国际收支问题的国际金融机构，国际货币基金组织是从国家信用和银行信用的角度来给外汇下定义的，没有考虑风险较大的商业信用，并且将一国居民所持有的外汇债权排斥于外汇概念之外。这一定义上只适合官方所持有的外汇储备，与我们平时所说的外汇具有不同的内涵。

上面我们从动态和静态两个方面解释外汇的含义。全面理解外汇的含义，就应该既包括动态的外汇也包括静态的外汇。实际上，静态的外汇的含义是从动态的汇兑行为中衍生出来并广为运用的，我们日常生活中所使用的外汇的含义主要是静态的外汇。

（三）外汇应具备的要素

前面已经提到，并不是任何国家的货币都是本国的外汇。人们需要外汇实质是为了购买外国的商品和服务，或为了储存财富。从这个意义上讲，外汇本质是一种对外国商品服务及财富的要求权。一般而言，外汇应具备以下要素。

1. 以外币表示。外汇必须是以外币表示的金融工具，而不是本币表示的金融工具。在美国，以美元所表示的金融工具，不属于外汇，只有美元以外可兑换货币表示的金融资产才算外汇。在其他国家也是这样，尽管该国货币为可兑换货币，但那是本国货币，只有本国货币以外的其他可兑换货币才是外汇。

2. 可兑换。金融工具标识的货币一定是可兑换货币。自由兑换货币主要指货币的发行国对该国经常项目下的支付和资本项下的收支不进行管制或限制。如果某种支付工具在国际间的自由兑换受到限制则不能称其为外汇。比如有些国家的货币当局实行外汇管制，禁止本币在境内外自由兑换成其他国家的货币，以这种货币标识的各种支付工具也不可能随时转换成其他货币标识的支付工具，那么这种货币及其标识的支付工具在国际上就构不成外汇。

国际标准化组织（ISO）与联合国欧洲经济委员会共同制定、颁布了一套以三位英文字母表示各国货币的国际标准。常用国家和地区的货币名称与货币符号对照见表4-1。

表4-1　　　　　　　常用国家和地区的货币名称与货币符号对照表

国家或地区	货币名称	货币符号	ISO 标准货币代码
中国	人民币元	RMB ¥	CNY
中国香港	港元	HK $	HKD
美国	美元	$	USD
日本	日元	¥	JPY
欧元区	欧元		EUR
英国	英镑	£	GBP
瑞士	瑞士法郎	SF	CHF
加拿大	加拿大元	CAN $	CAD
新加坡	新加坡元	S $	SGD
瑞典	瑞典克朗	SKr	SEK
澳大利亚	澳大利亚元	A $	AUD

（四）外汇的分类

根据不同的区分标准，外汇可以区分为不同的种类。

1. 按外汇是否可以自由兑换分为自由外汇和记账外汇

自由外汇是指不需要经过货币发行国的批准，就可以随时自由兑换成其他国家（或地区）的货币，用于向对方或第三国办理支付的外国货币及其支付手段，如美元、英镑、日元、欧元等这些货币发行国基本上取消了外汇管制，持有这些货币，可以自由兑换成其他国家的货币或者对第三国进行支付。

记账外汇又称双边外汇、协定外汇或清算外汇，指两国政府间支付协定项下的只能用于双边清算的外汇。记账外汇未经货币发行国的批准，不能自由兑换成其他国家的货币或对第三国进行支付。发展中国家间的进出口贸易中，为了节省双方的自由外汇，通常采用记账外汇办理清算。

2. 按外汇的来源和用途分为贸易外汇和非贸易外汇

贸易外汇是指由商品的进出口贸易而发生收付的外汇。贸易外汇具体涵盖进出口贸易货款及其从属费用，如运费、保险费、广告宣传费等。贸易外汇是构成一国外汇收支的基础。

非贸易外汇是指由非贸易项下交易而发生收付的外汇，其具体来源可以是劳务外汇、旅游外汇、捐赠和援助外汇、侨汇及投资收益汇回等。非贸易外汇在一国外汇收支中也占有重要地位。

3. 按外汇交割期限的不同分为即期外汇和远期外汇

即期外汇也称现汇，是指在即期外汇买卖交易中按即期汇率交割的外汇。原则上买卖双方须在成交日当天或在成交日后的两个营业日内办理交割。

远期外汇是指外汇买卖双方按照合同约定，在未来某一日期办理交割的外汇，又称为期汇。

二、外汇管制

（一）外汇管制的含义

外汇管制（Foreign Exchange Control）又称外汇管理，指一国政府利用各种法令、规定和措施，对外汇资金的收入或支出、资本的输出或输入、本国货币和外国货币的兑换以及汇率所进行的管制。其实质是对外汇买卖的数量和价格进行严格的行政控制，目的主要在于平衡国际收支，维持汇率稳定，集中并按需分配外汇资金，以促进国内经济、金融的发展。

外汇管制反映了管制国政府对本国对外经济活动的干预，它产生于第一次世界大战后的纸币流通制度时期。1929—1933 年的世界性经济危机和第二次世界大战期间，由于外汇短缺，世界各国普遍实行全面、严格的外汇管制。20 世纪 60 年代末期，随着西方各国经济的恢复和发展，加上国际货币基金组织极力敦促各国取消外汇管制，各国逐步放松对经常项目的外汇管制。经过 70 年代世界经济和国际货币体系的动荡和调整，到 20 世纪 80 年代和 90 年代，主要发达国家基本上取消了外汇管制，但大多数外汇资金还不宽裕的国家，仍然实行程度不同的外汇管制。

（二）外汇管制的基本内容

外汇管制是由政府授权中央银行或设立专门的外汇管理机构来执行的。例如，意大利专门设立了外汇管理机构——外汇管制局（Bureau of Foreign Exchange Control）；英国政府指定财政部为外汇政策的制定机关，英格兰银行代表财政部执行外汇管制的行政管理工作，并指定其他商业银行按规定办理一般正常的外汇收付业务；在日本，则由大藏省负责外汇管制工作。

各国的外汇管制首先明确外汇管制的对象，包括人（自然人和法人）和物两个方面。对"人"分为居民和非居民。居民指在本国居住或营业超过一定时间（一般是一年）的自然人和法人，否则即为非居民。对于居民和非居民，有关国家的外汇管制法规是不同的，一般对非居民的管制要宽些，而对居民的管制则要严格得多。对物的管制，一般包括管制外国钞票和铸币、外币表示的支付工具、有价证券的输出入、本国货币的输出入以及贵金属（黄金）等输出入。

外汇管制主要是从数量管制和价格管制两个方面入手的。数量管制就是对外汇交易的数量进行限制，通常采用出口结汇制度、外汇配给制度、进口许可证制度以及非贸易外汇收支和资本输出入管制。出口结汇制度是指国家强制性规定出口商必须在一定时间内将其出口收汇按官方汇率出售给指定外汇银行。外汇配给是指政府将它所持有的外汇按一定程序分配给外汇需求者。最常见的是进口商首先向外汇管理当局申请进口许可证，然后再由指定外汇银行按官方汇率向它售出许可证上规定的额度。对非贸易外汇收支的管制主要是针对劳务收支和转移收支。对于资本输出入的管制，除了积极鼓励外资流入，还采取各种方法防止资金外流，主要包括：冻结非居民存款账户；限制本国银行和企业向国外提供贷款，对本国居民在国外的投资收益加征税等。

外汇管制的另一种方式是价格管制，主要是采用复汇率制度和本币高估的做法。复汇率制度是指外汇当局根据不同的外汇交易规定不同的汇率。对需要鼓励的交易规定优惠的汇率，对需要限制的交易规定不利的汇率。如对国内急需的先进设备进口规定较低的外汇价格，而对奢侈品的进口则规定较高的外汇价格。本币高估的原因较为复杂，可能是为了解决国际收支结构性赤字而造成的，也可能是为了鼓励进口先进设备所致。无论何种原因形成的本币高估，都会人为压制外汇需求，无法从官方渠道获得外汇的需求者就会进入外汇黑市，从而形成一个较官方汇率更高的价格，这在客观上也造成了复汇率。

　　一般来说，外汇管制主要是针对外汇短缺而实施的措施，但在少数国际收支长期顺差的西方发达国家，也有采取各种措施来限制外汇流入的。这主要是为了避免外汇大量流入使本币过分坚挺，而影响本国产品在国际市场上的竞争能力，以及为了防止国内经济过热和通货膨胀，比如 20 世纪 70 年代瑞士银行对非居民存款不但不付利息反而倒收利息；德国限制境内企业向国外借款，对银行吸收国外存款规定较高的存款准备金率；日本有相当一段时间禁止非居民购买本国的有价证券。

　　实行外汇管制在短期内可能对一国的国际收支失衡、汇率动荡等问题产生一定的改善作用，但人为的管制会带来弊端，对国内经济长期发展会带来负面影响。

三、我国外汇管理和人民币可兑换

　　我国的外汇管制习惯上称为外汇管理，在改革开放以前的计划经济体制下，实行严格的管理；改革开放后，经历了一系列改革过程，逐步放宽了管理，实现了人民币在经常项目下的可兑换。我国的外汇管理经历了以下几个阶段：

　　（一）1979 年以前实行的外汇管理体制

　　我国在 1979 年以前实行高度集中的外汇管理体制。这种外汇管理体制的主要特点是：

　　（1）外汇政策和外汇立法以外汇的国家集中为基础，实行"集中管理，统一经营"的方针。

　　（2）外汇收支实行全面计划管理。外汇由国家计划委员会统一平衡和分配使用，统收统支，以收定支，基本平衡，略有结余。一切外汇收入必须缴售给国家，需用外汇由国家按计划分配。

　　（3）管理和平衡外汇主要采取行政手段，依靠指令性计划和各项内部管理办法对外汇收支进行管理。人民币汇率作为计划核算标准，由国家规定。人民币长期处于定值过高的状态。

　　（4）国家的外汇资金和外汇业务由中国银行统一经营。

　　（5）中国基本上不向外国借款，也不吸收外国直接投资。

　　这种高度集中统一的外汇管理体制，与计划管理体制和国家集中的外贸体制相适应，但这种体制集中过多，统得过死，单纯依靠计划和行政管理，存在着经济效益低、应变能力弱和缺乏灵活性的缺陷，不利于调动各方面创汇的积极性，不利于对外贸易和经济的发展。

　　（二）1979—1993 年外汇管理体制的改革

　　1979 年以后，随着对外开放和经济体制改革的推进，我国的外汇管理体制改革取得了以下进展。

1. 外汇管制步入正轨

这体现在外汇管理机构的设立和外汇管理条例、实施细则的公布两个方面。1979 年 3 月，批准设立国家外汇管理总局，直属国务院，并明确其管理外汇的任务；1983 年 9 月，国家外汇管理总局改为隶属于中国人民银行，改称国家外汇管理局；1988 年 8 月，国家外汇管理局改为国务院直属机构，由中国人民银行归口管理。1980 年 12 月 18 日，国务院颁布了《中华人民共和国外汇管理暂行条例》，以后又陆续公布了多个实施细则，使中国的外汇管理的立法和制度日趋完善。

2. 在外汇分配制度上实行外汇额度留成办法

1979 年以前，中国实行的是单纯按指令性计划分配外汇的制度。1979 年 8 月，国务院决定实行贸易外汇和非贸易外汇额度留成办法。外汇额度留成是指境内机构将收入的外汇全部卖给银行，取得人民币，同时按留成外汇分配比例，分得留成外汇额度。在地方外汇管理局开立留成外汇额度账户，留成外汇额度一律以美元为单位。日后境内机构需要对外支付时，凭留成外汇额度和人民币，按支付日人民币兑美元汇率，再购买现汇。

3. 建立外汇调剂市场，形成外汇调剂价格

在外汇额度留成制下，存在着一些企业有额度不用并缺乏人民币资金，而另一些企业想用汇却既无额度又无国家计划批准外汇的现象。1980 年，国家建立了外汇留成额度调剂市场，允许企业间相互买卖外汇留成额度，外汇调剂价由此形成。例如，甲企业将其 1 美元的外汇额度卖给乙企业得人民币 2 元；乙企业就可以用买来的外汇额度向中国银行以 1 美元折合 5.3 元的牌价买 1 美元现汇办理支付，这样乙企业买美元的价格实际为 1 美元 = 7.3 元，这就是外汇调剂价。

1987 年下半年和 1988 年上半年，深圳和上海先后建立了外汇调剂中心，实行了竞价买卖，允许价格自由浮动，中国的外汇调剂业务和外汇调剂市场迅速发展起来，建立了 100 个外汇调剂中心。外汇调剂市场改外汇的计划分配为市场分配，加速了外汇资金的周转，贡献是巨大的。到 1993 年底，全国各类用汇中一半以上通过外汇调剂市场实现，外汇调剂价格也被许多企业用作核算的依据。

4. 建立了多种金融机构并存的外汇经营体制，打破了中国银行独家经营外汇的局面

1984 年 9 月，中国工商银行深圳市分行首先获得外汇业务的经营权，此后国家又陆续批准各专业银行总行及分行、交通银行、中信实业银行、光大银行、华夏银行、上海浦东发展银行、广东发展银行、深圳招商银行、福建兴业银行、中国投资银行及民生银行等经营外汇业务。中国还批准设立经营外汇业务的外资银行和中外合资银行。

5. 外汇券的发行和流通

外汇券是外汇兑换券（Foreign Exchange Certificate，FEC）的简称，它是中国银行于 1980 年 4 月起发行的以外币为兑换对象，在国内指定范围内流通的一种票券。按照规定，入境的外国人员、华侨及港澳同胞随身携带的外币或旅行支票，不能在中国境内自由流通，入境后须在中国银行兑换成外汇券，用于购买商品或支付劳务费用等零星开支，离境时仍可凭外汇券换成等值外币出境。外汇兑换券的目的是禁止外币在国内市场流通，防止套汇或套取紧缺物资。但它却一度较严重地扰乱了中国的货币流通秩序和人民币汇率，外汇兑换券在流通中的价值超过其人民币面值，变相地形成复汇率，使人民币汇率管理复杂化。

6. 开办了个人外币储蓄存款

1984 年 7 月，中国银行开办了个人外币储蓄存款，允许国内居民持有外汇。由于外汇管制放宽，居民外汇收入大幅度增加，外币存款也迅速增长。另外，中国还建立了多种金融机构并存的外汇金融体系，利用外资规模在逐渐增大，对国内居民个人的外汇管制也在逐步放松。

（三）1994—2012 年外汇管理制度改革

这一时期是我国由计划经济向社会主义市场经济转变的过渡时期。伴随经济开放程度的不断提升，为了"建立以市场供求为基础的、有管理的浮动汇率制度和统一规范的外汇市场，逐步使人民币成为可兑换的货币"，我国外汇管理体制建设的重点是人民币汇率形成机制的改革。这一阶段，伴随人民币汇率形成机制的三次重大改革，我国的外汇管理体制日趋完善。

1. 1994 年人民币汇率形成机制改革

1994 年，我国以市场化为导向启动了人民币汇率形成机制改革。具体来说，有以下主要内容：

（1）从 1994 年 1 月 1 日起，实现人民币官方汇率和外汇调剂价格并轨，实行以市场供求为基础的、单一的、有管理的浮动汇率制度。汇率并轨符合国际货币基金组织和关税与贸易总协定的要求。1993 年底人民币兑换美元的官方汇率为 1∶5.7，外汇调剂价为 1∶8.7，并轨后的人民币市场汇率为 1∶8.7，且外汇市场并未出现大的波动，说明中国汇率并轨时机的选择是适当的。汇率并轨后，外汇市场供求是决定人民币汇率的主要因素，政府只在必要时予以干预和调控。中国人民银行根据前一日银行间外汇交易市场形成的外汇价格，公布人民币兑美元的中间价，各外汇指定银行以此为据，在中国人民银行规定的浮动范围内自行公布挂牌市场汇率。在此基础上，各外汇指定银行再参照美元和其他西方货币汇率的变动情况，自行制定人民币和其他西方货币的汇率。

（2）实行外汇收入结汇制，取消外汇额度留成制和上缴制；实行银行售汇制，允许人民币在经常项目下有条件地兑换外币。除国内外商投资企业外，各企事业单位、机关和社会团体符合有关规定的外汇收入，须按外汇指定银行的挂牌汇率办理结汇，以后需要用汇时，凭合法进口单据再向银行买汇，无须再经外汇管理局批准。当然，个人所有的外汇可以在外汇指定银行开立现汇账户。

（3）建立银行间外汇交易市场，改进汇率形成机制。其中心设在上海（即全国外汇交易中心），于1994年4月开始运行，全国联网，发挥为各外汇银行调剂外汇头寸和清算服务的功能，形成银行间市场决定汇率的机制。

（4）取消外国货币在我国的计价、结算和流通，停止发行外汇券，并逐步兑回外汇券。

1994年人民币汇改将所有外汇供求纳入市场轨道，基本实现了人民币汇率由市场供求决定，中央银行通过外汇公开市场操作，对人民币汇率实行有管理的浮动。这次汇改是我国从计划经济体制向市场经济体制转变在外汇领域的一次充分展现，有利于我国发展外汇市场，理顺外汇供求关系。

随着人民币汇率重估和汇率制度改革的逐步落实，1994年后，我国出现了连续多年的国际收支双顺差，外汇短缺被外汇超额供给所取代，外汇储备快速增长。在此过程中，经常项目可自由兑换的条件日益成熟。1996年7月，中国人民银行正式将外商投资企业纳入银行的结售汇体系。1996年12月1日，我国正式接受《国际货币基金组织协定》第八款要求，人民币实现了经常项目下的自由兑换，这是我国外汇管理体制改革的一个里程碑。相比之下，这一时期，我国资本项目下的资本流动、外汇供求仍受限制，资本管制基本遵循"宽进严出"的原则。

1997年受亚洲金融危机的影响，人民币汇率机制改革进入了艰难的抉择期。从汇率水平看，1997年至2005年7月，人民币在事实上钉住美元，基本维持在1:8.27的水平上，缺乏弹性。2001年加入世贸组织后，我国的对外经济发展迅猛，国际收支持续较大顺差，外汇储备快速增长。随着国内外经济形势的不断变化，人民币汇率形成机制缺乏弹性给我国宏观经济的可持续发展带来了一系列问题，例如，国际收支双顺差失衡严重，外汇储备规模急剧上升，资源环境破坏加剧，对外部市场的倚重更加严重，货币政策的有效性遭到挑战，等等。

2. 2005年人民币汇率形成机制改革

2005年7月21日，中国人民银行宣布对人民币汇率制度进行重大改革。经过这一次改革，人民币汇率机制的市场化程度进一步加深，人民币汇率弹性增强。此次汇改遵循"主动性、可控性、渐进性"的原则，主要内容包括：

（1）改革汇率调控方式。人民币不再单一盯住美元，而是实行以市场供求为基础、参考一篮子货币进行调节、有管理的浮动汇率制度；同时宣布人民币法定升值2.1%，人民币兑美元汇率从 1:8.2765 调整为 1:8.11。

（2）改革人民币中间价的确定和日浮动区间。中国人民银行在每个工作日闭市后，公布当日银行间外汇市场上外汇兑人民币汇率的收盘价，作为下一个工作日的中间价格[①]；银行间外汇市场当日的美元兑人民币汇率可以在中间价的上下 0.3% 的幅度内浮动[②]，非美元货币兑人民币交易价的浮动幅度为中间价的上下 1.5%（2005年 9 月起波幅扩大到上下 3%）。

（3）其他配套措施。主要包括放宽外汇市场的准入标准，积极发展外汇衍生品市场，增加外汇交易方式等。

2005 年汇改后，人民币呈现快速单边升值的趋势，国际收支双顺差格局依然延续。此外，伴随我国经济持续增长，人民币升值预期不断强化，国际资本流入加剧。2008 年受国际金融危机的影响，中国企业的对外投资遭遇风暴。

3. 2010 年人民币汇率形成机制改革

为了更好地应对日渐复杂的国内外经济金融形势，2010 年 6 月 19 日，中国人民银行宣布进一步推进人民币汇率形成机制改革，增强人民币汇率弹性。人民币汇率不进行一次性重估调整，坚持以市场供求为基础，参考一篮子货币进行调节。对人民币汇率浮动进行动态管理和调节，保持人民币汇率在合理、均衡水平上的基本稳定，促进国际收支平衡，维护宏观经济和金融市场的稳定。

事实证明，2010 年人民币汇改削弱了市场关于人民币升值的预期，人民币汇率的双向波动特征日渐明显。

这一时期，伴随经济开放程度的不断提升，我国外汇管理体制的管理思路开始逐渐从"宽进严出"转变为"均衡管理"。2009 年，人民币国际化战略启动。在这一大背景下，我国外汇管理部门进一步提出了转变外汇管理理念和方式的大政方针，即从重审批转变为重监测分析，从重事前监管转变为强调事后管理，从重行为管理转变为强调主体管理，从"有罪假设"转变为"无罪假设"，从"正面清单"转变为"负面清单"。外汇管理服务实体经济的能力和水平得到不断提升。同时，我国外汇管理当局在更好地服务对外开放的同时，也越来越重视对国际金融风险的防范。

（四）2013 年至今外汇管理制度的改革

2013 年，伴随"一带一路"倡议的提出，我国的对外开放进入了一个新时代。

[①] 从 2006 年 1 月 4 日起，人民币汇率中间价由外汇市场做市商询价的方式产生。中国外汇交易中心于每日银行间外汇市场开盘前向所有银行间外汇市场做市商询价，将全部做市商报价作为人民币兑美元汇率中间价的计算样本，去掉最高和最低报价后，将剩余报价加权平均，得到当日人民币兑美元汇率中间价。

[②] 2007 年 5 月美元兑人民币的这一浮动区间进一步扩大到 0.5%，2012 年 4 月这一幅度又扩大到 1%，2014 年 3 月由 1% 扩大到 2%。

为了适应更高水平的开放，我国外汇管理当局的工作重心转为"统筹平衡促进贸易投资自由化、便利化与防范跨境资本流动风险之间的关系"。这一时期的外汇管理体制改革也主要围绕"资本项目开放 + 贸易便利化 + 建立跨境资本审慎管理体系"三条主线展开。

1. 稳步推进资本项目可兑换

在资本项目开放中，我国采用循序渐进的开放模式，遵循风险控制的基本原则，坚持按照风险程度由低到高的顺序，分阶段、分类型稳扎稳打地推进资本项目开放进度，不冒进求快。2013 年以来，我国进一步加大了以服务于"贸易和投资便利化"为导向的针对人民币的资本项目开放。服务于人民币国际化战略，我国资本项目放松出现了一些新的变化，主要体现在：推动双向直接投资人民币结算，推动人民币跨境融资，推动人民币股票类证券、债券类证券投资，取消部分货币汇兑限制，开展直接交易等。这些改革措施推动了资本账户下的人民币国际化，是对经常账户下人民币国际化的有益补充。

2. 提升贸易便利化水平

近年来，我国外汇管理在坚持依法保障真实合规的经常项目国际支付与转移的同时，在货物贸易、服务贸易、保险机构、外币现钞、个人外汇业务等领域推出多项便利化措施。为了适应互联网时代的贸易发展，我国还积极尝试区块链技术在外汇管理领域的推广及应用，加大投入，完善外汇管理部门的"互联网 + 政务服务"网上办理系统，不断优化营商环境。在做好传统贸易信息化改进的同时，我国外汇管理部门还积极支持跨境电商、市场采购贸易、外贸综合服务等贸易新业态新模式的发展。

3. 加强跨境资本风险防范

在放松资本管制的同时，我国不断完善跨境资本流动"宏观审慎 + 微观监管"两位一体的管理框架，积极应对外汇市场高强度冲击，以切实维护国家经济金融安全。在宏观审慎政策体系方面，我国外汇管理当局建立了包括增强人民币汇率弹性、加强市场预期引导、完善宏观审慎管理工具、加大国际监管政策合作、完善跨境资本流动检测等在内的一系列应对措施，维护外汇市场稳定，维护国家金融安全。在微观监管方面，在强化真实性审核、行为监管以及微观审慎监管等政策体系，切实保障微观市场主体正常贸易投资活动的同时，严厉打击各种形式的外汇领域违法违规行为，维护正常市场秩序。

以上重大改革，使中国逐步实现了利用经济手段调节国际收支平衡和稳定汇率，使中国外汇管理制度进入一个更加透明、更加市场化、更加统一和高效的新时期，为中国将来市场经济的发展和人民币自由兑换的实现奠定了基础。

第二节 汇率与汇率制度

一、汇率

（一）汇率的概念

汇率（Exchange Rate）又称汇价或外汇行市，即两种货币间的兑换比率，是一国货币折算成另一国货币的比率、比价或价格，或者说是一国货币以另一国货币表示的"价格"。

（二）汇率的标价方法

既然汇率是两国货币的比价，那么，汇率的表示就有其特殊性，既可以用 A 国货币表示 B 国货币的价格，也可以用 B 国货币表示 A 国货币的价格。因此有必要先确定用什么货币作为其货币标价或计价的标准，通常称为汇率的标价方法（Quotations）。当银行与工商企业、个人等顾客进行本币与外币买卖时，通常局限在一定的国家或地区，此时银行的报价既可以用本国货币表示外国货币的价格，也可以用外国货币表示本国货币的价格，因此同样有必要先确定以哪个国家的货币作为基准。由于各国确定的准则不同，各国外汇市场上的汇率可分为两种标价方法：直接标价法和间接标价法。

1. 直接标价法（Direct Quotation System）

直接标价法是指以一定单位（1 或 100、10000、100000 个单位）的外国货币作为标准，折成若干数量的本国货币来表示汇率的方法。也就是说，在直接标价法下，以本国货币表示外国货币的价格，外国货币的数额固定不变，本国货币的数额则随着外国货币或本国货币币值的变化而改变。目前，世界上绝大多数国家都实行直接标价法。中国国家外汇管理局公布的外汇牌价也采用这种方法，如 1 美元 = 6.2720 元人民币。有些国家货币单位的价值量较低，如日本的日元、韩国的韩元等，便以 100000 或 10000 作为折算标准。

在直接标价法下，一定单位的外国货币折算的本国货币的数额增大，说明外国货币币值上升，即外币升值（Appreciation or Revaluation），或称外汇汇率上升；或本国货币币值下降，即本币贬值（Depreciation or Devaluation），或称本币汇率下降。反之，一定单位外币折算的本国货币的数额减少，称为外币贬值，或称为本币升值。在直接标价法下，汇率的数值越大，意味着一定单位的外国货币可以兑换越多的本国货币，也就是外国货币币值越高，本国货币币值越低。

2. 间接标价法（Indirect Quotation System）

间接标价法是指以一定单位的本国货币为标准，折算成若干数额的外国货币来表示汇率的方法。也就是说，在间接标价法下，以外国货币表示本国货币的价格。本国货币的数额固定不变，外国货币的数额则随着本国货币或外国货币币值的变化而改变。美国和英国都是采用间接标价法的国家。例如，1998 年 9 月 16 日伦敦市场英镑兑美元的汇率是 1 英镑等于 1.6758 美元，英镑兑法国法郎的汇率是 1 英镑等于 9.5111 法国法郎，英镑兑德国马克的汇率是 1 英镑等于 2.8350 德国马克，等等。

在间接标价法下，一定单位的本国货币折算的外国货币数量增多，称为外币贬值，或本币升值。反之，一定单位的本国货币折算的外国货币数量减少，称为外币升值，或本币贬值。

显然，在直接标价法下，基准货币为外币，标价货币为本币；在间接标价法下，基准货币为本币，标价货币为外币。

以上两种汇率的标价方法，虽然基准不同，但站在同一国家角度看，直接标价法与间接标价法是互为倒数的关系。例如，某日纽约银行同业间 100 万美元以上交易的外汇卖出价，即银行每卖出一单位外币收取的美元数额（US $ Equiv，该卖价由银行家信托公司于美国东部时间下午 3 点提供），对美国而言，这是直接标价，例如 GBP/USD 卖率为 1 英镑 = 1.6105 美元；同时《华尔街日报》也给出银行每买入 1 美元所支出的外币数额（Currency Per US $，当然，对银行零售交易而言，银行每买入 1 美元所支出的外币数额要少一些），对美国而言，这是间接标价，USD/GBP 买率为 1 美元 = 1/1.6105 英镑 = 0.6209 英镑。简而言之，对 B 国而言，S（B/A）是直接标价，对 A 国而言，则 S（A/B）是间接标价，两种标价的关系用公式表示就是 S（B/A）= 1/S（A/B）。

3. 美元标价法（U. S. Dollar Quotation）

第二次世界大战后，国际金融市场间的外汇交易量迅速增长，随着美国经济霸主地位的确立，为便于在国际间进行外汇业务交易，银行间的报价都以美元为标准来表示各国货币的价格，至今已成习惯。例如，从瑞士苏黎世向德国银行询问欧元的汇率，法兰克福经营外汇的银行不是直接报瑞士法郎兑欧元的汇率，而是报美元兑欧元的汇率。世界各金融中心的国际银行所公布的外汇牌价，都是美元兑其他主要货币的汇率，非美元之间的汇率则通过各自兑美元的汇率套算。

（三）汇率的种类

除不同的标价法以外，外汇汇率还有以下多种不同的分类。

1. 基本汇率和套算汇率

按汇率的计算方法来划分，汇率可分为基本汇率和套算汇率。

（1）基本汇率。一国货币对国际上某一关键货币（许多国家均以美元作为关键货币）所确定的比价即基本汇率。因为这种汇率根据两种货币所代表的价值量直接计算得出，所以又称直接汇率，它是作为确定一国货币与其他各种外币汇率的基础。例如，中国的基本汇率就是美元兑人民币汇率。

（2）套算汇率（Cross Rate）。套算汇率又称为交叉汇率，是通过两种不同货币与关键货币的汇率间接计算得出两种不同货币之间的汇率。目前很多国家都以美元作为关键货币，故套算汇率可定义为从两种非美元货币兑美元的汇率中计算得出的非美元货币之间的汇率。例如，美元兑日元的汇率为1美元兑换110日元，同时美元兑人民币的汇率为1美元兑7元人民币，那么日元兑人民币的套算汇率就是100日元兑换6.3636元人民币。

2. 买入汇率、卖出汇率、中间汇率和现钞汇率

按银行业务操作情况来划分，汇率可分为买入汇率、卖出汇率、中间汇率及现钞汇率。

（1）买入汇率和卖出汇率。商业银行等机构买进外汇时所依据的是"买入汇率"，也称"买价"；卖出外汇时所依据的是"卖出汇率"，也称"卖价"。买入汇率与卖出汇率相差的幅度一般为1‰~5‰，各国不尽相同。买入汇率与卖出汇率的差额即商业银行买卖外汇的利润。

在外汇市场上挂牌的外汇价一般均列有买入汇率与卖出汇率。在直接标价法下，一定外币后的前一个本币数字表示"买价"，即银行买进一定单位外币时付给客户的本币数；后一个本币数字表示"卖价"，即银行卖出一定单位外汇时向客户收取的本币数。在间接标价法下，情况恰恰相反，在本币后的前一外币数字为外币"卖价"，即银行买进一定单位的（1或100）本币而卖出外汇时，付给客户的外汇数；后一外币数字是外币"买价"，即银行卖出一定量的（1或100）本币而买进外汇时，向客户收取的外汇数。

（2）中间汇率。买入汇率与卖出汇率相加，除以2，则为中间汇率。一般我们所说的某一货币的汇率是指它的中间汇率。中间汇率常用来衡量和预测某种货币汇率变动的趋势和幅度，一般商业银行或企业进行内部核算时也使用中间汇率。

（3）现钞汇率。现钞汇率即银行购买外币钞票的价格。银行买进外国的钞票，则要经过一定的时间，积累到一定数额以后，才能将其运送并存入外国银行调拨使用。在此之前，买进钞票的银行要承受一定的利息损失。将现钞运送并存入外国银行的过程中还有运费、保险费等支出，银行要将这些损失及费用开支转嫁给卖出钞票的顾客，所以银行买入外国钞票的价格低于买入各种形式的支付凭证的价格。而银行卖出外国现钞时，则根据一般的（即一般的支付凭证的）卖出汇率，不再单独

规定价格。

3. 银行同业汇率和商业汇率

按买卖对象划分，汇率可分为银行同业汇率和商业汇率。

（1）银行同业汇率（Inter – bank Rate）指银行与银行间外汇交易中使用的外汇汇率，即外汇市场的汇率。由于银行同业外汇市场是一个批发市场，因此银行同业汇率的价差比较小。

（2）商业汇率（Merchant Rate）指银行与客户间买卖外汇时使用的汇率。由于商业外汇交易市场是零售市场，因此商业汇率的买卖价差要比银行同业汇率的买卖价差大。

4. 即期汇率和远期汇率

按外汇交割期限不同，汇率可分为即期汇率与远期汇率。外汇交割是指外汇交易的买卖双方全面履行交易契约，进行钱汇两清的授受行为。

（1）即期汇率（Spot Rate）又称现汇汇率，是外汇买卖双方成交后，在两个营业日内办理交割时所采用的汇率。

（2）远期汇率（Forward Rate）又称期汇汇率，是买卖双方预先约定在未来某一日期按照协议交割所使用的汇率。

5. 电汇汇率、信汇汇率和票汇汇率

按外汇交易工具和收付时间划分，汇率可分为电汇汇率、信汇汇率和票汇汇率。

（1）电汇汇率（T/T Rate）

用电报或电传方式通知付款的外汇价格，叫电汇汇率。电汇汇率交收时间最快，一般银行不能占用顾客资金，因此电汇汇率最贵。国际支付以及银行同业之间的外汇买卖绝大多数采用电汇方式，因此电汇汇率也被视为外汇买卖的基础汇率，外汇市场上的其他汇率均以电汇汇率为基准来计算。

（2）信汇汇率（M/T Rate）

即用信函方式通知付款的外汇汇率。由于航邮比电讯通知需要更长时间，银行在一定时间内可以占用顾客的资金，因此信汇汇率较电汇汇率低。一般地，邮递时间越长，外汇存款利率越高，信汇汇率便越低；反之便越高。

（3）票汇汇率（D/D Rate）

在兑换各种外汇汇票、支票和其他票据时所采用的汇率称为票汇汇率。因票汇在期限上有即期和远期之分，故汇率又分为即期票汇汇率和远期票汇汇率，后者要在即期票汇汇率基础上扣除远期付款的利息。

6. 名义汇率和实际汇率

按汇率是否经过通货膨胀调整，汇率可分为名义汇率和实际汇率。

（1）名义汇率（Nominal Exchange Rate）指由官方公布的或在市场上通行的，没有剔除通货膨胀因素的汇率。

（2）实际汇率（Real Exchange Rate）指按外国与本国物价指数之比对名义汇率进行调整后的汇率。它用来反映剔除两国货币相对购买力变动的影响后，汇率变动对两国国际竞争力的实际影响。

7. 双边汇率和有效汇率

为了便于研究，经济学家还将汇率区分为双边汇率和有效汇率。

（1）双边汇率，即一种货币对另一种货币的比价。双边汇率中，一国货币可能相对部分货币升值，而对其他货币贬值。

（2）有效汇率（Effective Exchange Rate）又称多边汇率或者篮子货币汇率，是将一国货币与多个其他国家货币的双边汇率指数进行加权平均而得到的汇率指数，以反映该国货币对多种外币总的价值变化情况。如同价格指数一样，有效汇率也不是一个具体的汇率水平，而是一个指数，可用于反映报告期和基期相对汇率水平的变化。通常，有效汇率指数是以间接标价法构造的，因此指数上升意味着本币升值，指数下降意味着本币贬值。有效汇率又分为名义有效汇率（Nominal Effective Exchange Rat，NEER）和实际有效汇率（Real Effective Exchange Rate，REER）。相对于名义有效汇率，实际有效汇率能够更准确地反映一国国际竞争力的变化。

二、汇率制度

汇率制度（Exchange Rate System）又称汇率安排（Exchange Rate Arrangement），是指一国货币当局对本国汇率变动的基本方式所做的一系列安排或规定。一种汇率制度应规定或确定以下四个方面内容：第一，确定汇率的依据；第二，汇率波动的界限；第三，维持汇率应采取的措施；第四，汇率的调整方式。根据汇率波动的剧烈和频繁程度，汇率制度一般可分为固定汇率制度和浮动汇率制度两大类。

固定汇率制度（Fixed Exchange Rate System）是指两国货币比价基本固定，并把两国货币比价的波动幅度限定在一定范围之内的汇率制度。在实行固定汇率制的国家，政府通过各种经济政策手段对汇率进行干预，使汇率维持在符合政府经济调控目标的特定范围之内。固定汇率制度是在金本位制基础上发展起来的。自19世纪中末期金本位制在西方各国确立一直到1973年，世界各国的汇率制度基本上属于固定汇率制度。固定汇率制分为金本位制下的固定汇率制和纸币流通条件下的固定汇率制。

浮动汇率制度（Floating Exchange Rate System）指一国政府对本币汇率不加以固定，也不规定汇率上下波动界限，听任外汇市场根据外汇供求情况，自行决定本国货币对外国货币汇率的制度。在浮动汇率制度下，汇率随货币间供求关系的变化而波动。外国货币相对于本国货币供过于求时，外国货币就对本币贬值；外国货币供不应求时，外国货币就对本币升值。

按照汇率浮动的方式，浮动汇率制可划分为单独浮动、联合浮动以及钉住汇率三种类型。（1）单独浮动（Independent Floating）。即一国货币不与其他国家货币发生固定联系，其汇率根据外汇市场的供求变化而自动调整。如英镑、美元、日元等均属单独浮动货币。（2）联合浮动（Joint Floating）。联合浮动又称共同浮动，是指国家集团在成员国之间实行固定汇率，同时对非成员国货币实行同升共降的浮动汇率。在欧元诞生前，欧洲货币体系成员国的货币，包括法国法郎、德国马克、爱尔兰镑、意大利里拉等，便是实行联合浮动。（3）钉住汇率（Pegged Exchange Rate）。钉住汇率制是指一国货币与某种外币保持固定比价关系，随该外币的浮动而浮动。按被钉住货币的不同，钉住汇率制可分为钉住单一货币浮动和钉住复合货币浮动。钉住单一货币制度的背景是，有些国家由于历史上的原因，对外经济往来主要集中于某一发达国家，或主要使用某种外国货币。为了使这种贸易金融关系得到稳定发展，这些国家通常使本国货币钉住该发达国家的货币。如巴哈马货币钉住美元，马里货币曾钉住法国法郎等。钉住复合货币是指有些国家为了摆脱本币受某一种货币支配的状况，将本币与一篮子货币挂钩，这一篮子货币或者是某种复合货币单位，或者是以贸易额为权数确定出来的与本国经济联系最为密切的某些国家的一篮子货币组合。如缅甸货币缅元曾钉住特别提款权。

三、人民币汇率的演变

人民币汇率及其管理制度的演变过程见表4-2。

表4-2　　　　　　　　　人民币汇率及其管理制度演变概况

变动时期	变动方向	变动内容	变动背景
1949年	浮动汇率	口岸大城市设立交易所	天津、上海、广州解放后，先后建立了外汇交易所，中国人民银行公布交易所开盘价，在交易所议价成交。
1950年	取消议价制	实行国家外汇统收统支制度	1950年4月取消外汇交易所，中国人民银行根据国内外市场物价变化对汇率进行机动调整。
1953年	固定汇率	外汇专营	国际上普遍实行固定汇率制，汇价很少波动，国内物价平稳，外贸进出平衡，汇率只作为计划核算工具，采用钉住英镑的固定汇率制。

续表

变动时期	变动方向	变动内容	变动背景
1964 年	出口补贴	进口商品加成计价	出口成本上升，人民币汇价过度高估，挂牌汇价为 1:2.4618，实际汇价达到1:6.65。对一部分进口商品按进口成本加价103%定价，以进口盈余弥补出口亏损。
1967 年	钉住英镑浮动	适应性调整	1967 年 11 月英镑贬值 14.7%，人民币汇率相应下浮。国内出口工业品比重上升，农产品比重下降，出口成本有所上升。
1971 年	脱离钉住汇率	改变定价模式	1971 年 6 月英镑汇率浮动，1971 年 12 月和 1973 年 2 月美元两次贬值，人民币无法按某一国货币汇率定价。从 1971 年开始，普遍推行对外人民币计价结算，把人民币稳定在各国货币汇率中间偏上水平。因美元贬值，人民币汇率由 1:2.418 升至 1:1.425（1980 年 7 月的汇价）。
1981 年	实行双重汇率	新定贸易内部结算价	实行对外开放政策，下放外贸经营权，鼓励出口和利用外资，为改变汇率低于出口换汇成本，新定出口贸易结算价为 1:2.8。继续保留人民币的公开牌价。
1985 年 1 月	取消双重汇价	实行统一牌价	从 1981 年到 1984 年逐渐缩小两种汇价差距，到 1985 年 1 月 1 日，取消内部结算价，实行统一官方汇率，即 1 美元兑换 2.8 元人民币。但由于中国外汇调剂市场的发展，又形成了官方汇率和外汇调剂价并存的新的双重汇率制，该制度一直维持到 1993 年底。
1986—1992 年	汇率浮动	分次调低汇率	国内物价逐渐放开，价格总水平上升，出口换汇成本增大。实行单一的汇价之后，1988 年 3 月各地普遍设立外汇调剂中心，允许留成外汇议价交易。随着物价的变动多次调低汇率，1985 年 10 月 1 日调为 1:3.2，1986 年 3 月 5 日调为 1:3.7，1989 年 12 月 16 日调为 1:4.72，1990 年 11 月 17 日调为 1:5.22。

续表

变动时期	变动方向	变动内容	变动背景
1993 年	汇率浮动	稳定市场汇率	经济过热，物价上涨，进口需求猛增，对外汇求大于供，市场汇率不断下跌。1993年5月取消外汇调剂限价，市场汇率下降到1:11.2，同年7月中国人民银行采取外汇干预措施，年底回升到1:8.72。
1994 年 1 月	贸易项目有条件可兑换	汇率并轨，取消官方汇率，建立以市场供求为基础的、单一的、有管理的浮动汇率制度	实行官方汇率和市场汇率并轨，推行结售汇制度，取消外汇留成，为实现贸易项目可兑换创造条件。1993年底人民币兑换美元的官方汇率为1:5.7，外汇调剂价为1:8.7，并轨后的人民币市场汇率为1:8.72。1994年4月4日建立全国统一的外汇交易中心。
1996 年 7 月	经常项目可兑换	放宽非贸易用汇限制	国内经济快速发展，进出口增长很快，国际收支平衡，外汇储备上升，取消经常项目用汇所有限制，放宽个人用汇范围，1996年12月1日宣布经常项目可兑换。
2005 年 7 月 21 日		实行以市场供求为基础、参考一篮子货币进行调节、有管理的浮动汇率制度	人民币汇率不再盯住单一美元，形成更富弹性的人民币汇率机制。美元兑人民币汇率调整为1美元兑换8.11元人民币。
2010 年 6 月 19 日		进一步推进人民币汇率形成机制改革，增强人民币汇率弹性	推进人民币跨境结算，推进人民币国际化战略。
2013 年		全面取消服务贸易事前审批	改革服务贸易外汇管理制度
2014—2017 年	资本项目兑换程度提高	扩大金融市场的双向开放	先后推出"沪港通"、内地与香港基金互认、"深港通"、"债券通"等跨境证券投资机制；陆续设立丝路基金、中拉产能合作基金、中非产能合作基金等多个资金平台；实现FDI基本可兑换；推动银行间债券市场双向开放；改革QDII、QFII、RQFII制度，试点QDLP和QDIE等。
2016 年 10 月 1 日		人民币加入SDRs	推进人民币国际化

资料来源：1996 年之前的内容根据吴晓灵主编的由中国金融出版社出版的《中国外汇管理》（2001）整理得出；2005 年以后的内容由作者根据相关报道整理补充。

四、汇率变动对经济的影响

汇率作为宏观经济的重要变量和国民经济的重要杠杆，其变动对国内外经济有着广泛而深远的影响。

（一）汇率变动对世界经济的影响

小国货币汇率变动只会对贸易伙伴国的经济产生微弱的影响，在此主要分析发达国家的货币汇率变动对世界经济的影响。首先，发达国家货币汇率变动加剧了发达国家间的经济矛盾。如果某国政府有意使本币汇率下跌或实施法定贬值，就会导致货币战即本币竞相贬值。发达国家间货币汇率的持续变动，是造成贸易收支持续失衡和贸易战及贸易保护主义的原因之一。发达国家是世界贸易的主要参与国，对外贸易对其国内经济的作用很大。某一发达国家货币汇率的持续下跌，可能引起其贸易伙伴国出现因货币汇率上升造成的出口减少和经济萧条，即所谓"升值萧条"，进而引起世界经济不景气的连锁反应。其次，发达国家间货币汇率的波动，将会引起国际金融市场的动荡和各国经济政策协调的困难。汇率的波动引起的短期资本在国际间的流动，不仅是汇率进一步变动的动因，而且还干扰了相关国家货币政策的实施效果。由于国际金融市场上诸多交易（如黄金、期货等交易）以美元计价，美元汇率的波动所引起的国际金融市场动荡时常发生。再次，发达国家货币间汇率的波动所引起的外汇风险，也经常会影响国际贸易、国际投资的发展。最后，发达国家货币汇率的不稳定性，促成了硬通货和软通货的两极分化和货币地位的变化，并对国际储备体系和国际货币体系带来巨大的影响。目前国际储备货币多元化正是其结果之一。历史上，国际货币体系的更替也与它密切相关。

从整体上看，汇率变动影响世界经济的渠道主要有以下三个：（1）国际贸易渠道。汇率稳定有利于国际贸易的发展，而汇率不稳，则会使进出口商无法准确进行成本与收益核算，从而增加国际贸易的风险，影响国际贸易总量的增长。（2）国际投资渠道。汇率稳定能够确保跨境投资者获得预期利润，减少投资的汇率风险，从而促进国际投资的发展。然而，汇率动荡往往使资本在国际间频繁流动，增强国际游资的投机性，不利于国际投资的稳定发展。（3）国际债务渠道。汇率不稳，往往加剧国际债权国与债务国之间的矛盾。如20世纪80年代初期至中期美元坚挺，加重了拉美等发展中国家的外债负担，最终爆发了国际债务危机。

（二）汇率变动对国内经济的影响

一般来说，汇率变动对国内经济的影响主要表现在以下几个方面。

1. 对进出口贸易收支的影响

本币贬值后，单位外币折合的本币数额增加，会给以外币取得销售收入的出口商带来额外的盈利，出口商一般也会降低出口品的外币报价，以提高出口品在国际市场上的竞争力，从而扩大出口数量。另外，当本币贬值后，进口成本会提高，进口品在本国市场上的本币销售价格也将相应提高，从而可以削减进口数量。总的来说，本币贬值能够促进出口，削减进口，从而改善贸易收支。同理，本币升值将降低本国出口品的国际竞争力，导致出口减少，同时也促进了进口，进而造成贸易收支的恶化。

2. 对物价水平的影响

本币贬值往往会导致国内物价上升，本币升值会导致国内物价下跌。从出口看，本币贬值后，出口品外币销价降低，促使出口数量扩大，引起出口商在国内订货增加，从而促使出口品国内价格上升。而出口收入的增加又将通过乘数作用造成国民收入的成倍增长，使国内总需求扩大，导致国内物价上升。从进口看，本币贬值后，进口成本的提高会引起进口品在国内销价的相应上升。如果进口品是原材料，必然直接导致国内相关产品的成本和价格上升。如果进口品是消费品，本国居民将转向购买国产的进口替代品，间接地造成了国产进口替代品价格的上升。另外，消费品价格上升可能促使工资水平提高，进而造成物价全面上涨。

3. 对资本流动的影响

汇率变动对长期资本流动的影响较小，而对短期资本流动的影响较大。因为长期资本流动主要取决于东道国状况和母国公司对利润和风险的评价。很显然，汇率对短期资本流动的影响发生在货币可自由兑换的国家，该影响取决于汇率变动引起的人们对该国货币汇率今后走势的预期。在本币贬值初期，或人们预期本币还将进一步贬值时，资金会大量外流，从而恶化资本账户收支。在本币贬值后期，或人们预期本币今后可能向上反弹时，资金将大量流入，从而改善资本账户收支。就金融市场发达、金融管制宽松的国家而言，本币汇率变动在短期内对国际收支所产生的积极或消极影响是很大的。汇率变动对经常账户收支的影响较慢，而对短期资本账户收支的影响较快。

4. 对外汇储备的影响

汇率变动主要是影响外汇储备的数量和实际价值的变动。主要表现在：一方面，本国货币汇率变动通过资本转移和进出口贸易额的增减，直接影响本国外汇储备的增加或减少。一般来讲，一国货币汇率稳定，有利于该国吸收外资，从而促使该国外汇储备增加；反之，则会引起资本外流，促使外汇储备减少。由于一国汇率变动，其出口额大于进口额时，则其外汇收入增加，储备状况得以改善；反之，储备状况则恶化。另一方面，储备货币的汇率下跌，使保持储备货币国家的外汇储备的实际价值遭受损失；而储备货币的发行国家则因该货币的贬值而减少了债务负担，从中获利。

5. 对国内就业水平和收入的影响

本币贬值后，一般会使出口增加，进而使出口部门收入增加。出口部门在国内增加的各类支出，又会造成其他各部门收入依次增加。这样整个国民收入水平就会增加，而且国民收入的增加额是出口增加额的数倍，这种现象被称为外贸乘数效应。

本币贬值后，一般会导致出口和国民收入增加，进而使社会总需求扩大。如果国内有闲置资源，即处于非充分就业状况，该国产量将会扩大，就业水平也会提高。有时我们听到的"本币贬值使出口扩大的同时，也出口了失业和萧条"的说法，其起因便在于此。当然，如果国内经济处于充分就业状况，本币贬值只能导致物价上升，便不会有产量和就业水平的提高。

6. 对资源配置的影响

汇率变动会影响资源配置，是因为它能够影响到不同部门的产品价格和盈利水平，从而诱导生产资源转移到产品价格和盈利水平较高的部门。这种资源的再配置是通过生产要素市场进行的，其配置的合理性与效率，需要从多方面进行评价。本币贬值后，出口数量和出口品的国内价格都可能上升，进口品在国内的销售价格和国产进口替代品的价格也会上升，因此整个贸易品部门（出口品生产部门和进口替代品生产部门）产品的价格和盈利水平相对于非贸易品部门都将提高，会诱导生产资源从非贸易品部门转移到贸易品部门。这样的话，一国的贸易品部门会发展得更快，会有更多的产品面向国际市场，进而提高了本国的对外开放程度。

第三节　汇率决定理论

一、不同货币制度下的汇率决定

（一）金币本位制度下汇率的决定

在金币本位制下，决定汇率的基础是铸币平价。市场汇率随供求关系的变动围绕着铸币平价而波动，其波动幅度自动地以黄金输送点为界限。

市场汇率的波动围绕着铸币平价，并以黄金输送点为波动界限是由金币本位制自身的特点决定的。在金币本位制下，国际债权债务关系的结算既可以通过国际汇兑方式，也可以通过输出输入黄金方式。具体采用哪一种，取决于债权人或债务人看哪种方式更合算。当时 1 英镑含金量是 1 美元含金量的 4.8665 倍，因此，反映货币对内价值的汇率应该是 1 英镑 = 4.8665 美元。

第一次世界大战前，运输黄金的各项费用（如运费、保险费等）约为黄金价值的 5‰~7‰。按平均数 6‰计算，在英国、美国之间运送价值 1 英镑的黄金即 113.0016 格令黄金的费用约为 0.03 美元。例如，一个美国债务人向英国债权人偿还 1 英镑债务时，如果采用输出黄金方式结算，须先用 4.8665 美元换取 113.0016 格令黄金，再花费 0.03 美元将黄金运到英国偿付给英国债权人，从而清偿了债务，这时美国债务人所支付美元为 4.8665 + 0.03 = 4.8965，这一数值被称为美国的黄金输出点（英国的黄金输入点）。如果美国债务人用国际汇兑方式向英国债权人偿债，即从一家美国银行买入 1 英镑并委托该行通过其在英国的往来银行偿付给英国债权人，美国债务人支付的美元数额就是 1 英镑折合成美元的汇率值。当美国对英国的国际收支为逆差时，购买英镑还债的需求增大，英镑币值必然上升；但英镑汇率不可能超过 4.8965 美元，否则美国债务人宁愿输出黄金还债，而不是购买英镑还债。因此汇率上升的最高界限是美国的黄金输出点（英国的黄金输入点）。再例如，一个美国债权人向英国债务人收回 1 英镑债权时，如果采用输入黄金方式须花费 0.03 美元将 113.0016 格令黄金运回美国，再将其兑换为 4.8665 美元，他实际所得美元为 4.8665 - 0.03 = 4.8365，这一数值被称为美国的黄金输入点（英国的黄金输出点）。如果美国债权人用国际汇兑方式收回债权，他所得美元数额就是 1 英镑折合成美元的汇率值。当美国对英国的国际收支为顺差时，收回债权、卖出英镑的数量增大，英镑汇率必然下跌，但英镑汇率不可能下跌到 4.8365 美元以下，否则，美国债权人宁愿输入黄金而不愿出售英镑。因此，汇率下跌的最低界限是美国的黄金输入点（英国的黄金输出点）。

第一次世界大战爆发后，各国陆续放弃了金币本位制。战后，各国又分别实行了金块本位制和金汇兑本位制。这两种货币制度不具备金币本位制的许多特征，都严重削弱了金币本位制。在金块本位制和金汇兑本位制下，决定汇率的基础仍然是货币的含金量之比，但汇率的波动不再稳定，汇率的波动幅度只能由政府人为地规定和维护。在 1929—1933 年大危机的冲击下，西方各国的金本位制终告崩溃。

（二）纸币本位制度下汇率的决定

金本位制崩溃后，各国普遍实行的是纸币流通制度。虽然在布雷顿森林体系下（1945—1973 年），许多国家对其货币规定了含金量，但实际上纸币不能兑现黄金，纸币的发行也不受黄金准备的限制，这种货币含金量只是名义上的。目前大多数货币已经不再规定含金量，这样含金量之比也不再成为决定汇率的基础。

实际上，实行纸币流通的国家曾普遍存在着纸币贬值的现象，纸币的法定金平价与其实际所代表的金量严重脱节。在这种情况下，纸币的汇率不应由纸币的黄金平价来决定，而应以贬值了的纸币实际上代表的金量为依据。按马克思的货币理论，纸币是价值的一种代表，两国纸币之间的汇率便可用两国纸币各自所代表的价值量之比来确定。因此，纸币本位制度下，纸币所代表的价值量是决定汇率的基础。

二、购买力平价说

购买力平价说（Theory of Purchasing Power Parity）又称为"三 P 说"（"PPP"或"Three Ps"），是瑞典经济学家卡塞尔（G. Cassel）在总结前人零星研究的基础上于 1922 年系统提出的。自卡塞尔发表其名著《1914 年以后的货币与外汇》后，购买力平价说在激烈的争论中得到了很大的发展，已成为当今汇率决定理论中极具影响力的理论之一。

（一）开放经济下的一价定律

国际间的"一价定律"（Law of One Price），即在自由贸易条件下，同一种商品在不同国家以不同货币标示的价格，经过均衡汇率折算后，与用同一种货币标示的价格是一样的，用公式表示为

$$P_h = E \cdot P_f \tag{4-1}$$

式中，E 表示直接标价法下的外汇汇率，P_h 和 P_f 分别表示国内和外国的物价。尽管以各国货币标示的价格不一样，但这只不过是按照汇率把以一国货币标示的价格折算成以另一国货币标示的价格而已。

购买力平价按静态和动态可以分为两种：绝对购买力平价与相对购买力平价。

（二）绝对购买力平价

由于货币的购买力实际上是一般物价水平的倒数，两国货币的汇率就决定于两国一般物价水平之商，这便是绝对购买力平价（Absolute Purchasing Power Parity）。

$$E = P_h/P_f \tag{4-2}$$

式（4-2）是绝对购买力平价的一般形式。绝对购买力平价说明在某一时点上的均衡汇率等于两国一般物价水平之比。如果现实的市场汇率不等于这一由购买力平价决定的均衡汇率，则商品的套购（Commodity Arbitrage）行为会使世界各地商品的价格趋于一致，将使市场汇率调整到与均衡汇率相等为止。

（三）相对购买力平价

所谓相对购买力平价（Relative Purchasing Power Parity）是用于说明汇率的变动，将汇率在一段时间内的变化归因于两国物价水平在这段时间内的相对变动。它的一般形式是：

$$\Delta E = \Delta P_h - \Delta P_f \tag{4-3}$$

式中，ΔE 表示外汇汇率的升贬值率，ΔP_h 表示国内的通货膨胀率，ΔP_f 表示外国的通货膨胀率。

（四）对购买力平价理论的评价

购买力平价的合理性在于，它有助于说明通货膨胀与汇率变动之间的联系，并能够说明汇率的长期变化趋势，但从解释短期与中期汇率的变动趋势来说，它是无能为力的。该理论的主要不足在于其假设商品能被自由交易，并且不计关税、配额和赋税等交易成本。另一个不足是它只适用于商品，却忽视了服务，而服务恰恰可以有非常显著的价值差距的空间。另外，除了通货膨胀率差异之外，各国之间在国际收支、经济增长率、利息率等方面的差异，以及各种突发性事件等，都会引起资本在国际间的流动和外汇供求关系的变化，从而使汇率发生变化。还有其他若干因素影响着汇率，比如经济数据发布/报告、资产市场以及政局发展等。在 20 世纪 90 年代之前，购买力平价理论缺少事实依据来证明其有效性。90 年代之后，此理论似乎只适用于长周期（3 ~ 5 年）。在如此跨度的周期中，价格最终向平价靠拢。学术界对相对购买力平价更感兴趣，因为它可用来预测汇率。

三、利率平价说

随着生产与资本国际化的不断发展，国际间资本移动的规模日益扩大，并成为决定货币汇率（尤其是短期汇率）的一个重要因素。资本流动影响汇率变动这一现象无法用购买力平价说来解释，它需要一种新的理论来加以解释，利率平价说就是适应这种需要而产生和发展起来的。

利率平价说的基本思想可追溯到 19 世纪下半叶，在 20 世纪 20 年代由凯恩斯等人予以完整阐述。利率平价说可分为抛补利率平价（Covered Interest Rate Parity，CIP）与非抛补利率平价（Uncovered Interest Rate Parity，UIP）两种。

（一）抛补利率平价

随着远期外汇业务的迅速发展，英国经济学家凯恩斯（J. M. Keynes）于 1923 年首次系统地提出了远期汇率的利率平价说（Interest Rate Parity Theory，IRP），亦称远期汇率理论（Forward Exchange Rate Theory）。该理论阐述了远期汇率和利率之间的关系。

为便于说明问题，这里不妨假设有一个投资者，手中拥有一笔可自由支配的资金。假定国家间资本自由流动，并且不存在任何交易成本。当本国利率低于外国利率时，该投资者为获得较高收益，会将其资本从本国转移到外国，并在外国进行投资，以套取利息差额。但投资者要达到此目的，必须以两国货币汇率保持不变为前提条件。如果汇率发生对投资者不利的变动，他不仅不能获得较高收益，反而还会遭受损失。为避免这种情况，投资者会在远期外汇市场，按远期汇率将其在外国投资所得收益换为本国货币，并将此收益同在本国投资所得收益进行对比。这种对比的结果是投资者确定投资途径的依据。两国投资收益存在的差异，促使了资本在国际间的流动。直到通过利率的调整，两国的投资收益相等时，国际间的资本移动才会终止。

抛补利率平价的公式推导如下：

设：本国利率为 I_h，外国利率为 I_f，S 为即期汇率，F 为远期汇率，汇率的标价方法为直接标价法。

如果投资国内金融市场，每单位本币到期时增值为

$$1 \times (1 + I_h) = 1 + I_h \tag{4-4}$$

如果投资于外国金融市场，则跨国抛补套利行为可分为以下四个步骤。第一，将本国货币在外汇即期市场上按照即期汇率 S 兑换成外国货币。第二，为了锁定投资到期时汇率不确定带来的风险，同时在远期外汇市场签订卖出外汇的远期合约，远期汇率为 F。第三，用兑换所得外国货币投资外国金融市场利率为 I_f 的资产。第四，投资到期时，将投资外国资产的外币应收资金按照之前签订的远期合约兑换回本国货币。届时每单位本币可增值为

$$F/S \times (1 + I_f) \tag{4-5}$$

如果两国投资收益不同，金融市场上便会出现套利活动，但在本国与外国之间的套利活动终止时，本国与外国的投资收益应该相等，即

$$1 + I_h = F/S \times (1 + I_f) \tag{4-6}$$

将式（4-6）整理，得

$$F/S = (1 + I_h)/(1 + I_f) \tag{4-7}$$

式（4-7）两边各减去1，得

$$(F - S)/S = (I_h - I_f)/(1 + I_f) \tag{4-8}$$

显然，在式（4-8）中，如本国的利率水平高于外国，即 $I_h > I_f$，则 $F > S$，即远期外汇汇率为升水，$(F-S)/S$ 为升水率；如本国的利率水平低于外国，即 $I_h < I_f$，则 $F < S$，即远期外汇汇率为贴水，$(F-S)/S$ 为贴水率。

现令 P 为远期外汇的升、贴水率，则式（4-8）变为

$$P = (I_h - I_f)/(1 + I_f) \tag{4-9}$$

将式（4-9）变形，得

$$P + P \times I_f = I_h - I_f \tag{4-10}$$

式（4-10）中的 P 和 I_f 均为百分数，其乘积的数值很小，可忽略不计，式（4-10）即变为

$$P \approx I_h - I_f \tag{4-11}$$

式（4-11）表明，外汇远期汇率的升水率、贴水率大约等于本国与外国的利

率差。

式（4-8）和式（4-11）称为抛补利率平价（Covered Interest Parity）。它们表明，低利率国家货币的远期汇率必然升水；高利率国家货币的远期汇率必然贴水，远期汇率的升水率、贴水率大约等于两种货币的利率差。

抛补利率平价说忽略了外汇交易成本的因素，也未考虑外汇管制等限制资本流动的因素，而使得按该理论预测的远期汇率同即期汇率的差价往往同实际不符。特别是在货币危机的条件下，按该理论预测的远期汇率同即期汇率的差价更同实际相去甚远。

（二）非抛补利率平价

在跨境套利中还存在另一种情形——非抛补套利，即投资者根据自己对未来汇率变动的预期而计算预期的收益，在承担一定汇率风险的情况下进行的套利活动。

在不引入远期合约进行抛补的情形下，投资者在投资结束时按照未来即期汇率的预期来计算投资活动的收益。假设投资者预期一年后的即期汇率为 S^e，则投资外国金融市场的最终本币收入为：$S^e/S(1+I_f)$。如果这一收入与投资本国金融市场的收入存在差异，则投资者会在市场上进行相应的操作以使两者相同。当式（4-12）成立时，市场处于平衡状态。

$$1 + I_h = S^e/S(1 + I_f) \qquad (4-12)$$

将式（4-12）整理，得

$$S^e/S = (1 + I_h)/(1 + I_f) \qquad (4-13)$$

式（4-13）两边各减去1，得

$$(S^e - S)/S = (I_h - I_f)/(1 + I_f) \qquad (4-14)$$

显然，在式（4-14）中，如本国的利率水平高于外国，即 $I_h > I_f$，则 $S^e > S$，即外汇即期汇率未来预期升值，$(S^e - S)/S$ 为升值率；如本国的利率水平低于外国，即 $I_h < I_f$，则 $S^e < S$，即外汇即期汇率未来预期贬值，$(S^e - S)/S$ 为贬值率。

当 $1 + I_f$ 趋向于0时，式（4-14）变为

$$(S^e - S)/S \approx I_h - I_f \qquad (4-15)$$

式（4-14）和式（4-15）即为非抛补利率平价的一般形式。它们表明，预期的外汇汇率变动率约等于本国与外国的利率差。

（三）对利率平价说的简单评价

首先，利率平价说的研究角度是资金的跨境流动。该理论指出了汇率与利率之间存在的密切关系，这对于正确认识资金流动问题突出的外汇市场上汇率的形成机制是非常重要的。与其他汇率决定理论的成立条件不同，跨境资金流动迅速而频繁，这使得利率平价（主要是抛补利率平价）能够较好地成立，并在分析中得到广泛

运用。

其次，汇率与利率之间是相互作用的——利率的差异会影响到汇率的变动，汇率的改变也会通过资金流动而影响不同市场上的资金供求关系进而影响到利率。此外，有一些因素既影响利率，也同时作用于汇率，如经济政策、宏观基本面等。利率平价揭示了在这一变化过程中利率与汇率两者间的联系。因此，它与其他汇率决定理论之间是相互补充而不是相互对立的，它常常被作为一种基本的关系式而运用在其他汇率决定理论的分析中。

最后，利率平价说具有较高的实践价值。由于利率的变动是非常迅速的，同时利率又可对汇率产生立竿见影的影响，这就为中央银行干预外汇市场以调节汇率提供了有效的途径。例如，当市场上存在着本币贬值的预期时，中央银行就可以相应提高本国利率以抵消这一贬值预期对外汇市场的压力，维持汇率的稳定。

四、国际收支说

（一）国际借贷说

国际借贷说（Theory of International Indebtedness）是第一次世界大战以前流行的国际收支理论，由英国学者葛逊（G. L. Goschen）于 1861 年提出。国际借贷说认为，汇率是由外汇市场上的供求关系决定的。在葛逊看来，外汇供求是由国际收支引起的。商品的进出口，债券的买卖，利润、捐赠和旅游的收支，资本交易等都会引起国际收入和支出。而只有已进入收支阶段的国际收支才会影响外汇的供求。当一国进入收支阶段的外汇支出大于进入收支阶段的外汇收入时，外汇的需求才大于供给，本国货币汇率才会下降；反之，本国货币汇率才会上升。当进入收支阶段的外汇供求相等时，汇率便处于均衡状态。进入收支阶段的外汇支出又称为流动债务，进入收支阶段的外汇收入又称为流动债权。由此，葛逊的理论被称为国际借贷说。很明显，葛逊的理论实际上就是汇率的供求决定论。它只能用来解释短期汇率的形成，并不能用来解释长期汇率的决定。但因葛逊的理论提出时间较早，所以在汇率理论史上，该理论占据较重要的地位。

（二）新凯恩斯主义汇率理论

1981 年，美国经济学家阿尔吉（V. Argy）在其出版的著作中系统地总结出了新国际收支汇率说（Balance of Payment Theory of Exchange Rate）。这一理论是国际借贷说的现代形式，是凯恩斯主义汇率理论的改进和深化，是新凯恩斯主义汇率理论。该理论认为，外汇汇率决定于外汇的供求。国际收支状况决定着外汇的供求，因而汇率实际取决于国际收支。国际收支处于均衡状态时决定的汇率即为均衡汇率。理论模型为

$$e = g(Y, Y^f, P, P^f, i, i^f, e^E) \tag{4 – 16}$$

式中，Y 为本国国民收入，Y^f 为外国国民收入，P 为国内价格水平，P^f 为外国价格水平，i 为国内利率，i^f 为外国利率，e^E 为未来的预期的外汇汇率。该理论认为，均衡汇率是由国内外国民收入、价格水平、利率以及未来的预期汇率等因素决定。经常账户收支是影响外汇供求的决定性因素。一国经常账户收支状况取决于该国国民收入状况：国民收入下降，进口需求缩减，贸易收支改善，本币汇率上升；国民收入上升，进口需求扩大，贸易收支恶化，本币汇率下降。资本金融账户收支也会影响汇率：本国利率相对高于外国，由于本国资产（货币、证券）与外国资产之间具有相互替代性，资本内流，外汇供给增加，对本币的需求增大，从而本币汇率上升；反之，本国利率相对低于外国，则会导致资本外流，市场上本币供给增加，对外币的需求增大，从而本币汇率下跌。

该理论对凯恩斯主义汇率理论的改进与深化之处主要在于：第一，它不仅分析了本国国民收入变化对经常项目收支的影响，而且分析了外国国民收入的变化、本国与外国的价格水平对经常项目收支的影响；第二，它还进一步分析了汇率的预期，以及本国货币政策、财政政策与工资水平对汇率的影响。

（三）对国际收支说的简单评价

国际收支说对于短期汇率的分析是有贡献的，但其局限性也是明显的。首先，它只适合于有发达外汇市场的国家。如果外汇市场不发达，外汇供求的真实情况就会被掩盖。其次，凯恩斯主义汇率理论与新凯恩斯主义的汇率理论过于强调国民收入和经常账户收支对汇率的影响，有失偏颇。它与购买力平价理论一样，国际收支模式主要侧重于贸易商品和服务，而忽视了全球资本流动日趋重要的作用。换言之，金钱不仅追逐商品和服务，而且从更广义的角度而言，也追逐股票和债券等金融资产。此类资本流进国际收支的资本账户项目，从而可平衡经常账户中的赤字。例如，在 20 世纪 80 年代前半期，美国既有巨额的经常账户收支逆差，又有美元的高汇率，就是一个反例。反例之二是，日本、西德是发达国家中国民收入增长最快的国家，而其货币汇率则长期处于坚挺状态。

本章小结

1. 外汇（Foreign Exchange）的含义有动态与静态之分。动态的外汇是指一国货币兑换成另一国货币的过程，静态外汇是指清算国际债权债务的手段和工具。

2. 外汇汇率（Foreign Exchange Rate）又称外汇汇价，是以一种货币表示的另一种货币的价格。世界上多数国家采用直接标价法，采用间接标价法的国家主要是英国和美国。20 世纪五六十年代以来，跨国银行普遍采用了美元标价法。

3. 金本位制度下，汇率决定于铸币平价，并受到黄金输送点的制约。

4. 纸币制度下，国际汇率体系经历了布雷顿森林体系下的固定汇率和20世纪70年代以后的浮动汇率两个时期。

5. 纸币制度下影响汇率变动的主要因素有国际收支差额、利率水平、通货膨胀率、财政货币政策、投机资本、政府市场干预、经济实力以及突发因素等。

6. 汇率变化对贸易产生的影响一般表现为：一国货币对外贬值后，有利于本国商品的出口，不利于进口；而一国货币对外升值后，有利于外国商品的进口，不利于本国商品的出口。

7. 汇率变化是影响资本流动的直接因素。

8. 高利率国家的货币未来预期贬值，低利率国家的货币未来预期升值。

9. 高利率国家的货币远期贴水，低利率国家的货币远期升水。

10. 1996年12月，人民币实现了经常项目下的完全可兑换。目前，人民币实行以市场供求为基础、参考一篮子货币进行调节、有管理的浮动汇率制度。

本章重要概念

外汇　外汇管制　汇率　直接标价法　间接标价法　套算汇率　即期汇率
远期汇率　双边汇率　有效汇率　金本位制　铸币平价　黄金输送点　一价定律
绝对购买力平价　相对购买力平价　抛补利率平价　非抛补利率平价　固定汇率制度
浮动汇率制度　国际收支说　人民币汇率制度

复习思考题

1. 直接标价法、间接标价法和美元标价法的异同点是什么？

2. 如何评价西方主要汇率决定理论？

3. 怎样认识现阶段的人民币汇率制度？

4. 如何认识汇率的作用？

5. 假设某年7月1日英镑兑美元的汇率为1.2348，第二年7月1日英镑兑美元的汇率为1.2139。某年为基年，两国的物价指数为100，第二年英国物价指数为124，美国物价指数为123。根据相对购买力平价，美元在第二年是高估了还是低估了？如果没有其他因素影响，预期美元将升值还是贬值？英镑兑美元的升值/贬值幅度将是多少？

6. 假设日元利率是2.5%，同时，英镑的利率是6.0%。假如抛补利率平价成立，即期汇率为1英镑兑换140日元，计算英镑兑日元1年远期汇率；计算英镑兑日元180天远期升贴水率。

本章参考文献

［1］杨长江，姜波克. 国际金融学［M］. 北京：高等教育出版社，2015.

［2］胡靖，等. 新编货币金融学［M］. 上海：复旦大学出版社，2018.

［3］黄达. 金融学［M］. 北京：中国人民大学出版社，2017.

［4］蒋先玲. 货币金融学［M］. 北京：中国金融出版社，2017.

［5］杜金富. 金融市场学（第三版）［M］. 北京：中国金融出版社，2018.

［6］曹龙骐. 金融学（第五版）［M］. 北京：高等教育出版社，2016.

［7］王晓光. 金融学（第五版）［M］. 北京：清华大学出版社，2019.

［8］刘克，等. 国际金融（第二版）［M］. 北京：北京语言大学出版社，2013.

第五章
金融机构体系

学习目标

> 1. 掌握金融机构的含义、功能、分类等基本概念；
>
> 2. 了解西方国家金融体系的构成；
>
> 3. 熟悉中国金融体系的构成；
>
> 4. 清楚国际货币基金组织、世界银行、国际清算银行等国际金融机构的宗旨及其资金来源与运用方式。

第一节　金融机构概述

一、金融机构的含义及功能

（一）金融机构的含义

专门从事各种融资活动或为融资活动提供有关服务的各类组织，均称为金融机构，也称为金融中介、金融中介机构。金融机构与非金融机构的区别主要是金融机构经营金融产品而不是非金融产品，或提供金融服务而不是非金融服务。金融机构包含的范围极其广泛，按照业务类型一般分为间接融资机构和直接融资机构。在间接融资领域中的金融机构，是作为资金余缺双方进行金融交易的媒介体，如各类银行和非银行金融中介机构；在直接融资领域中的金融机构，是为筹资者和投资者双方牵线搭桥，提供策划、咨询、承销、经纪服务的金融机构，如投资银行、证券公司、证券经纪人和交易商等。

直接融资机构与间接融资金融机构的区别主要是：间接融资金融机构主要通过

各种负债业务活动集聚资金，然后再通过各种资产业务活动分配这些资金；直接融资机构主要是促成贷款人与借款人接上关系，并非主要在借贷双方之间进行资产负债的业务经营活动。

（二） 金融机构的功能

金融机构通常提供以下一种或多种金融服务：

1. 在市场上筹资从而获得货币资金，将其改变并构成不同种类的更易接受的金融资产，这类业务形成金融机构的负债和资产。这是金融机构的基本功能，行使这一功能的金融机构是最重要的金融机构类型。

2. 代表客户交易金融资产，提供金融交易的结算服务。

3. 自营交易金融资产，满足客户对不同金融资产的需求。

4. 帮助客户创造金融资产，并把这些金融资产出售给其他市场参与者。

5. 为客户提供投资建议，保管金融资产，管理客户的投资组合。

上述第一种服务涉及金融机构接受存款的功能；第二种服务和第三种服务是金融机构的经纪和交易功能；第四种服务被称为承销功能，提供承销的金融机构一般也提供经纪或交易服务；第五种服务则属于咨询和信托功能。

二、金融机构的产生和发展

（一） 金融机构产生的原因

金融机构是帮助资金盈余方与资金需求方沟通信息、转移资金的中介机构，金融机构的存在提高了交易和融资效率，从而使得金融机构成为经济体系中不可或缺的一部分。在金融机构产生之前市场上存在借贷行为，那么为何还会产生金融机构呢？根据交易成本经济学和信息经济学理论，由于在金融交易中存在很大的交易成本和信息成本，借贷双方无法直接完成金融交易，因此产生了金融机构。金融机构产生的原因主要有以下几点：

1. 交易成本

交易成本是指在金融交易过程中花费的时间和金钱。在不存在金融机构时，无论是借方还是贷方在金融市场中寻找交易对方时需要花费大量的时间获取信息、甄别信息、作出决策，有时甚至需要聘请律师起草达成交易的合同。在进行成本核算时，如果发现这笔交易的收益无法完全弥补时间成本和支付的律师费等交易成本时，那这笔交易难以达成。金融机构把众多的投资者的资金汇集起来，从而可以利用规模经济效应，即随着交易规模的扩大，降低每一美元投资的交易成本。金融机构具备降低成本的专业技术，通过把投资者的资金汇集起来，当交易规模扩大的时候，执行某项交易的边际成本不高，就会出现规模经济效应。这些专业技术包括金融机构建立科学的管理制度，规范业务流程，如起草严谨规范的贷款合同等，从而降低业务过程中产生的交易成本；进行产品创新，如开发共同基金，向个人出售基金份额，将汇集的资金投资于股票、债券等金融资产；利用先进的技术，服务形式的创新，如网上银行、手机银行等服务形式。这些专业技术都会降低交易成本。

2. 风险分担

金融机构有助于降低投资者面临的风险，从而降低交易成本。金融机构通过创造和出售具有客户能够接受的风险水平的资产来筹集资金，然后使用这些资金去购买风险水平更高的资产。低廉的交易成本使得金融机构能够以较低的成本分散风险，从高风险资产上获得的回报和支付已出售资产的成本的差额即为其获得的利润。从某种意义上说，投资者的风险资产变得更加安全，所以风险分担有时也称为资产转换。由于投资具有不确定性，为了降低风险，投资者往往选择持有多项资产减少不确定性，从而达到收益最大化，然而，这会增加额外的交易成本。金融机构可以降低个人持有多样化资产的成本，当投资者越多时，金融机构分散给投资者的成本越小。同时，金融机构还可以降低社会风险，优化整体经济投资结构。由于金融机构拥有相对完全的信息，其具有规模经济优势，其成本增加低于组合规模的呈比例增长，因此能够以较低的成本分散社会风险，降低投资者之间的债权转换成本。

3. 信息成本

金融市场中存在信息不对称，交易者往往对交易对手缺乏了解，因此影响决策的准确性。在交易发生之前，信息不对称会导致逆向选择。金融市场上的逆向选择是指那些可能造成信贷风险的借款人，往往就是寻找贷款最积极，也是最可能得到贷款的人。当借款者不能偿还贷款违约时，导致贷款者蒙受损失，逆向选择就会干扰金融市场的运行。尽管金融市场中存在信誉良好的借款人，但是由于逆向选择造成的极高的信贷风险可能导致贷款人不发放贷款。解决金融市场中逆向选择问题的办法是交易双方获取对方更多的有效信息，降低信息不对称。金融机构运用专业技术可以实现信息收集与判断，进而分辨出信用风险的高低，银行从存款者那里获得资金后，再将资金贷给优质的公司，进而获利。在交易发生之后，信息不对称会导致道德风险。金融市场上的道德风险是指借款者可能从事违背贷款者意愿的更高风险的活动，可能会导致无法归还贷款。降低道德风险的办法是通过多重手段监督或约束借款人活动，如经常对公司审计、要求借款者提供抵押品等。金融机构可以作为监督和实施的代理人，把监督和实施问题从最终投资者那里转到代理人的层面上来，从而降低投资者的监督和实施成本。

总之，金融机构可以降低信息不对称及其带来的逆向选择与道德风险的问题，降低金融市场上的各项交易成本、信息成本和风险。贷方无须监督借方的行为或核实自己的债权，只需将此工作交给金融机构并关注其行为即可。

（二）金融机构发展的历程

金融机构历经若干个世纪，经历了早期银行、现代银行、跨国银行的发展，并根据经济和社会生活各方面的发展需要，由商业银行到中央银行，到各种专业银行，到保险公司、信托投资公司、证券公司、企业财务公司等各种金融中介机构，到各种政策性银行等。世界经济的联系又催生了各种国际金融机构和区域性金融机构。

在前资本主义社会，封建割据，货币铸造分散，重量、成色不统一，为了适应贸易的需要，逐渐从商人中分离出一种专门从事货币兑换业务的商人；进而发展到为商人保管货币、办理支付、结算和汇款；因此，货币兑换业者手中聚集了大量货币资财，他们就利用这些资财办理贷款业务。这样，货币兑换业就发展成为既办理兑换，又经营货币存款、贷款、汇款等业务的早期银行了。在古代的东方和西方，都先后有货币兑换商和银钱业的发展。如公元前 2000 年的巴比伦寺庙、公元前 200 年的罗马都有这类银钱业的活动。在中国，较早的记载是南北朝之际寺庙有经营典当业的，但由于封建社会的长期停滞，中国古老的银钱业一直未能自己实现向现代银行业质的转化，因此，对于现代银行业的兴起，还需要从西方考察。我们以英国为例进行说明。

在英国，早期银行是通过金匠业发展而来的，人们为了安全起见，把金银托付给有良好安全设施的金匠保管。金匠签发保管凭条，还可按顾客的书面要求将其保管的金银划拨给第三者，省去顾客提现和支付的麻烦。

早期的商业银行，由于规模小、风险大，因此经营成本比较高，贷款利率也就比较高，不能满足工商企业发展的需要。1694 年，在政府的扶植下，英国成立了第一家股份制商业银行——英格兰银行。它规定的正式贴现率只有 4.5% ~ 6%，大大低于早期银行业的贷款利率，这意味着高利贷在金融领域的垄断地位遭到了动摇，标志着现代商业银行的诞生。到 18 世纪末 19 世纪初，各主要资本主义国家纷纷建立了规模巨大的股份制商业银行，这些银行由于资金雄厚、业务全面，有很强的规模经济效益，因此可以收取较低的利率，极大地促进了工商业的发展。与此同时，商业银行在整个经济体系中的地位和作用也日益提高，成为重要的经济部门之一。

为了规范利率和抑制商业银行的恶性竞争，维护金融秩序，保护金融安全，协调金融活动，需要有权威的能够对银行进行宏观管理的中枢机构，在政府的支持下，诞生了中央银行。中央银行是专门从事货币发行、保管商业银行准备金，通过制定货币政策，运用货币工具，对商业银行实行监管，并对货币流通进行调控的金融核心机构。最早的中央银行，如英格兰银行是从商业银行分离出来的。19 世纪中叶，各国在政府的支持下纷纷成立了中央银行。

随着现代经济的发展，社会分工越来越细密，现代经济分工的细密程度要求金融服务多样化，推动着金融创新，专业性质不同的多种金融机构应运而生，逐步形成了以中央银行为核心，由商业银行、政策性银行和各种非银行机构组成的规模庞大的金融体系。由此可见，金融机构体系的形成是商品经济发展，资金融通发展的需要。

三、现代金融机构的基本类型

世界各国均有一个庞大的金融体系，拥有种类繁多、形式各异的金融机构，其结构和功能十分复杂，一般而言，按照不同的标准划分现代金融机构有以下几种类型：

（1）按照金融机构的管理地位划分，可划分为金融监管机构与接受监管的金融企业。金融监管机构包括中央银行和银行业监管机构、保险监管机构、证券监管机构等，银行、证券公司、保险公司等各类金融机构为接受监督管理的机构。

（2）按照融资方式划分，可划分为间接融资金融机构和直接融资金融机构。间接融资中介机构是指以商业银行等金融机构为信用中介的金融中介机构，如银行以吸收存款和向其他机构借款、发行金融债券为主要金融来源，银行和其他资金供给者形成债权债务关系，银行向全社会发放贷款又形成了新的债务关系，资金供给者和资金需求者之间的资金融通是通过二重债权债务关系得到实现的，这是间接金融的一个特征。直接融资金融机构是指提供交易场所或者某种机制，让资金供给者或资金需求者直接融通资金的机构。

（3）按照资金是否主要来源于存款，可划分为存款性金融机构和非存款性金融机构。存款性金融机构的主要资金来源是从个人和机构吸收存款并发放贷款的金融机构，包括商业银行、储蓄银行、信用社等。非存款性金融机构是指利用自行发行证券的收入或来自某些社会组织及公众的契约型存款，并以长期投资作为其主要资产业务的金融机构，包括保险公司、投资公司、养老金和财务公司等。

（4）按照是否担负国家政策性融资任务划分，可划分为政策性金融机构和非政策性金融机构。政策性金融机构是指由政府投资创办、以贯彻某种经济政策为目的的金融机构，它不是以追求利润为目的的。非政策性金融机构则不承担国家的政策性融资任务。

（5）按照是否属于银行系统划分，可划分为银行金融机构和非银行金融机构。银行金融机构包括中央银行、商业银行、专业银行和政策性银行。非银行金融机构包括保险公司、投资银行、信用社、信托投资公司、财务公司和基金公司等。

（6）按照出资国别属性划分，可划分为内资金融机构、外资金融机构和合资金融机构。

（7）按照所属国家划分，还可以划分为本国金融机构、外国金融机构和国际金融机构。

第二节　金融机构体系

一、金融机构体系的构成

各国都有一个规模庞大的银行与非银行金融机构并存，中央银行为中心，商业银行具有重要地位的金融机构体系。关于银行机构，各国的具体设置形式略有差异，甚至对同性质的银行的称谓也有所不同。从全部的银行机构组成来看，大体可以分为中央银行和商业银行这两个构成部分，有些不以银行为名但经营性质类似银行的也归入商业银行一类。同时，也存在以"银行"为名但经营性质却与银行迥然有别的金融机构，如投资银行，一般把它归入非银行金融机构。

非银行金融机构的类型很多，并随着金融体系的发展产生新的形式，这类金融机构包括保险公司、证券公司、基金公司、消费信贷机构、金融公司、租赁公司、支付机构等。

各国对不同金融机构的经营所施加的限制性管理方针是不同的。银行这类金融机构主要从事存款、放款、汇兑业务的经营。大多数非银行金融机构不经营存款业务。在德国、瑞士等实行全面经营型银行制度的国家，几乎无所限制，银行可以经营包括存贷业务和证券业务在内的各种金融业务，这种经营模式称为混业经营；而美国、英国、日本等国，在20世纪末之前，则长期是以一般银行业务与非银行业务，特别是与证券业务分离为特点，这种经营模式称为分业经营。近年来，在竞争日趋激烈的背景下，各种金融机构的业务不断交叉、重叠，金融机构分业经营的模式被不断打破。这就使得原有各种金融机构的差异日趋缩小，相互间的界限越来越模糊。

二、中央银行

中央银行（Central Bank）是由政府出面组织或授权集中管理货币储备并统一铸造和发行货币的银行。中央银行是银行业发展到一定阶段的产物，并随着国家对经济生活干预的日益加强而不断发展和强化。中央银行处于各国金融机构体系的核心地位，它对内代表国家发行通货、制定和执行货币金融政策，对金融体系实行领导、监督和管理，维护金融体系的安全运行，实施宏观金融调控，是全国货币金融的最高机构；对外还负有平衡国际收支和调节稳定汇率的职责。

三、商业银行

在西方各国，最早的商业银行（Commercial Bank）以办理工商企业存款，发放短期贷款、抵押贷款为主要业务。目前，西方国家的商业银行向着业务多样化和多功能方向发展，除开展以各种方式吸收资金和投资、放款等主要业务外，还开展对外放款、租赁、信托咨询等许多服务性的业务，有金融百货公司之称。在当代资本主义银行体系中，商业银行以其机构多、业务量大、范围广而居于其他金融机构不能取代的重要地位，是金融机构的骨干力量。

四、各类专业银行

专业银行是指定有专门经营范围和提供专门性金融服务的银行。这类银行一般都有其指定的客户，并具有某一方面的专门知识和专门职能。

（一）储蓄银行

储蓄银行（Saving Bank）是指专门吸收居民储蓄存款并为居民提供金融服务的银行。这类银行的服务对象主要是居民消费者，资金来源主要是居民的储蓄存款，资金运用主要是为居民提供消费信贷和其他贷款等。储蓄银行所汇集起来的储蓄存款余额较为稳定，所以主要用于长期投资，如发放不动产抵押贷款（主要是住房贷款），投资于政府公债、公司股票及债券。与商业银行相比，储蓄机构的资产业务期限长，抵押贷款比重高，有些西方国家政府利用储蓄银行实现某些经济目标，主要是房地产政策目标。但近年来这些规定也已有所突破，储蓄银行业务正在向商业银行靠近。同时，储蓄银行还在家庭财务收支计划、个人投资等方面对储户提供咨询和信息服务等。

（二）合作银行

合作银行（Cooperative Bank）是指有私人和团体组成的互助性合作金融机构。合作银行是通过存款业务将社员的资金集中起来，通过贷款业务将资金提供给需要借款的社员使用，从而促进资金融通。合作银行充当信用中介不以获取利润为目的，而是为了实现社团范围内的资金互助，帮助社员解决生产经营过程中的资金困难。商业性金融机构以利润最大化为经营目的，农民、小生产者不易获得其贷款，而有个体农民和小工商业者等联合起来组建的合作银行可对社员提供资金融通，弥补了商业性金融机构的业务空缺。合作银行按照社员承担的责任，可以分为无限责任合作银行、有限责任合作银行和保证责任制银行；按照组织形式不同，可以分为单一制合作银行和系统持股制合作银行；按照是否独立，分为独立型合作银行和混合型合作银行。

（三）农业银行

农业银行（Agricultural Bank）是在政府的指导和资助下，专门为农业、畜牧业、林业和渔业发展提供金融服务的银行。由于农业受自然因素影响大，资金需求期限长且有强烈的季节性，农村地域广阔、农户分散、资本需求额小、期限长、收益低等特点，商业银行和其他金融机构很难满足其融资需求，为此西方许多国家专设了以支持农业发展为主要职责的农业银行。

（四）不动产抵押银行

不动产抵押银行（Real Estate Mortgage Bank）也称为抵押银行，是专门从事土地、房屋及其他不动产抵押贷款的专业银行。不动产抵押银行的资金来源不是靠吸收存款，而是靠发行不动产抵押证券、金融债券等。这种不动产抵押证券以抵押在银行的土地及其他不动产作为保证，可以买卖转让。当借款人到期不能偿还贷款时，则由银行对抵押品进行处理，以回收贷款。

不动产抵押银行的资产业务可以分为两类：一类是为土地的所有者或土地购买者提供办理以土地为抵押的长期放款，另一类是为房屋所有者或房屋建筑商办理以城市房屋为抵押的长期贷款。此外，还有信托银行、清算银行、外汇银行及专门为中小企业服务的银行等各种类型的专业银行。

（五）政策性银行

政策性银行（Policy – related Bank）是由政府投资设立的，根据政府的决策和意向专门从事政策性金融业务的银行。各国的政策性银行基本上是处于政府的控制之下的，多数是政府直接出资创立，完全归政府所有，也有部分政策性银行不完全由政府出资设立，但有政府参股或保证，实质为政府控制。政策性银行专门为贯彻政府的社会经济政策或意图，在特定业务领域内，直接或间接地从事融资活动，充当政府发展经济、促进社会进步、进行宏观经济管理的金融机构。因此政策性银行不以盈利为目的，其融资准则是非商业性的。一般不办理活期存款业务，其资金来源多为政府供给和在国内外金融市场筹集的长期稳定资金，不实行存款准备金制度，资产一般专款专用，不具有货币派生的功能，这是其与商业银行最根本的区别。政策性银行从整个国民经济的利益出发，通过逆向资源配置而发挥经济机构调节者的功能，对国家政策与持续发展的产业和地区提供资金支持，推动国民经济各产业、各部门、各地区的均衡发展。

1. 开发银行

开发银行是指那些专门为经济开发提供长期投资贷款的金融机构。由于开发性投资项目投资量大，资金回收期限长，经济收益见效慢，投资风险也大，一般的商业银行不愿承担，像基础设施、公共设施、水电站建设等都属于此类工程。开发银行多为国家或政府创办，不以盈利为目的，注重社会效益。开发银行的资金来源主要依靠政府提供，以及通过发行债券、借入资金和吸收存款等方式筹集，资金运用主要是对开发项目提供贷款、参与直接投资或提供债务担保。

2. 农业政策性银行

为了贯彻配合政府的农业政策，为农业提供特别贷款，主要是低利率的中长期优惠性贷款，促进和保护农业生产与经营的农业金融机构一般称为农业政策性银行。

3. 进出口政策性银行

进出口政策性银行是一个国家支持和推动进出口尤其是出口，促进国际收支平衡、带动经济增长的重要的金融机构。创建进出口政策性银行主要是政府为了促进商品输出而承担商业性金融机构和私人进出口商不愿或无力承担的高风险，弥补商业性金融机构的不足，并通过优惠的出口信贷增强本国对外援助，改善本国出口融资条件，增强本国商品出口竞争力。

五、非银行金融机构

非银行金融机构是指除了中央银行、商业银行和各类专业银行之外的所有金融机构，如保险公司、养老基金、投资基金、邮政储蓄机构等。

（一）保险公司

保险公司是为保障社会经济安全而提供经济补偿的金融机构，是最具社会影响力的非银行金融机构。保险公司是主要依靠投保人缴纳保险费，建立保险基金，对发生保险事故进行经济补偿的金融机构。保险公司同时也是契约储蓄和金融投资机构。

（二）投资银行

投资银行是投资性的金融机构，是专门为工商企业提供证券投融资服务和办理长期信贷业务的银行。投资银行是直接融资金融机构，它通过设计和买卖证券而成为资金供求双方的中介机构，它的资金来源主要依靠发行自己的股票和债券而不是吸收存款，这是它与商业银行的本质区别。

（三）退休或养老基金

养老基金是以定期收取退休或养老储蓄金的方式向退休者提供退休收入或年金的金融机构。这类金融机构属于契约型储蓄机构，通常由雇主或雇员按期交付工资的一定比例，收益人退休后可一次性领取也可按月支取养老金。养老基金的资金运用主要是投资于债券、股票、共同基金等，由专门的投资人来管理和运用。这是第二次世界大战以后西方国家迅速发展起来的一项金融业务。

（四）投资基金

投资基金是一种把许多投资者的不同的投资份额汇集起来，交由专业的投资经理进行操作，所得收益按投资者出资比例分享的金融机构。投资基金本质上是一种金融信托，投资者持有的每一单位基金，都代表着基金所有的投资组合的一个相应比例的份额。投资基金的优点主要在于投资组合、分散风险、专家理财、规模经济。

投资基金在不同的国家具有不同的名称，在美国称为共同基金，在英国称为单位信托基金。世界上最早的投资基金是英国于 1886 年成立的海外殖民信托基金。美国于 1924 年在波士顿成立第一家公司型开放式投资基金。

（五）邮政储蓄机构

邮政储蓄机构是利用邮政机构网点遍布城乡和资金汇寄的特点设立的非银行金融机构，主要经营小额存款。其吸收存款一般不提缴准备金；资金运用一般是存入中央银行或购买政府债券。邮政储蓄机构于 1861 年首创于英国，其设立的初衷是利用邮政部门广泛的分支机构，提供廉价、有效的邮政汇款服务，提高结算速度，加速资金周转，因此在各国发展较为普遍，如瑞典邮政总局的划拨银行、法国国家邮政总局的国家储蓄银行。近年来，邮政储蓄机构正朝两个方向发展：一是经营商业银行的各类业务，具有商业银行的性质；二是在政府支持下，变成一种公用事业，为社会提供各种服务，便利人民的生活。

（六）信用合作社

信用合作社简称信用社，它是西方国家普遍存在的一种由个人集资联合、以互助合作为宗旨的金融机构。其基本的经营目标是：以简便的手续和较低的利率向社员提供信贷服务，帮助经济力量薄弱的个人和中小企业解决资金困难，以免受高利贷的盘剥。信用合作社通常可按照地域划分为农村信用合作社和城市信用合作社，按照专业领域划分为农业生产信用合作社、渔业生产信用合作社、林牧业信用合作社及土地信用社等。信用社一般规模不大，其资金来源主要是其成员缴纳的股金和吸收存款，贷款则用于解决其成员的资金需要。信用社主要的传统业务是发放短期生产贷款和消费贷款，但现在一些资金充裕的信用社也提供中期、长期贷款，以解决企业在生产设备更新和技术改造的资金需求。

（七）金融公司

金融公司是指通过发行商业票据、债券和股票等方式获得资金，并将资金主要用于特定消费者贷款、证券投资者融资的金融企业。它一般不吸收存款，其金融业务不受商业银行法规的限制，无须缴纳准备金，其业务特点是大额借入，小额贷出。金融公司主要有两类：消费金融公司和证券金融公司。

消费金融公司是指不吸收公共存款，以小额、分散为原则，为境内居民个人提供以消费为目的的贷款的非银行金融机构，包括汽车等个人耐用消费品贷款及一般用途个人消费贷款等。证券金融公司也称为证券融资公司，是指依法设立的在证券市场上专门从事证券融资业务的法人机构。证券金融公司自股票市场或银行取得资金，再将这些资金提供给需要融资的投资人，以促进交易市场的活络，并建立完整的金融制度。

（八）信用评级公司

信用评级机构是依法设立的对各类信用工具进行信用评级的机构。这种评级有相当的权威性，在各经济主体中有巨大的影响。它是由专门的经济、法律、财务专家组成的对证券发行人和证券信用进行等级评定的组织。信用评级主要包括国家主权信用评级、企业资信评级和个人信用评级三大类。企业资信评级一般在资本市场上运作，提供的服务主要有债券评级、金融机构评级、上市公司评级、公用事业单位评级等。个人信用评级主要应用于消费信贷中，征信调查的对象主要是消费者。消费者的资信状况可以从众多方面反映出来，信息来源广、内容多，需要建立大型数据库，通过动态数据库来评估消费者的信用状况。

世界上著名的三大信用评级机构是美国的穆迪投资者服务公司（Moody's Investors Service）、标准普尔公司（Standard & Poor's Corporation，S&P）和惠誉国际信用评级有限公司（Fitch）。这些评级机构以其评级的公正性、客观性和权威性而享誉全球，其为证券发行所作出的信用等级评定对发行公司和投资者都会产生重要的影响。

六、金融监管机构

金融监管机构是依法对一个国家和地区金融机构进行监督管理的金融管理当局的总称。金融监管的主要目标是确保金融机构的稳健运作，帮助投资者获取更多信息，降低金融机构的个别风险和金融市场的系统性风险，维护金融业的稳定和安全。西方各国建立了健全的金融监管体系，以美国为例，其金融体系是最严格的金融体系，金融体系中设置结构较为完整的各类监管机构：按照金融机构类型设置的主要监管机构有证券交易委员会（SEC）、商品期货委员会（CFTC）、货币监理署（OCC）、全国信用社管理局（NCUA），分别监管交易所和金融市场、期货交易所、在联邦政府注册的商业银行、在联邦政府注册的信用社，监管内容为各类金融机构的执照发放、信息披露、检查账簿等；联邦储备体系对所有存款机构监管，主要是检查美联储成员银行的账簿，规定所有银行的准备金要求；设立联邦存款保险公司（FDIC），监管商业银行、互助储蓄银行、储蓄和贷款协会，对银行每位储户10万美元以下的存款提供保险，检查参保银行账簿，并对其持有资产的范围作出限制；州一级也设立监管机构，如州银行和保险委员会主要负责对在州政府注册的商业银行和保险公司发放执照、检查账簿等监管工作。日本、加拿大以及西欧国家的金融监管与美国比较类似。

第三节　中国金融机构体系

经过 40 多年的改革开放，我国的金融机构体系逐步完善，形成了以中央银行为领导、"两会"负责监管、商业银行为主体，多种金融机构并存的金融机构体系。"两会"是指中国银行保险监督管理委员会和中国证券监督管理委员会。

一、中国人民银行

中国人民银行（The People's Bank of China，PBC）是中华人民共和国的中央银行。1948 年 12 月 1 日，我国在华北银行、北海银行、西北农民银行的基础上合并组建了中国人民银行。1983 年 9 月，国务院决定中国人民银行剥离商业银行业务，专门行使中央银行职能。1993 年，按照国务院《关于中国金融体制改革的决定》，中国人民银行进一步强化金融调控、金融监管和金融服务职责，划转政策性业务和商业银行业务。1995 年 3 月 18 日，第八届全国人民代表大会第三次会议通过了《中华人民共和国中国人民银行法》（简称《中国人民银行法》），就中国人民银行的设立、职能等以立法的形式加以界定。按照《中国人民银行法》的规定，中国人民银行在国务院的领导下依法独立执行货币政策，履行职责，开展业务，防范和化解金融风险，维护金融稳定；不受地方政府、社会团体和个人的干涉；制定和执行货币政策。2003 年 3 月，十届人大一次会议决定将银行监管职能从中国人民银行剥离出来，中国人民银行主要履行宏观调控职能，更好地执行货币政策，发挥在宏观调控和防范金融风险中的作用。

中国人民银行总行设在北京，分支机构按照总行的授权，负责本辖区的金融调控、货币政策执行职能，不负责为地方经济发展筹措资金。在总行和分支机构之间，银行业务和人事干部实行垂直领导、统一管理，地方政府不能干预央行职责。国家外汇管理局是中国人民银行代管的国务院直属局，代表国家行使外汇管理职能，其分支机构与同级人民银行合署办公。

二、金融监督管理部门

（一）中国银行保险监督管理委员会

中国银行保险监督管理委员会简称中国银保监会或银保监会，成立于 2018 年，依照法律法规统一监督管理银行业和保险业，维护银行业和保险业合法、稳健运行，防范和化解金融风险，保护金融消费者合法权益，维护金融稳定。它是由中国银行业监督管理委员会（简称中国银监会或银监会）和中国保险监督管理委员会（简称中国保监会或保监会）合并设立。

自1984年起，我国形成了中央银行、专业银行的二元银行体制，中国人民银行履行对银行业、证券业、保险业、信托业的综合监管。为适应我国金融业发展的新形势，2003年对金融监管体制进行重大改革，将原来由中国人民银行行使的银行业监管职能分离出来，成立了中国银监会。银监会是对我国银行业及其他金融机构实施统一监管的职能部门。根据国务院授权，银监会统一监督管理商业银行、政策性银行、金融资产管理公司、金融租赁公司、信托投资公司及其他存款类金融机构。银监会既要防范银行业的系统性风险，也要防范银行机构的非系统性风险，其主要职责包括：制定银行业监管的规章制度和办法；统一编制并按照规定公布全国银行业数据、报表，通过各种手段监管和审批各个银行机构及其分支机构的业务与高级管理人员等。中国保监会成立于1998年11月18日，是全国商业保险的主管部门，中国人民银行对保险公司的监管职责被划入其中。2009年2月修订《中华人民共和国保险法》（简称《保险法》）规定，保监会的职责是对保险业实施监督管理，维护保险市场秩序，保护投保人、被保险人和受益人的合法权益，主要职责包括：拟定保险业规章制度；审批监管各类保险公司的设立；制定保险从业人员基本资格标准，审查认定各类保险机构高级管理人员任职资格；审批监管各种保险险种及条款和费率，监管保险公司的偿付能力和市场行为；对政策性保险和强制保险进行业务监管；统一编制并按规定公布全国保险业数据、报表等。

（二）中国证券监督管理委员会

中国证券监督管理委员会，简称中国证监会或证监会，是对我国证券业及资本市场实施统一监管的职能部门。1992年10月国务院证券委员会（以下简称国务院证券委）和中国证券监督管理委员会（以下简称中国证监会）宣告成立，标志着中国证券市场统一监管体制开始形成。国务院证券委是国家对证券市场进行统一宏观管理的主管机构。中国证监会是国务院证券委的监管执行机构，依照法律法规对证券市场进行监管。1997年11月，我国决定对全国证券管理体制进行改革，对地方证券监管部门实行垂直领导，并将原由中国人民银行监管的证券经营机构划归中国证监会统一监管。1998年4月，我国决定将国务院证券委与中国证监会合并，组成集中统一的全国证券监管机构。2004年8月修订的《证券法》规定，证监会的职责是依法对证券市场实行监督管理，维护证券市场秩序，保障其合法运行。具体来说主要包括：制定有关证券市场监督管理的规章、规则，并依法行使审批或者核准权；

对证券的发行、交易、登记、托管、结算，进行监督管理；对证券发行人、上市公司、证券交易所、证券公司以及中介公司等机构的证券业务活动，进行监督管理；制定从事证券业务人员的资格标准和行为准则，并监督实施；监督检查证券发行和交易信息公开情况；对违反证券市场监督管理法律、行政法规的行为进行查处等。

三、政策性银行

1994 年以前，我国没有专门的政策性金融机构，国家的政策性金融业务由当时的四家国有独资商业银行承担。1993 年 12 月 25 日，国务院发布《国务院关于金融体制改革的决定》及其他文件，提出深化金融改革，将工商银行、农业银行、中国银行、建设银行建设成国有大型商业银行。为此，从四大行中剥离出政策性业务，于 1994 年组建了国家开发银行（4 月）、中国进出口银行（4 月）、中国农业发展银行（11 月）三大政策性银行，直属国务院领导。三家政策性银行在业务活动中，均贯彻不与商业性金融机构竞争、自主经营与保本微利的基本原则。其资金来源主要有财政拨付、原来各专业银行资本金划出和发行金融债券三条渠道。2008 年 12 月 6 日，国家开发银行股份有限公司成立，标志着该行从政策性金融向开发性金融演变，虽然还有一定的政策性业务，但统计上已不属于政策性银行。

四、存款类金融机构

（一）商业银行

1. 国有控股大型商业银行

国有控股大型商业银行（中国工商银行、中国农业银行、中国银行、中国建设银行和交通银行，以下简称五大行）处于我国金融中介体系的主体地位。它们的资产规模、负债规模以及中介业务在商业银行业务总量中占据 50% 以上，人员和机构网点数量也占比最高，五大行在我国整个金融领域中均处于举足轻重的地位，在世界大银行排序中也位居前列。进入 21 世纪以来，国有商业银行加快了改革的步伐，先后进行了股份制改革，成为国有控股商业银行。目前，五大行已全部成为上市公司。

2. 股份制商业银行

自 1986 年以来，我国陆续建立了 12 家股份制商业银行，分别是招商银行、中信银行、平安银行、兴业银行、广发银行、光大银行、华夏银行、上海浦东发展银行、中国民生银行、恒丰银行、浙商银行、渤海银行。这些商业银行在筹建之初，绝大多数是由中央政府、地方政府、国有企业集团或公司出资创建的，即以国有资本为主，而且大多没有采取股份公司的组织形式。与此不同的是，中国民生银行的组建较晚，是我国第一家民营银行，其股份构成最初主要来自民营企业、集体企业、乡镇企业或公司等，服务对象也以民营企业等为主。近年来，上述银行先后实行了股份制改造并陆续上市。

3. 城市商业银行

1998 年，从北京开始，陆续出现了以城市名命名的商业银行。它们是由各城市原来的城市合作银行合并组建而成的，而原来的城市合作银行则是在原城市信用合作社的基础上组建的。这些城市商业银行是由城市企业、居民和地方财政投资入股组成的地方性股份制商业银行，主要功能是为本地区的经济发展融通资金，重点为城市中小企业的发展提供金融服务。截至 2019 年底，全国共有 134 家城市商业银行，机构遍布大中城市。一些具备条件的城市商业银行也陆续实现了公开上市，比如南京银行、北京银行等。

4. 农村商业银行

1996 年，国务院推出建立和完善以合作金融为基础，商业性金融、政策性金融分工协作的农村金融体系的农村金融体制改革。2001 年 11 月 28 日，经中国人民银行批准，中国首批股份制农村商业银行在江苏张家港、常熟、江阴组建。农村商业银行突破了原有农村合作金融组织的经营模式，严格按照建立现代金融企业制度的要求，由辖区农户、个体工商户、企业法人和其他经济组织自愿入股组成，自主经营、自负盈亏，在股本募集、法人治理结构上充分体现股权分离、所有权和经营权分离以及法人、股东各自承担风险的原则。截至 2017 年末，除四个直辖市农商银行以外，湖北、安徽、江苏、山东、江西 5 个省份全面完成了市县级农商银行改制组建工作。截至 2019 年底，农村商业银行共有 1478 家，占银行业金融机构总数的 32.08%。

5. 村镇银行

村镇银行是指经中国银监会依据有关法律、法规批准，由境内外金融机构、境内非金融机构企业法人、境内自然人出资，在农村地区设立的主要为当地农民、农业和农村经济发展提供金融服务的银行业金融机构。村镇银行股东依法享有资产收益、参与重大决策和选择管理者等权利，并以其出资额或认购股份为限对村镇银行的债务承担责任。村镇银行不得向关系人发放信用贷款，向关系人发放担保贷款的条件不得优于其他借款人同类贷款的条件，村镇银行不得发放异地贷款。截至 2019 年底，村镇银行共有 1630 家。

6. 民营银行

民营银行是由民间资本控股，主要为民营企业提供资金支持和服务的，采用市场化运作的银行。2014 年 3 月，中国决定试设民营银行，标志着中国银行业的市场化改革进入新阶段。自 2014 年 12 月 12 日至 2015 年 5 月 27 日，首批五家民营银行（即深圳前海微众银行、温州民商银行、天津金城银行、上海华瑞银行和浙江网商银行）陆续开业。截至 2019 年底，全国已有 18 家民营银行开业运营。

7. 外资银行

外资银行包括外国银行分行、外商独资银行等多种形式。外资进入中国银行业主要包括两种方式：一是直接设立机构经营，如成立外商独资银行、设立分行等；二是通过股权合作的方式在业务层面开展合作。外资银行在中国的发展大体经历了三个阶段：2001 年以前，外资银行在国内业务限制较多，大多以分行形式经营，基本无法从事人民币业务；2001—2006 年，随着中国加入世贸组织，逐步放开了人民币业务，2003 年提升了外资持股比例上限，大量外资银行参股本土银行；2006 年以后，外资银行基本实现"国民待遇"，2017 年 12 月取消外资持股比例限制，与本土银行公平竞争。截至 2019 年 4 月，共有来自 54 个国家和地区的 215 家外国银行在华设立了 41 家外国银行法人，115 家外国银行的分行和 153 家代表处，外资银行的营业机构已经达到 982 家。

（二）储蓄银行

截至 2019 年底，我国共有 2 家储蓄银行，分别是中国邮政储蓄银行和中德住房储蓄银行。

中国邮政储蓄银行由原邮政储蓄系统分离出来，2006 年 12 月，银监会批准由中国邮政集团公司以全资方式出资成立中国邮政储蓄银行，并于 2007 年 3 月正式挂牌。其市场定位是：可以经营《中华人民共和国商业银行法》规定的各项业务，以零售业务和中间业务为主，为城市社区和广大农村地区居民提供基础金融服务，支持社会主义新农村建设和城乡经济社会协调发展。中国邮政储蓄银行成立后，邮储资金不再像过去那样全部缴存中国人民银行，新增存款由其自主运用。目前，中国邮政储蓄银行已经与"五大行"并列成为第六大国有控股商业银行。

中德住房储蓄银行是中国银监会批准中国建设银行与德国施威比豪尔住房储蓄银行合资建立的国内唯——家专业银行，2004 年 2 月开业，总部设在天津。

（三）合作性存款类金融机构

该类型的金融机构主要包括农村信用合作社、农村合作银行、农村资金互助社。农村信用合作社（Rural Credit Cooperatives）是由农民、农村工商户和各类经济组织入股，为农民、农业和农村经济发展服务的社区性地方金融机构。农村合作银行（Rural Cooperative Bank）是由辖内农民、农村工商户、企业法人和其他经济组织入股组成的股份合作制社区性地方金融机构，主要任务是为农民、农业和农村经济发展提供金融服务。农村资金互助社是指经中国银监会批准，由乡（镇）、行政村农民和农村小企业自愿入股组成，为社员提供存款、贷款、结算等业务的社区互助性银行业金融机构。截至 2019 年底，全国共有农村信用社 722 家，农村合作银行 28 家，农村资金互助社 44 家。

五、证券类金融机构

（一）证券公司

证券公司（Securities Company）又称券商（Securities Dealer），是由证券主管机关批准设立的以经营证券业务为主的非银行金融机构。它是从事证券业务的机构，包括证券公司、证券交易所、期货公司、证券登记结算公司、证券投资咨询公司、证券评估公司等。其中证券公司和证券交易所是最主要的证券机构。

证券公司是专门从事有价证券发行和买卖业务的金融机构，它不仅受托办理证券买卖业务，同时本身也从事有价证券的买卖经营。中国证券公司的业务范围一般包括：证券经纪，证券投资咨询，与证券交易、证券投资活动有关的财务顾问，证券承销与保荐，证券自营，证券资产管理，其他证券业务。1995 年 7 月 1 日开始实施的《中华人民共和国证券法》明确了综合类证券公司和经纪类证券公司的分类管理原则。前者可从事证券承销、经纪、自营业务和证监会核定的其他证券业务，而后者只能从事证券经纪类业务。

（二）投资基金机构

中国的投资基金最早产生于 20 世纪 80 年代后期。1997 年底以前是中国基金业摸索发展的阶段，基金规模普遍不大，标志着基金业开始起步，这时的基金还不算真正意义上的证券投资基金；从 1997 年到 2002 年国内市场对 QFII 开放之前是第二个发展阶段，这一阶段是由不成熟到成熟的发展阶段；2002 年底以来，尤其是中国《证券投资基金法》颁布以后，中国基金行业进入快速发展新阶段，基金产品设计与开发的速度明显加快，基金产品无论是在数量上、规模上，还是品种创新上都迈上了一个新台阶，证券投资基金对市场的影响力在不断增强。截至 2017 年底，公募基金产品 4841 只，中国证券投资基金业协会已登记私募基金管理人 22446 家，管理私募基金 66418 只。

（三）证券交易所

中国目前证券交易所主要有上海证券交易所（以下简称上交所）和深圳证券交易所（以下简称深交所）两家。上交所成立于 1990 年 11 月 26 日，同年 12 月 19 日开业，深交所成立于 1990 年 12 月 1 日，归属中国证监会直接管理。主要职能包括：提供证券交易的场所和设施；制定证券交易所的业务规则；接受上市申请，安排证券上市；组织、监督证券交易；对会员、上市公司进行监管；管理和公布市场信息。

随着中国证券市场的发展，两大证券交易所为国民经济筹资、建立现代企业制度、推动经济结构调整、优化资源配置、传播市场经济知识起到了十分重要的促进作用。经国务院同意，中国证监会批准，2004 年 5 月起深交所在主板市场内设立中小企业板块，2009 年 10 月，中国创业板正式上市。

为了推进多层次资本市场体系建设，经国务院批准，决定扩大非上市股份公司股份转让试点。2012 年 9 月全国中小企业股份转让系统（以下简称股转系统）正式注册成立，是经国务院批准，依据证券法设立的全国性证券交易场所。2018 年 11 月 5 日宣布设立科创板，是独立于主板市场的新设板块，并在该板块内进行注册制试点。2019 年 6 月 3 日，科创板正式开板。我国将逐步形成由主板、创业板、科创板、股转系统、场外柜台交易网络和产权市场在内的多层次资本市场体系。

六、保险类金融机构

（一）保险公司

保险公司的业务范围分为两大类：一是财产保险（Property Insurance）业务，具体包括财产损失保险、责任保险、信用保险等业务；二是人身保险（Life and Health Insurance）业务，具体包括人寿保险、健康保险、意外伤害保险等业务。改革开放以来，我国保险业发展迅速。1988 年以前，保险业由中国人民保险公司独家经营。后来，保险市场主体逐步增加。例如，中国太平洋保险公司、中国平安保险公司、华泰财产保险有限公司、新华人寿保险有限公司、泰康人寿保险有限公司等多家保险公司先后加入保险系统。其间，地方也有组建寿险公司的。截至 2019 年上半年，国内一共有人身保险公司 91 家，财产保险公司 88 家，保险集团公司 8 家。此外，改革开放以来，许多外国保险公司看好中国保险市场的巨大潜力，纷纷来华设立分公司及代表处。截至 2017 年底，共有来自 16 个国家和地区的境外保险公司在我国设立了 57 家外资保险公司，下设各级分支机构 1800 多家，世界 500 强企业中的外国保险公司均已进入中国市场。

（二）再保险公司

再保险（Reinsurance）也称分保或"保险的保险"，指保险人将自己所承担的保险责任，部分地转嫁给其他保险人承保的业务。再保险业务中分出保险的一方为原保险人，接受再保险的一方为再保险人。再保险人与本来的被保险人无直接关系，只对原保险人负责。作为保险市场一种通行的业务，再保险可以使保险人不致因一次事故损失过大而形成对赔偿责任履行的影响。1996 年 2 月，中保再保险公司成立，是我国第一家专业再保险公司。2019 年，中保再保险公司实行股份制改革更名为中国再保险（集团）公司。随着中国保险行业的发展改革，再保险公司数量逐渐增加，包括法国再保险公司北京分公司、瑞士再保险股份有限公司北京分公司、人保再保险公司、太平再保险公司、江泰再保险经纪公司、中国再保险公司、国寿再保险公司等。

（三）互联网保险

互联网保险指实现保险信息咨询、保险计划书设计、投保、交费、核保、承保、保单信息查询、保全变更、续期交费、理赔和给付等保险全过程的网络化。2000年8月，太平洋保险和平安保险几乎同时开通了自己的全国性网站。太平洋保险的网站成为我国保险业界第一个贯通全国、连接全球的保险网络系统。平安保险开通的全国性网站，以网上开展保险、证券、银行、个人理财等业务被称为"品种齐全的金融超市"。截至2019年，共计70余家保险公司开展互联网财产保险业务，2014—2019年，互联网财产保险业务保费收入总计3803.84亿元。同时，保险与第三方网络平台、保险专业中介机构合作的形式也迅速发展，2018年4月第三方业务占比超过保险公司的自营平台业务。2019年，第三方业务占比上升到68.89%。由于互联网保险存在投保容易、理赔难等问题，2020年7月银保监会出台了《关于规范互联网保险销售行为可回溯管理的通知》，规范互联网保险市场。

七、其他金融机构

（一）金融资产管理公司

金融资产管理公司是由国家出资组建的专门收购、管理和处置国有独资商业银行不良资产的国有独资非银行金融机构。1999年，我国先后组建了四家金融资产管理公司（Assets Management Company，AMC），即华融、长城、东方、信达，它们收购了从工行、农行、中行、建行四家国有商业银行剥离出来的不良资产，通过综合运用出售、置换、资产重组、债转股、证券化等方法，对贷款及抵押品进行处置，对债务人提供管理咨询、收购兼并、分立重组、债转股、证券化等方法，对贷款及抵押品进行处置，对确属资不抵债、需要关闭破产的企业申请破产清算。从2008年开始，由于银行资产质量大幅好转，遵循"一司一策"的原则，金融资产管理公司开始进行商业化转型，涉足市场化和多元化金融板块，2016年底四家金融资产管理公司均完成股份制改革。从2017年开始，资产管理公司已经成为有一定市场定位的综合金融服务集团，并根据监管要求回归本源，重点加大对不良资产处置主业的投入，其中中国华融和中国信达已在香港上市。除了四家政策性金融资产管理公司以外，很多银行、证券和保险公司发起设立的商业性金融资产管理公司，还有港资和外资金融资产管理公司。

（二）信托公司

信托公司原称信托投资公司（Trust and Investment Corporation），是经银监会批准设立，以营业和收取报酬为目的，以受托人身份承诺和处理信托事务的金融机构。

20 世纪初，现代信托业由外国私营银行传入中国，1921 年开始出现独立的信托公司，50 年代中期信托业停办。1979 年中国银行总行率先成立信托咨询部，同年，中国国际信托咨询公司在北京成立，标志着信托业得以恢复。信托公司对中国吸引外资、搞活地方经济起到一定的积极作用，但是没有真正办成"受人之托，代人理财"的机构，实际成了吸收存款、发放贷款的银行，带来了很大的金融风险。1982年以来，国家对信托公司进行了 5 次大的清理整顿，撤并了大量机构，明确监管部门，化解和处置风险。截至 2018 年 6 月末，我国 68 家信托公司总资产、净资产规模的平均值分别为 116.81 亿元、88.40 亿元，管理的信托资产规模为 24.27 万亿元。

2007 年发布的《信托公司管理办法》规定，中国信托公司的基本业务主要有以下三类：（1）信托业务，包括资金信托、动产信托、不动产信托、有价证券信托、作为投资基金或者基金管理公司的发起人从事投资基金业务、其他财产或财产权信托；（2）咨询业务，包括经营企业资产的重组与购并、项目融资、公司理财、财务顾问及办理居间、咨询、资信调查等业务；（3）代理业务，包括代理保管与保管箱，受托经营国务院有关部门批准的证券的承销业务。信托公司经营信托业务时，可以开展存放同业、拆放同业、贷款、租赁、投资等业务，但投资业务限定为金融类公司股权投资、金融产品投资和自用固定资产投资。

（三）财务公司

财务公司（Financial Company）是由企业集团组建的非银行金融机构，它是以加强企业集团资金集中管理和提高企业集团资金使用效率为目的，为企业集团成员单位提供财务管理服务的非银行金融机构。1987 年 5 月我国第一家企业集团财务公司成立以来，全国能源电力、航天航空、石油化工、钢铁冶金、机械制造等关系国计民生的基础产业和各个重要领域的大型企业集团几乎都拥有了自己的财务公司。截至 2017 年第三季度末，中国财务公司的数量达到 262 家，资产规模达到 48769 亿元，行业负债规模已达 41120 亿元，行业实现利润总额 735 亿元，实现净利润 570亿元，行业资本充足率为 22.27%，行业不良资产率降至 0.03%。

中国企业集团财务公司主要办理成员单位财务和融资顾问、信用鉴证及相关的咨询、代理业务；协助成员单位实现交易款项的收付；经批准的保险代理业务；对成员单位提供担保；办理成员单位之间的委托贷款及委托投资；对成员单位办理票据承兑与贴现；办理成员单位之间的内部转账结算及相应的结算、清算方案设计；吸收成员单位的存款；对成员单位办理贷款及融资租赁，从事同业拆借。

（四）　金融租赁公司

金融租赁公司是指经中国银监会批准，以经营融资租赁业务为主的非银行金融机构。我国的金融租赁业（Financial Leasing）起始于 20 世纪 80 年代初期。截至 2017 年，中国金融租赁公司共计 57 家。

根据 2014 年 3 月中国银监会发布的《金融租赁公司管理办法》，金融租赁公司的主要业务包括：（1）融资租赁业务以及转让和受让融资租赁资产；（2）固定收益类证券投资业务；（3）接受承租人的租赁保证金；（4）吸收非银行股东 3 个月（含以上）定期存款；（5）同业拆借和向金融机构借款；（6）租赁物变卖及处理业务等。

（五）　汽车金融公司

汽车金融公司是指经银监会批准设立的，为中国境内的汽车购买者及销售者提供贷款的非银行金融机构。2003 年，中国银监会相继出台了《汽车金融公司管理办法》及其实施细则，并于当年 12 月首次批准三家汽车金融公司筹建，分别是上汽通用汽车金融有限责任公司、丰田汽车金融（中国）有限公司和大众汽车金融（中国）有限公司。截至 2016 年末，中国汽车金融公司数量达到 25 家，资产为 5729.00 亿元，贷款余额（含融资租赁）为 5209.20 亿元，实现净利润 103.57 亿元。汽车金融公司的各项监管指标行业平均水平远高于监管要求，风险管理能力较强。

按照现行监管规定，汽车金融公司可以从事以下部分或全部的业务：（1）接受境内股东单位 3 个月以上期限的存款；（2）提供购车贷款业务；（3）办理汽车经销商采购车辆贷款和营运设备贷款（包括展示厅建设贷款和零配件贷款以及维修设备贷款等）；（4）转让和出售汽车贷款应收款业务；（5）向金融机构借款；（6）为贷款购车提供担保；（7）与购车融资活动相关的代理业务等。

（六）　小额贷款公司

2008 年 5 月，中国决定启动小额贷款公司试点，而后小额贷款公司在全国各地如雨后春笋般迅速发展起来。小额信贷公司的业务特点包括以下几方面：一是只贷不存，公司主要依靠股本金发放贷款。二是利率放开，小额信贷公司的利率可自由浮动，但不能超过法定利率的四倍。三是有特定的服务对象，主要服务于"三农"，"三农"贷款不得低于总贷款的 70%。四是业务区域受限制，只能服务于所在的行政区域，不能跨区。五是投资者应为自然人。截至 2018 年第一季度，中国小额贷款公司 8471 家，资金规模为 8382 亿元，贷款余额 9630 亿元。

（七）　货币经纪公司

货币经纪公司是在金融市场上为媒介金融产品交易提供信息、促使交易达成的专业化机构。其源自 19 世纪 60 年代的外汇市场和货币批发市场，20 世纪 50 年代得到规范发展。20 世纪 70 年代以前主要从事外汇即期和远期买卖、资金拆借等。此后，其业务从金融衍生品、债券品种、资本市场产品逐步扩展到回购交易、贵金属、煤炭、天然气等相关产品。如今，货币经纪公司已成为世界各主要金融中心不可或缺的组成部分。

我国的货币经纪公司是指经批准在中国境内设立的，通过电子技术或其他手段，专门从事促进金融机构间资金融通和外汇交易等经纪服务，并从中收取佣金的非银行金融机构。货币经纪公司的服务对象仅限于境内外金融机构。货币经纪公司的主要业务包括：（1）境内外外汇市场交易；（2）境内外货币市场交易；（3）境内外债券市场交易；（4）境内外衍生产品交易等。截至 2018 年底，经银监会批准设立货币经纪公司共 5 家。

（八） 其他在华外资金融机构

目前，在我国境内设立的外资金融机构有三类：（1）外资金融机构在华代表处（Representative Office）；（2）外资金融机构在华设立的营业性分支机构和法人机构，包括外国独资银行、外国银行分行、合资银行、独资财务公司、合资财务公司等；（3）允许其与中国金融机构设立中外合资金融机构。另外，外资金融机构也通过参股入股的方式加入中国金融机构。

（九） 互联网金融公司

近年来，在大数据、云计算、移动互联网等信息技术发展的推动下，中国互联网金融迅速发展。互联网金融是互联网技术和金融功能有机结合的新业态，本质上仍然是金融。互联网金融机构包括传统金融机构与非金融机构，传统金融机构主要对已有金融业务进行互联网运作创新以及电商化创新、推出 APP 软件应用等；非金融机构主要是利用互联网技术进行金融运作的电商企业、P2P 模式的网络借贷平台、众筹模式的网络投资平台、理财类模式的手机理财 APP 以及第三方支付平台等。部分非金融中介机构未经金融监管机构的允许、未依法注册领照，就通过网络平台经营部分金融业务，属于违法违规营业，会导致金融秩序紊乱。2016 年 3 月 25 日国务院批准成立中国互联网金融协会，将我国行政监管与行业自律相结合的互联网金融体制建设向前推进了一大步。金融监管部门正在加强对互联网金融行业的整顿，不断完善监管体系，逐渐规范互联网金融发展。

第四节　国际金融机构体系

一、国际金融机构的形成和发展

政府间国际金融机构，其发端可以追溯到1930 年 5 月在瑞士巴塞尔成立的国际清算银行（Bank for International Settlements，BIS）。第二次世界大战后建立了布雷顿森林国际货币体系，并相应地建立了几个全球性国际金融机构，作为实施这一货币体系的组织保证。它们是目前最重要的全球性国际金融机构：国际货币基金组织（International Monetary Fund，IMF）、世界银行的国际复兴开发银行（International Bank for Reconstruction and Development，The World Bank）、国际开发协会（International Development Association，IDA）和国际金融公司（International Finance Corporation，IFC）。

从 20 世纪 50 年代起，欧洲、亚洲、非洲、拉丁美洲、中东等地区的国家为发展本国经济的需要，同时也是为抵制美国对国际金融事务的控制，通过互助合作方式，先后建立起区域性的国际金融机构。如美洲开发银行（Inter – American Development Bank，IADB）、亚洲开发银行（Asian Development Bank，ADB）、非洲开发银行（African Development Bank，AFDB）和阿拉伯货币基金组织。进入 21 世纪，一些新兴经济体开始发起建立区域性或跨区域国际金融机构。比如 2014 年 7 月 25 日，金砖国家（巴西、俄罗斯、印度、中国和南非）倡导成立了新开发银行（New Development Bank，NDB）；2015 年 12 月 25 日，由中国发起成立了亚洲基础设施投资银行（Asian Infrastructure Investment Bank，AIIB）等。

国际金融机构在发展世界经济和区域经济方面发挥了积极作用。例如，组织商讨国际经济和金融领域中的重大事件，协调各国间的行动；提供短期资金，缓解国际收支逆差，稳定汇率；提供长期资金，促进许多国家的经济发展。不过，这些机构的领导权大多被西方发达国家控制，发展中国家的呼声和建议往往得不到应有的重视和反应。

二、国际货币基金组织

（一）国际货币基金组织的成立

国际货币基金组织（IMF）是根据 1944 年 7 月联合国国际货币金融会议（简称布雷顿森林会议）通过的《国际货币基金组织协定》建立的政府间的国际金融机构。1945 年 12 月 31 日正式成立，1947 年 3 月正式营业，同年 11 月 15 日成为联合国的一个专门机构。国际货币基金组织的成员国最初为 39 个，中国是创始成员国之一，中华人民共和国于 1980 年 4 月 18 日恢复了合法席位。现有成员国 189 个。

（二）国际货币基金组织的宗旨与职能

1. 国际货币基金组织的宗旨

根据《国际货币基金组织协定》的规定，其宗旨是：（1）建立一个永久性的国际货币机构，通过成员国在国际货币问题上的磋商和协作，促进国际货币合作；

（2）促进国际贸易的扩大和平衡发展，把促进和保持成员国的就业、生产资源的发展、实际收入的高低水平，作为经济政策的首要目标；（3）促进国际汇率稳定，维持在成员国之间有秩序的外汇安排，避免竞争性的外汇贬值；（4）协助成员国建立经常性交易的多边支付制度，消除妨碍世界贸易的外汇管制；（5）在具有充分保障的前提下，国际货币基金组织向成员国提供临时性的融通资金，使其有信心利用此机会纠正国际收支失衡，避免采取危害本国或国际繁荣的措施；（6）按照以上目标，缩短成员国国际收支失衡时间，减轻失衡的程度等。

2. 国际货币基金组织的职能

根据《国际货币基金组织协定》的规定，其职能是：（1）汇率监督，目的在于保证有秩序的汇兑安排和汇率体系的稳定，消除不利于国际贸易发展的外汇管制，避免成员国操纵汇率或采取歧视性的汇率政策以谋取不公平的竞争利益；（2）向国际收支发生困难的成员国提供必要的临时资金融通和金融援助，以使其遵守上述行为准则；（3）为成员国提供进行国际货币合作与协商的场所、技术援助和培训。

（三）国际货币基金组织的组织机构

国际货币基金组织由理事会（Board of Governors）、执行董事会（Board of Executive Directors）、总裁（Managing Director）和众多业务机构组成。理事会是国际货币基金组织的最高权力机构，由成员国各选派1名理事和1名副理事组成。理事会的执行董事会任命若干特定的常设委员会，理事会还可以建立临时委员会。各常设委员会向理事会提供建议，但不行使权力，也不直接贯彻执行理事会的决议。理事会和执行董事会决议的通过和执行，原则上是以各国在国际货币基金组织的投票权的多少作为依据。

国际货币基金组织类似于一个股份制企业，所有的成员国都必须缴纳一定的份额作为入股基金。成员国的投票权也由其向国际货币基金组织缴纳的份额决定。根据国际货币基金组织规定，每个成员国有基本投票权250票，然后按各成员国向国际货币基金组织缴纳的份额，每10万特别提款权增加1票，两者相加便是成员国的总投票权。成员国的基金份额越大，其理事和执行董事权力越大。国际货币基金组织一般事项的表决由简单多数通过，但在重大问题上，则需要获得占总投票80%~85%的多数才能通过。

（四）国际货币基金组织的资金来源

国际货币基金组织的资金主要来源于成员国缴纳的基金份额、借款和信托基金三个方面。

1. 基金份额

成员国缴纳的基金份额是国际货币基金组织最主要的资金来源，成员国要向基金组织认缴一定的份额，各成员国在基金组织的份额，决定其在基金组织的投票权、借款的数额以及分配特别提款权（Special Drawing Right, SDR）的份额。

特别提款权是国际货币基金组织于 1969 年创造的记账单位。长期以来，特别提款权"货币篮子"（Basket of Currencies）中只有美元、欧元（欧元诞生之前为德国马克与法国法郎）、日元和英镑四种货币。2015 年 11 月 30 日，国际货币基金组织执行董事会批准人民币加入 SDR 货币篮子，并于 2016 年 10 月 1 日正式生效。届时，SDR 篮子货币的权重将调整为：美元占 41.73%，欧元占 30.93%，人民币占 10.92%，日元占 8.3%，英镑占 8.09%。2016 年 3 月 4 日，国际货币基金组织宣布：自 2016 年 10 月 1 日开始，将在其"官方外汇储备货币构成"（COFER）的季度调查中单独列出人民币，以反映国际货币基金组织成员人民币计价储备的持有情况。2016 年 8 月 31 日，作为推动特别提款权金融工具市场化的有益尝试，世界银行获准在中国银行间债券市场发行 SDR 计价债券，结算货币为人民币。

2. 借款

为了阻止各种可能对国际货币体系稳定造成威胁和伤害的事件发生，特别是为了能够更加有效地处理各种货币危机与金融危机，基金组织在其储备资金可能不能满足成员国的需求时，可以通过向成员国借款的方式补充其资金。

《国际货币基金组织协定》条款授权国际货币基金组织，在其认为有必要时可通过与成员国协商，向成员国借入资金，作为其补充资金。国际货币基金组织有两个借款安排，即一般借款安排（GAB）与新借款安排（NAB）。

3. 信托基金

国际货币基金组织于 1976 年 1 月决定，将其持有黄金的 1/6（2500 万盎司）出售，以所获得的溢价利润和成员国捐款作为信托基金，向低收入的成员国提供优惠贷款。

（五）国际货币基金组织的主要业务

除了对成员国的汇率政策进行监督，与成员国就经济、金融形势进行磋商和协调外，国际货币基金组织的主要业务活动是向成员国提供贷款和各种培训咨询业务。国际货币基金组织的贷款对象，限于成员国政府；贷款用途仅限于帮助成员国调节国际收支不平衡，用于贸易和非贸易的经常项目支付；国际货币基金组织的贷款都是短期贷款；贷款利率按照贷款期限和额度的累进递增收取；贷款额度与借款国份额大小成正比；贷款主要有两大类贷款，即针对一般国家的非优惠贷款和针对低收入国家的优惠贷款，包括普通贷款、出口波动贷款、缓冲库存贷款、中期贷款、补充贷款、信托基金贷款等。

三、世界银行集团

世界银行集团（World Bank Group）是世界上最大的国际金融机构，它包括世界银行、国际金融公司、国际开发协会、多边投资担保机构和国际投资争端解决中心 5 个机构，主要致力于以贷款和投资的方式向其成员国尤其是发展中国家的经济发展提供帮助。

（一）世界银行

1. 世界银行的建立

世界银行即国际复兴开发银行（International Bank for Reconstruction and Development，IBRD），是根据 1944 年 7 月 1 日布雷顿森林会议通过的《国际复兴开发银行协定》建立的政府间的国际金融机构。1945 年 12 月正式成立，1946 年 6 月开始营业。世界银行总部在华盛顿，它也是联合国的一个专门机构。1980 年 5 月世界银行恢复了中华人民共和国的合法席位。现有成员国 184 个。世界银行与国际货币基金组织是密切联系和相互配合的两个国际金融机构，凡是参加世界银行的国家，必须参加国际货币基金组织，但参加国际货币基金组织的国家不一定参加世界银行。两者都是联合国的专门机构，每年这两个机构的理事会都联合召开年会。

2. 世界银行的宗旨

根据《国际复兴开发银行协定》第一条规定，世界银行的宗旨是：

（1）对用于生产目的的投资提供便利，以协助成员国的复兴与开发，并鼓励不发达国家的生产与资源开发；

（2）通过保证或参与私人贷款和私人投资的方式，促进私人对外投资；

（3）用鼓励国际投资以开发会员生产资源的方法，促进国际贸易的长期平衡发展，维持国际收支的平衡；

（4）与其他方面的国际贷款配合，提供贷款保证。

总之，世界银行的主要任务是通过向成员国提供中长期资金解决成员国战后恢复和发展经济的部分资金需要，促进成员国的经济复兴与发展，并协助发展中国家发展生产、开发资源，从而起到配合国际货币基金组织贷款的作用。

3. 世界银行的组织机构

世界银行也是按股份公司的原则建立起来的金融机构，凡是会员国均需认购该行的股份，权力的分配也按认股多少来进行。每个成员国的投票权也是由基本投票权（250 票）和每认缴股金 10 万美元加 1 票加总计算。美国持股最多，享有最大的表决权，目前它拥有的投票权约占总数的 17%。

世界银行的组织机构与国际货币基金组织相似，也有理事会和执行董事会。理事会是世界银行的最高权力机构，理事会由各会员国选派一名理事和一名副理事组成，任期五年，连选可以连任。副理事只有在理事缺席时，才有投票权。各会员国一般委派其财政部长、中央银行行长或其他地位相当的高级官员担任世界银行理事或副理事。

4. 世界银行的资金来源

世界银行的资金来源主要有四个：成员国实际缴纳的股金、借款、银行利润和债权出让。成员国向世界银行缴纳的股金，以它们在国际货币基金组织的份额为准。世界银行可通过在国际金融市场上发行债券筹集资金。由于世界银行自有资本有限，不能满足其业务活动的需要，因此资金主要来自向国际金融市场借款，特别是在资本市场发行中长期债券。

自 1946 年世界银行开业以来，除第一年度有亏损外，每年均有业务净收益，而且利润逐年增加。世界银行历年的业务净收益都不对股东分红，它除将一部分净收益以赠款形式拨给国际开发协会，以向贫穷的发展中国家发放贷款外，其余大部分都充作银行本身的储备金，成为其发放贷款的重要资金来源。

世界银行与成员国达成贷款协议后，通常会与私人投资者（主要是商业银行）、政府或其他国际组织等商谈，将贷款的债权全部或部分转卖，以提前收回资金，加速其贷款资金的周转。

5. 世界银行的主要业务活动

（1）提供贷款。世界银行的贷款政策：一是贷款的对象限于成员国，而且只向成员国或由政府、中央银行担保的机构提供贷款。二是贷款国确实不能以合理条件从其他方取得资金。三是只有当申请贷款的项目被世界银行认为在经济、技术上可行，亦有助于借款国经济发展时，贷款才会获准。四是贷款只发放给有偿还能力的成员国。五是贷款必须专款专用，世界银行通过派员进行现场考察或向借款方索取资料等方式实施监督。六是贷款使用不同的货币对外发放，但以成员国用本币缴纳的股本发放贷款时，则须征得该成员国的同意。

（2）技术援助。世界银行的另一项主要业务活动是向成员国提供技术援助。这种技术援助往往与其贷款结合起来，帮助借款国进行项目的组织与管理，以提高资金使用效率。同时世界银行还成立了经济发展学院，旨在为发展中国家培训高级官员。此外，世界银行还经常帮成员国制定经济社会发展计划，并为成员国在经济发展中遇到的某些特殊问题提供解决方案。

（二）国际金融公司

1. 国际金融公司的建立与宗旨

国际金融公司（International Financial Company，IFC）既是世界银行的附属机

构，同时又是独立的国际金融机构。国际金融公司是一个专门对会员国私人企业发放贷款的金融机构。由于世界银行的贷款是以成员国政府为对象，对私人企业的贷款必须由政府担保，而且世界银行只能经营贷款业务，不能参与股份投资或为成员国的私人企业提供其他种类的有风险的投资，这在一定程度上限制了世界银行业务的发展。为了扩大对私人企业的国际融资，美国在 1951 年提出在世界银行下设立国际金融公司的建议。1956 年 7 月，国际金融公司正式成立，总部设在华盛顿。现有成员国 182 个。

国际金融公司的宗旨是：为成员国中的发展中国家的私人企业提供没有政府担保的各种投资，用于新建、改建或扩充原有企业的生产能力，以促进发展中国家经济的发展；联合国内外投资者与有经验的管理专家，寻求和创造投资机会，努力促成良好的投资环境促进外国私人资本在发展中国家的投资；推动发展中国家资本市场的发展。

2. 国际金融公司的业务

国际金融公司最主要的业务就是对发展中国家私营企业的融资，并无须会员国政府为贷款偿还提供担保。贷款规模一般不大，且一般只对中小型私营企业贷款，在融资时往往采取贷款与资本投资结合的方式，即购买借款方的公司股票，但是国际金融公司并不参与其投资企业的经营管理活动，而且国际金融公司通常与私人投资者共同对会员国的私营生产性企业进行联合投资，从而起到促进私人资本在国际范围流动的作用。国际金融公司的贷款期限一般为 7~15 年，还贷时需用原借入的货币，贷款的利息率不统一，视投资对象的风险和预期收益而定，一般要高于世界银行贷款。对于未提取的贷款资金，国际金融公司每年收取 1% 的承诺费。此外，近年来国际金融公司的业务越来越多样化。国际金融公司还可提供其他各种金融工具和金融服务，包括股份投资、准股份投资、银团贷款、风险管理和融资中介等。公司积极向一些发展中国家的企业提供市场信息及管理方面的技术援助，并参与发展中国家国有企业私有化企业改组活动。同时向重债国提供关于债务转换为股本、债务资本化方面的意见，帮助这些国家缓和危机。

（三）国际开发协会

1. 建立与宗旨

国际开发协会（International Development Association，IDA）是专门向低收入发展中国家发放优惠长期贷款的国际金融组织。于 1960 年 9 月 24 日正式成立，同年 11 月开始营业，总部设在华盛顿。国际开发协会和国际金融公司一样，都是世界银行的附属机构，但在法律上和财务上又是各自独立的金融机构。

国际开发协会的宗旨是：对落后国家给予条件较宽、期限较长、负担较轻并可用部分当地货币偿还的贷款，以促其经济发展以及生产和生活水平的提高。

2. 组织机构

只有世界银行的会员国，才能成为国际开发协会的会员国，现有成员国 170 个。协会的会员国分两组，第一组是高收入的和工业发达的国家，约占总数的 1/6，第二组为亚洲、非洲和拉丁美洲的发展中国家。会员国在理事会的投票权大小与其认缴的股本成正比。1980 年 5 月，中国同时恢复了在国际开发协会的合法席位。

3. 国际开发协会的业务活动

国际开发协会的贷款对象主要为较贫穷的发展中国家。根据最新标准，只有人均 GNP 在 885 美元以下的成员国才能获得国际开发协会贷款，而且一般只贷给成员国政府。国际开发协会的贷款用途：人力资源开发（教育、供水、卫生、人口与营养）、农业与农村开发和电力、交通、运输等。援助项目应具有如下特点：投资收益率高，同时又能提高生产率；应用技术较为简单，使低收入阶层也能掌握，并可减少项目的建设费用；平均费用低，以便能够进行更多的项目建设等。贷款期限长，可长达 35～40 年，不收利息，每年只收 0.75% 的手续费，还款宽限期长，可以全部或一部分用本国货币。

（四）多边投资担保机构

多边投资担保机构（MIGA）是世界银行集团中最年轻的成员。它成立于 1988 年 4 月，现有 176 个国家加入。其宗旨是开展对外国私人投资在成员国的非商业风险的担保；对有兴趣的成员国提供有关投资的信息技术援助和咨询服务，帮助成员国改善投资环境，提高对外来投资的吸引力，推动成员国相互间进行以生产为目的的投资，特别是向发展中国家的投资，以促进其经济的增长。

多边投资担保机构主要对以下四类非商业风险提供担保：①由于投资所在国政府对货币兑换和转移的限制而造成的转移风险；②由于投资所在国政府的法律或行动而造成投资者丧失其投资的所有权及控制权的风险；③投资者无法进入主管法庭，或这类法庭不合理地拖延或无法实施已作出的对投资者有利的判决，或政府撤销与投资者签订的合同而造成的风险；④武装冲突和国内动乱而造成的风险。

（五）国际投资争端解决中心

国际投资争端解决中心（ICSI）成立于 1966 年，现有 148 个成员国。

其成立的目的是通过为国际投资争端提供一个协调和仲裁的国际机构，以促进东道国与外国投资者之间建立相互信任的关系，从而鼓励国际投资。许多与国际投资有关的协议都规定以国际投资争端解决中心作为仲裁机构。

四、国际清算银行

国际清算银行（BIS）是根据 1930 年 1 月 20 日签订的海牙国际协定，由英国、法国、德国、意大利、瑞士、比利时和日本的中央银行以及代表美国银行业利益的摩根银行、纽约花旗银行和芝加哥花旗银行于同年 5 月 17 日在瑞士的巴塞尔联合成立的。它实际上是第一家国际金融机构，是其成员国中央银行间的商业银行组织，世界其他地区多数国家的中央银行都是其客户，被人们称为"中央银行的银行"。创建国际清算银行的最初目的是解决第一次世界大战所造成的国际债务的清算支付和资金转移。第二次世界大战后，国际清算银行的职能发生变化，在国际清算中越来越多地充当受托人或代理人，为国际金融活动尤其是各国中央银行的合作提供便利。国际清算银行的主要职能体现在以下四个方面：

（1）作为国际货币和银行领域合作的论坛。国际清算银行定期举办十国集团中央银行行长例会，以及各个高级别专门委员会会议，如巴塞尔委员会、支付和清算系统委员会、欧洲货币常设委员会、黄金和货币委员会会议等。国际清算银行所主持的巴塞尔委员会于 1988 年 7 月通过了引人注目的《巴塞尔协议》，为国际银行业的统一监管提供了一项划时代的重要文件。

（2）为各国中央银行提供国际银行服务。国际清算银行资金十分雄厚，因此它是国际黄金市场和欧洲货币市场的重要参与者，并代理各国中央银行买卖黄金和外汇。它还多次向成员国中央银行提供巨额的短期贷款，以应对这些国家的收支失衡问题。

（3）作为国际货币金融问题的研究中心。国际清算银行在国际金融调研与信息工作方面有很高的权威性，经常出版有关国际银行业和金融市场状况的各类信息，并管理着一个所有成员中央银行可自动进入的中央银行经济数据库。

（4）作为国际代理或受托机构，协助执行国际金融协定，以及为私人充当欧洲货币清算和交割系统的代理人和一些外债重组的抵押品代理人。

世界上多数国家的中央银行都与该行建立了业务联系，有 100 家中央银行和国际机构在该行存入资金。中国人民银行于 1984 年与国际清算银行建立业务联系。此后，每年都派代表团以客户身份参加该行年会。1996 年 9 月 9 日，国际清算银行通过决议，决定接纳中国、巴西、印度、韩国、墨西哥、俄罗斯、沙特阿拉伯、新加坡、中国香港的中央银行和货币当局为该行的新成员。

五、区域性国际金融机构

（一）亚洲开发银行

亚洲开发银行（ADB）简称亚行，是面向亚太地区的区域性政府间金融开发机构。它由联合国亚洲及太平洋经济社会委员会（简称联合国亚太经社会）赞助，于 1966 年 11 月在东京成立，同年 12 月正式营业，总部设在菲律宾首都马尼拉。成立之初有 34 个国家或地区参加，亚行有来自亚洲和太平洋地区的区域成员以及来自欧洲和北美洲的非区域成员。亚行现有成员 68 个，其中 49 个成员来自亚太地区，19 个来自其他地区。

亚洲开发银行的宗旨是：通过集中亚太地区内外的金融和技术资源，向其成员国提供贷款与技术援助，帮助协调成员国在经济、贸易和发展方面的政策，促进亚太地区的经济发展。其主要业务是向亚太地区加盟银行的成员国和地区的政府及其所属机构、境内公私企业以及与发展本地区有关的国际性或地区性组织提供贷款。贷款分为普通贷款和特别基金贷款两种。前者的贷款期为 12 ~ 25 年，利率随金融市场的变化调整；后者的贷款期为 25 ~ 30 年，利率为 1% ~ 3%，属于长期低利优惠贷款。

（二）非洲开发银行

非洲开发银行（AFDB）成立于 1964 年 9 月，1966 年 7 月正式营业，总部设在科特迪瓦的经济中心阿比让，2003 年因科特迪瓦国内局势问题迁至突尼斯，2013 年迁回阿比让。非洲开发银行是非洲最大的地区性政府间开发金融机构，其宗旨是通过投资和贷款，促进成员国经济发展和社会进步。非洲开发银行现有 77 个成员，非洲 53 个国家全部为其成员，此外还有包括中国在内的区外成员 24 个。非洲开发银行的资金来源主要来自成员国的认缴，非洲国家的资本额占三分之二，这是使非洲开发银行的领导权掌握在非洲国家所做的必要限制。中国于 1985 年 5 月加入非洲开发银行。

非洲开发银行的宗旨是：向非洲成员国提供资金支持和技术援助，充分利用本大陆的人力和自然资源，为成员国的经济和社会发展服务；协助非洲大陆制定发展的总体规划，协调各成员国的发展计划，以期达到非洲经济一体化的目标。其主要业务是向成员国提供普通贷款和特别贷款。普通贷款是该行用其普通股本资金提供的贷款和担保偿还的贷款；特别贷款是用该行规定专门用途的特别基金开展的优惠贷款，条件比较优惠，期限较长，最长可达 50 年，不计利息。

（三）美洲开发银行

美洲开发银行（IDB）是美洲国家组织的专门机构，其他地区的国家也可加入，但非拉美国家不能利用该行资金，只可参加该行组织的项目投标。它成立于 1959 年 12 月，1960 年 10 月 1 日正式营业，总行设在美国华盛顿。现有成员国 48 个。2009 年 1 月 12 日，中国正式加入美洲开发银行集团。

美洲开发银行的宗旨是：动员美洲内外资金，为拉美成员国经济和社会发展提供项目贷款和技术援助，以促进拉美经济的发展和"泛美体系"的实现。

（四） 金砖国家新开发银行

金砖国家新开发银行（以下简称金砖银行）是由金砖国家（巴西、俄罗斯、印度、中国和南非）发起建立的跨区域国际金融机构。2012 年 3 月 29 日，金砖国家领导人第四次会晤在印度新德里举行，会后发表了《德里宣言》，其中就建立更具代表性的国际金融机构达成共识。

2013 年 3 月，金砖国家领导人峰会决定建立金砖国家开发银行。金砖银行总部设在中国上海。2015 年 7 月 21 日，金砖银行正式开业。首任理事长来自俄罗斯，首任董事长来自巴西，首任行长来自印度。

金砖银行被认为是 1991 年欧洲复兴开发银行成立以来设立的最重要的多边贷款机构。有媒体认为，其在作用和形式上或许类似于世界银行，将主要为新兴市场国家的基础设施项目提供融资。

（五） 亚洲基础设施投资银行

亚洲基础设施投资银行（Asian Infrastructure Investment Bank，AIIB，以下简称亚投行），是一个政府间性质的亚洲区域多边开发机构，重点支持基础设施建设，成立宗旨是为促进亚洲区域的建设互联互通化和经济全球化的进程，加强中国及其他亚洲国家和地区的合作，总部设在北京。2013 年 10 月 2 日，中国提出筹建亚投行的倡议；2014 年 10 月 24 日，包括中国、印度、新加坡等在内的 21 个首批意向创始成员的财长和授权代表在北京签约，决定成立亚投行。2016 年 1 月 16 日亚投行开业，全球迎来首个由中国倡议设立的多边金融机构。截至 2019 年 7 月，亚投行成员总数达到 100 个。

亚投行初期投资的重点领域主要包括五大方向，即能源、交通、农村发展、城市发展和物流。2016 年 6 月 25 日，亚投行董事会批准该行首批四个项目总计 5.09 亿美元的贷款，涉及孟加拉国、印度尼西亚、巴基斯坦和塔吉克斯坦的能源、交通及城市发展等领域。

亚投行的成立是国际经济治理体系改革进程中具有里程碑意义的重大事件。一方面，它有助于弥补亚洲地区基础设施建设的资金缺口，推进亚洲区域经济全球化建设，实现本地区资本的有效配置。与此同时，亚投行可以扩大全球投资需求，支持世界经济复苏，增强全球经济增长的持续性和稳定性。另一方面，亚投行有利于推动国际金融体系特别是国际货币基金组织、世界银行及亚洲开发银行等全球性和区域性金融组织的改革以及全球金融治理体系与金融规则的调整和重构。同时，亚投行也展示了中国作为一个新兴经济金融大国对全球繁荣与稳定的应有担当。

本章小结

1. 金融机构是指专门从事各种与融资活动有关的组织。金融机构体系是由多种不同功能的金融机构组成的。

2. 由于金融市场存在着很大的交易成本和信息成本，贷款者与借款者无法直接完成金融交易，于是便产生了金融机构，金融机构的存在大大降低了信息不对称的程度，减少了金融交易中的各项成本。

3. 金融机构体系一般由中央银行、商业银行、专业银行、非银行金融机构以及外资金融机构组成，它们各自有特定的组织结构和业务特色。

4. 中国的金融机构体系经历了不同的历史变迁，现阶段形成了以中国人民银行领导，"两会"负责监管、商业银行为主体，多种金融机构并存的多功能的社会主义金融机构体系。

5. 国际金融机构包括国际货币基金组织、世界银行集团、国际清算银行和区域性金融机构等。

本章重要概念

金融机构　中央银行　商业银行　专业银行　开发银行　金融公司　投资银行
进出口银行　储蓄银行　信用合作社　非银行金融机构　存款性金融机构　证券公司
保险公司　投资基金　信托公司　金融租赁公司　信用评级公司　中国人民银行
中国银行保险监督管理委员会　中国证券监督管理委员会　政策性银行　国家开发银行
中国进出口银行　中国农业发展银行　金融资产管理公司　货币经纪公司　财务公司
国际货币基金组织　世界银行　国际开发协会　国际金融公司　国际清算银行
亚洲开发银行　金砖国家新开发银行　亚洲基础设施投资银行

复习思考题

1. 试述金融机构的功能。
2. 试述金融机构的基本类型。
3. 试述金融机构产生和发展的原因。
4. 比较直接融资金融机构与间接融资金融机构的异同。
5. 简述金融机构体系的一般构成。
6. 试述现阶段中国金融机构体系的构成。
7. 试述国际货币基金组织、世界银行、国际金融公司、国际开发协会各自贷款的特点。

本章参考文献

[1] 黄达，张杰. 金融学（第四版）[M]. 北京：中国人民大学出版社，2017.

［2］杜金富．货币与金融统计学（第四版）［M］．北京：中国金融出版社，2018.

［3］李健．金融学［M］．北京：高等教育出版社，2018.

［4］曹龙骐．金融学［M］．北京：高等教育出版社，2016.

［5］肖松华，朱芳．货币金融学（第二版）［M］．成都：西南财经大学出版社，2017.

［6］刘应森，马郧．货币金融学［M］．上海：立信会计出版社，2017.

［7］何国华．国际金融学［M］．武汉：武汉大学出版社，2017.

［8］殷孟波．货币金融学［M］．成都：西南财经大学出版社，2017.

［9］胡靖，潘勤华，李月娥．新编货币金融学［M］．上海：复旦大学出版社，2018.

［10］张健华．中国金融体系［M］．北京：中国金融出版社，2010.

第六章
商业银行

学习目标

> 1. 了解商业银行的产生和发展；
> 2. 熟悉商业银行职能、类型及组织制度；
> 3. 熟知商业银行的主要业务；
> 4. 掌握商业银行经营管理的理论和方法。

商业银行在金融体系中占有重要地位，是整个金融体系中数量最多、业务量最大、分布最广的金融机构；在西方国家号称"金融百货公司"。商业银行在社会信用活动中起着主导作用。

第一节　商业银行概述

一、银行的起源和发展

银行一词，源于意大利语"banca"或"banco"其原意是最早货币兑换商借以办理业务活动时使用的长凳、椅子，是最早的货币兑换商的营业用具。在英语中，"banca"转为"bank"，意为存钱的柜子。在我国，之所以将"bank"翻译为"银行"，是因为在我国历史上，白银一直是主要的货币材料之一，"银"往往代表的就是货币，而"行"则是对大商业机构的称谓，所以把办理与银钱有关的大金融机构称为"银行"。

银行是商品经济发展到一定阶段的产物，它的产生大体分为三个阶段。

（一）货币经营业

银行业是从货币经营业发展而来的。货币经营业是专门经营货币兑换、保管与汇兑的组织，是银行早期的萌芽。其主要业务有：（1）铸币及货币金属的鉴定和兑换。货币经营商对不同的形状、重量、成色进行鉴定。（2）货币保管。货币持有者出于安全、便利等原因，常常需要将货币委托货币经营者保管。这种保管不仅不付息，还要收取保管费。（3）汇兑。往来于各地的商人或其他人士，为了避免自身携带大量金属货币的风险和麻烦，可以在甲地将金属货币交付货币经营业主，取得其汇兑文书，并持有汇兑文书在乙地取款，或直接委托货币经营业主将货币交付给乙地商人。

（二）早期银行业

货币经营者最初只是办理铸币的兑换、保管和汇兑业务，从中收取手续费。随着保管和汇兑业务的发展，货币经营者手中集聚了大量货币资财，他们试图保留一部分货币资财，以备客户提款之用，其他用于贷款，赚取利息。这样货币经营者就演变成了早期银行。成立于1587年的威尼斯银行，是世界历史上比较具有近代意义的银行。

（三）现代银行业

早期银行规模小，贷款利率高，具有高利贷性质，远远不能满足资本主义工商业发展的需要。1694年，在政府的支持下，英国成立了第一家股份制银行——英格兰银行。现代商业银行主要通过两种途径形成，一是由旧式高利贷银行转变而来，二是新组建与资本主义生产方式相适应的商业银行。

在我国，明朝中叶形成了具有银行性质的钱庄，到了清朝又出现了商号。中国人创办的第一家银行是1897年成立的中国通商银行。

二、商业银行的性质与功能

（一）商业银行的性质

商业银行作为一种企业，同工业、商业企业一样，也具有业务经营所需要的自有资本，必须依法经营、独立核算、照章纳税，其经营目标是追求利润。但商业银行又是一种特殊的企业，这是因为它与一般的工商企业在经营对象和经营方式上存在显著不同。一般工商企业所生产和经营的是各种具有独特使用价值的物质商品，而商业银行所经营的则是具有一般使用价值的特殊商品——货币资金。商业银行的经营范围包括货币的收付、各种形式的资金借贷和融通，以及种种与货币信用有关及与之相联系的金融服务等。对于一般工商企业而言，其主要的经营方式是买卖，具体表现为一手交钱，一手交货。一方面是商品使用价值的让渡，另一方面是相应的商品货款的收付。一旦钱货两讫，交易行为即告完成，这一过程通常很短。而商业银行经营的是货币商品。由于货币商品的单一性、还原性、增值性等特殊属性，决定了从事货币商品买卖的商业银行不能采用一手交钱一手交货的现货交易方式，而只能是贷出者和借入者之间延期付款的交易方式。它表现为一种特别的法律契约关系。贷出者作为卖方，把货币商品使用权让渡给借入方，他没有得到任何等价物，只是得到买方到期归还本金支付利息的承诺，卖方只享有法律上的索取权。只有当买方作为借入者还本付息时，作为卖方的贷出者才获得等价物的补偿。也就是说，货币商品的使用权让渡和补偿总有时差的存在，这一时差最长可达几十年。借贷方式作为一种延期补偿行为反映为交易双方的信用关系，信用是维系这种交易的纽带。正是由于以上原因，我们才说商业银行是一个特殊的企业。

（二）商业银行的功能

1. 信用中介

信用中介是最基本、最能反映商业银行经营活动特征的职能。商业银行通过负债业务，把社会上的各种闲置资金集中到银行，再通过资产业务，把资金投向社会经济部门，从而实现资本盈余与短缺之间的调剂。通过信用中介职能，商业银行将社会各阶层的货币收入和储蓄集中起来，再投入社会各经济部门。

2. 支付中介

支付中介是商业银行最传统的职能。该职能是指商业银行通过为各经济部门开立存款账户，其充当它们之间的货币结算与收付的中间人，直接为它们办理资金结算与支付。这一职能一方面减少了现金的使用，另一方面加速了货币资金的周转。

3. 信用创造

商业银行在信用中介和支付中介职能的基础上，产生了信用创造的职能。商业银行利用吸收的存款发放贷款，贷款又转化为新的存款，在整个商业银行体系下，形成数倍于原始存款的派生存款（这部分内容我们在第十章详细介绍）。

4. 金融服务

金融服务职能是商业银行业务综合化和全能化的具体体现。商业银行在提供信用中介和支付中介服务的过程中，运用其独特的业务系统和工具方法，为客户提供许多其他服务，如信托、租赁、咨询、经纪人业务及国际业务等金融服务，并获得收入。

三、商业银行的组织制度

商业银行的外部组织形式因各国社会经济环境和经济发展程度不同而有所不同，综合来看，主要类型有单一银行制、分支行制、银行持股公司制和连锁银行制等。

（一）单一银行制

单一银行制是指银行业务由各自独立的商业银行经营，不设立任何分支机构的组织形式。

这种银行制度在美国较为典型，这是由美国特殊的历史背景和政治制度决定的。美国是各州独立性较强的联邦制国家，历史上经济发展很不平衡，东西部悬殊较大。为了适应经济均衡发展的需要，特别是适应中小企业发展的需要，反对金融权力集中，美国联邦及各州均立法禁止或限制银行开设分支机构，特别是跨州设立分支机构。

单一银行制具有如下优点：第一，能防止银行业的垄断与集中，符合自由竞争的原则；第二，单一制银行与当地经济联系密切，可以更好地为地方经济服务；第三，单一制银行规模小，管理层次少，组织比较严密，易于管理。

单一银行制也有明显的缺点：第一，银行不设立分支机构，这与经济的外向发展和商品交换范围的扩大存在矛盾，同时，在电子计算机广泛应用的条件下，其业务发展和金融创新受到限制；第二，银行业务多集中于某一地区或某一行业，易受经济发展状况波动的影响，风险集中；第三，银行规模较小，经营成本高，不能取得规模经济效益。

随着经济的发展，地方差距的缩小，美国对商业银行设立分支机构的限制逐步放松。1994年美国国会通过《瑞格—尼尔跨州银行与分支机构有效性法案》，取消了限制跨州建立分支行的规定，单一银行制向分支行制转变已成为发展趋势。但由于历史的原因，至今在美国仍有许多单一制商业银行。

（二）分支行制

分支行制又称总分行制，是指法律允许在总行之下设有分支机构的组织形式。商业银行的总行一般设在各大中心城市，所有分支机构归总行统一领导。分支行制按管理方式不同，又可进一步划分为总行制和总管理处制。总行制是指总行除管理、控制各分支机构以外，本身也对外营业，办理业务。总管理处制是指总行只负责管理、控制各分支机构，本身不对外办理业务，总行所在地另设分支机构对外营业。目前世界各国商业银行大都采取分支行制的组织形式，我国商业银行也实行分支行制。

与单一银行制相比较，分支行制的优点有：第一，分支行制形成了以总行为中心，分支机构遍布各地的商业银行业务经营系统和网络，有利于吸收存款，调剂转移资金，提高资金的使用效益，同时，由于贷款和投资范围广泛，使风险易于分散，提高了银行经营的安全性；第二，经营规模大，服务范围广，可以取得规模经济效益，相对降低单位业务的成本；第三，内部工作可以实行高度的分工，有利于培养专业化人才，提高工作效率；第四，有利于采用现代化设备，提供方便的金融服务；第五，分支行制商业银行总数较少，便于金融当局的宏观管理。其缺点在于容易造成大银行对小银行的吞并，形成金融垄断，阻碍竞争；同时，从银行内部管理角度看，由于规模过大，内部层次、下设机构过多，总行统一管理的难度较大。

（三）银行持股公司制

银行持股公司制又称集团银行制，是指由一个企业集团成立控股公司，再由该公司控制或者收购若干银行的组织形式。持股公司制下，控股公司既可以由非银行的大型企业组建，也可以由大银行组建，在法律形式上，被控股的银行仍然保持各自独立的地位，但其业务都由同一股权公司所控制。持股公司一般有两种类型，即多银行持股公司和单一银行持股公司。多银行持股公司拥有两家或两家以上的银行，所以又可称为"集团银行"。单一银行持股公司只有一家实力雄厚的银行。持股公司制能够扩大银行资本总量，增强实力，提高抵御风险和竞争的能力，弥补单一制的不足，并且可以通过这种组织形式打破银行法对商业银行禁设分支行机构的限制。

银行持股公司最早在19世纪已经出现，但是作为银行的一种重要组织形式，直到20世纪20年代才被人们所认识，并在20世纪下半叶在美国得到迅速发展。

（四）连锁银行制

连锁银行制又称联合银行制，是指由某个人或某一集团通过购买若干家独立银行的多数股票，或以其他法律允许的方式取得对这些银行的控制权力的一种组织形式。在连锁制下，被控银行在法律上是独立的，但其所有权和业务经营要掌握在控制这些银行的个人或集团手中。连锁制与持股公司制性质相近，但连锁制不是以股权公司的形式存在。

第二节　商业银行业务

商业银行是经营金融产品和提供金融服务的机构，其业务主要是金融业务。目前，对商业银行业务的分类不尽相同：有的分为表内业务与表外业务；有的分为资产业务、负债业务与其他业务；有的分为资产业务、负债业务与中间业务；有的分为资本业务、负债业务、资产业务、中间业务与表外业务；有的分为负债业务、资产业务、中间业务与表外业务。这里我们采取最后一种分类。

一、负债业务

商业银行负债业务是商业银行筹措资金、借以形成资金来源的业务，是商业银行资产业务和其他业务的基础。根据商业银行筹措资金的途径，其负债业务可分为资本业务、存款业务和借款业务。

（一）资本业务

商业银行资本的意义同一般的工商企业一样，商业银行设立之初必须有一定数额的原始资金来源，即资本金。其作用表现为：一是资本是商业银行得以成立和发展的基础和前提，商业银行开业之前必须筹集足够的资本金，这也是其实力的表现；二是资本是补偿意外损失、保护存款者利益的保障，当发生意外损失时，商业银行可先用盈余抵补，不足抵补时即可动用资本金进行补偿；三是资本是商业银行正常经营活动的重要保证，当商业银行发生流动性不足时，资本金成为弥补流动性不足的一道防线；四是资本金是金融监管部门实施控制的工具，成为金融监管部门限制商业银行风险业务的基础。

从资产负债表分析，资本金表现为"所有者权益"。所有者权益是指商业银行的自有资本，它代表着对商业银行的所有权，由实收资本、资本公积金、盈余公积金、未分配利润等构成。实收资本是商业银行最原始的资金来源，是筹建银行时实缴资本或发行股票面值的合计金额。资本公积金包括股票溢价、法定资产重估增值部分和接受捐赠的财产等形式所增加的资本。它可以按法定程序增加资本金，即计提法定公积金。这部分资金不能用于分配股息或红利，只能用于弥补经营亏损，或将其转化为股本。盈余公积金是商业银行按照规定从税后利润中提取的用于商业银行自我发展的一种积累。未分配利润是商业银行实现的利润中尚未分配部分，在未分配之前与实收资本和公积金具有同样的作用。

（二）存款业务

存款是商业银行接受客户存入的款项，存款人随时或按约定时间支取款项的一种负债业务，是商业银行最主要的资金来源。存款业务主要包括活期存款、定期存款和储蓄存款等。

1. 活期存款（Demand Deposit）

活期存款是商业银行特有的存款，是指可由存款者随时存取和转账的存款种类。由于各种经济交易包括信用卡、商业零售等都通过活期存款账户进行，所以国外又把活期存款账户称为交易账户。

2. 定期存款（Time Deposit）

定期存款是指客户与银行预先约定存款期限的存款种类，是银行稳定的资金来源，期限从几个月至几年不等。定期存款包括普通存款、大额可转让存单（Certificate of Deposit，CD）、货币市场存单（Money Market Certificate，MMC）、定活两便存款账户（TDA）等。

3. 储蓄存款（Saving Deposit）

储蓄存款是针对居民个人为了积蓄货币和取得一定利息收入而开立的存款种类，

包括活期储蓄存款和定期储蓄存款。

（三）借款业务

借款业务是指商业银行以各种方式从金融市场上借入款项而获取资金的业务，包括向中央银行借款、同业拆借、回购协议、发行金融债券、在国际金融市场借款等。

1. 向中央银行借款

中央银行是商业银行的最后贷款人。商业银行在资金不足时，可以向中央银行借款。一般来说，商业银行向中央银行借款，其目的在于缓解资金暂时不足的矛盾，而非用来盈利。商业银行向中央银行借款主要有两种形式：一是再贴现，即商业银行将已经贴现的票据也就是买入的未到期的票据，向中央银行再次申请贴现，从而取得借款；二是再贷款，是指商业银行以自身持有的证券、票据做抵押向中央银行取得的贷款。

2. 同业拆借

同业拆借是金融机构之间临时性资金融通行为，主要是为了轧平当日票据头寸；填补法定存款准备金不足；满足其他临时性资金需要。同业拆借一般都通过商业银行在中央银行的存款账户进行，一般期限较短，有的甚至一天。银行同业拆借资金融通方式还有转贴现。转贴现是指银行为了取得资金，将未到期的已贴现的商业票据再以贴现的方式向另一家金融机构转让的票据买卖行为。

3. 回购协议

回购协议是指商业银行在出售证券的同时和证券购买者签订在一定期限后重新购回所卖证券的协议。从本质看，回购协议是一种质押贷款。

4. 发行金融债券

金融债券是银行等金融机构为筹措资金而发行的一种债务凭证。对于银行而言，通过发行金融债券筹集资金是资金来源的重要渠道。

金融债券期限一般为 3～5 年，其利率略高于同期定期存款利率水平。金融债券由于其发行者为金融机构，因此资信等级相对较高，多为信用债券。

金融债券可分资本性金融债券和一般性金融债券。资本性金融债券的目的是为弥补银行资本不足而发行的，介于存款负债和股份资本之间的一种债务，《巴塞尔协议》将其归入附属资本或次级长期债券。一般性金融债券是指商业银行为筹集用于长期贷款、投资等业务的资金而发行的债券。

5. 在国际金融市场借款

20 世纪 80 年代以来，发达国家的商业银行广泛地在国际金融市场上通过吸收存款、发行 CDs、商业票据、金融债券等方式获取资金。

二、资产业务

资产业务指商业银行资金运用业务,是商业银行获取收益的主要途径。资产包括现金资产、贷款、证券投资及其他资产。其中贷款是商业银行的最主要资产。

(一)现金资产

现金资产是银行资产中流动性最高部分,它可直接满足对外支付的需要。现金资产通常并不给银行带来直接收益,但它是银行维持正常经营所必需的。现金资产由库存现金、在中央银行存款、同业存款和应收款项等组成。

1. 库存现金

库存现金是指商业银行为应付存款户提取现金和商业银行日常开支而准备的纸币和硬币。为保证支付能力,商业银行必须保留足够的库存现金。但库存现金是没有收益的资产,过多则会影响商业银行的盈利,因此,商业银行在保证正常支付的前提下,应尽可能减少库存现金。

2. 在中央银行存款

在中央银行存款又称准备金存款,包括法定存款准备金和超额准备金存款。在实行中央银行制度的国家,为了确保商业银行的支付能力,也为了便于货币政策的实施,通常要求吸收存款的银行必须按一定法定比例缴存资金于中央银行,这部分资金称为法定存款准备金。另外,为了银行间票据清算等需要,商业银行通常会在中央银行存入超过法定比例的资金,超出法定比例要求的存款,就是超额准备金存款。超额准备金存款是商业银行可自主运用的资金。在中央银行存款属于微利或低利性资产。

3. 同业存款

同业存款是商业银行存放在其他商业银行的款项。商业银行为了便于同业之间结算和互相代理业务,大都相互开立了活期账户。这些同业存款视同现金资产。

4. 应收款项

应收款项是指商业银行应收的清算款项,包括应收的结算款项、应收利息等。

(二)贷款

贷款是银行将其吸收的存款资金按一定利率贷给客户并约期归还的资产业务。它是流动性比较低的一种银行资产,因为在贷款到期前,银行很难将其收回。但它的利率较高,是商业银行最主要的收入来源。

贷款按保障程度分为抵押贷款、担保贷款和信用贷款,按期限分为短期贷款、中期贷款和长期贷款等。

（三）证券投资

证券投资是指商业银行购买有价证券的业务。商业银行购买有价证券包括债券（国库券、公债、公司债券）和股票。但对于股票的购买，国家一般加以限制或禁止。目前，各国商业银行的证券投资主要用于购买政府债券，特别是短期国库券。商业银行进行证券投资业务主要是为了增加盈利性的同时也增加流动性，因此其常见做法是在货币市场上投资于短期有价证券，以短期有价证券作为商业银行的二级准备，增强资产的流动性；此外商业银行也在资本市场上投资长期债券来增加银行收益。

三、中间业务

中间业务是商业银行不需要运用自己的资金，通过代理客户办理收付和其他委托事项，从中收取手续费的各项业务。商业银行的中间业务主要有结算业务、代理业务、信托业务、租赁业务等。

（一）结算业务

结算业务又称货币结算，是商业银行办理存款业务衍生出来的业务。客户要求银行把现款汇给异地的收款人，银行要完成汇兑业务，要使用特殊的凭证，如本票、汇票、支票、信用证等，这些凭证是一家银行向另一家银行或分支机构发出的指令，指示后者向第三者支付一定数额的货币。银行办理结算业务不但收取手续费，而且可以占用客户一部分资金。

（二）代理业务

商业银行接受客户的委托，以代理人的身份代办受托事务，主要有代保管、代客买卖业务、代理收付业务等。

（三）信托业务

商业银行接受委托，代为管理、运营、处理有关钱财业务。信托业务按业务对象划分为个人信托和法人信托。个人信托业务包括代管财产、遗产、有价证券、贵重物品、代办个人保险、个人纳税等。法人信托业务包括代办筹资、投资事宜，代办合并或接管其他企业，代管雇员福利账户和退休养老金的发放等。银行经营信托业务不仅可以收取手续费，而且还可把占用的一部分信托资金用于投资放贷业务。

（四）租赁业务

它是银行以出租为目的购买机器设备等有形资产，将其出租给承租人，以租金的形式收回本金和利息的业务。主要租赁形式有融资租赁、经营租赁等。

四、表外业务

表外业务（Off-balance-sheet Activities）是指不在银行资产负债表内直接反映

的业务。目前商业银行的表外业务发展迅速。高速发展的表外业务为银行带来巨额收益，但如果管理不善、控制不当也可能扩大银行的经营风险，甚至会对金融体系的稳定产生不利影响。通常，表外业务包括担保业务、承诺业务、衍生工具交易等。

（一）担保业务

担保业务是商业银行作出的当缔约的一方不履行或违反合同条款时由其代为偿付确定数额的承诺的业务。担保业务有票据承兑、跟单信用证和备用信用证等。

（二）承诺业务

承诺业务是商业银行在未来某一时期按事先约定的条件向客户提供约定的信用的业务。主要有贷款承诺、循环保证融资、周期性贷款承诺和循环放贷协议等。

（三）衍生工具交易

衍生工具交易是商业银行为满足客户保值或自身头寸管理等方面的需要而进行的远期、掉期、期货、互换、期权等衍生交易业务。

第三节　商业银行的经营管理理论

商业银行是一个营利性组织，与其他企业一样，它的目标是实现利润最大化。为实现这一目标，商业银行就必须实施有效的管理。

一、商业银行经营管理的一般原则

各国商业银行尽管在制度上存在一定差异，但在业务经营上通常都遵循安全性、流动性和盈利性原则。

（一）安全性原则

安全性是指商业银行的资产、收益、信誉及经营生存发展条件免遭损失的可靠程度。安全性原则要求商业银行在经营管理过程中，不仅要保证商业银行自身资产的安全，而且要保证客户资产的安全，使客户对银行保持坚定的信任。由于商业银行特殊的资产负债结构与盈利模式，其在日常经营中面临不同的风险，这就要求商业银行必须坚持稳健经营理念，实行全面风险管理和严格的内部控制，合理安排资产规模和结构，注重资产质量，保持较高的资本充足率。

（二）流动性原则

流动性是指商业银行能够随时应付客户提现和满足客户贷款的能力。流动性包括资产的流动性和负债的流动性两个方面。资产的流动性是指银行资产在不受损失的前提下迅速变现的能力。负债的流动性是指银行能以合理成本筹措资金的能力。

与其他企业相比，商业银行资金的流动更加频繁，现金资产的收支率更高、收支速度更快，且收支时间事先无法准确预测。流动性原则要求商业银行一方面资产有足够的流动性，另一方面有较强的融资能力。

（三）　盈利性原则

盈利性是指商业银行获得利润的能力。盈利性原则要求商业银行在稳健经营的前提下，尽可能地追求利润最大化，这也是商业银行经营活动的最终目标。它要求商业银行尽量减少现金资产，扩大盈利资产比重；减少贷款和投资损失；加强内部经济核算，节约费用；严格操作程序，减少事故和差错。

由于商业银行需要同时坚守这三个原则，因此如何平衡这三者对于商业银行的发展至关重要。一般来讲，这三者既矛盾又统一。安全性与流动性是正相关的：流动性较强的资产，风险较小，安全有保障。但它们与盈利性往往有矛盾：流动性强、安全性好，盈利性一般较低；盈利性较高的资产，往往流动性较差，风险大。银行必须在安全性、流动性和盈利性三者之间不断寻找最佳平衡点。

二、商业银行经营管理理论

为了实现安全性、流动性和盈利性的最佳平衡点，经济学家研究形成了资产管理理论、负债管理理论、资产负债综合管理理论和全面风险管理理论。

（一）　资产管理理论

在商业银行发展早期，由于资金来源渠道较为固定，大多为吸收的活期存款；客户的需求也比较单一，一般是短期临时放款；加之当时金融市场不发达，银行的变现能力低；作为商业银行最后贷款人的中央银行还未建立，商业银行主要是通过对资产结构的恰当安排来实现"三性"原则的追求目标，由此便形成了资产管理理论。资产管理理论共经历了商业贷款理论、资产转换理论和预期收入理论三个不同阶段。

1. 商业贷款理论

商业贷款理论最早源于 1776 年亚当·斯密（Adam Smith）的著作《国民财富的性质和原因的研究》对于银行作为金融中介作用的描述。由于该理论产生年代的负债业务主要是客户的活期存款业务，因此银行时刻处于确保银行流动性的风险防范中；而确保流动性最好的办法是承做短期的与商品周转相联系或者与生产物资储备相适应的自偿性贷款，而不能发放购买证券的贷款、不动产贷款、消费贷款、长期性的设备贷款和农业贷款。自偿性贷款发放的企业要求必须以真实交易为基础，并以真实商业票据做抵押，因此，一旦企业不能偿还贷款，银行就可以处理其抵押商品以收回贷款，因此商业贷款理论又称真实票据理论。

商业贷款理论既保证了商业银行的流动性原则，又最大限度满足了盈利性原则。但频繁的短期贷款容易造成经济的波动，同时经济发展对银行的贷款需求一定是更多元化的需求，因此该理论无法使商业银行发挥更大规模的金融中介作用。该理论缺乏对存款稳定性和贷款偿还多元机制的考虑，因此不利于促进经济的长足发展。

2. 资产转换理论

第一次世界大战后，随着货币市场的完善，客户参与银行的存款业务增加，商业银行又逐步发展了短期证券业务。同时由于第一次世界大战后经济不振以及随后的经济危机严重造成了商业银行的自偿性贷款业务的减少，商业银行开始将盈利方向转向短期证券投资业务。资产转换理论应运而生。

资产转换理论认为相比具有同样流动性的短期商业性贷款，商业银行购买政府发行的短期国库券将获取更高收益。国库券是政府负债，信用高，因此国库券具有高信用和期限短的突出特点。商业银行将部分资金购买短期国库券后，可以保证经营需要的必要流动性，同时可以有余力将剩余资金从事高收益的中期、长期贷款。商业银行拓展短期证券投资业务可以有效促进商业银行将其资产业务向多元化发展；而多元化发展能够降低各类风险，保证其流动性，也最大限度保证了其盈利性，从而实现了商业银行的三个基本原则的兼顾和稳定。

虽然资产转换理论给商业银行的资产业务发展带来了广阔的发展前景，但其缺点也非常明显。短期债券市场受市场景气影响严重。在债券市场景气时，短期债券很容易流转；但在市场需求不旺时，则其很难全额变现。因此如果商业银行存在流动性需求，而此时又恰逢债券市场也需求旺盛，则短期债券可以及时且无损地转移出去来解决商业银行自身的流动性危机。但如果商业银行遇到流动性风险，而此时恰逢债券市场处于下行阶段，则债券价格会大幅下降。短期债券的价格比长期资产证券价格低很多，因此此时流转的短期债券很难实现流转，且能够流转成功的证券往往其价值受损严重，商业银行一般会遭受较大经济损失。在发生金融危机时，商业银行往往会急于变现其短期债券来获取更多的流动性，但往往事与愿违。因此，最佳短期债券的持有量相对难以确定。如何确保商业银行的短期债券持有量既可以保证其资产流动性，又可以保证其盈利能力是资产转换理论无法解决的问题。

3. 预期收入理论

预期收入理论产生于第二次世界大战后。客观上，由于第二次世界大战后全球各地百废待兴，强劲的经济发展趋势推动了商业银行有更大可能积极拓展其资产业务。其次，由于第二次世界大战后多数西方国家都奉行凯恩斯的经济发展理论，认为只要有能力，借贷消费是合理和安全的。因此，对于借债发展和借贷消费的理念从国家到个体都变得可以接受。基于此，商业银行愿意尝试为客户提供更多资产业务。主观上，第二次世界大战后非银行类的二级金融商业机构如雨后春笋般蓬勃发展。面对对手的强大竞争，商业银行积极主动发展更多的资产业务。基于主客观的原因，预期收入理论更适用商业银行来管理其资产。

预期收入理论认为影响商业银行资产业务发展的根本取决于借款人是否有偿还贷款的能力；而借款人的偿贷能力又取决于其未来的预期收入。只要借款人的预期收入有保障，无论其从商业银行所借的贷款期限多久，商业银行的收益都可以得到保障，因此商业银行就可以为借款人提供贷款，形成其优质的资产业务。反之，如果借款人自身的预期收入没有保障，无论其借款申请长久与否，商业银行都应拒绝。

预期收入理论从本质上阐述了商业银行发展资产业务的原则，明确了商业银行的资产业务主要受贷款人的预期收入决定。该理论的应用让商业银行可以合理且广泛地发展各项资产业务。基于该理论，商业银行不仅可以按照实际借款人的借贷能力合理发展长短期的借贷业务，还可以根据资产转换理论对在发行期内有偿还保障的各类债券进行买卖，同时对具有偿贷能力的借款人发放非生产性的消费贷款。多元化的资产业务极大地提高了商业银行的收益、确保了其安全性和必要的流动性。

尽管对预期收入理论的应用使商业银行的资产业务得到了巨大发展，但该理论也同样存在局限性。依据该理论发展资产业务的商业银行同样需要承受该理论所带来的风险。由于该理论的核心依据是对于贷款者的未来收入的预期，但预期结果并不等同于其实际的未来收入。特别是对于贷款者较长远未来收入的预期则存在较大差异；由于未来发展存在较大的不确定性，从统计学角度看虽然在当下对于长期未来的发展预测好，但在实际发展中偏离预测结果的可能性非常大。实际上，商业银行根据预期收入理论发展的各类长期证券类业务发生问题的现象屡见不鲜。

（二）负债管理理论

商业银行的负债管理理论包括古老的银行券理论、著名的存款理论和促进商业银行流动性的购买理论。

1. 银行券理论

银行券理论源于商业银行的早期商业行为，是指人们将自己手中的金银等铸币存入商业银行中并由商业银行开具支付凭证，允许持票人按照约定来兑现其铸币。这种兑换凭证即是银行券，而银行券的运作需要有贵金属货币作为担保来实现。由于银行券业务极大地方便了人们的商业活动和生产行为，因此银行券业务使得商业银行的价值和媒介作用得以迅速发展起来。随着申请银行券的业务壮大，商业银行发现由于持票人一般会按照约定的时间和条件来兑现，而众多持票人极少同时出现兑换铸币的现象，商业银行不需要将全部的贵金属货币囤放在银行中为其所发行的银行券作兑现准备。这一发现促使商业银行通过发行多于贵金属量对应的银行券来增加其负债业务，从而赚取更多利润。由于发行银行券在一定意义上等同于货币发行的职能，银行券业务成为商业银行的基本负债业务。

但多发银行券存在巨大的信用风险隐患，极容易造成恶性通货膨胀，进而给经济体发展带来恐慌，因此当商业银行发生大规模的挤提事件后，面对无法偿还的债务和恶性通货膨胀，政府开始进行干预和限制该业务；特别是为了防止商业银行因挤提造成的破产事件发生，各国先后设立了中央银行制度，将货币发行的权力收回，商业银行也就失去了发行银行券的职能和意义。银行券理论最终彻底退出了金融经济发展的历史舞台，取而代之的是存款理论的应用。

2. 存款理论

随着中央银行设立，商业银行无法通过发行银行券来增加其负债业务。在这个背景下，存款理论应运而生。存款理论认为，存款者存款的目的是保值和通过存款来获取一定的收益，因此存款者是否存钱取决于其如何在存款与其他应用该笔存款的选择项（例如现金消费或者其他投资项目）之间作出取舍。存款者作出存款选择的决定发生在其实际存款行为之前，因此商业银行无法影响存款者的存款行为，商业银行在接受存款上完全处于被动状态。

面对被动的负债，对于商业银行来说最大的威胁和风险就是信用风险，即大规模的挤提现象。为了防止挤提，商业银行需要按照存款者的存款意愿和约定来调整资产结构，并按照符合存款意愿的条件来确定相适应的贷款类型和相应的存贷款利率。

存款理论虽然有效地保障了商业银行的安全性和流动性，但无法最大限度地满足商业银行的盈利性需求。因此该理论迎合的是商业银行的被动负债管理方式，更多的是为单向资产管理理论服务的辅助理论。随着 20 世纪 60 年代的购买理论产生，商业银行才真正进入了积极的负债管理经营模式。

3. 购买理论

购买理论认为商业银行为了获取更高的利润，其资产业务必然要向中长期的证券类产品发展，但证券业务发展的主要瓶颈是资金来源。由于存款理论极大限制了商业银行的资金来源，商业银行需要考虑的是如何扩大其非存款类的资金来源。商业银行不必拘泥于单一的存款储户，对于保障存款储户所需的资金，银行不一定需要一一对应相应的资产业务，商业银行可以通过借钱来确保。这样商业银行不仅形成更多的负债业务量和种类，多样化的负债业务提高了负债业务的安全性，确保了银行资产和负债之间必需的流动性，而且达到了扩大其贷款业务量和贷款业务种类等来提高其资产收益的目的。

购买理论的出现彻底改变了困扰商业银行发展的被动式负债管理，使商业银行的经营管理进入了全新的发展模式。首先，购买理论打破了负债来源单一化的格局，使负债业务得到多元化发展，从而从源头上解决了商业银行受制于负债的困境。其次，负债结构的多元化必然带来资产结构的多元化，从而为商业银行资产和负债双向管理提供了可能。最后，购买理论相较于之前的所有单向管理理论都能够更好地保障商业银行的安全性、流动性和盈利性三者的兼顾。

虽然购买理论使商业银行的各项业务发展得到了极大的扩张，但其也仍然存在弊端，进而给商业银行的发展带来一定的风险。一方面，购买理论使得商业银行的流动性风险增大。购买理论主张商业银行发展新的借款来支持资产业务，如果对于非存款类借款的审核不够严谨，则商业银行很容易盲目扩张，在资产业务经营不善的时候容易造成巨大的流动性风险甚至信用风险。另一方面，非存款类借款一般成本远高于存款类负债，大量的非存款类负债必然会增大商业银行的经营成本，容易造成信用风险产生。

（三）资产负债综合管理理论

到了20世纪70年代，由于市场利率水平大幅攀升而极大地影响了根据购买理论发展的单一负债经营业务，同时由于经济增长放缓，根据货币政策的传导机制理论，商业银行需要在贷款业务上发挥更大的作用来达到促进经济增长的目的。在这样双重影响下，商业银行只有通过综合管理其资产和负债业务才能发挥更大的金融媒介作用。

资产负债综合管理理论认为，商业银行应当根据经营环境的变化，运用各种手段对资产和负债进行综合计划、调控和管理，使两方面保持均衡和协调，这样才能在保证银行资产流动性和安全性的前提下，实现利润最大化。

资产和负债业务的连接是通过存贷款利率差实现，因此资产负债的综合管理必然要将存贷款结构和规模进行合理匹配。首先，资产和负债的规模要保持对称，过度发展任何一方都会带来不确定的流动性风险和信用风险。其次，资产和负债的结构要保持对称，尽量保持短期负债匹配短期资产，长期负债匹配长期资产。资产和负债的错配必然会造成商业银行的流动性和盈利性无法兼顾。最后，资产和负债业务都需要多元化。资产方面要实现业务种类和贷款人的多元化以便降低信用风险，负债方面要拓宽资金来源的多样性以便降低大规模挤提的风险。

（四）全面风险管理理论

虽然资产负债综合管理理论实现了商业银行自身资产负债表的全面性管理，并极大程度上使商业银行的收益倍增，但无论是单向管理理论还是综合管理理论，其本质都是商业银行从自身的角度去管理，而非从整个金融体系去全面的管理，因此无法真正意义上实现商业银行管理的一般原则。商业银行为了满足自身经营目标

（特别是盈利性）实施的管理行为却有可能给整个金融体系的稳定性带来威胁，而长期堆积的大量破坏金融体系稳定性的商业银行信贷操作就有可能造成整个金融体系的崩塌。全面风险管理理论正是针对前面所有管理理论所遗留的各种不足，遵循商业银行经营管理的一般原则，从金融体系整体风险防范的角度提出针对包括商业银行在内所有金融机构的管理方法。

全面风险管理理论的理念是从金融机构经营中可能会遇到影响自身经营和金融体系安全发展的角度，针对各类经营风险预先筹划措施以便风险爆发时能将损失降低至可控范围内。其划分可能存在的风险包括信用风险、利率风险、流动性风险、汇率风险、操作风险和其他风险等。

全面风险管理理论的主要代表是由国际清算银行（BIS）于1988年提出的《巴塞尔资本协议Ⅰ》。国际清算银行在经过大量实践检验和逐步修缮、更新后，于2011形成了《巴塞尔资本协议Ⅲ》。《巴塞尔资本协议Ⅲ》综合反映了银行业面临的各种风险，其目的是促使商业银行强化风险管理意识和能力，并增强整个银行体系的流动性和安全性，为全球银行业提供一个统一的、标准的公平竞争环境。因此《巴塞尔资本协议Ⅲ》已成为全球最具影响力的银行业监管标准。

相较之前的各种管理理论，全面风险管理理论有以下几个方面的优点：

1. 公允性和强制性

由于前三个理论是商业银行在业务经营过程中自发形成的理论，商业银行运用这三个理论进行的经营管理是其主动性监管。而全面风险管理理论着眼于整个金融体系的发展，严格限制和惩罚有利于个别商业银行利益但损害金融体系的行为，因此所有接受全面风险管理的金融机构必须无条件地被动接受并执行监管要求。同时所有接受监管的金融机构一视同仁，接受标准化监管程序。

2. 包容性和广泛性

虽然全面监管具有较强的强制性，但在实际执行过程中该理论并不限制金融机构保留其原有的监管手段和措施；同时为了更广泛地推广全面风险管理理念，在很多具体监管管理方法上允许金融机构保留其原有监管度量法，只要求其按照标准监管准则将其监管数据折算成相对应的标准数值，只要其折算的数据满足监管标准即认定其合格。

同时，全面风险监管不仅监管商业银行的资产负债表的表内业务，同时其表外业务也在监管范围内。这样就极大程度上抑制了商业银行盲目追求收益性而进行的恶意信贷资产转移现象。此外，全面风险监管不仅监管商业银行，还监管包括中央银行、保险公司、房地产企业、基金和证券公司等各级各类金融机构在内的全体成员。

3. 自我修正性

全面风险监管理论的核心目的是在保障金融体系稳定发展的基础上最大限度地满足各个金融机构的自身发展利益，因此以国际清算银行为代表的国际金融管理机构始终坚持公正和批判性，以此发展各项监管理念、监管框架和具体监管方法与技术。例如，1988 年提出的《巴塞尔资本协议 I》着重调整了商业银行的资本金占比和具体监管指标数值。在经过一段时间的实践后，2004 年提出的《巴塞尔资本协议 II》不仅提高了原有《巴塞尔资本协议 I》中的各项指标数值、明确了指标衡量的目的，而且最重要的是首次建立了"三大支柱"体系（即商业银行要按照新的指标衡量各类风险、明确监督检查程序和实施市场约束机制）。在经历了 2008 年国际金融危机后，国际清算银行于 2010 年提出的《巴塞尔资本协议 III》更是在界定了"三大支柱"体系属于资本监管，修正了第一、第二支柱中市场风险框架、核定方法等核心监管的基础上，又增加了对于系统流动性的监管要求。这种由上至下、不间断的主动性修正不仅及时完善了理论自身的合理性，而且更有利于各国金融机构能够积极主动和有效地接受监管。

虽然全面风险管理理论有着上述优点，但其自身存在的缺点也在相当程度上降低了其有效性。全面风险管理理论致力于全球整个金融体系的稳定发展，因此就需要各国中央银行能够完全接受全球统一的监管标准，并按照这些统一标准有效地实施监管。然而，如何无条件接受这些监管标准是各国中央银行所面临的最大挑战。首先，这些标准可能会与各国央行、商业金融机构的个体利益有所冲突，因此会存在有的国家拒绝接受、部分接受或者延迟接受标准的现象。例如，2004 年提出的《巴塞尔资本协议 II》由于全面提升了风险防范的标准而影响了当时很多国际大型商业银行的个体利益，其没能如期被国际清算银行的成员国所接受。也正是由于没能及时实施《巴塞尔资本协议 II》，才造成 2008 年国际金融危机损失惨重。其次，由于全球统一的监管标准并不具有法律效力，各国在具体实施过程中必须首先要将监管标准转变成各自国内金融监管法律法规才能够真正实施这些监管标准。如何将监管标准合法化，并且在国际清算银行规定的时间内完成监管标准合法落地等实际的法律操作对于很多国家来说困难非常大。最后，由于标准监管是动态监管，要求所有金融机构都必须在每个监管周期达到标准，特别是对商业金融机构的流动性监管要求最严，而很多商业银行在自身经营的基础上还要承担国家货币政策的执行要求。往往当一国处在宽松货币政策或者量化宽松货币政策时，商业银行的信贷监管指标就容易超标。因此如何兼顾金融机构自身的监管合理性和保障国家货币政策实施之间的平衡仍然是全面风险管理理论亟待解决的问题。

三、商业银行管理的基本方法

商业银行在经历各个管理时期都相对应形成了一些具体管理方法。有些方法随着管理理论的更新而被取代，有些则经过修正得到了更合理的应用。这里我们简要介绍几个核心的管理方法。

（一）资产负债综合管理方法

在商业银行的经营过程中，作为资金价格的利率是经常变动的。利率的变动将同时影响资产负债两个方面，这就需要同时进行资产和负债的管理，即资产负债综合管理。在众多的综合管理方法中，缺口管理法日益成为各国商业银行普遍采取的综合管理技术，其中又有利率敏感性缺口管理法和久期管理法。

1. 利率敏感性缺口管理法

利率的变化会同时影响银行部分资产和负债的价值的变动。以利率上升为例，一方面资产收益若对利率变化比较敏感，则资产收益就会增加；另一方面负债成本若对利率变化比较敏感，则负债成本就会上升。这种资产负债对利率变化的变动差异通常用利率敏感性缺口管理来分析。所谓利率敏感性缺口管理就是利率敏感性资产与利率敏感性负债的差额。

缺口有三种可能：零缺口、负缺口和正缺口。零缺口是利率敏感性资产等于利率敏感性负债，负缺口是利率敏感性资产小于利率敏感性负债，正缺口是利率敏感性资产大于利率敏感性负债。

显然，稳健的利率敏感性缺口管理法就是使银行利率敏感性缺口为零。这样，无论利率怎样变化，资产的收益与负债的成本都可以相同的幅度变化，从而相互抵消，银行损益无变化。

但是，如果能准确地判断利率的走势，积极地利用利率敏感性缺口管理就显得有价值了。根据利率的走势采取适当的正缺口或负缺口策略，可以使银行的净利息得以增加。

如当预测市场利率上升时，银行尽量持有正缺口，因为利率上升，银行收益增加值将大于银行成本的增加值，从而使得银行的总体利润水平上升，盈利能力增强；若预测市场利率下降时，银行尽量持有负缺口，因为利率下降，银行收益减少值将大于银行成本的减少值，从而使得银行的总体利润水平上升，盈利能力增强。

2. 久期缺口管理法

久期（Duration）又称持续期，最早是由 F. R. 麦考利于 1938 年提出，用于衡量债券价格对利率变化的敏感性。后来随着商业银行资产负债管理理论的广泛应用而逐渐与利率敏感性缺口管理相结合，对资产与负债之间存在的久期差额进行积极有效的管理。如上面提到的根据利率的走势采取适当的正缺口或负缺口策略，就可以从久期缺口的角度来采取有效策略管理，使银行更有把握确保其净利息得以增加。

（二）全面风险管理方法

全面风险管理的目标就是将风险存在的意识贯彻始终，金融机构需要进行动态的监管。例如上面提到的缺口管理和久期管理，在全面风险管理下需要根据银行自身设定的监管时间频率对任意一个监测时间段内都要进行衡量其因利率可能产生的变化给银行带来的资产负债变化。

动态监管的最好应用是风险价值 VaR（Value at Risk）理论（即处于风险之中的价值）。这一理论是由 J. P. 摩根公司于 20 世纪 90 年代最先应用，目前是金融市场风险测度应用最广的方法。风险价值是指在给定的置信水平下，资产或其组合在一段时间内可能的最大损失。风险价值理论的优点是可以统一标准对不同类型资产或组合的风险进行直观比较，可以同时考虑所有风险因素，最重要的是可直观描述风险损失值及其发生的概率信息，简单有效，易于理解。

全面风险管理方法除了有具体量化类型的 VaR 以及信用评级模型、非量化的情景模拟和压力测试模型外，还包括 RAROC 等各类财务统计方法和基于风险定价等多种经典的管理方法。

本章小结

1. 银行业起源于货币经营业，它是在货币保管业务的基础上演变而来的。

2. 商业银行作为一种企业，同工业、商业企业一样，也具有业务经营所需要的自有资本，必须依法经营、独立核算、照章纳税，其经营目标是为了追求利润。

3. 商业银行作为是一个特殊的企业，它履行着信用中介、支付中介、信用创造和金融服务等职能。

4. 商业银行的主要类型有单一银行制、分支行制、持股公司制和连锁银行制等。

5. 商业银行是经营金融产品和提供金融服务的机构，其业务主要是金融业务，一般分为负债业务、资产业务、中间业务与表外业务。

6. 商业银行负债业务是商业银行筹措资金、借以形成资金来源的业务，是商业银行资产业务和其他业务的基础。

7. 商业银行资产业务是指其资金运用的业务，是其获取收益的主要途径，包括现金资产、贷款、证券投资及其他资产。其中贷款是商业银行的最主要资产。

8. 表外业务是指不在银行资产负债表内直接反映的业务。目前商业银行的表外业务发展迅速。

9. 商业银行是一个营利性组织，它的目标是实现利润最大化。为实现这一目标，商业银行就必须实施有效的管理。

10. 商业银行在业务经营上通常都遵循安全性、流动性和盈利性原则。

11. 为了实现安全性、流动性和盈利性的最佳平衡点，商业银行经历了运用资产管理理论、负债管理理论、资产负债管理理论和全面风险管理理论等理论进行有效管理的发展经历。

12. 资产管理理论共经历了商业性贷款理论、资产转换理论和预期收入理论三个不同阶段。

13. 商业银行的负债管理理论包括古老的银行券理论、著名的存款理论和促进商业银行流动性的购买理论。

14. 到了 20 世纪 70 年代，市场利率水平大幅攀升和经济增长放缓促使商业银行只有通过综合管理其资产和负债业务才能发挥其金融媒介的作用。

15. 目前商业银行运用的是全面风险管理理论。其针对前面管理理论所遗留的不足，遵循商业银行经营管理的一般原则，从金融体系整体风险防范的角度提出针对包括商业银行在内所有金融机构的管理方法。

本章重要概念

商业银行　负债业务　资产业务　中间业务　表外业务　资产负债管理
全面风险管理

复习思考题

1. 商业银行的性质和职能是什么？
2. 探讨我国商业银行经营模式的选择？
3. 商业银行资产负债业务的主要内容有哪些？
4. 目前我国商业银行从事的中间业务主要有哪些？
5. 简述商业银行表外业务的构成及主要内容。
6. 简述商业银行经营管理的原则及其相互关系。
7. 试述商业银行经营管理理论的发展脉络。
8. 《巴塞尔资本协议Ⅲ》的三大支柱是什么？
9. 试述全面风险管理的优点。

本章参考文献

［1］黄达，张杰. 金融学（第四版）［M］. 北京：中国人民大学出版社，2017.

［2］钱水土. 货币银行学（第2版）［M］. 北京：机械工业出版社，2013.

［3］米什金. 货币金融学（第七版中译本）［M］. 北京：中国人民大学出版社，2006.

［4］陆静. 金融风险管理［M］. 北京：中国人民大学出版社，2015.

［5］戴国强. 货币银行学（第四版）［M］. 北京：高等教育出版社，2015.

第七章
中央银行

学习目标

> 1. 掌握中央银行的产生与发展历程；
> 2. 掌握中央银行制度的类型、中央银行的组织结构；
> 3. 掌握现代中央银行的基本职能及具体作用；
> 4. 熟悉中央银行的主要业务。

现代商业银行是从货币兑换业发展起来的，而中央银行又是从现代商业银行分离出来的，并由此演变出一种新的银行制度。当今世界大多数国家都实行中央银行制度。中央银行在世界各国的经济和社会发展中发挥着重要作用。

第一节　中央银行的产生及类型

一、中央银行的产生与发展

（一）中央银行产生与发展的阶段

1. 中央银行的起源

从世界范围看，中央银行的产生和中央银行制度的形成与发展已经拥有了三百多年的历史。通常在谈及中央银行起源时，往往首先提到瑞典银行和英格兰银行。前者成立于 1656 年，后者成立于 1694 年，但它们成立之初并不是中央银行。瑞典银行初建时是一般私营银行，后于 1668 年改组为国家银行。实际上，直到 1897 年它才独占货币发行权。真正最早全面发挥中央银行功能的是英格兰银行。

在整个 19 世纪到第一次世界大战爆发前这 100 多年里，出现了成立中央银行的第一次高潮。第一次世界大战结束后，面对世界性的金融恐慌和严重的通货膨胀，1920 年在布鲁塞尔召开的国际经济会议上，要求尚未设立中央银行的国家应尽快建立中央银行，以共同维持国际货币体系和经济的稳定。由此，推动了又一次中央银行成立的高潮。第二次世界大战以后，一批经济较落后的国家摆脱了宗主国或殖民者的统治而获得独立，它们皆视中央银行的建立为巩固民族独立和国家主权的一大标志。

2. 国家对中央银行控制的加强

中央银行一经产生就与政府有着密切的联系，经常体现着政府的某些意图，包括在金融管理中承担一定的责任。从这个意义上说，国家从来都在一定程度上控制着中央银行，尽管这种控制程度在不同的国家以及在同一国家的不同时期强弱不一。

国家对中央银行的控制，总的来说，是加强的趋势，尤其是 20 世纪 30 年代经济大危机以来更为明显。

第二次世界大战后，国家对中央银行控制的加强直接表现为：

（1）中央银行的国有化。在此之前，中央银行虽然作为政府的银行存在，但它们的股本大多是私人持有，基本上是私人股份银行。第二次世界大战后，各国中央银行的私人股份，先后转化为国有；有些新建的中央银行，一开始就由政府出资；即使继续维持私有或公私合营的中央银行，也都加强了国家的控制。总之，各国中央银行实质上成为国家机构的一部分。

（2）制定新的银行法。战后各国纷纷制定新的银行法，明确中央银行的主要职责就是贯彻执行货币金融政策，维持货币金融的稳定。

（二）中央银行产生的客观需要

17 世纪中后期，欧洲商品经济发展迅速，随后的工业革命更是使社会发展步入快车道。传统的货币经营商及高利贷者无法满足社会发展对资本的需求，银行业由此逐步兴盛起来。银行业的快速发展促进商品经济不断走向繁荣，与此同时，各自独立、缺乏统一协调的银行体系也受到严峻挑战，新的矛盾不断产生和积累。在这样的社会经济发展的历史背景下，中央银行的产生具有历史的必然性。

1. 银行券统一发行的必要

在银行业发展的初期，并无商业银行和发行银行之分，众多的银行均从事银行券的发行。分散的银行券发行逐步暴露出其严重的缺点：（1）不利于保证货币流通稳定。（2）许多分散的小银行，其信用活动领域有着地区的限制，因此它们所发行的银行券只能在有限的地区内流通。随着资本主义经济的发展，要求有更加稳定的通货，也要求银行券成为能在全国市场广泛流通的一般信用流通工具，而这样的银行券显然只能由信誉卓著、信用活动有全国意义的大银行集中发行。

2. 统一票据交换和业务清算的需要

银行林立、银行业务不断扩大，债权债务关系错综复杂，票据交换及清算若不能得到及时、合理处置，会阻碍经济顺畅运行。这在客观上要求建立一个全国统一和公正的权威性机构，作为金融支付体系的核心，能够快速结清银行间票据，从而便利资金流通。

3. 保障银行支付能力和最后贷款人角色的需要

在经济周期的发展过程中，商业银行往往陷入资金调度不灵的窘境，有时则因支付能力不足而破产，银行缺乏稳固性，不利于经济的发展，也不利于社会的稳定。为了保护存款人的利益和金融体系的稳定，客观上需要有一家权威机构来集中银行的一部分准备金，充当银行的"最后贷款人"，保障银行支付能力。

4. 金融宏观调控的需要

同其他行业一样，银行业的经营竞争也很激烈，而且它们在竞争中的破产、倒闭给经济造成的动荡较之非银行行业要大得多。为了建立公平、有效和稳定的银行经营秩序，尽可能避免和减少银行的破产和倒闭，客观上需要一个能够代表政府意志、与商业银行有业务联系并能够运用经济手段制约银行业务的金融机构对整个金融业进行管理、监督和协调，对宏观经济进行调控，进而统筹、管理和监督整个国家的金融活动。

（三）中国中央银行的产生与发展

中国中央银行的萌芽是 20 世纪初清政府建立的户部银行。户部银行于 1905 年 8 月正式成立，是清政府的官办银行。除办理一般业务外，还享有国家授予的铸造货币、代理国库、发行纸币的特权。

中国最早以立法形式成立的中央银行是 1928 年成立的国民政府中央银行。1928 年 11 月 1 日中央银行正式成立，总部设在上海。《中央银行条例》规定，中央银行为国家银行，享有经理国库、发行兑换券、铸发国币、经理国债等特权。

中国人民银行作为新中国的中央银行，是 1948 年 12 月 1 日在原华北银行的基础上经过合并改组建立起来的，同时开始发行全国统一的人民币。在 1978 年党的十一届三中全会以前，中国人民银行既是行使货币发行和金融管理职能的国家机关，又是从事信贷、储蓄、结算、外汇等业务经营活动的专业银行，中国中央银行可以说是"一身二任"的银行机构，这是与新中国成立初期制止通货膨胀的历史需要，也同后来高度集中的经济管理体制相适应的。1979 年改革以后，经济体制改革展开，银行体制也进行了改革。1983 年 9 月 17 日，国务院决定中国人民银行专门行使中央银行的职能，不再对企业、个人直接办理存贷业务，中国人民银行成为负责"管理全国金融事业的国家机关"，其三项根本任务是："集中力量研究和做好全国金融的宏观决策，加强信贷资金管理，保持货币稳定。"中国人民银行行使中央银行的职能，标志着我国现代中央银行制度的确立。1995 年 3 月，《中华人民共和国中国人民银行法》正式颁布实施，首次以国家立法形式确立了中国人民银行作为中央银行的地位。根据该法规定，中国人民银行在国务院的领导下制定和执行货币政策，防范和化解金融风险，维护金融稳定。

从 1998 年起，将特定业务监管职能逐步从中国人民银行分离。1998 年原国务院证券委员会与原中国证监会合并，设立中国证券监督管理委员会，负责对证券业进行监管；1998 年 11 月，中国保险监督管理委员会成立，负责统一监管保险业。2003 年将银行、金融资产管理公司、信托投资公司及其他存款类金融机构的监管职能从中国人民银行分离，与原中共中央金融工作委员会的相关职能进行整合，新组建中国银行业监督管理委员会。自此，形成了中国金融监督管理"一行三会"的基本格局。

进入 21 世纪以来，适应客观经济形势发展的变化，中国人民银行的职能也在不断调整并赋予新的内容，一个突出的表现是，强调中国人民银行发挥金融稳定职能，以维护金融体系的安全。2004 年 2 月，修订后的《中华人民共和国中国人民银行法》开始实施，中国人民银行制定和执行货币政策的有关职能得到进一步强化，突出了其对金融业宏观调控和防范与化解系统性金融风险的职能，同时增加了其反洗钱和管理信贷征信两项职能。2017 年 7 月召开的第五次全国金融工作会议提出设立国务院金融稳定发展委员会，强化人民银行宏观审慎管理和系统性风险防范职责。国务院金融稳定发展委员会办公室设在中国人民银行。国务院金融稳定发展委员会的主要职能包括：坚持协同防范，统筹协调，健全风险监测预警和早期干预机制，补齐监管短板，健全监管制度，改进监管方法，进行监管问责，深化金融业改革开放，稳妥解决体制性、机制性问题。

二、中央银行制度的类型

从各国的中央银行制度来看，大致可归纳为四种类型：单一中央银行制度、复合中央银行制度、跨国中央银行制度及准中央银行。

（1）单一中央银行制度（Unit Central Bank System）是指国家单独建立中央银行机构，使之全面、纯粹地行使中央银行职能的制度。

（2）复合中央银行制度（Compound Central Bank System）是指一个国家没有设专司中央银行职能的银行，而是由一家大银行集中中央银行职能和一般存款货币银行经营职能于一身的银行体制。

（3）跨国中央银行制度（Multinational Central Bank System）是由参加某一货币

联盟的所有成员国联合组成的中央银行制度。第二次世界大战后，许多地域相邻的一些欠发达国家建立了货币联盟（Monetary Union），并在联盟内成立参加国共同拥有的统一的中央银行。

（4）准中央银行（Quasi Central Bank）是指有些国家或地区只设置类似中央银行的机构，或由政府授权某个或几个商业银行行使部分中央银行职能的体制。

单一中央银行制度中又有如下两种具体情形：

第一，一元式中央银行制度（Unit Central Bank System）。这种体制是在一个国家内只建立一家统一的中央银行，机构设置一般采取总分行制。

第二，二元式中央银行制度（Dual Central Bank System）。这种体制是在一国国内建立中央和地方两级中央银行机构，中央级机构是最高权力或管理机构，但地方级机构也有一定的独立权力。这是一种带有联邦式特点的中央银行制度。

此外，一直受到全球密切关注的是，1998年7月，一个典型的跨国中央银行——欧洲中央银行（European Central Bank，ECB）正式成立。如果说上面所说的跨国银行基本是过去流通宗主国货币的地区在第二次世界大战后适应新的政治经济形势成立起来的，那么，欧洲中央银行则有着完全不同的政治经济背景——它是欧洲一体化进程逐步深入的产物。

中央银行的资本组成类型分为以下几种：

（1）全部资本为国家所有的中央银行。这种类型的中央银行或是在成立时国家就拨付了全部资本金，或者是国家通过购买中央银行资本中原来属于私人的股份而对中央银行拥有了全部股权。目前大多数国家的中央银行均属于这种类型，如英国、法国、德国等，中国人民银行也属于这种类型。

（2）国家资本与民间资本共同组建的中央银行。日本、墨西哥的中央银行属于这种类型。民间资本包括企业法人和自然人的股份。

（3）全部股份非国家所有的中央银行。美国、意大利和瑞士等少数国家是这种情况。

（4）无资本金的中央银行。这种中央银行在建立之初根本没有资本金，而由国家授权其执行中央银行的职能，中央银行运用的资金主要是各金融机构的存款和流通中的货币，自有资金只占很少部分。韩国的中央银行是目前唯一没有资本金的中央银行。

（5）资本为多国共有的中央银行。货币联盟中成员国共同组建中央银行的资本金是由各成员国按商定比例认缴的，各国按认缴比例拥有对中央银行的所有权。

三、中央银行的组织结构

中央银行的组织结构包括权力分配结构、内部机构设置和分支机构设置等方面。

1. 中央银行的权力分配结构

权力分配结构是指最高权力的分配状况。最高权力大致可概括为决策权、执行权和监督权三个方面。决策权、执行权和监督权，有些国家的中央银行是合一的。如英国、美国、菲律宾等国中央银行的理事会，既是各项政策和方针的制定者，又负责这些政策方针的贯彻实施和监督。有些国家则分别设立不同的机构来行使这三种权力，如日本银行、瑞士银行等。日本银行的最高决策权力机构是政策委员会，负责货币政策的制定；最高执行权力机构是理事会，负责执行政策委员会的决定和研究处理日常经营中的重大事项；监事会负责监督检查日本银行的业务和政策执行情况。

中国人民银行货币政策委员会的性质是咨询议事机构，因此中国人民银行属于决策权、执行权、监督权合一并且权力高度集中的中央银行。

2. 中央银行的内部机构设置

各国中央银行内部的职能部门都是根据其担负的任务设置的。尽管各国中央银行的内部机构设置数量不等，名称亦有差别，但总体来看，大体包括以下几种部门：

（1）与行使中央银行职能直接相关的部门。这是中央银行内设机构的主体部分，包括办理与金融机构业务往来的部门、货币政策操作部门、负责货币发行的部门、组织清算的部门、金融监管部门等。

（2）为行使中央银行职能提供咨询、调研和分析的部门，包括统计分析部门、研究部门等。

（3）为中央银行有效行使职能提供保障和行政管理服务的部门。

3. 中央银行分支机构的设置

（1）按经济区域设置分支机构。这种设置方法是根据各地的经济金融发展状况，视实际需要按经济区域设立分支机构，主要考虑地域关系、经济金融联系的密切程度、历史传统、业务量等因素。分支机构一般都设立在该区域内的经济和金融中心。目前，世界上大多数国家中央银行的分支机构都是按照经济区域设置的，如美联储、英格兰银行。

（2）按行政区划设置分支机构。这种设置方式一般与计划经济体制相适应。苏联以及其他实行计划经济体制的国家基本上都是采取这种方式。

（3）以经济区域为主、兼顾行政区划设置分支机构。一般是按经济区域设置分行，而分行之下的机构设置则考虑行政区划并尽量与行政区划相一致。日本、德国、意大利等国中央银行分支机构基本上是按这种模式设立。

第二节　现代中央银行的基本职能

中央银行职能是其性质的具体表现。要清楚表述中央银行的职能，还要从中央银行的性质谈起。

一、中央银行基本性质

中央银行的性质是通过国家法律赋予中央银行的特有属性，这一属性一般表述为，中央银行代表国家管理金融，制定和执行金融方针政策，为经济长期稳定发展提供良好的宏观环境。中央银行既不同于商业银行，也不同于一般的国家行政管理机构，具有特殊性。

首先，中央银行也是银行，它是从商业银行中分离出来的，具有银行"存、贷、汇"业务特征。但与商业银行相比较，中央银行的特殊性表现为：一是它的业务活动不以盈利为目的，而是以稳定货币、发展经济、逆周期调控等宏观管理和调控为己任。而商业银行是追求利润最大化的金融企业。二是它的业务对象为政府和金融机构。商业银行则主要面向企业和居民融资和提供金融服务。三是它在一国金融体系中居于核心地位，与商业银行和其他金融机构是调控与被调控、管理与被管理的关系。四是它不在国外设分支机构。根据国际法的有关规定，一国的中央银行在他国只能设置代理处或分理处而不能在他国发行货币、经营商业银行业务。而商业银行则可在他国设立银行及其分支机构，经营业务。

其次，中央银行代表国家管理金融，制定和执行金融方针政策，具有一般国家行政管理机构的性质，负有重要的公共责任。但它与一般的国家行政管理机构也有明显的区别。一是它不以盈利为目的，但仍具有商业银行业务特征，在办理业务过程中，客观上可能产生盈利。这与完全依靠国家财政拨款的行政管理机构有很大的不同。二是它履行其职责主要是通过金融业务来实现的，对金融的管理和调控也主要是通过利用经济手段来实施的。这与主要依靠行政手段进行管理的国家行政管理机构有明显的不同。三是中央银行在制定和执行国家货币方针政策时具有相当的独立性。这与一般国家行政管理机构区别明显。

二、现代中央银行的基本职能

关于中央银行的基本职能有不同的归纳与表述。有的归纳为服务职能、调节职能与管理职能；有的归纳为政策功能、银行功能、监督功能、开发和研究功能，等等。一般的、传统的归纳表述为中央银行是"发行的银行、银行的银行和政府的银行"。这也是对早期中央银行职能的典型概括。与最初相比，现代中央银行业务有着显著发展。所处经济和金融环境发生了变化，由此带来中央银行职能的相应改变，使得现代中央银行的职能有了更加丰富的内容。国际上长期以来所经历的经验教训，如20世纪30年代的大萧条，20世纪70年代的恶性通货膨胀以及2008年的国际金融危机，促使业界达成一个共识：现代中央银行的主要职能是为经济长期稳定发展提供一个良好而稳定的宏观经济环境。

现代中央银行主要通过以下方面，为经济长期稳定发展提供良好而稳定的宏观经济环境：（1）维持货币稳定，或者说币值稳定，包括国内物价和对外汇率的稳定；（2）维持金融稳定，即确保金融系统在市场资源配置过程中高效和顺畅地发挥作用。

现代中央银行基本职能可表述为：（1）货币发行；（2）制定和执行货币政策；（3）管理和提供支付系统服务；（4）最后贷款人；（5）银行监管。部分中央银行可能不具备以上全部职能（比如部分中央银行没有银行监管职能），并且各个中央银行履行每项职能的具体细节也可能有所差异。但以上五项职能代表了一家典型现代中央银行的职能定位。表7-1展示了现代中央银行定位与职能的融合方式。

表7-1　　　　　　　　　　现代中央银行的定位和职能

项目	货币稳定	金融稳定
定位	维持币值稳定	维持金融系统高效、顺畅、平稳运行
职能	1. 发行货币	1. 管理和提供支付系统服务
	2. 执行货币政策	2. 最后贷款人
		3. 银行监管*

注：*部分现代中央银行没有银行监管职能。

（一）货币发行

在第二章介绍货币的计量时，已经清楚货币有不同的计量范围，如 M_0 为通货（流通中现金）、$M_1 = M_0 +$ 活期存款等，通常所说的货币是指广义货币，即指通货和存款。对货币发行范围也有不同口径的表述，一般认为货币发行是指通货的发行；中央银行垄断银行券的发行权，成为全国唯一的现钞发行机构。中央银行是基础货币发行的银行，下面通过描述货币发行（包括货币创造）的过程，来说明中央银行发行货币的职能。

下面首先分别描述通货的发行和存款的创造过程，然后再描述货币发行和创造的全过程。

1. 通货的发行

在现代金融制度下，商业银行一般都在中央银行开立存款账户，用来核算上缴的存款准备金、其他商业银行的资金清算以及提取和回缴的现金。在实际操作中，商业银行在中央银行提取和回缴的现金是与其在中央银行的存款核算一起进行的。也就是说，商业银行从中央银行提取现金，其在中央银行的存款减少；商业银行向中央银行回缴现金，其在中央银行的存款增加。这是通货从中央银行转移到商业银行的过程。

通货从中央银行转移到商业银行后，尚构不成广义货币的通货，还需支付给客户投放到市场才能完成货币发行。这中间也需要客户在商业银行建立存款账户。当客户需要现金到商业银行提取时，反映其存款的减少；反之，反映其存款的增加。客户从商业银行提取现金时，通货才被发行出来。

综上所述，通货在现代金融制度下，是通过中央银行与商业银行以及商业银行与客户间的信贷关系而被发行出来的。

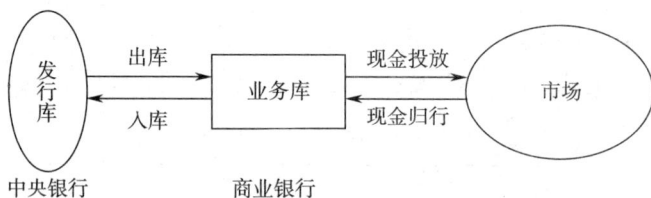

图 7 – 1　中央银行通货发行流程示意图

2. 存款的创造

为了说明存款的创造过程，我们把商业银行的存款分为原始存款与派生存款两个部分。原始存款是指商业银行接受现金所形成的存款。派生存款是相对原始存款而言的，是由商业银行贷款等资产运用业务而创造的存款。派生存款的创造过程是：商业银行吸收客户的原始存款后，除按法定存款准备金要求上缴中央银行部分外，其余全部用于贷款，获得贷款的客户不用或很少提取现金，而将全部或大部分贷款存入自己在银行开立的存款账户或支付货款等形成其他客户在商业银行的存款。这时就整个商业银行体系而言，在原始存款之外，又出现了一笔新的存款。接受这笔新的存款的银行，除上缴法定存款准备金外，剩余的全部用于贷款，取得贷款的客户将这部分资金用于支付或存入银行，又形成新的存款。上述过程持续下去，众多银行通过自己的资产业务，对原始存款连续运用，从而创造出数倍于原始存款的派生存款。

3. 基础货币

前面介绍通货的发行和存款的创造的过程中，谈到了商业银行在中央银行的存款，它在通货发行和存款创造过程中起到基础作用，而通货又在存款创造中起到基础作用，因此把商业银行在中央银行的存款和通货统称为基础货币。它们都是中央银行的负债。基础货币是相对广义货币而言的。

中央银行扩大货币供应量一是降低法定存款准备率，使商业银行扩大用于贷款部分的资金，从而增加派生存款；二是扩大资产业务，如增加再贷款，增加商业银行用于贷款的资金，从而增加派生存款。中央银行收缩货币供应量则采取与上述相反的措施。

综上所述，中央银行发行货币是发行基础货币。中央银行是发行的银行，也就是说，中央银行是发行基础货币的银行。

（二）调控货币

中央银行作为一国发行货币的机构，在发行现钞、供给基础货币的同时，必须履行保持发行和供给货币币值稳定的重要职责，这也是社会经济正常运行与发展的一个基本条件。换言之，中央银行要负责执行货币政策。中央银行要根据一定时期内的经济发展需要以及物价水平等诸多因素，制定与实施货币政策，运用多种手段有效调控货币供应量，保持货币供应量与客观实际需要量的相对平衡，实现货币币值的基本稳定。

如果经济中低成本的资金过多，居民和企业可能受到刺激进行更多的消费和生产，使得经济过热、供求不平衡和物价上涨。而当市场货币量过少或资金成本很高时，居民消费信贷将会减少，企业将难以获得贷款而无法进行投资、扩大生产或雇用职工。由此造成消费和投资减少、经济增长缓慢。因此，就需要中央银行调控货币，主要目的是确保市场中货币量适当，居民和企业能够以合适的资金成本贷款，进而保证货币币值的基本稳定和经济的平稳发展。

（三）管理和提供支付系统服务

商业银行通常在中央银行设立账户，以进行银行间的交易清算。这样做主要有两种原因：一是商业银行之间存在同业竞争，所以一般不会在竞争对手方开立账户。而中央银行作为公共组织而非营利性机构，其商业性质不强，从而不被商业银行视为竞争对手。二是作为与政府联系紧密中央银行，也被认为是更加安全和最为可靠的账户存放机构。当商业银行之间进行资金交易时，通过中央银行账户进行清算更为简单方便。由于为商业银行提供存款和清算服务，中央银行成为了"银行的银行"。

目前，除了简单的清算业务，现代中央银行还积极在全国清算系统中发挥作用。

在支付领域，现代中央银行经常发挥两项作用：（1）确保全国支付系统顺畅运行的管理者；（2）全国支付系统服务的提供者。

1. 管理支付系统

作为支付系统的管理者，中央银行负责制定支付系统的相关规则和指引。中央银行制定规则的目的是：（1）降低支付系统失效的概率；（2）提高支付系统效率；（3）保障支付系统使用的公平与公正。

由于参与者依赖支付系统来满足流动性需求，支付系统失灵就会引起金融和经济体系的连锁反应。极端情况下，支付系统失灵所导致的流动性短缺可能引发金融恐慌和银行挤兑。因此，支付系统失灵或将打断经济活动、妨害金融稳定。正因为如此，中央银行必须降低支付系统失灵的可能性。

除了降低系统风险，中央银行还基于支付系统的效率问题开展管理。新的技术手段通常能够提高效率。然而，由于投资成本较大，私人部门采用新技术的动力不强。为激发私人部门的动力，就需要部门为其提供指引和规则，督促其适时采用新技术，而这项任务常常落到了公共部门，如中央银行身上。

高效的支付系统对于货币政策操作的有效性也至关重要。高效的支付系统能够提高中央银行吸收和注入流动性的效率。同样，高效的支付系统有助于商业银行有效管理存款准备金，使其更快地借入资金和贷出资金。因此，为提高操作效率，作为货币政策执行者的中央银行也有动力设计和管理支付系统。

此外，支付系统是一种具有正外部性的公共产品，中央银行也希望能够为之设定规则，以确保经济运行的公正与公平。建设支付系统网络的基础设施通常要求规模效应并且耗资巨大，只能由公共部门或大型私营机构承担。

2. 提供支付系统服务

现代中央银行通常是经济中大额资金交易系统的提供者。与零散而差异化的系统相比，商业银行通过单一集成的中央银行系统进行银行间资金交易显然更为快捷高效。然而这种系统通常是公共服务系统。在没有公共部门支持的情况下，如果由商业银行提供这种服务系统，由于在系统建设上投入了大量资金，是不会接受其他银行免费加入系统的。为解决这一问题，在大多情况下，都是由中央银行提供大额支付系统服务。然而，对于小额资金交易业务，中央银行常常只为特定形式的交易提供支付服务，比如支票清算业务。不过，基于私人服务提供商已经在信用卡业务领域提供了比较深入的服务，中央银行一般不会参与信用卡清算业务。

（四）最后贷款人

从历史来看，中央银行是与政府有着紧密联系的最终货币创造者，是"银行的银行"，因此，陷入困境的商业银行如果不能从其他渠道获得帮助，自然会向中央银行寻求帮助。然而，在 2008 年国际金融危机之前，现代中央银行常常因为担心引发道德风险而尽量避免行使这一职能。

1. 道德风险

从商业银行的角度看，道德风险意味着，假如某商业银行知道其总是可以从中央银行获得帮助，将更加倾向于冒进。商业银行会在没有足够风险准备的情况下向风险项目提供贷款，而且认为随时都能够获得救助。为了防止商业银行出现道德风险问题，中央银行常常要求商业银行在向中央银行求助之前先从其他渠道寻求救助。而且，中央银行也常常明确表示不会对单家银行实施救助，除非它危及了整个金融系统的安全与稳定。

然而，在国际金融危机及紧随其后的欧洲债务危机对国际经济稳定形成威胁的情况下，包括美联储、欧洲中央银行、英格兰银行在内的许多中央银行，不得不再次充当最后贷款人的角色，以防止危机对金融系统和经济产生更大危害。

2. 最后贷款人的形式

中央银行可以通过三种主要方式充当最后贷款人：一是它可以向单个银行注入流动性；二是它可以对市场而非特定的金融机构注入流动性；三是它可以向问题银行注入风险资本。当然，这也意味着政府要对银行进行接管。

在第一种方式中，中央银行可能要求政府债券类抵押物作担保，直接向问题银行提供短期贷款，使得该银行至少先达到短期偿债要求。一旦问题银行达到了短期偿债要求，它就可以回归到正常营运状态并且需要归还从中央银行借入的资金。如果某个银行在得到中央银行短期贷款之后，短期内就能够达到监管要求并可以恢复营运正常状态，说明该银行遇到的是流动性问题而非偿付能力问题。

在第二种方式中，中央银行直接向金融市场注入流动性，以缓解金融系统在极端情况下产生的流动性短缺。在 2008 年国际金融危机中，此方面的典型例子包括：美联储为放松回购市场流动性设立的联储一级交易商信贷便利、美联储为商业票据市场提供流动性的联储商业票据基金便利。在这两项便利下，即使非银行金融机构和非金融企业仅持有变现性不强的抵押品，美联储仍然愿意为其提供流动性，以缓解这些市场中的流动性短缺。

有了中央银行注入的额外流动性，金融机构或企业就能够在短期内达到偿债要求。这也有助于短期借款利率下降或者阻止其继续攀升。如果短期借款利率较低，金融机构会更乐于向同业和其他客户进行借贷，这将有利于放松市场流动性，令经济活跃度上升。

在第三种方式中，如果商业银行即使达到短期偿债要求也无法正常运营，中央银行将向该银行注入风险资本并收回管理权。通过注入风险资本，中央银行可取得某银行的所有权，并会针对该银行的问题尽力寻找解决办法。

（五）银行监管

中央银行如若行使最后贷款人的职能，将持续评估商业银行的健康状况。因为一旦商业银行出现问题，中央银行必须评估其是否值得救助。在很多国家，这一职能融入银行监管职能当中，中央银行不仅有责任检查商业银行是否运行良好，而且也会制定规则确保商业银行稳定运行。

在各国具体的实践中，现代中央银行拥有许多相关却又各异的任务。包括：（1）为新成立的银行颁发牌照；（2）监督和检查商业银行日常业务；（3）设定管理规则；（4）按照管理规定纠正商业银行的违规行为；（5）必要时处置问题银行。中央银行执行这些任务的目标都是为了降低单家机构和整个金融系统的运行风险。

1. 颁发银行牌照

为了确保新设商业银行拥有良好的营运架构，许多中央银行负责为新设立的商业银行颁发牌照。新设立银行的组织者须向中央银行提交申请。一般来说，中央银行将审查新设立银行的营运规划，考察其经过一段时间运营之后能否盈利，中央银行也会审查商业银行董事会和管理层的设置是否合适。

除了通过控制颁发牌照以确保新设立银行的安全良好运行，中央银行还可以在其权力范围内规划金融业的格局以降低系统性风险、促进银行业务创新和竞争力的提升。例如，如果中央银行认为现有的商业银行竞争态势健康而充分，再设立银行就会产生过度竞争并导致商业银行或将为了维持收益而涉足更高风险的业务，中央银行就会暂缓发放新牌照。相反，如果中央银行认为现有银行业竞争不足以支持经济发展的活跃度，就可能颁发更多牌照或允许商业银行参与更大范围的金融产品业务。

2. 商业银行营运检查和监管

对商业银行的检查是对商业银行监管的基础。其目的是评估商业银行营运状况是否良好，并确保商业银行营运符合规则和监管要求。目前，检查包括两项基本任务，即现场检查和非现场监管。现场检查是指中央银行指派工作人员在商业银行现场进行检查，即实地检查。非现场监管是在检查周期内，在两次现场检查时段之间，中央银行利用现场检查的数据和其他相关资料对商业银行的营运情况进行监测和分析，以判定其营运状况的安全性、稳健性。

3. 为商业银行设立监管要求

拥有监管权的中央银行可为商业银行制定规则和指引，以确保商业银行安全稳健运行。这些监管要求包括公司治理、风险管理及资本金和准备金充足性要求等。对于中央银行来说，资本金要求和存款准备金要求是确保商业银行安全稳健运行最基本的两项要求。

4. 确保法律法规执行的监管手段

为了让商业银行落实法律法规要求，中央银行有权对其采取强制手段。如果商业银行不按照法律法规经营，中央银行将会采取刚柔并济的多种手段制约其行为。

温和的手段包括道义劝告，即中央银行说服商业银行的管理层整改轻微违规行为。更为严厉的手段包括对渎职的商业银行管理人员进行免职并任命临时管理者，以及对商业银行实施强制重组或清算。

5. 问题金融机构的处置

尽管中央银行对商业银行设定了非常细致的规则并进行严密的监管，但还是会有一些银行可能陷入困境。为保证问题银行不以一种无序的方式倒闭，中央银行和相关监管部门需要对这些问题机构采取特别的处置措施。主要包括：（1）清算，即关闭商业银行并用其变现的资产来覆盖其债务；（2）托管，即临时管理；（3）收购与承接，即由另一家正常运营的银行部分托管或全部收购问题银行的资产并承担相应的债务；（4）国有化，即政府接收问题银行并承担其全部资产和债务。

三、中国中央银行的基本职能

中国人民银行贯彻落实党中央关于金融工作的方针政策和决策部署，在履行职责过程中坚持和加强党对金融工作的集中统一领导。

《中华人民共和国中国人民银行法》规定，中国人民银行履行下列职责：

（一）发布与履行其职责有关的命令和规章；

（二）依法制定和执行货币政策；

（三）发行人民币，管理人民币流通；

（四）监督管理银行间同业拆借市场和银行间债券市场；

（五）实施外汇管理，监督管理银行间外汇市场；

（六）监督管理黄金市场；

（七）持有、管理、经营国家外汇储备、黄金储备；

（八）经理国库；

（九）维护支付、清算系统的正常运行；

（十）指导、部署金融业反洗钱工作，负责反洗钱的资金监测；

（十一）负责金融业的统计、调查、分析和预测；

（十二）作为国家的中央银行，从事有关的国际金融活动；

（十三）国务院规定的其他职责。

阅读材料

央行功能与时俱进"双支柱框架"应运而生

今年是改革开放40周年，恰逢中国人民银行成立70周年。40年来，作为中国改革开放发展巨大成就的组成部分，金融业发生了历史性变革，基本建成了与中国特色社会主义市场经济相适应、具有活力和国际竞争力的现代金融市场体系。

近期，中国人民银行行长易纲发文称，改革开放以来，中国金融改革发展取得巨大成就，来之不易，其间经历了艰辛复杂的历程，有很多值得总结的经验。人民银行将始终发挥市场在金融资源配置中的决定性作用，始终坚持依法行政依法履职，始终坚定不移推进金融业对外开放，始终将维护经济金融稳定作为重要目标。

根据经济金融形势变化适时适度调整货币政策

易纲表示，新中国成立后，我国一直实行大一统银行体系，人民银行同时承担中央银行与商业银行的职能，并与计划经济体制相适应。改革开放后，人民银行逐步将工商信贷和储蓄业务剥离出来，1983年开始专门行使中央银行职能，主要负责实施金融宏观政策。

易纲表示，随着我国改革开放的持续推进和经济体制从计划经济向有中国特色社会主义市场经济转轨，货币政策调控机制逐步从以直接调控为主向以间接调控为主转变。

一是通过《中国人民银行法》确立了"保持货币币值的稳定，并以此促进增长"的货币政策最终目标；二是改革"统存统贷"的信贷计划管理体制，取消信贷规模限额控制，逐步确立货币供应量（M_2）为货币政策中介目标，适时创建社会融资规模指标，作为货币政策重要参考指标；三是建立完善存款准备金、再贷款、再贴现、公开市场操作等货币政策工具制度，根据经济金融运行实际需要，陆续创设了公开市场短期流动性调节工具等货币政策工具。

易纲表示，在经济发展的不同阶段，人民银行始终根据经济金融形势变化，适时适度调整货币政策。

例如，20世纪80年代末期，我国经历了严重的"经济过热"和通货膨胀。在中央领导下，人民银行加强对货币信贷总量的控制力度，加大金融治理整顿力度，在较短时间内有效抑制了投资过快增长和物价快速上升。又如，面对2003年之后我国经济新一轮上升周期，5年中，先后15次上调存款准备金率。

其中，2007年10次上调存款准备金率，6次上调存贷款基准利率。再如，2008年美国次贷危机蔓延加深并升级为国际金融危机，国内外经济金融形势发生重大转变，人民银行坚决贯彻落实党中央决策部署和国务院确定的应对危机一揽子计划，及时调整货币政策的方向、重点和力度；5 次下调存贷款基准利率，4 次下调存款准备金率，保持流动性充分供应，帮助中国经济在 2009 年率先实现企稳回升。又如，2009 年第二季度我国经济强劲复苏后，人民银行及时开始反方向调整，先后 3 次上调存款准备金率，有效降低了政策超调可能产生的影响。

易纲表示，2015 年后特别是 2018 年以来，面对经济结构调整过程中出现的周期性下行压力，既保持政策定力，又适时预调微调，积极加大对供给侧结构性改革、经济高质量发展，特别是民营、小微企业的支持力度，缓解经济下行对实体经济的压力。

不断完善宏观审慎政策　建立双支柱调控框架

易纲表示，2008 年国际金融危机爆发后，国际社会认识到宏观不审慎是危机发生的重要原因。人民银行较早在逆周期宏观审慎管理方面进行了创新性探索。2009 年下半年，针对当时人民币贷款快速增长的局面，提出按照宏观审慎政策框架设计新的逆周期措施。2010 年，通过引入差别准备金动态调整措施，将信贷投放与宏观审慎要求的资本充足水平相联系，探索开展宏观审慎管理。2010 年底中央经济工作会议明确提出用好宏观审慎工具后，人民银行不断完善宏观审慎政策，将差别准备金动态调整机制"升级"为宏观审慎评估体系（MPA），逐步将更多金融活动和资产扩张行为以及全口径跨境融资纳入宏观审慎管理。

2017 年，"健全货币政策和宏观审慎政策双支柱调控框架"被正式写入党的十九大报告。易纲表示，每一项金融改革的成功推进都离不开良好的经济金融环境。为此，宏观调控尤其是货币政策必须根据经济形势变化灵活适度调整，加强逆周期调控。在经济过热或资产价格出现泡沫时，必须采用适当工具"慢撒气""软着陆"，实现平稳调整；在经济衰退或遭遇外部冲击时，必须及时出手，稳定金融市场，增强公众信心。同时，妥善把握好金融改革、发展、稳定之间的关系，在保持金融体系稳定、金融服务不间断和守住不发生系统性金融风险底线的前提下，发展金融市场，推进金融改革，扩大对外开放。

资料来源：https：//baijiahao. baidu. com/s？id＝1619000622311027610&wfr＝spider&for＝pc。

第三节　中央银行的业务

一、中央银行业务活动的一般原则

总体上看，最基本的业务活动原则必须服从履行职责的需要。中央银行的全部业务活动都为其履行职责服务，是其行使特定职权的必要手段。因此，中央银行的各种业务活动必须围绕各项法定职责展开，必须以有利于履行职责为最高原则。

在具体的业务经营活动中，中央银行一般奉行非营利性、流动性、主动性、公开性四个原则。

（一）非营利性

非营利性指中央银行的一切业务活动都不以盈利为目的。中央银行特殊的地位和作用，决定了其以调控宏观经济、保持货币价值稳定、稳定金融、为银行和政府服务为己任，是宏观金融管理机构而非营利性金融机构，由此决定了中央银行的一切业务活动都要以此为目的，而不能以追求盈利为目标。只要是宏观金融管理所必需的，即使不盈利甚至亏损的业务也要去做。因此，在中央银行的日常业务活动中，盈利与否不是其追逐和考虑的目的。当然，中央银行的业务活动不以盈利为目的，并不意味着不讲经济效益。在同等或可能的情况下，中央银行的业务活动应该获得应有的收益，尽量避免或减少亏损，以降低宏观金融管理的成本。在实际业务活动中，中央银行以其特殊的地位、政策和权力开展经营，其结果也往往能够获得一定的利润，但这只是一种客观的经营结果，并不是中央银行主观追逐的业务活动目的。

（二）流动性

流动性主要是指资产业务需要保持流动性。因为中央银行在充当金融机构的"最后贷款人"、进行货币政策操作和宏观经济调控时，只有拥有相当数量的可用资金，才能及时满足其调节货币供求、稳定币值和汇率、调节经济运行的需要。因此，为保证可以灵活调动的资金，中央银行必须使所拥有资产保持最大的流动性。以保持流动性为原则从事资产业务，就必须注意对金融机构融资的期限，一般不发放长期贷款。许多国家的中央银行法明确规定贷款期限，就是为了确保资产的流动性。比如，《中国人民银行法》第二十八条规定，中国人民银行对商业银行发放贷款的期限不得超过 1 年。同时，中央银行在公开市场买卖有价证券时，也要尽量避免购买期限长、流动性低的证券。

（三）主动性

主动性主要指资产负债业务需要保持主动性。由于中央银行的资产负债业务直接与货币供应相联系，例如货币发行业务直接形成流通中货币，存款准备金业务不仅导致基础货币的变化，还会引起货币乘数的变化，再贴现、公开市场业务是提供基础货币的主要渠道等，因此，中央银行必须使其资产业务保持主动性，这样才能根据履行职责的需要，通过开展相应的资产或负债业务实施货币政策和金融监管，有效控制货币供应量和信用总量。

（四）公开性

公开性主要指中央银行的业务状况公开化，定期向社会公布业务与财务状况，并向社会提供有关的金融统计资料。中央银行的业务活动保持公开性，主要有三个方面的目的：一是可以使中央银行的业务活动置于社会公众监督之下，有利于中央银行依法规范其业务活动，确保其业务活动的公平合理性，保持中央银行的信誉和权威；二是可以增强中央银行业务活动的透明度，使国内外有关方面及时了解中央银行的政策、意图及操作力度，有利于增强其实施货币政策的告示效应；三是可以及时准确地向社会提供必要的金融信息，有利于各界分析研究金融和经济形势，也便于他们进行合理预期，调整经济决策和行为。正因为如此，目前各国大多以法律形式规定中央银行必须定期公布其业务财务状况和金融统计资料，中央银行在业务活动中也必须保持公开性，不能隐匿或欺瞒。

二、中央银行的基本业务种类

中央银行发挥其职能要通过资产、负债与中间业务的操作来实现。中央银行业务的操作过程，是中央银行施行货币政策进行宏观经济调控的过程，将引起货币资金的变动和数量变化。具体又可分为两种。

（1）形成中央银行资金来源和资金运用的资产负债业务。主要包括通货发行、存款准备金业务、其他存款或发行中央银行债券、再贴现业务和再贷款业务、公开市场证券买卖业务、黄金与外汇业务、其他贷款或融资业务。

这类业务操作会引起中央银行的资产负债变动，将在资产负债表中有所反映。中央银行的资产负债表是其银行性业务中资产负债业务的综合会计记录。中央银行的资产与负债业务的种类、规模和结构，都综合地反映在一定时期的资产负债表中。这里仅就中央银行最主要的资产负债项目概括成表7-2，旨在概略表明其业务基本关系。

表7-2　　　　　　　　　　简化的中央银行资产负债表

资产	负债
有价证券	货币发行
再贴现或再贷款	商业银行等金融机构存款
财政借款或透支	财政性存款
黄金、外汇储备	其他负债
在途资金	延期支付
其他资产	资本

表 7-3　　　　　　我国中央银行资产负债表（2019 年 10 月）　　　　单位：亿元

资产项目		负债项目	
国外资产	218729.03	储备货币	298840.66
外汇	212347.97	货币发行	78989.82
货币黄金	2855.63	金融性公司存款	205823.50
其他国外资产	3525.43	非金融机构存款	14027.34
对政府债权	15250.24	不计入储备货币的金融性公司存款	4601.97
其中：中央政府	15250.24	发行债券	1000.00
对其他存款性公司债权	104373.95	国外负债	1069.97
对其他金融性公司债权	5436.91	政府存款	43657.73
对非金融性部门债权		自有资金	219.75
其他资产	15850.34	其他负债	10250.39
总资产	359640.48	总负债	359640.48

资料来源：中国人民银行网站。

（2）与货币资金运动相关但不进入中央银行资产负债表的银行性业务，主要有清算业务、经理国库业务、代理政府向金融机构发行及兑付债券业务、会计业务等。

三、中央银行的负债业务

中央银行的负债业务形成中央银行的资金来源，是中央银行资产业务的基础。其负债业务包括货币发行、存款业务、其他负债业务等。

（一）货币发行

对于中央银行的货币发行业务，在前面解释货币发行职能时已经作了详细介绍。中央银行的通货发行均遵循几个基本原则。

1. 统一发行原则

中央银行独占通货发行权，其发行的货币是唯一法偿货币。在中央银行成立之后，通货发行大都集中由中央银行统一办理。原因是：第一，钞票可以整齐划一，在全国范围内流通，不至于造成币制混乱；第二，便于政府监督管理，有效实施国家的货币政策；第三，中央银行可以随时根据社会经济发展变化进行调节和控制，使货币数量和流通需要尽可能相适应；第四，中央银行处于相对独立地位，可以抵制政府滥发钞票的要求，使货币供应量适当；第五，中央银行统一发行货币，可以掌握一定量的资金来源，增强金融实力，有利于调控货币供应量。

2. 有可靠的信用基础

在纸币流通条件下，货币的发行有客观限制，不能随意发行，必须有一定的发行保证制度和独立的发行体制，不受政治压力和外界影响，使货币的发行建立在可靠的信用基础之上。

3. 经济发行原则

中央银行发行货币应当根据国民经济发展情况和商品流通的实际需要，控制和调节货币发行量，使货币发行有一定的伸缩弹性。随着生产和流通的发展，中央银行应当相应增加货币数量，避免货币数量不足，形成通货紧缩，阻碍商品生产和流通扩大；同时中央银行也要适当控制，以免货币数量过多，形成通货膨胀，影响经济稳定。因此坚持经济发行是保持币值稳定和经济可持续发展的前提，这要求中央银行密切关注市场动态，研究货币供应、需求和均衡，使市场货币供应适应经济发展的要求。

（二）存款业务

中央银行的存款业务构成主要包括以下几个方面：

1. 商业银行等金融机构的存款准备金存款

这是中央银行存款业务中最重要的业务，与存款准备金制度直接有关。设立存款准备金制度的主要目的有两个：一是满足一般金融机构流动性及清偿能力的要求；二是配合货币政策，形成存款准备金工具，调节信贷及货币供应量规模。中央银行集中的存款准备金由两部分组成：法定存款准备金和超额存款准备金。法定存款准备金是中央银行资金来源的重要组织部分，是中央银行调控信用规模和货币供应量的政策手段，其规模大小取决于中央银行法定存款准备金率的高低。超额准备金是商业银行资产调整和信用创造的条件，其规模大小主要取决于商业银行资产结构的选择和持有超额准备金的成本。中国人民银行于 1984 年开始专门行使央行职能时，即建立起了存款准备金制度。

2. 财政性存款

中央银行经办政府的财政收支，吸收各级财政机关、政府机关、社会团体的存款。

3. 特种存款

特种存款是指中央银行在货币政策工具发挥作用有限的情况下，根据银根松紧以及宏观调控的需要，采用特种存款方式，集中一部分金融机构一定数量资金而形成的存款，是中央银行调整信贷资金结构和信贷规模的重要工具。

中央银行还可以吸收其他存款，如非银行金融机构存款、外国政府存款和外国金融机构存款。

（三）其他负债业务

中央银行可以通过发行中央银行债券、对外负债和筹措资本等方式获得资金。中央银行发行债券除了扩大资金来源，更多地调节流通中货币的需要。当金融机构的超额准备金过多，而中央银行又不便于采用其他货币政策工具进行调节时，可以通过向金融机构发行中央银行债券回笼资金，减少流通中的货币；当公开市场操作规模有限时，可以把发行中央银行债券作为公开市场操作的辅助工具，如中国人民银行发行的中央银行票据就是一例。

中央银行对外负债的主要目的有三个：平衡国际收支、维持汇率稳定和应付危机。可以采取的形式主要有向外国银行借款、对外国中央银行负债、向国际金融机构借款等。

四、资产业务

（一）再贴现与再贷款业务

再贴现是指商业银行和其他金融机构将通过贴现业务持有的尚未到期的商业票据向中央银行申请转让，借此获得中央银行的资金融通。再贴现主要用于解决一般金融机构由于办理贴现业务引起暂时的资金困难。

再贷款是指中央银行向商业银行、其他金融机构和政府等发放贷款进行的资金融通，是中央银行最后贷款人角色的一种体现。中央银行发放贷款不以盈利为目的，是为了实现货币政策目标。一般以短期放款为主，不提供长期贷款。

再贴现与再贷款业务是中央银行的主要资产业务之一，是中央银行向社会提供基础货币的重要渠道，也是中央银行调控货币供应量的重要工具。中央银行对商业银行办理再贴现和再贷款业务，要注意这种资产业务的流动性和安全性，注意期限的长短，以保证资金的灵活周转。

（二）对政府的贷款

政府在提供公共服务的过程中，会发生暂时性的收支失衡。中央银行对政府发放贷款是政府弥补财政赤字的途径之一。然而，如果对这种贷款不加限制，则会从总量上削弱中央银行宏观金融控制的有效性。因此，各国中央银行法都对此作出了明确的规定。比如，美国联邦储备银行对政府需要的专项贷款规定了最高限额，而且要以财政部的国库券作为担保。英格兰银行除了少量的政府隔日资金需要可以融通以外，一般不对政府垫款，政府需要的资金通过发行国库券的方式解决。《中华人民共和国中国人民银行法》规定，中国人民银行不得对政府财政透支，不得直接认购、包销国债和其他政府债券，不得向地方政府、各级政府部门提供贷款。

（三）证券买卖业务

中央银行作为金融市场的重要参与者或一员，在公开市场进行证券的买卖活动，包括国库券、政府或政府机构的中、长期债券等市场流动性高的有价证券，其中最主要的是国库券。在一些经济发达国家，政府债券发行量和市场交易量大，仅以政

府债券为对象进行买卖，中央银行即可达到调节货币供应量的目的。一般来说，在
金融市场不太发达的国家，中央银行债券在市场上流通量小，中央银行买卖证券的
范围就要扩大到各种票据和债券，如汇票、地方政府债券等。

中央银行买卖证券的目的不在于盈利，而是为了调节和控制市场货币供应量。
买卖证券将直接影响基础货币的投放量，从而形成调控货币供应量和信用规模的手
段。中央银行买入证券是通过市场向社会投放货币，扩大货币供应量；反之，中央
银行卖出证券则是将流通中的货币收回。同时，中央银行买卖有价证券会影响利率
的变化。当中央银行买进有价证券时，促使市场上有价证券减少，从而提高有价证
券价格，降低利率；反之，中央银行卖出有价证券会造成银行可贷资金减少，致使
利率上升。

（四）黄金外汇储备

集中管理国际储备资产是中央银行的一项重要职责，该职责通过中央银行储备
资产的买卖业务来实现。所谓国际储备资产，是指具有国际性购买能力的货币，主
要有黄金、白银和外汇。此外，还有特别提款权和在国际货币基金组织的头寸等。
中央银行执行这一职责的作用如下：

第一，稳定币值。不少国家的中央银行对其货币发行额和存款额都保持一定比
例的国际储备，以保证币值的稳定。当国内物资不足，物价波动时，可以使用国际
储备进口商品或抛售黄金回笼货币，平抑物价，维持货币对内价值的稳定。

第二，稳定汇价。在浮动汇率制度下，各国中央银行在市场汇率波动剧烈时，
可运用国际储备进行干预，以维持货币对外价值的稳定。

第三，促进国际收支平衡。当外汇收支经常性发生逆差时，中央银行可以使用
储备抵补进口外汇的不足。当国际储备充足时，中央银行可以减少向外借款，用国
际储备清偿债务或扩大资本输出。

第四，维护国际收支的清偿能力。

目前在各国的国际储备中，黄金储备所占的比重下降，但是黄金的天然属性使
其仍然在国际储备中占有重要地位。外汇资产的流动性强，管理成本低，具有一定
的收益性，但其风险性较大。汇率贬值会造成外汇损失，从而降低储备资产的价值，
削弱本国的支付能力。

五、清算业务

中央银行的资金清算业务是指中央银行为商业银行和其他金融机构办理资金划
拨清算和资金转移的业务。各商业银行及其他金融机构都在中央银行开立账户，因
此由中央银行来负责它们之间的资金往来和债权债务清偿具有客观的便利条件。中

央银行作为一国支付清算体系的参与者和管理者，在维护支付系统平稳运行的同时，通过一定的方式、途径使金融机构之间的债权债务清偿及资金转移顺利完成，从而保证经济活动和社会生活的正常运行。

中央银行主要办理三类清算业务：集中办理票据交换、集中清算交换的差额、办理资金的异地转移。目前各国做法不一，英国以伦敦为全国清算中心；美国各联邦储备银行代收外埠支票，并以华盛顿为全国最后清算中心；德国、法国则利用遍布全国的中央银行机构，建立转账账户，为银行界提供服务。

本章小结

1. 中央银行的产生源于银行券统一发行的必要、统一票据交换和业务清算的需要、保障银行支付能力和最后贷款人角色的需要、金融宏观调控的需要。

2. 从各国的中央银行制度来看，大致可归纳为四种类型：单一中央银行制度、复合中央银行制度、跨国中央银行制度及准中央银行。

3. 中央银行的资本组成主要有五种类型：全部资本为国家所有的中央银行、国家资本与民间资本共同组建的中央银行、全部股份非国家所有的中央银行、无资本金的中央银行、资本为多国共有的中央银行。中央银行的组织结构包括权力分配结构、内部机构设置和分支机构设置等方面。

4. 现代中央银行基本职能可表述为：（1）货币发行；（2）制定和执行货币政策；（3）管理和提供支付系统服务；（4）最后贷款人；（5）银行监管。部分中央银行可能不具备以上全部职能，并且各个中央银行履行每项职能的具体细节也可能有所差异。但以上五项职能代表了一家典型现代中央银行的职能定位。

5. 在具体的业务经营活动中，中央银行一般奉行非营利性、流动性、主动性、公开性四个原则。中央银行发挥其职能要通过资产、负债与中间业务的操作来实现。中央银行业务的操作过程，是中央银行施行货币政策进行宏观经济调控的过程，将引起货币资金的变动和数量变化。

本章重要概念

最后贷款人　存款准备金　法定存款准备金　超额存款准备金　银行的银行　政府的银行　发行的银行　证券买卖业务　黄金外汇储备　单一中央银行制度　复合中央银行制度　跨国中央银行制度　准中央银行　货币发行　基础货币　再贴现　再贷款　财政性存款　特种存款

复习思考题

1. 中央银行建立的必要性是什么？

2. 中央银行的基本职能有哪些?

3. 如何理解中央银行职能的新变化?

4. 中央银行有哪些业务? 这些业务与商业银行有何不同?

5. 为什么说货币发行是中央银行的负债业务?

6. 中央银行集中存款准备金的目的是什么? 法定准备金和超额准备金有什么区别?

本章参考文献

[1] 黄达. 金融学 (第四版) [M]. 北京: 中国人民大学出版社, 2017.

[2] 王晓光. 金融学 (第二版) [M]. 北京: 清华大学出版社, 2019.

[3] 钱水土. 货币银行学 (第2版) [M]. 北京: 机械工业出版社, 2013.

[4] 萧松华, 朱芳. 货币金融学 [M]. 成都: 西南财经大学出版社, 2013.

[5] 曹龙骐. 金融学 (第五版) [M]. 北京: 高等教育出版社, 2016.

[6] 胡靖. 新编货币金融学 [M]. 上海: 复旦大学出版社, 2016.

[7] 朱新蓉. 货币金融学 (第四版) [M]. 北京: 中国金融出版社, 2016.

[8] Thammarak Moenjak, 中央银行学 [M]. 北京: 中国金融出版社, 2015.

[9] 徐进前, Money and Banking (English Version, Second Edition) [M]. 北京: 北京语言大学出版社, 2013.

[10] Frederic S. Mishkin, The Economics of Money, Banking, and Financial Markets, 北京: 机械工业出版社, 2011.

[11] Frederic S. Mishkin , Stanley G. Eakins, Financial Markets and Institutions, 2nd Edition, Addison Wesley, 1998.

[12] Lawrence S. Ritter, Willian L. Silber, Gregory F. Udell, Principles of Money, Banking, & Financial Markets, 10th Edition, Addison Wesley, 1999.

第八章
其他金融机构

学习目标

1. 了解其他金融机构的职能和业务；
2. 了解金融机构和商业银行的联系和区别；
3. 完善对金融机构体系和金融市场体系的理解。

其他金融机构是指除商业银行和中央银行之外的金融机构，一般包括专业银行（投资银行、抵押银行、储蓄银行、合作银行、清算银行等）、政策性银行（开发银行、农业政策性银行、进出口政策性银行）、非银行金融机构（保险公司、信用合作社、财务公司、信托投资公司、证券公司、租赁公司、典当行）等。从其业务的性质来看，储蓄银行、合作银行、政策性银行等除具有特殊性外，还同时具有商业银行的性质，这里不再单独介绍。这里主要介绍非银行金融机构。了解其他金融机构的职能及其业务，对于了解金融机构体系以及金融市场体系都是必要的。

第一节　投资银行

一、投资银行的产生与发展

投资银行不是一般意义的"银行"，它是主要从事证券发行、承销、交易、企业重组、兼并与收购、投资分析、风险投资、项目融资等业务。投资银行的名称，在不同的国家都不相同。英国称为商人银行，日本则称证券公司，德国称私人承兑公司，法国称实业银行，泰国称金融证券公司，新加坡称商人银行或证券银行。

较早建立的英国商人银行是在伦敦为海外贸易活动融通资金而设立的银钱商号，

它的鼻祖是 18 世纪中叶英国的承兑所。

投资银行的资金来源主要依靠发行自己的股票和债券来筹集。即便有些国家的投资银行被允许接受存款，也主要是定期存款。此外，它们也从其他银行取得贷款，但都不构成其资金来源的主要部分。

作为一类典型的非银行金融机构，有必要将投资银行与传统的商业银行作出区分。尽管大多数国家已从法律上消除了投资银行与商业银行之间的业务界限，但现实中两者还是有其不同的特点。首先，商业银行的基本业务是存贷业务，投资银行提供的是证券发行与承销。其次，商业银行提供的是间接融资功能，投资银行是直接融资功能。再次，商业银行的主要利润来源于存贷差，投资银行主要来自佣金收入。最后，商业银行对风险实施的是审慎性经营原则，投资银行是在一定的风险控制前提下追逐高收益和金融创新。

二、投资银行的主要业务

一般来说，投资银行的业务包括以下几个方面：

（1）证券承销。它是指在证券发行市场上代理发行人承销证券并以此获得承销手续费收入，这是其基本业务和本源业务。

（2）证券交易。它是指在二级市场上充当证券经纪商和自营商的角色以获得佣金或投资收益。前者是代理客户委托促成证券交易，后者是用自有资产进行证券投资。

（3）项目融资。项目融资是指以项目的资产、预期收益或权益做抵押取得的一种无追索权或有追索权的融资或贷款活动。

（4）企业的兼并和收购。它是指为企业兼并、收购、接管、公司结构调整、资本充实和重新核定、破产与困境公司重组等较为复杂的筹划与操作提供信息和筹集资金。

（5）基金管理。投资银行承担基金的发起人、管理人和托管人等职责。

（6）风险投资。它是指投资银行通过私募等方式为新兴公司在创业期和拓展期融通资金。

（7）理财顾问。它是指投资银行为客户提供财务咨询和投资咨询等业务，这一业务往往同投资银行的其他业务相伴而生，并渗透到各项业务之中。

（8）资产证券化。它是指把流动性较差的资产通过投资银行或商业银行给予重新组合，以这些资产作抵押来发行证券，从而改善资产的流动性。

（9）金融衍生工具业务。金融衍生工具指基于基础金融资产的价格及其变化所衍生出的金融产品，其主要是双边合约的形式，包括期权、期货、远期、互换等。

三、证券投资基金

1. 证券投资基金运作原理

证券投资基金是一种利益共享、风险共担的集合投资方式，即通过发行基金单位，集中投资者的资金，由基金托管人托管，由基金管理人管理和运用资金，从事股票、债券、外汇、货币等金融工具投资，以获得投资收益和资本增值，基金投资人享受证券投资基金的收益，也承担亏损的风险。在美国，投资基金被称为共同基金，在英国和中国香港地区称为单位信托基金，在日本称为证券投资信托基金。

投资基金也可以作为基金证券来理解，是指投资基金组织发行的受益凭证或股票。它和一般的股票一样都是金融投资工具，但又有些不同于一般股票、债券的特点：（1）投资基金反映的是一种信托关系，而非产权或债权关系。（2）投资基金的投资选择较为灵活多样，其风险介于股票和债券之间，较易于满足投资者多样化的投资需要。

相比较而言，投资基金主要有以下特点：（1）集合投资。它可以集结众多投资者较为分散的资金进行统一管理和运作。（2）专业管理。由基金聚集起来的资金将交由专门的投资管理人集中运作，投资管理人的专业化优势是其他很多投资者所不具备的。（3）组合投资，分散风险。投资基金管理人一般会进行多样化和专业化的投资组合设计，以帮助不同风险偏好的投资者获得他们期望的收益。组合投资同样也可以起到分散风险的作用。（4）利益共享，风险共担。投资者按照自己的基金份额获得相应的收益，基金投资所面临的风险由众多投资者共同承担。（5）间接投资，流动性强。基金一般不会进行实物投资，而是进行金融投资。开放式基金的投资者可以在规定期限内随时申购或赎回基金份额，封闭式基金投资者也可以根据自己的需要在二级市场上买卖基金份额，因而其流动性较强。

2. 证券投资基金的种类

随着金融市场的不断成熟和完善，投资基金的内容和种类也变得非常丰富。根据不同的标准，对投资基金的种类有不同的划分。

（1）根据组织形态的不同，可分为契约型基金和公司型基金。契约型基金也称为信托投资基金，是指基金发起人依据其与基金管理人、基金托管人三方订立的基金契约发行基金单位而组建的投资基金。英国、日本和中国香港等地区多为这种类型的基金。公司型基金是具有共同投资目标的投资者组成的以营利为目的的股份制投资公司，并将资产投资于特定对象的投资基金。它包括投资公司、管理公司、保管公司和承销公司四方当事人。

公司型基金又可分为封闭式基金和开放式基金两种。封闭式基金的基金规模在发行前已确定，在发行完毕后的规定期限内，基金规模固定不变。买卖基金份额只能通过二级市场上的交易来完成。开放式基金也称为共同基金，与前者不同的是，开放式基金在设立后其基金规模并非固定不变，投资者可以根据需要随时申购或赎回基金单位。

（2）按照基金的募集方式和资金来源，可把投资基金分为公募基金和私募基金。公募基金是以公开发行证券筹集资金的方式设立的基金。私募基金是以非公开发行证券方式募集的资金。目前较为普遍的是公募基金。值得一提的是，私募基金中较为典型的形式为对冲基金（Hedge Fund），它是一种专门为追求高投资收益的投资人设计的基金，风险较大。其广泛运用期权、期货等金融衍生工具在股票市场、债券市场和外汇市场进行对冲买卖操作以获得高收益。

（3）按照投资目标的不同，可把投资基金划分为成长型基金和收入型基金。前者追求资本的长期增值，后者追求当期收入最大化和基金单位价格的增长。按照运作规则的不同又可分为固定型投资基金和管理型投资基金。前者在信托期间只投资于预先确定好的证券，后者则没有这一限制，可以视市场情况而定。

四、中国的投资银行业

在我国，没有直接以"投资银行"命名的投资银行，但国内为数众多的证券公司实际上扮演着投资银行的角色。证券公司又称为券商，在中国，券商不仅从事证券经营等传统业务，也进行企业的兼并与收购等业务。

第二节　保险公司

保险公司是主要经营保险业务的企业。要清楚保险公司的功能，需要从保险的定义及保险业务谈起。

一、保险的定义及保险公司的组织形式

由于我们每天都面临着某些不幸事件的发生，并可能面临重大的损失。为了预防这种不幸事件可能带来的风险，我们可以购买保险。保险是指投保人根据合同约定，向保险人支付保险费，保险人对于合同约定的可能发生的事故因其发生所造成的财产损失承担赔偿保险金责任，或者当保险人死亡、伤残、疾病或者达到合同约定的年龄、期限时承担给付保险金责任的商业保险行为。其经济方面的意义是，保险是一种分摊意外事故损失的财务安排。其数学基础是利用大数法则来预测损失发

生的金额，并据此制定保险费率，一旦保险事件发生，保险公司将会按照保险契约规定的赔偿金额给予投保人相应的补偿。

保险作为一项经济业务，是否能长期稳定地运行需要满足以下基本要素，包括可保风险、多个经济单位集合、保险基金、保险合同、保险机构以及数理依据。

可保风险是指符合承保人承保条件的特定风险。尽管现实生活中有很多种风险，但并不是所有破坏物质财富或威胁人身安全的风险都适合保险人承保。保险公司能够提供保险的风险需具备以下特点：首先，不具有投机性，即被保险人只有因风险受到损失的可能性，而没有因风险获得收益的可能性。例如，股票在股票市场面临的价格风险就不是可保风险，因为人们买卖股票的行为具有投机性质。其次，具有偶然性和不可预知性，即风险是否发生、何时发生、风险发生时给被保险人带来的损失状况等都是不确定的，不能是由被保险人的故意行为引起的。例如，隐瞒自己的健康状况、财产的风险状况等。最后，可保风险必须是大量的、同质的、分散的。风险的同质性是为了能够确定风险所造成损失的概率分布。风险的可分散性是指一个风险事件的发生和另一个风险事件的发生之间没有必然的联系或引致关系。它们和风险的大量性一起保证大数法则发挥作用。

多个经济单位集合是指保险需要结合有共同风险顾虑的个人或单位，形成集体的力量来分担风险，它体现保险的互助性。保险基金是投保人交纳的保险费的总和。保险机制对损失的分摊，是建立在雄厚的保险基金的基础之上的，没有这一物质基础，保险的经济补偿功能便无法实现。保险合同是投保人和保险人之间约定保险权利与义务的经济协议，商业性的保险经济活动必须以合同方式来约定和维系。保险机构也是保险的要素之一，一般以保险公司的形式存在，但也可能是自然人。数理依据之所以成为保险的构成要素是因为保险经营的基础是建立在科学的数理计算之上的，保险价格、保险利润分配、保险金额损失率、保险标的的数量、死亡率、利率、费用率等，以及由此确定的未来责任准备金和总准备金，无一不需要数理技术来进行测算。

由上述保险的定义可知，保险的基本功能应当是分担风险和补偿损失，但提供保险的保险机构或保险公司的功能却不仅如此。除基本的分担风险和补偿损失的功能外，保险公司还具有投资和防灾防损的功能。保险公司通过收取保险费聚集了规模庞大的保险基金，以备赔偿被保险人的经济损失，但风险事故不可能同时发生，保险基金因此也不可能一次全部地赔偿出去，总有一部分基金处于闲置状态。为了避免资金闲置浪费，保险公司因此也成为各国金融市场上一类非常重要的机构投资者。

二、保险公司的主要业务

随着保险业务的发展，现代社会的保险业务种类越来越丰富，并随着保险行业的成熟，更多的险种将会被开发成为保险公司的业务。根据不同的标准，可以对保险作出以下分类：

（1）按照实施方式，保险可分为：①强制保险和自愿保险。强制保险是由国家通过立法规定的保险。国家规定对某些危险范围较广、影响人民利益较大的保险标的，凡属于法律规定范围的，不问投保人愿意与否，都必须将该项标的或与该项标的有关的法定赔偿责任按规定向保险人投保，且保险人不得拒绝承保。自愿保险指保险人和投保人双方在自愿的基础上签订保险合同而建立起的保险关系。②普通保险和社会保险。社会保险指国家通过立法来筹集保险基金，对一国劳动者在年老、疾病、残疾、伤亡、生育、失业等情况下给予基本经济保障的一种社会保险制度。普通保险指除了社会保险以外的所有保险，包括强制保险。

（2）按保险保障对象（标的）可分为财产保险、责任保险、信用保险、人身保险。财产保险指对有形资产的狭义财产保险，其主要包括海上保险、货物运输保险、火灾保险、运输工具保险、工程保险、科技保险、农业保险。责任保险主要包括公众责任保险、产品责任保险、雇主责任保险和职业责任保险。信用保险可分为商业信用保险、赊销信用保险和国家信用保险，指保险人对被保险人信用放款或信用售货，债务人拒绝履行合同或不能清偿债务时，所受到的经济损失承担赔偿责任的保险方式。人身保险按照保障对象和保障的范围不同分为人寿保险、人身意外伤害保险和健康保险。其中人寿保险又可分为死亡保险、生存保险和两全保险。死亡保险是指以人的死亡为保险事故，在事故发生时，由保险人给付一定保险金额的保险。生存保险是指被保险人如果在保险期间届满时仍然生存，保险人依照保险合同的约定给付保险金。两全保险又称生死合险，是指被保险人在保险合同约定的保险期内死亡，或在保险期内届满仍生存时，保险人应将保险单规定的保险金额支付给被保险人。

（3）按承保方式可分为原保险、再保险、共同保险和重复保险。原保险指保险人与投保人最初达成的保险。再保险是一个保险人把原承保的部分或全部保险转让给另外一个保险人。重复保险指一个保险标的有几份保险单或被保险人的几份保险单有同一保险责任。共同保险是指保险人和被保险人按事先约定的比例或方法共同分担损失。

（4）按保险是否营利可分为营利性保险和非营利性保险。按经营性质可分为国营保险、私营保险、合作保险和个人保险。

三、中国的保险业

改革开放之后，我国的保险事业得到了巨大的发展。1988 年以前，保险业由中国人民保险公司独家经营。后来，保险市场主体逐步增加。比如中国太平洋保险公司、中国平安保险公司、华泰财产保险公司、新华人寿保险公司、泰康人寿保险有限公司等多家保险公司先后加入保险系统。同时，国外保险公司看好中国保险市场的巨大发展潜力，纷纷来华设立公司及代表处。截至 2018 年末，全国保险系统机构数达到 235 家，保费收入 3.8 万亿元，其中财产险收入 11755.69 亿元，人寿险收入 20722.86 亿元。

第三节　信托公司和租赁公司

信托公司和租赁公司是主要经营信托和租赁业务的企业。要清楚信托公司和租赁公司的功能，需要从信托和租赁的定义及其业务谈起。

一、信托公司

（一）信托的基本概念

信托就是以信任为基础的委托行为。信托是一种法律行为，因此不同国家对其定义不同。我国 2001 年颁布的《中华人民共和国信托法》对信托是这样定义的：信托是指委托人基于对受托人的信任，将其财产权委托给受托人，由受托人按委托人的意愿，以自己的名义为受益人的利益或者特定目的进行管理或者处分的行为。其中信托是委托的基础和前提条件，委托是信任的表现形式和具体内容。一个典型的信托行为一般要包括三个要素：委托人、受托人和受益人。

（二）信托公司的主要业务

信托业务的种类非常广泛，包括信托类业务、代理类业务、租赁类业务、咨询类业务等。按照不同的标准，信托可以分为不同的种类。

1. 按信托财产的性质划分，信托可分为金钱信托、动产信托、不动产信托、有价证券信托和金钱债权信托。金钱信托是指承受信托时的财产表现为金钱或等同于金钱的支票等。动产信托是指以各种动产作为信托财产而设定的信托。不动产信托是指信托机构受托代办与房屋、土地等不动产有关的经济事项的业务。有价证券信托是指委托人将有价证券作为信托财产转移给受托人，由受托人代为管理运用。金钱债权信托是指以各种金钱债权作为信托财产的信托业务。

2. 按信托的目的划分，信托可分为担保信托、管理信托、处理信托。担保信托是指以确保信托财产的安全、保护受托人的合法权益为目的而设立的信托。管理信托是指以对财产的管理和运用为目的而设立的信托。处理信托是指改变信托财产的性质、原状以实现财产增值的信托业务。

3. 按信托关系成立的方式划分，信托可分为任意信托、法定信托。

4. 按信托实现的法律立场划分，信托可分为民事信托和商事信托。

5. 按委托人划分，信托可分为个人信托、法人信托、个人与法人信托。

6. 按受益人划分，信托可分为自益信托、他益信托、私益信托和公益信托。

（三）中国的信托业

中国信托业始于 1919 年，新中国成立后，随着社会主义改造任务的完成，到 1952 年底，原来的信托业彻底消失。1979 年 10 月，中国银行成立信托咨询部，中国的信托业开始恢复并迅速发展，最高峰时达 1000 余家。同时在业务上基本不受限制，使得信托公司演变为金融百货公司，而真正的信托业务几乎从未涉及，从而频频爆发危机，因此每隔几年就会被清理整顿一次。1999 年开始的第五次整顿后，全国只保留了 60 家规模较大、效益好、真正从事受托理财业务的信托投资公司。截至 2018 年底，中国共有 68 家信托投资公司。

二、租赁公司

（一）租赁的基本概念

租赁是指在约定的期间内，出租人将资产使用权让与承租人，以获取租金的协议。租赁期一般是指合同规定的不可撤销的租赁期间。租赁的发展大致分为传统租赁和现代租赁两个阶段。

传统租赁的形式主要是经营租赁，是一种出租人将自己的设备或用品反复出租的租赁。它包括出租人和承租人两方当事人。在租赁期限内，出租人要提供与租赁物品有关的各类服务，也承担租赁设备过时的风险。出租人的全部租赁投资回收来源于不同的承租人在每一租期内交纳的租金之和。在租赁期满前，承租人可根据自己对租赁物品的实际需要请求提前终止租赁合同。租赁物品的所有权在租赁期满后一般不转移，即租赁期满后租赁物品仍归出租人所有。

现代租赁在传统租赁基础上的最大突破是融资和融物结合，也可称为融资租赁。融资租赁是指出租人根据承租人的请求及提供的规格，与第三方订立一份供货合同，从供货商处购得承租人所需的工厂、资本货物或其他设备。同时，出租人与承租人订立一份租赁合同，以承租人支付租金为条件授予承租人使用设备的权利。与传统租赁相比，现代租赁又被赋予了新的特点：（1）融资租赁一般涉及出租人、承租人和供应商三方当事人。（2）拟租赁的设备由承租人自行选定。（3）全额清偿，即在基本租期内只存在一个特定的用户，出租人从该用户收取的租金总额应该等于该项租赁交易的全部或绝大部分投资及利润。（4）承租人不能提前终止合同。（5）在租赁期内租赁物品的使用权属于承租人，所有权属于出租人。

175

（二）租赁公司的种类

融资租赁和经营租赁是两种主要的租赁形式，这是从租赁的目的来划分的。按照其他的标准租赁又可以做以下划分：

（1）从征税角度可以把租赁划分为正式租赁和租购式租赁。正式租赁的出租人可享受加速折旧、投资减税等税收优惠。承租人支付的租金可作为费用，从纳税的收入中扣除，而且还能分享出租人获得的一部分减税。租购式租赁是非正式租赁和有条件的销售租赁。它是指承租人在租期届满时，可以名义价格购买设备并获得所有权的租赁交易，一般租金较前者高。

（2）从交易的程度划分，可分为直接租赁、杠杆租赁、回租租赁和转租租赁等。直接租赁是指由出租人独自承担购买出租设备全部资金的租赁。杠杆租赁是一种由贷款人、出租人、承租人参与的利用财务杠杆原理组成的租赁形式。回租租赁是承租人将其所拥有的物品出售给出租人，再从出租人手里将该物品重新租回，其优点是可使承租人迅速回收购买物品的资金，加速资金周转。转租租赁是指承租人经出租人同意，将租赁物转租给第三人的行为。

（三）中国的租赁业

中国第一家专业租赁公司是1982年2月在北京成立的中国东方租赁有限公司。1984年前，"负债经营""产权和使用权分离"的概念还不容易被人接受，租赁额增长比较缓慢，规模也比较小。1986年到1987年间，融资租赁的队伍开始扩大，中国人民银行也注意到融资租赁的动向，开始介入融资租赁公司的管理和审批，国有的融资租赁公司开始陆续申报非银行金融机构，银行和信托投资公司也开始经营融资租赁业务。1997年经中国人民银行批准的金融租赁公司共16家。1997年后，海南国际租赁有限公司、广东国际租赁有限公司、武汉国际租赁公司和中国华阳金融租赁有限公司（2000年关闭）先后退出市场。截至2018年底，全国共有金融租赁公司69家。

第四节　其他非银行机构

这里的其他非银行机构主要指财务公司、信用合作社、金融资产管理公司、货币经纪公司、汽车金融公司、支付机构、典当行等。下面主要介绍其中的几种。

一、财务公司

财务公司又称为财务有限公司。它是经营部分银行业务的非银行金融机构。其中，有的专门经营抵押放款业务，有的依靠吸收大额定期存款作为贷款或投资的资金来源，有的专门经营耐用品的租购或分期付款销货业务。财务公司（金融公司就是财务公司，别称"注册接受存款公司"。多数是商业银行的附属机构。同称为"特许接受存款公司"的商人银行比较，它的存款额较低，存款期限也有一定的要求，资本额较少）在18世纪始建于法国，后美国、英国等相继开办。国外的财务公司可分为三类：（1）销售金融公司。它是由一些大型零售商或制造商建立的，旨在以提供消费信贷的方式来促进企业产品销售的公司。（2）专门发放小额消费者贷款的消费者金融公司。它的作用是为那些在其他渠道难以获得贷款的消费者提供贷款资金。（3）商业金融公司。它主要向企业发放以应收账款、存货和设备为担保的抵押贷款，或者以买断企业应收账款的方式为企业提供资金。后者风险高，但其收益也高。当代西方财务公司业务几乎与投资银行无异。

近年来，我国的财务公司也有所发展，我国财务公司是一类由大型企业集团内部成员单位出资组建并为各成员单位提供金融服务的非银行金融机构。财务公司的短期资金来源主要是银行存款和卖出公开市场票据，长期资金来源于推销企业股票、债券和发行公司本身的证券。多数财务公司接受定期存款。除上述业务外，大的财务公司还兼营外汇、联合贷款、包销证券、不动产抵押、财务及投资咨询服务等。

二、信用合作社

信用合作社是由个人集资联合组成，以互助为主要宗旨的合作金融组织。其基本的经营目标是以简便的手续和较低的利率，向社员提供信贷服务，帮助经济力量薄弱的个人解决资金困难，以免遭受高利盘剥。

信用合作社资金主要来源于其成员缴纳的股金和吸收存款，贷款主要用于解决其成员的资金需要。起初，信用合作社主要发放短期生产贷款和消费贷款。现在，一些资金充裕的信用社已开始为生产设备更新、改进技术等提供中期、长期贷款，并逐步采取了以不动产或有价证券为担保的抵押贷款方式。按照地域不同，信用合作社可分为农村信用合作社和城市信用合作社。目前，中国的农村信用合作社和城市信用合作社正在向合作银行和商业银行转变。

国外的信用合作组织主要有四种：德国合作金融模式、美国合作金融模式、法国合作金融模式和日本合作金融模式。

德国合作金融模式。（1）组织架构。分为三个层次，呈金字塔状：第一层是地方性基层农村信用合作社，资本金主要来自农户、小农场主、银行雇员、自由职业者以及社会援助；第二层是三家地区性的管理机构，即地区性合作银行；第三层是全国性的中央管理机构，即德国合作社银行（属于信贷合作联合会）。各层次间自下而上地持股，下一层合作银行持有上一层合作银行的股份。（2）管理体制。监督机构是合作审计协会。合作社必须加入一个合作审计协会，由该协会对合作社的机构、资产及业务活动定期进行审计监督。基层合作金融组织直接经营货币信贷业务。地区性的管理机构主要从事协调管理工作，为基层合作金融机构保存准备金和融通资金，提供信息，对外联系。全国性的中央管理机构，主要从事管理协调工作，处理地区行无法承担的付款业务，负责与政府其他机构联系和国际间的业务往来等。（3）运行机制。从下至上地上存资金，自下而上地融通资金。每家基层合作银行都要按年度以其风险资产的一定比例存入特别专项基金——贷款担保基金，一旦成员行出现大的危机，难以独立承担时，由该基金全额补偿。

美国合作金融模式。（1）组织架构。第一层是美国中央信用联社。第二层是联邦土地银行、合作银行和联邦中期信贷银行三个业务不同、相互独立的地区性合作金融组织。第三层是各地区性合作金融组织的基层组织。如联邦土地银行和合作银行的基层组织是信用社，联邦中期信贷银行的基层组织是生产信贷协会。（2）管理体制。监管机构由全美信用社管理局和各州政府设立的信用社监管机构组成。全美信用社管理局对在联邦政府注册的信用社进行监管，还负责领导私营农村商业性信贷银行和国家农业信贷银行，这些机构共同承担为农村合作金融组织体系提供融通资金的任务。各州政府信用社监管机构负责对在州政府注册的信用社进行监管。行业管理机构由三个相对独立、无隶属和约束关系的行业协会组成。全美信用社协会是美国所有信用社自愿参加的全国性行业协会组织，该协会的宗旨是维护信用社的合法权益，协调信用社与国会、监管当局及政府部门的关系，促进有利于信用社的法案获得通过，并为信用社提供法律咨询、员工培训、扩大宣传等方面的服务。联邦注册信用社协会是由在联邦政府注册的信用社自愿组成的行业协会。各州注册信用社协会由在州政府注册的信用社自愿参加组成，该协会同时还是各州信用社监管工作者联合会，属于"一个机构两块牌子"。（3）运行机制。监管机构和协会组织分别行使监管和行业管理的职能。中央信用联社是由地区性信用联社自愿入股组成的，是为全美所有地区性信用联社提供资金清算、资金调剂、票据交换、自动提款机等服务的批发式金融中心。各地区性合作金融组织按各自经营范围和经营机制独立运作。联邦土地银行专门向农场主提供不动产抵押贷款。联邦中期信贷银行专门向农场主提供短期资金。合作银行主要对生产信贷协会和信用社提供信用，再由这两个基层组织向个人放款。美国的合作金融与其他金融机构一样，有着完善的存款保险系统，即建立了全国信用社股金保险基金，参保信用社以其存款总额 1% 的比例交纳，最高保险金额为 10 万美元。

法国合作金融模式。（1）组织架构。由三个不同层次构成。第一层是地方农业信贷互助银行，也称为农业信贷合作社，是基层民间组织。第二层是省农业信贷互助银行，由若干个地方农业信贷互助银行组成。第三层是全国性合作金融机构——法国农业信贷互助银行总行。农业信贷互助银行总行的资本金由政府财政拨款，省和地方农业信贷互助银行的资本金是社员自愿投入的，社员除了农民以外，还有小工厂主及雇员。（2）管理体制。农业信贷互助银行总行是最高管理机关，受国家农业部和财政部双重领导，负责审查各省级农业信贷互助银行的有关账表，监督其业务活动。总行也是一级核算单位，负责票据的清算，对个别亏损地区给予低息贷款或一定的补贴。（3）运行机制。农业信贷互助银行总行是一种商业性质的政府行政机关，不经营一般的信贷业务，主要是向各省合作银行提供资金支持、办理结算和内部稽核等。总行实行董事会领导下的经理负责制，最高权力机构为全体委员会，其成员来自议会代表（参众两院各 3 名）、政府官员、有关行业组织代表、地区合作银行代表，其执行机构为理事会，成员中 7 名由全体委员选举产生，另外 4 名为政府官员和该行的总经理，其总经理由政府任命。省和地方农业信贷互助银行的经营管理严格按信用合作的原则进行。

日本合作金融模式。（1）组织架构。日本的农村信用合作组织分为三级机构：农林中央金库是中央级机构；县信用农业协调组合联合会是中层机构；综合农协是最基层一级，包括农业协同组合、渔业协同组合和森林协同组合。全国农业信用组合联合会由各都府县信用农业协调组合联合会与农林中央金库共同参加，为行业协调组织。（2）管理体制。大藏省负责对农村合作金融的监督。全国农业信用组合联合会不办理信用业务，只是为会员提供信息，协调关系。（3）运行机制。农林中央金库是农林渔系统的信用合作组织，可以直接办理存款、放款、汇兑、委托代理等业务，有权发行农林债券，并可开办外汇业务。县信用农业协同组合联合会负责调剂基层农协之间的资金余缺，并将剩余资金存入农林中央金库。综合农协直接对农户从事信用业务，兼营保险、生产资料购买、农产品贩卖等多项业务。

我国的农村信用合作社是农村合作金融机构，是独立的企业法人，以其全部资产对农村信用社债务承担责任，依法享有民事权利。其财产、合法权益和依法开展的业务活动受国家法律保护。其主要任务是筹集农村闲散资金，为农业、农民和农村经济发展提供金融服务。农村信用社是我国金融体系的重要组成部分，是新形势下农村金融的主力军，主要为广大农户、个体工商户，为农产品产前产后经营的各个环节提供金融服务，处于农村金融的最基层，是联系农民的金融纽带，是支持农业和农村经济发展的重要力量。农村信用社的性质和地位决定了它在服务农民、支持农业和农村经济发展中的重要作用。

三、金融资产管理公司

20 世纪 90 年代的亚洲金融危机之后，为了改善工行、农行、中行、建行四大国有商业银行的资产负债状况，化解潜在的金融风险，我国在 1999 年先后成立了东方、信达、华融、长城四大资产管理有限公司，负责收购、管理、处置相对应的中国银行、中国建设银行、中国工商银行、中国农业银行剥离的不良资产。截至 2001 年底，四家金融资产管理公司收购了 1.4 万亿元不良资产，使四家国有商业银行不良贷款比率下降了近 10 个百分点。

在国外，资产管理公司通常是在金融机构出现危机时由政府或银行设立，不以盈利为目的，其使命是挽救身陷危机的金融机构或金融企业。

在我国，金融资产管理公司的设立是为切实维护国有商业银行信贷资产的安全、国有企业脱困，从而提高企业和银行抗御风险的能力。

四、货币经纪公司

（一）货币经纪公司的概念

货币经纪公司最早起源于英国外汇市场，是金融市场的交易中介。货币经纪公司的服务对象仅限于境内外金融机构。它可以从事的业务包括境内外的外汇市场交易、境内外货币市场交易、境内外债券市场交易、境内外衍生产品交易。

（二）货币经纪公司的业务范围

我国货币经纪公司根据规定可以从事以下部分或全部的业务：（1）境内外外汇市场交易；（2）境内外货币市场交易；（3）境内外债券市场交易；（4）境内外衍生产品交易；（5）经中国银行保险监督管理委员会批准的其他业务。货币经纪公司从事证券交易所相关业务的经纪服务，需报经中国证券监督管理委员会审批。

需要指出的是，基于我国金融市场目前的发展状况和我国外汇管理的规定，《货币经纪公司试点管理办法》对货币经纪公司的业务范围作出了相应的规定，现阶段允许开办的业务只包括货币经纪公司的部分基本业务。同时规定，货币经纪公司只能向金融机构提供有关外汇、货币市场产品、衍生产品等交易的经纪服务，不允许从事自营交易，不允许向自然人提供经纪服务，也不允许商业银行向货币经纪公司投资。这不仅能够保证货币经纪以完全的中立性确保交易的公正，不会采取有意抬高或压低价格的方式侵害客户利益，也不会在行情变化时为了满足自营要求而压后客户的交易委托。同时，将保证货币经纪业在活跃交易、提高流动性时，不会为金融市场增加系统性的风险。

五、汽车金融公司

（一）汽车金融公司的概念

汽车金融公司是指经中国银行保险监督管理委员会批准设立的，为中国境内的汽车购买者及销售者提供金融服务的非银行金融机构。

（二）汽车金融公司的业务

1. 标准信贷

标准信贷的支付包括首付款与等额月付两大部分。其方式非常简单：

（1）客户按照贷款合同规定支付首付款；

（2）客户按照贷款合同规定在贷款期限内支付等额月付；

贷款期限：12 个月至 60 个月。

最低首付款：全车售价的 30%。

2. 弹性信贷

对消费者而言，汽车信贷不仅能解决支付能力不足的问题，更有助于客户以最低的机会成本运用手中的资金。弹性信贷既能有效地保持客户资产的流动性，也能让客户拥有灵活度更大的财务支配空间与更多生活方式的选择。该产品的期末尾款为贷款额的 25%。它将让客户的月付款始终维持在一个较低水平上。

弹性信贷包括首付款、等额月付与最后一个月的弹性尾款。其具体特征如下：

贷款期限：12 个月至 48 个月。

最低首付款：全车售价的 30%。

等额月付期限：11 个月至 47 个月。

弹性尾款（新）：贷款额的 25%。

弹性信贷的付款方式降低了客户的月付，而且还让客户在贷款合同到期时，拥有更多的选择：

选择一：一次性结清弹性尾款，获得完全的汽车所有权。

选择二：对弹性尾款再申请为期 12 个月至 48 个月（贷款总期限不超过 60 个月）的二次贷款。

选择三：在汽车经销商的协助下，以二手车置换新车。

3. 33 弹性贷

首付 30%，贷款期限为 36 个月，在最后一个月支付车价 35% 的弹性尾款。33 弹性贷为客户减轻了首付和月供压力。在还款期末，除一次性偿清尾款外，客户还可以以合理的价格置换一台新车，或者对尾款进行最高 24 个月（客户贷款总期限不得超过 60 个月）的展期，将还款压力降到最低。

4. 半价弹性贷

首付 50%，贷款期限为 12 个月，在最后一个月支付车价 50% 的尾款。本产品适用于在短期内资金不足的客户。客户最少支付一半的车价即可拥有爱车，剩余的部分可在 11 个月后还清，其间客户仅承担低额的月供。在还款期末，除一次性偿清尾款外，客户还可以以合理的价格置换一台新车，或者对尾款进行最长为 48 个月（客户贷款总期限不得超过 60 个月）的展期，将还款压力降到最低。

5. 二手车贷款

二手车的贷款首付比例最低为车价的 30%，贷款期限最长达 3 年。

本章小结

1. 其他金融机构是指除商业银行和中央银行之外的金融机构，一般包括专业银行（投资银行、抵押银行、储蓄银行、合作银行、清算银行等）、政策性银行（开发银行、农业政策性银行、进出口政策性银行）、非银行金融机构（保险公司、信用合作社、财务公司、信托投资公司、证券公司、租赁公司、典当行）等。

2. 投资银行不是一般意义的"银行"。它主要从事证券发行、承销、交易、企业重组、兼并与收购、投资分析、风险投资、项目融资等业务。

3. 保险公司是指依保险法和公司法设立的公司法人。保险公司收取保费，将保费所得资本投资于债券、股票、贷款等资产，运用这些资产所得收入支付保单确定的保险赔偿。保险公司通过上述业务，能够在投资中获得回报并以较低的保费向客户提供适当的保险服务，从而盈利。

4. 信托公司是以信任委托为基础、以货币资金和实物财产的经营管理为形式，从事融资和融物相结合的多边信用行为的金融机构。租赁公司是以出租设备或工具收取租金为业的金融企业。

本章重要概念

投资银行　证券投资基金　保险公司　信托公司　租赁公司　财务公司
信用合作社　金融资产管理公司　货币经纪公司　汽车金融公司

复习思考题

1. 证券公司在金融市场上的重要作用有哪些？
2. 我国资产管理公司的经营宗旨是什么？
3. 试述金融机构体系的结构和职能。

本章参考文献

［1］黄达，张杰．金融学（第四版）［M］．北京：中国人民大学出版社，2017.

［2］杜金富．货币与金融统计学（第四版）［M］．北京：中国金融出版社，2018.

［3］曹龙骐．金融学［M］．北京：高等教育出版社，2016.

［4］杜金富．金融市场学（第三版）［M］．大连：东北财经大学出版社，2010.

［5］郭茂佳．金融市场学［M］．北京：经济科学出版社，2005.

第九章
金融市场

学习目标

1. 了解金融市场的概念、特征、构成要素、分类；
2. 理解货币市场的概念、参与者、工具及其子市场的运行；
3. 掌握资本市场及其子市场的运行；
4. 掌握黄金市场和国际金融市场的运行。

金融市场这个概念对人们来说并不陌生。《金融时报》和《中国证券报》每天刊登大量股票、债券、外汇和票据的有关信息。电视台每天播放金融市场的新闻报道。通过互联网更是可以便捷地查询到金融市场的实时行情。金融市场在经济活动中发挥着重要的作用。它为企业筹资和投资提供了有效的机制，为政府开辟了一个经常性的稳定的筹资渠道，为个人创造了借钱消费和投资获利的方便条件，为中央银行的宏观调控提供了有效的政策工具。本章将对金融市场的相关内容进行介绍，主要包括金融市场的概述、货币市场、资本市场及其他金融市场。

第一节 金融市场概述

一、金融市场的概念与特征

经济学家已为金融市场下过不少定义："金融市场是金融工具转手的场所"①，

---

① 查理斯·R. 格依斯特. A Guide to the Financial Markets [M]. London. Macmillan, 1982, p. 1.

"金融市场是金融资产交易和确定价格的场所或机制"①，"金融市场应理解为对各种金融工具的任何交易"②，"金融市场是金融工具交易领域"③。这四个定义的共同点是：都把金融工具的交易作为金融市场的立足点。同时，每个定义又各有其不同的侧重点。第一个定义认为金融市场是一个交易金融工具的"场所"；第二个定义也把金融市场作为场所，但同时强调这个场所"确定价格"的机能；第三个定义却不认同金融市场是场所的概念，提出金融市场应是各种交易本身；第四个定义认为，金融市场是金融工具交易的"领域"。

从广义上看，金融市场包括资金借贷、证券、外汇、保险和黄金买卖等一切金融业务，是各类金融机构、金融活动所推动的资金交易的总和，包括以下三层含义：一是金融交易的一个有形和无形的场所。二是它反映了金融交易的供应者和需求者之间所形成的供求关系。三是它包含了金融交易过程中所产生的运行机制。其中，最主要的是价格机制，它揭示了金融交易的定价过程，说明了如何通过这些定价过程在市场参与者之间合理地分配风险和收益。

二、金融市场的构成要素

金融市场和其他商品市场一样，也有交易者，即买者与卖者，有交易的对象，有交易的中介机构和交易的具体形式。我们把金融市场上的各种交易者称为金融市场主体，把金融市场上的交易对象称为金融市场客体或工具，把金融市场交易中介机构称为金融市场媒体，把做成交易的具体形式称为金融市场组织方式。金融市场主体、金融市场客体（工具）、金融市场媒体和金融市场组织方式，便构成了金融市场四大要素。

（一）金融市场主体

金融市场主体即金融市场交易者，既有自然人，也有法人，一般包括企业、政府、存款性金融机构、机构投资者、家庭和非居民六个部门。

1. 企业

在生产经营过程中，由于产供销渠道与环节的差异，周期性和季节性等因素的影响，一些企业会出现暂时性的资金盈余，而另外一些企业会出现暂时性的资金短缺。这两类企业除通过银行等金融中介机构进行资金余缺的融通外，资金短缺企业可以在金融市场上发行相应的金融工具得到所需的资金，而资金盈余的企业可以通

① 蒂姆·S.肯波贝尔.Financial Institutions. Markets，and Economic Activity［M］. U.S.A. Mcgraw–Hill Inc. 1982，p. 2.

② 杜德雷·G.卢科特.Money and Banking［M］. Mcgraw–Hill Book Company Second Edition. 1980. p. 111.

③ 赵海宽，杜金富.资金知识入门［M］. 南昌：江西人民出版社，1993：2.

过在金融市场上购得金融工具，将其暂时盈余的资金投资于生息资产。另外，在创建或扩大生产经营规模时，企业可以发行股票、债券等筹措所需的资金。

2. 政府

在金融市场运行中，政府作为交易者扮演双重角色：一是作为筹款者，二是作为调节者和监管者。作为筹款者，政府为了弥补财政赤字，或为了举办公共工程等，在金融市场上发行国债筹措所需资金。作为调节者，政府发行的公债，特别是国库券是中央银行公开市场操作的主要对象，中央银行通过在公开金融市场上买卖国库券和调节金融市场上的货币供应量达到调节经济的目的。此外，政府还是金融市场的监管者。

3. 存款性金融机构

这里存款性金融机构就是指中央银行和商业银行两大类。金融企业作为中介机构，一方面代理筹资者和投资者进行融资与投资活动；另一方面本身也可以发行证券筹集资金，如发行大额可转让存单，开展票据贴现和再贴现业务，向同业拆入资金，购买有价证券从事投资等。中央银行参与金融市场活动是以实现国家货币政策、调节经济、稳定货币为目的的。

4. 机构投资者

机构投资者是指在金融市场从事交易的机构，如保险公司、信托投资公司、投资银行以及各种基金等。

5. 家庭

家庭的货币收入除去必要的消费外，一般会出现剩余，通常将这部分剩余存入银行，购买股票、债券等，是金融市场上的重要资金供给者和金融工具购买者。作为金融工具的出卖者，其动机较为复杂。有时是为了筹措资金购买另外的金融工具以转变资金投向；有时是为了利用未来的收入增加现期消费，追求消费最大化，如借入住房抵押贷款等；有时是为了避免风险或进行投机。

6. 非居民

非居民是指国外的自然人、法人、政府机构、国际组织及其他经济组织。随着经济的发展和融资需求的提高，本国居民不仅在国内融资，还需要到国外融资，如到国外发行股票和债券等筹集资金，到国外建立公司投资或购买国外的政府债券等投资。这些在国外投融资的交易对手是非居民，非居民参与的金融市场，又称国际金融市场。国际金融市场是附属国内金融市场的对外部分，其参与者不仅有本国居民，还包括非居民。随着经济全球化的发展和各国对外开放程度的不断提高，非居民成为金融市场的重要力量。

（二）交易的客体

交易的客体就是金融工具或信用工具。作为交易对象的货币资金，在资金融通这种交易过程中往往需要有一种契据、凭证作为载体进行交易。这种载体即为金融市场的交易工具，因此称为金融工具。它是资金短缺部门、单位（借入资金的部门、单位或筹资者）向资金盈余部门、单位（借出资金部门、单位或投资者）融入资金所出具的契约或凭证。金融工具对资金融出者来说是金融资产；对资金融入者来说是金融负债。从表面上看，金融工具是金融市场交易的对象，实则在金融市场交易的是资金本身。金融工具主要有同业拆借资金、票据、回购协议、外汇、债券、股票、黄金、金融衍生工具、资产证券化、投资基金份额等。

（三）金融市场的媒体

在比较发达的市场上，资金的融通或金融工具的交易大多数是通过金融市场媒体进行的。金融市场媒体作为融资双方的代理人，可以提高金融市场的运作效率，是金融市场不可缺少的部分。

金融市场上的媒体是多种多样的。为介绍方便，我们将这些媒体分为两类：金融市场的商人或经纪人和金融市场中介机构。前者主要完成市场媒体的职能，后者着重市场媒体的存在形态和活动方式。但在金融市场的实际运作中，两类媒体并非泾渭分明，而是相互交叉完成媒介职能的。

1. 经纪人

经纪人是指在金融市场上为交易双方成交撮合并从中收取佣金的商人或商号。经纪人一般都对其经手中介的交易业务具有专业知识，熟谙市场行情和交易程序，对交易双方的资信有深刻了解，因此，许多交易主体都喜欢通过经纪人进行交易。

金融市场的经纪人种类也很多。我们主要介绍最重要的几类。

（1）货币经纪人，又称市场经纪人，是指在货币市场上充当交易双方中介收取佣金的中间商人。根据经纪业务的不同分为同业拆借经纪人、票据经纪人、短期证券经纪人。货币经纪人获利的途径为收取佣金和赚取利差。

（2）证券经纪人，是指在证券市场上充当交易双方中介和代理买卖而收取佣金的中间商人。证券经纪人可帮投资者选择投资证券并进入证券交易所进行交易。

（3）证券承销人，又称证券承销商，是指以包销或代销方式帮助发行人发行证券的商人或机构。

（4）外汇经纪人，又称外汇市场经纪人，是指在外汇市场上促成外汇买卖双方的外汇交易成交的中介人。

2. 金融机构

在金融市场特别是证券市场上，充当交易中介的金融机构很多，主要有证券公司、证券交易所、商业银行等。

（1）证券公司。证券公司是金融市场上最主要的中介机构。它通过承购包销证券业务，即代理证券发行人承购推销所需发行的证券，使证券发行机构与购买证券的投资者完成证券买卖。它通过代理买卖业务，即作为客户代理人，代买代卖有价证券。它通过自营业务，即证券公司作为投资者直接购买有价证券，使已发行的证券在二级市场上交易更为活跃。此外，证券公司还从事投资咨询业务。

（2）证券交易所。证券交易所是专门的有组织的证券买卖交易场所。如中国的上海证券交易所、深圳证券交易所等。严格地讲，证券交易所不属于金融市场上的中介机构，而是服务性的组织。因为证券交易所本身不参加金融工具的交易，只是提供买卖双方能够顺利进行交易的场所或设施，属于服务于证券交易活动的组织。但从整个媒介金融工具交易活动来看，证券交易所又是不可缺少的，从这个意义上来说，它们也属于金融市场上的中介机构。

（3）商业银行。商业银行最传统的业务是承兑票据，充当票据市场的支付中介人；代企业发行证券，充当资本市场的发行代理人；经营外币债券，充当外汇市场的中介。

此外，金融公司、财务公司、票据公司、信托公司、信用合作社以及国外金融机构也在金融市场上起着重要的中介作用。

（四）金融市场的组织方式

金融市场的组织方式主要有两种：拍卖方式和柜台方式。

1. 拍卖方式

在以拍卖方式组织的金融市场上，所有的金融交易都采取拍卖的方式成交；金融交易中的拍卖和其他商品拍卖一样，是买卖双方通过公开竞价来确定买卖成交价款。

拍卖方式分单向拍卖和双向拍卖。单向拍卖中的交易双方，一方是一个交易群体，即一批要购买或出售同一金融工具的交易单位，而另一方只有一个交易单位。由后者报出买卖金融工具的出价或要价，前者中的各个交易单位围绕着报出价格展开竞争，或竞相抬价以求买进，或竞相压价以求售出。最后，单独的交易单位将要出售的工具卖给出价最高的交易对方，或从价格最低的交易对方买进金融工具。双向拍卖中的交易双方都是交易群体，交易双方在买卖某种金融工具时，以该工具上次成交的价格为基础，分别提出各自的出价和要价。买方希望以较低价格买入，而卖方力求以较高价格卖出。针对双方出价和要价的差距，在买卖群体中展开竞争。买方群体中不断有人为买进而抬高出价，卖方群体中不断有人为卖出而降低要价，报出价格逐步接近，直至双方群体中的最高出价和最低要价相等便可成交。

2. 柜台方式

柜台方式与拍卖方式不同,它不是通过交易所把众多交易集中起来,以竞价方式确定交易价格,而是通过作为交易中介的证券公司来买卖金融工具。金融工具的买卖双方都分别同证券公司进行交易,或将出售的金融工具卖给证券公司,或从证券公司那里买进想要购买的金融工具。

在以柜台方式组织的金融交易中,买卖价格不是通过交易双方的直接竞争来确定,而是由证券公司根据市场行情和供求关系自行确定。对证券公司同意交易的工具,推出买入价格和卖出价格,宣布愿以该买入价格购买该种工具,同时愿以该卖出价格出售该种工具。这种挂牌方式称为双价制。证券公司一旦报出双价,在报出新双价之前,不得拒绝以报出的买入价格买入该种工具,也不得拒绝以报出的卖出价格出售该种工具。证券公司报出的双价中,买入价格略低于卖出价格,其价差便是证券公司的利润。

三、金融市场的分类

金融市场是由许多具体子市场组成的庞大的市场体系。许多不同的具体的子市场组成的金融市场体系,便构成了金融市场的结构。

(一) 按融资期限分类

按融资期限,金融市场可分为货币市场与资本市场。

1. 货币市场

货币市场,即短期金融市场,是指期限在一年以内的短期融资场所,其作用主要解决市场主体的临时性、季节性和周转性资金的需求。货币市场主要包括短期借贷市场、同业拆借市场、票据市场、短期债券市场、回购市场等。

2. 资本市场

资本市场,即长期金融市场,一般是指期限在一年以上的长期融资市场,其作用主要是调节长期性和营运性资金供求。资本市场主要包括银行中长期存贷款市场、股票市场和长期债券市场。

(二) 按融资方式分类

按融资方式,金融市场可分为直接金融市场与间接金融市场。

1. 直接金融市场

直接金融市场是指资金需求者直接从资金所有者那里融通资金的市场,一般指的是通过发行债券或股票的方式在金融市场上筹集资金的融资市场,如股票市场、债券市场。

2. 间接金融市场

间接金融市场是通过银行等信用中介机构作为媒介来进行资金融通的市场，一般指的是通过商业银行这种中介的传递，资金供给者的资金"间接"地转到需求者手中，因此，间接金融市场往往特指银行存贷款市场。在间接金融市场上，资金所有者将手中的资金贷放给银行等信用中介机构，然后再由这些机构转贷给资金需求者。在此过程中，不管这笔资金最终归谁使用，资金所有者都将只拥有对信用中介机构的债权而不能对最终使用者拥有任何权利要求。

直接金融市场与间接金融市场的差别并不在于是否有金融中介机构的介入，而主要在于中介机构的特征的差异。在直接金融市场上也有金融中介机构，只不过这类公司不像银行那样，它不是资金的中介，而大多是信息中介和服务中介。虽然两者难分轻重，但本章的重点是直接金融市场。

（三）按交易层次分类

按交易层次，金融市场可分为初级市场与次级市场。

初级市场，又称为"一级市场"或"发行市场"，资金需求者将金融资产首次出售给公众时所形成的交易市场。初级市场是新证券发行市场。

次级市场，又称为"二级市场"或"流通市场"，是指通过买卖现有的或已经发行的融资工具以实现流动性的交易市场。

（四）按交易对象分类

按交易对象，金融市场可分为资金市场、外汇市场、黄金市场、证券市场和保险市场。

（五）按交易方式分类

按交易方式，金融市场可分为现货市场、期货市场与期权市场。

1. 现货市场

现货市场是指随交易协议的达成而立即交割的市场。交割是指在证券清算时，卖方向买方交付证券，而买方向卖方交付价款。

2. 期货市场

期货市场是指交易协议虽然已经达成，交割却还要在某一特定时间进行的市场。在期货市场上，成交和交割是分离的。在期货交易中，由于交割要按成交时的协议价格进行，而成交与交割期间证券价格的升或降，就可能使交易者获得利润或蒙受损失。因此买者和卖者只能凭借自己对市场的判断。

3. 期权市场

期权市场是期货交易市场的发展和延伸，是多种期权交易的市场。期权交易是指买卖双方按成交协议签订合同，允许在交付一定的期权费用后，即取得在特定时间内按协议价格买进或卖出一定数量的证券的权利。但在合同生效前购买期权的一方如不行使该权利，期权合同到期则自动失效。期权交易虽然不一定都要付诸实行，但放弃的一方已付出一定的代价。

（六）按交易场所分类

按交易场所，金融市场可分为有形市场与无形市场。

（七）按交易的区域分类

按交易的区域，金融市场可分为国内金融市场和国际金融市场。

第二节　货币市场

一、货币市场概述

货币市场是指融通资金期限在一年以内的金融市场，又称短期金融市场，是最早和最基本的金融市场组成部分。

（一）货币市场的参加者

货币市场是一个开放的金融市场，但能够进入货币市场筹资的参加者只限于资金雄厚、信誉卓著的借款人，如政府部门、银行和非银行金融机构、工商企业、投资机构、外国中央银行及其商业银行和家庭等。

（二）货币市场的工具

货币市场的工具主要有同业拆借资金即金融机构间短期贷款、大商业银行发行的大额可转让存单、银行承兑汇票、短期国库券、商业票据等。

二、外汇市场

买卖外汇的活动称为外汇交易，而外汇市场就是进行外汇交易的场所。外汇市场有广义和狭义之分。狭义的外汇市场是指进行外汇交易的有形市场，即外汇交易所或外汇交易中心。广义的外汇市场是指有形和无形外汇买卖市场的总和，它不仅包括封闭式外汇交易中心，而且包括没有特定交易场所，通过电话、传真、互联网等方式进行的外汇交易。外汇市场是一个国际性的市场，在所有的金融市场里，外汇市场是规模最大（全球性交易）、营业时间最长（24 小时交易）、资格最老（与国际贸易同时产生）的市场。

外汇市场的交易方式有：

（一） 即期外汇交易

即期外汇交易又称现汇交易，是指买卖双方按当时外汇市场上的价格进行交易，并在成交后两个营业日内办理货币交割的外汇买卖。它是外汇市场上最常见的一种外汇交易方式。即期外汇交易的交割方式分为即日交割、翌日交割和第二个营业日交割三种。在即期交易中，一般有两种交易方式：顺汇买卖方式和逆汇买卖方式。

（1）顺汇买卖方式是指汇款人委托银行以某种信用工具，通过其国外分行或代理行将款项付给收款人，受托银行在国内收进本币，在国外付出外汇。因其汇兑方向与资金流向一致，故称为顺汇买卖方式。

（2）逆汇买卖方式也称托收方式，是指由收款人出票，通过银行委托其国外分支行或代理行向付款人收取汇票所列款项的一种方式。因该方式的资金流向与信用工具的传递方向相反，故称为逆汇买卖方式。

（二） 远期外汇交易

远期外汇交易又称期汇交易，是指买卖双方成交后，并不立即办理交割，而是按照所签订的远期合同在未来约定的时间，按约定的价格（汇率）和数量办理交割的外汇交易。远期外汇交易的交割期限一般为1个月、2个月、3个月、6个月，也有长至1年、短至几天的。远期外汇交易与即期外汇交易的主要区别在于交割日的不同，凡交割日在两个营业日以后的外汇交易均属于远期外汇交易。人们进行远期外汇交易的目的是多方面的，但不外乎是为了套期保值和投机。

（三） 外汇期货交易

外汇期货交易是指按照合同约定在未来某一指定月份买进或卖出规定金额外币的交易方式。外汇期货交易与外汇远期交易本质相同，区别在于外汇期货交易是在有组织的交易所内进行，交易合约标准化，并且实行保证金制度和每日清算制度。

（四） 掉期外汇交易

掉期交易（Swap）又称货币互换，是指买进某种交割期限的外汇，同时卖出金额相同但交割期限不同的同一种外汇的交易活动。进行掉期交易的目的也在于避免汇率变动的风险。掉期交易通常是为了消除已购入或售出的某种外汇可能产生的风险。掉期交易的方式包括三种：

（1）即期对远期（Spot Against Forward）。指买进或卖出一笔现汇的同时，卖出或买进另一笔金额和币种均相同的期汇。期汇的交割期限多为1周、1个月、2个月、3个月和6个月。即期对远期是掉期交易中最常见的形式。

（2）即期对即期（Tomorrow – next or Rollover）。指同时进行两笔金额和币种相同但方向相反的现汇交易，一笔在成交后的第二个营业日即明日交割，另一笔反向交易在第三个营业日即次日交割。这种掉期交易主要用于银行同业间的隔夜资金拆借。

（3）远期对远期（Forward to Forward）。指同时买进和卖出两笔金额和币种相同但交割期限不同的远期外汇。这种掉期交易多为转口贸易的中间商所使用。

（五）套汇

套汇（Arbitrage）是指利用同一时刻不同外汇市场上的汇率差异，通过买进和卖出外汇而赚取差价利润的行为。

套汇可以分为直接套汇和间接套汇。

（1）直接套汇（Direct Arbitrage）又称双边套汇（Bilateral Arbitrage）或两角套汇（Two‐point Arbitrage），是最简单的套汇方式，它利用两个外汇市场上某种货币的汇率差异，同时在两个市场上一边低价买进一边高价卖出该种货币。

（2）间接套汇（Indirect Arbitrage）也称三角套汇（Three‐point Arbitrage），指利用三个不同的外汇市场上的汇率差异，同时在三个市场上低买高卖从而赚取汇率差价的行为。

（六）套利

套利（Interest Arbitrage）是指在两国短期利率出现差异的情况下，将资金从低利率的国家或地区调到高利率的国家或地区，获得利息好处后再调回资金的交易。

三、同业拆借市场

同业拆借市场又称金融同业拆借市场，是指具有准入资格的金融机构之间进行临时性资金融通的市场，换句话说，同业拆借市场是金融机构之间的资金调剂市场。同业拆借市场主要是银行等金融机构之间相互借贷在中央银行存款账户上的准备金，用于调剂准备金头寸的市场。同业拆借的资金主要用于弥补短期资金的不足、票据清算的差额以及解决临时性的资金需要。同业拆借中大量使用的利率是伦敦同业拆放利率（London Inter Bank Offered Rate，LIBOR）。伦敦同业拆放利率指在伦敦的第一流银行借给在伦敦的另一家第一流银行资金的利率。现在 LIBOR 已经作为国际金融市场中大多数浮动利率的基础利率，作为银行从市场上筹集资金进行转贷的融资成本。融资协议中议定的 LIBOR 通常是由几家指定的参考银行在规定时间报价的平均利率。

从 LIBOR 延伸出来的还有新加坡同业拆放利率（Singapore Inter Bank Offered Rate，SIBOR）、纽约同业拆放利率（New York Inter Bank Offered Rate，NIBOR）、香港同业拆放利率（Hongkong Inter Bank Offered Rate，HIBOR）等。

四、回购市场

回购市场是指通过回购协议进行短期资金融通交易的市场。回购协议指的是在出售证券的同时和证券的购买商签订协议，约定在一定期限后按原定价格或约定价格购回所卖证券，从而获得短期融通资金的一种交易行为。如果从买方的角度来看，同一笔回购协议则是买方按协议买入证券，并承诺在日后按约定价格将该证券卖给卖方，即买入证券借出资金的过程，而这一过程一般称为逆回购。

五、商业票据市场

商业票据（Commercial Paper，CP）一般是指以大型工商企业为出票人，到期按票面金额向持票人付现而发行的无抵押担保的远期本票，是一种商业证券。它不同于以商品销售为依据的商业汇票、商业抵押票据等广义商业票据。

六、银行承兑汇票市场

银行承兑汇票市场是以银行汇票为金融工具，通过汇票的发行（出票）、承兑及贴现而实现资金融通的市场，也可说是以银行信用为基础的市场。

银行承兑汇票是由银行承兑的汇票。由于银行承兑汇票由银行承担最后付款责任，实际上是银行将其信用出借给企业，因此企业必须缴纳一定的手续费。这里银行是第一责任人，而出票人则只承担第二责任。以银行承兑汇票为交易对象的市场即为银行承兑汇票市场。

七、短期政府债券市场

短期政府债券是政府部门以债务人身份承担到期偿付本息责任的期限在一年以内的债务凭证。从广义上看，政府债券不仅包括国家财政部门发行的债券，还包括政府及政府代理机构发行的债券。狭义的短期政府债券则仅指国库券。一般来说，短期政府债券主要指的是国库券市场。

八、可转让大额定期存单市场

可转让大额定期存单（Negotiable Certificates of Deposit，CD）是一种特殊的定期存单，是指商业银行或储蓄机构发行，证明某一固定金额的货币存在银行或储蓄机构的存款凭证。可转让大额定期存单市场即可转让大额定期存单转让流通的市场。

可转让大额定期存单是银行发给存款人的标明一定金额，按一定期限和约定利率计息，可以转让流通的金融工具。存单上印有票面金额、存入日、到期日和利率等，到期后可按票面金额和规定利率提取本息，过期不再计息。存单不能提前支付，但可流通转让，到期还能转存。存单最短期限为 14 天，最长达 5 年之久。因而就其实质来讲，它是银行发给投资者的远期本票，即由银行作出票人和债务人，约定期限，按一定利率偿付本息给投资人的债务凭证。

九、货币市场基金

货币市场基金是美国20世纪70年代以来出现的一种新型投资理财工具。货币市场基金是将众多的小额投资者的资金集合起来，由专门的经理人进行市场运作，赚取收益后按一定的期限及持有的份额进行分配的一种金融组织形式。主要在货币市场上进行运作的共同基金，也称为货币市场共同基金。

货币市场基金一般属于开放型基金，即基金份额可以随时购买和赎回。基金的初次认购按面额进行，一般不收取或收取很少的手续费。货币市场基金与一般基金相比，除了具有一般基金的专家理财、分散投资等特点外，还具有如下投资特征：（1）货币市场基金投资于货币市场中高质量的证券组合；（2）货币市场基金提供一种有限制的存款账户；（3）货币市场基金受到的法规限制相对较少。

第三节　资本市场

资本市场又称长期资金市场，是指期限在一年以上的长期资金的交易市场。广义的资本市场又分为证券市场和银行中长期信贷市场。狭义的资本市场仅指证券市场。由于证券市场在资本市场中占据越来越重要的地位，本节主要介绍狭义的资本市场，即证券市场，包括股票和债券的发行与流通市场。

一、股票市场

股票是股份有限公司发给股东以证明其向公司投资并拥有所有者权益的有价证券。股票作为一种现代企业制度和信用制度发展的产物，是金融市场上重要的长期投资工具。股票市场是指股票发行和交易的场所，包括股票发行市场和股票流通市场两部分。

（一）股票发行市场

股票发行市场也称为一级市场或初级市场，它是指公司直接或通过中介机构向投资者出售新发行的股票的市场。

1. 股票发行的种类

公司发行股票是为了筹集资金，但在发行股票筹集资金与公司的关系上，还可划分为五种情形：（1）发起设立发行，即公司的发起人通过发起公司并认购公司拟发行的全部股份而设立公司。（2）募集设立发行，即股份有限公司在原独资公司或有限责任公司的基础上进行公司制改造，在对原公司资产进行评估折股的基础上向社会发行一定数量的股份。（3）存量转让发行，即股份有限公司在原独资公司或责任公司基础上进行公司制改造，在以原公司资产进行评估折股的基础上将一部分股份以转让的方式向社会发行，设立股份有限公司。（4）送股发行，即公司在股利分配中，不以现金形式派发股息，而以股票形式派发股息。这是增加公司资本数量的一种重要方式。（5）配股发行，即公司按原有股份的一定比例配给原股东购买公司股票的优先认股权，从而增加公司股份的过程。

2. 股票发行制度

证券发行人在申请发行证券时必须遵循的一系列程序化的规范被称为证券发行制度，具体包括发行监管制度、发行定价与发行配售等。证券发行制度主要有注册制和核准制两种模式。

（1）注册制，即发行人在准备发行证券时，必须将依法公开的各种资料完全、准确地向证券主管机关呈报并申请注册。（2）核准制，即发行人在发行证券时，不仅要以真实状况的充分公开为条件，而且必须符合有关法律和证券管理机关规定的必备条件，证券管理机关有权否决不符合规定条件的证券发行申请。

3. 股票的发行方式

（1）根据承销状况的不同，股票发行可以划分为直接发行和间接发行。

（2）按照发行的公开程度不同，股票发行可以划分为公募发行和私募发行。

4. 股票的发行价格

股票发行价格是指公司在发行市场上出售股票时所采用的价格。它一般分为平价发行、市价发行、中间价格发行和折价发行四种价格。平价发行即将股票的票面金额确定为发行价格。市价发行是以流通市场上股票价格为基础确定的发行价格。中间价格发行即股票的发行价格取票面金额和市场价格的中间值。折价发行即发行价格低于票面金额。我国《公司法》规定："股票发行价格可以按票面金额，也可以超过票面金额，但不能低于票面金额。"

5. 股票的承销方式

股票承销方式是指证券经营机构接受公司委托，承担销售股票职责的方式。在股票承销中，接受公司委托承担股票发售职责的证券经营机构称为承销商。股票承销方式与发行方式不同，它所涉及的只是公司与承销商之间对股票发售的职责关系。按公司委托程度的不同，可分为全额包销、余额包销和代销三种方式。

（二）股票流通市场

股票流通市场也称为二级市场，是指已经发行的股票按市价进行转让、买卖和流通的市场。它是建立在发行股票的初级市场的基础上，因此又称作二级市场。股票交易市场为一级市场上发行的股票提供流动性。股票流通市场的存在和发展创造了良好的筹资环境，同时也为投资者提供了投资选择的自由。

1. 股票流通市场的组织形式

（1）场内交易市场

场内交易是指通过证券交易所进行股票买卖流通的组织形式。证券交易所是设有固定场地、备有各种服务设施（如行情板、电视屏幕、电子计算机、电话等）、配备了必要的管理和服务人员对股票和其他证券进行买卖的场所。

我国的证券交易所有两家，分别是上海证券交易所和深圳证券交易所。上海证券交易所成立于 1990 年 11 月 26 日，目前是我国最大的证券交易中心。深圳证券交易所在 1991 年 7 月正式营业。

（2）场外交易市场

场外交易是相对于证券交易所交易而言，凡是在证券交易所以外进行股票买卖流通的组织方式统称为场外交易。

2. 股票流通市场的交易方式

进行股票买卖的方法和形式称为交易方式，它是股票流通交易的基本环节。现代股票流通市场上的交易方式种类繁多，从不同的角度可以做以下分类：

（1）按买卖双方决定价格的方式不同，分为议价买卖和竞价买卖。议价买卖就是买方和卖方一对一地面谈，通过讨价还价最终达成交易，它是场外交易中常用的方式。竞价买卖是指买卖双方都是由若干人组成的群体，双方公开进行双向竞争的交易，即交易不仅在买卖双方之间有出价和要价的竞争，而且在买者群体和卖者群体内部也存在着激烈的竞争，最后在买方出价最高者和卖方要价最低者之间成交。竞价买卖是证券交易所中买卖股票的主要方式。

（2）按达成交易的方式不同，分为直接交易和间接交易。直接交易是买卖双方直接洽谈，股票也由买卖双方自行清算交割，在整个交易过程中不通过任何中介的交易方式。间接交易是买卖双方不直接见面或联系，而是委托中介人进行股票买卖的交易方式。证券交易所中的经纪人制度，就是典型的间接交易方式。

（3）按交割的期限不同，分为现货交易和期货交易。现货交易是指股票买卖成交后，马上办理交割清算手续，钱货两清。期货交易则是股票成交后按合同中规定的价格、数量，经过一定时期后再进行交割清算的交易方式。

（4）其他。按交易者的不同需要，还出现了只需要缴纳少量保证金就可以从事大宗股票买卖的信用交易（又称垫头交易）、买卖股票交易权利的期权交易、以股票价格指数为对象的股票指数期货交易等。

二、债券市场

债券是发行者为了筹集资金向社会公众发行，并约定在一定时期内按照一定利率还本的凭证，它表明了一种资金借贷关系。债券的发行人即债务人，债券的投资者或购买人即债权人，他们之间是一种债权债务关系。债券市场是以期限在一年以上的中长期债券作为交易对象的长期资金市场。债券市场与股票市场类似，也分为债券的发行市场和债券的流通市场。

（一）债券的发行市场

债券的发行市场又称债券的一级市场，它是将新发行的债券从发行者的手中转移到初始投资者手中的市场。通过债券的发行市场，增加了债券市场的容量，为筹资者和投资者提供了资金流通的场所。债券发行与股票类似，不同之处要有发行合同书和债券评级两个方面。同时，由于债券是有期限的，其一级市场多了一个偿还环节。

1. 债券的发行方式

长期债券可以采取集团认购、招标发行、非招标发行和私募发行四种方式。

集团认购是指由若干家银行、证券公司或养老保险基金等组成承销团包销全部长期债券。德国和日本很长时间以来一直采取集团认购的方式发行长期国债，中国1991年以来采取的承购包销的国债发行方式也属于集团认购。

招标发行是指发行者通过招标的方式来决定长期债券的投资者和债券的发行条件。其优点是：发行人可以通过招标方式降低成本，承购人可以通过投标表示自己所能够接受的条件。美国和大多数欧洲国家发行长期债券基本上都是采取招标的方式。目前各国采取的招标方式主要有三种：（1）以价格竞争的常规招标方式。采用这种方式发行时，发行人预定息票利率，接受投标人提出买价投标，按投标人所报买价自高向低的顺序中标，直至满足预定发行额为止。（2）以收益率竞争的招标方式。按照这种方式招标时，发行人事先不通告票面利率，由投标人以收益率投标，按照投标人所报收益率从低至高中标，直至满足预定发行额为止。（3）定率公募方式。这种方式是按已确定的票面利率及发行价格，以希望认购额投标，再按其比例将预定发行额分摊给各投标人。

非招标发行是指债券发行人与债券承销商或投资银行直接协商发行条件，以便最适合发行人的需要和现行市场状况。

私募发行是指向特定的少数投资者发行债券。

2. 债券评级

债券评级（Bond Rating）是对企业或经济主体发行的有价债券进行的信用评

级。参与债券评级的大多是公司债券，是对具有独立法人资格企业所发行某一特定债券按期还本付息的可靠程度进行评估，并标示其信用程度的等级。这种评级是为投资者购买债券和债券的流通转让活动提供的信息服务。通常情况下，中央政府债券以及国家银行发行的金融债券有政府信用作为保证，因此不参加债券评级；地方政府或非国家银行金融机构发行的某些有价债券，则有必要进行评级。

3. 债券的偿还

债券的偿还一般分为定期偿还和任意偿还两种方式。

（1）定期偿还。它是指在经过一定限期后，每过半年或 1 年偿还一定金额的本金，到期时偿还余额。这种偿还方式一般适用于发行数量巨大、偿还期限长的债券，但国债和金融债券一般不使用该方法。

（2）任意偿还。它是指债券发行一段时间（称为保护期）以后，发行人可以任意偿还债券的一部分或全部，其具体操作可以根据可赎回条款进行，也可在二级市场上购回予以注销（买入注销），还有通过债券替换的方式偿还，即以公司发行的新债券替换已到期或未到期的旧债券。

4. 债券的承销方式

债券的发行一般分为公募发行和私募发行。同时，债券的发行人也可以选择直接发行。如果债券发行人选择间接发行方式，就需要委托作为承销商的中介机构进行承销。承销商承销债券的方式主要有三种，即代销方式、余额包销方式及全额包销方式，或者称为推销、助销和包销。

（二）债券的流通市场

债券的流通市场是指已发行债券买卖、转让、流通的场所。与债券的发行市场相比，债券的流通市场只代表债券债权的转移，并不代表创造新的实际资产或金融资产，也不代表社会总资本存量的增加。

债券的流通市场与股票的流通市场类似，也是由证券交易所和柜台交易市场两个部分组成。证券交易所又称为场内交易或上市交易，而柜台交易又称为场外交易。证券交易所是债券二级市场的重要组成部分，在证券交易所申请上市的债券主要是公司债券，但国债一般不用申请即可上市，享有上市豁免权。然而，上市债券与非上市债券相比，它们在债券总量中所占的比重很小，大多数债券的交易是在场外市场进行的，场外交易市场是债券二级市场的主要形态。

关于债券二级市场的交易机制，与股票并无差别，只是由于债券的风险小于股票，其交易价格的波动幅度也较小。

第四节　衍生金融工具市场

一、衍生金融工具概述

金融市场中的衍生工具（Financial Derivative Instrument），也叫作衍生产品，通常是指其价值依附于某个更基础的标的资产价格及价格指数的一种金融合约，这里的标的资产可以是商品、利率、汇率、证券或是指数。与其他金融工具不同的是，衍生金融工具自身并不具有价值，其价格是从可以运用衍生工具进行买卖的货币、汇率、证券等的价值中衍生出来的。金融衍生工具主要有远期、期货、期权、互换四种。

与基础产品相比，衍生金融工具具有如下特点：第一，金融衍生工具交易是在当前对基础产品未来的结果进行交易，交易的盈亏要在未来时刻才能确定。第二，金融衍生工具交易的对象不是基础产品，而是对这些基础产品在未来某种条件下进行处置的权利和义务，这些权利和义务以契约的形式存在，构成所谓的产品。第三，金融衍生工具是对未来的交易，按照权责发生制会计规则，在交易结果发生之前，交易双方的资产负债表并不反映这类交易，因此，潜在盈亏无法在财务报表中体现。第四，金融衍生工具交易不涉及本金，从套期保值者的角度来看，减少了信用风险。

二、金融远期市场

（一）金融远期合约的概念

金融远期合约（Forward Contracts）是指交易双方约定在未来的某一确定时间，按确定的价格买卖一定数量的某种金融资产（标的物）的协议。远期合约一经签订生效，买卖双方就有义务履行规定的条款，但交易双方并不在签约时支付或接受款项，而是在将来某一预定日期结算。远期合约是最古老和最简单的表外工具，除了不在交易所挂牌、不进行每日清算、无保证金要求外，与后来出现的期货合约非常相似。远期合约中规定在将来买入标的物的一方称为多方（Long Position），而在未来卖出标的物的一方称为空方（Short Position）。合约中规定的未来买卖标的物的价格称为交割价格（Delivery Price）。合约从签订日至到期日称为合约期限。

（二）金融远期合约的特征

远期合约作为最简单的金融衍生工具具有以下特征：

1. 远期合约是场外交易

远期合约是通过现代化通信方式在场外（柜台市场交易）达成的，由银行给出双向标价，直接在银行与银行之间、银行与客户之间进行交易。因此，远期合约交易双方互相认识，而且每一笔交易都是双方直接见面，交易意味着接受参加者的信用风险。

2. 远期合约是非标准化合约

远期合约的规模和内容按交易者的需要而制定，是非标准化合约，不像后面论述的期货、期权那样是标准化合约。因此，远期合约的金额和到期日都是灵活的，有时只对合约金额的最小额度作出规定，到期日可以根据客户的需求而定。

3. 远期合约交易不需要保证金

信用风险主要通过变化双方的远期价格差异来承担。

4. 远期合约以实物交割为主

远期合约是实物交易，表示买方和卖方达成协议在未来的某一特定日期，交割一定质量和数量的特定货币或特定商品，不像期货、期权那样只需在交割日前以反向交易的方式来结束。90%以上的远期合约最终要进行实物交割，因此其投机程度大大减少，"以小博大"的可能性被降至最低。

（三）金融远期合约的种类

目前，常见的金融远期合约主要有远期外汇合约、远期利率协议及远期股票协议等。

1. 远期外汇合约

远期外汇合约是指双方约定在将来某一时间按照约定的交易量和汇率水平买卖一定数额的某种外汇的合约。远期合约中所约定的远期汇率就是到期交割时所依据的汇率，远期汇率是指两种货币在未来某一日期交割时的买卖价格。报价银行在对外报出远期汇率时，通常运用直接报价法和间接报价法，直接报价法就是报出各种不同交割期限的期汇的买入价和卖出价。间接报价法就是报价银行报出远期汇率相对于即期汇率的升水或贴水数，由客户自行求出远期汇率。远期外汇市场是外汇市场的重要组成部分，其基本功能就是规避汇率变动的风险，固定进出口贸易和国际借贷投资的成本和收益。

2. 远期利率协议

远期利率协议（Forward Rate Agreements，FRA）是买卖双方同意从未来某一商定的时期开始在某一特定时期内按协议利率借贷一笔数额确定、以具体货币表示的名义本金的协议。远期利率协议的买方是名义借款人，其订立远期利率协议的目的主要是规避利率上升的风险。远期利率协议的卖方则是名义贷款人，其订立远期利率协议的目的主要是规避利率下降的风险。之所以称为名义，是因为借贷双方不必交换本金，只是在结算日根据协议利率和实际参考利率之间的差额以及名义本金额，由交易一方付给另一方结算金。

3. 远期股票协议

远期股票协议是指在将来某一特定日期按特定价格交付一定数量单只或一篮子股票的协议。

三、金融期货市场

金融期货（Futures）是在特定的交易所通过竞价方式成交，承诺在约定的某个日期按约定的价格买入或卖出一定标准数量的某种标的金融资产的标准化协议，合约中规定的价格就是期货价格。金融期货合约具有以下三个特点：（1）规范的标准化期货合约，期货合约具有法律约束力，必须规范化和标准化。（2）金融期货的标的物不是一般的商品，而是诸如外汇、债券、短期利率、股票价格指数等金融资产。（3）期货合约的执行对买卖双方都是强制性的。在合约到期时，无论本次交易对自己的是否有利，金融期货合约的买者必须按既定的价格买入金融工具，而金融期货合约的卖者必须按既定的价格卖出金融工具。

（一）金融期货市场的构成

与现货交易和远期交易不同，期货市场有其特有的构成方式。一个完整的金融期货市场由交易所、清算所、经纪公司和客户构成。

1. 交易所

交易所是专门组织各种金融期货交易的场所，通常是一个自发的非营利性会员组织，只有交易所的会员才被允许在交易大厅内执行交易指令。交易所的会员资格也称作席位，可以被机构或个人拥有，并可以像其他资产那样在市场上交易。

2. 清算所

清算所是会员账户间借贷双方资金流动和转移的场所，是确保期货合约可以顺利进行交易的一个不可缺少的组成部分。

3. 经纪人

经纪人是客户进行期货交易的代理人，经纪公司一般来说都是交易所的交易会员，他们负责将投资者的交易指令传递到交易柜台，然后再由经纪公司的场内经纪人进行交易。

4. 客户

这里的客户是指为了套期保值、投机或者套利目的进入期货市场的投资者。

（二）金融期货市场的合约种类

根据各种合约标的物的性质不同，通常将金融期货分为三大类：外汇期货合约、利率期货合约和股票指数期货合约。

1. 外汇期货合约

外汇期货合约是以各种可以自由兑换的国际货币作为合约标的物的期货合约，是指在将来某个指定的时间以指定价格（汇率）卖出或买进一定数量某种外国货币的标准化协议。外汇期货的出现主要是用来防范汇率波动的风险。

2. 利率期货合约

利率期货合约是指衍生于债务证券，以国库券、长期国债和欧洲美元等作为合约标的物的金融期货合约。由于这类合约中的标的物——债券的价格与利率变动密切相关，并且这类期货主要用来防范利率波动风险，因此这类合约称为利率期货合约。

3. 股票指数期货合约

股票指数期货合约是指以股票价格指数为标的物的金融期货合约，交易双方约定在将来某个指定的日期以指定的价格买入和卖出一定数量的某种股票价格指数的标准化协议。

（三） 金融期货市场的交易制度

1. 标准化合约

期货与远期交易的重要不同之处在于期货合约通常有标准化的合约条款。期货合约的合约规模、交割日期、交割地点等都是标准化的，即在合约上有明确的规定，无须双方再商定，价格是期货合约的唯一变量。因此，交易双方最主要的工作就是选择适合自己的期货合约，并通过交易所竞价确定成交价格。

2. 保证金制度和每日结算制

在金融期货的交易过程中，最重要的交易制度是保证金制度和每日结算制，它是期货市场交易安全的重要保证，也是它和金融远期的不同之处。与远期交易不同，期货交易是每天进行结算的，而不是到期一次性结算，这就是所谓的每日结算制。买卖双方在交易之前都必须在经纪公司开立专门的保证金账户，并存入一定数量的保证金，这个保证金也称为初始保证金。初始保证金可以用现金、银行信用证或短期国库券等交纳。对大多数的期货合约而言，初始保证金通常仅为标的资产价值的 5% ~ 10%，在每天交易结束时，保证金账户会根据期货价格的升跌进行调整，以反映交易者的浮动盈亏，这就是所谓的盯市（Marking to Market）。

每日结算制是指根据当天的结算价格来计算多空双方的盈亏。当天结算价格高于昨天的结算价格（或当天的开仓价）时，高出部分就是多头的浮动盈利和空头的浮动亏损。这些浮动盈利和亏损就在当天晚上分别加入多头的保证金账户和从空头的保证金账户中扣除。当保证金账户的余额超过初始保证金水平时，交易者可随时提取现金或用于开新仓，但交易者取出资金额后不得使保证金账户中的余额低于初始保证金水平。而当保证金账户的余额低于交易所规定的维持保证金水平时（维持保证金水平通常是初始保证金水平的75%），经纪公司就会通知交易者限期把保证金水平补足到初始保证金水平，否则就会被强制平仓，这一要求补充保证金的行为就称为保证金追加通知。交易者必须存入的额外的金额被称为变动保证金，变动保证金必须以现金支付。

3. 结清期货头寸

结清期货头寸的方式主要有实物交割和对冲平仓两种。

实物交割（Delivery）。大多数期货合约在最初订立时都要求通过交割特定的商品来结清头寸。目前只有不到2%的期货合约是通过实物交割来结清头寸的。近年来，期货交易中还引入了现金结算的方式，即交易者在合约到期时不进行实物交割，而是根据最后交易日的结算价格计算交易双方的盈亏，并直接划转双方的保证金来结清各自的头寸。但和实物交割一样，现金结算也是在合约到期时才进行的一种结清头寸的方式。

对冲平仓（Offset）。这是目前期货市场上最主要的一种结清头寸的方式，那些不愿进行实物交割的期货交易者，可以在交割日之前就通过反向对冲交易（相当于期货合约的买者将原来买进的期货合约卖掉，期货合约的卖者将原来卖出的期货合约重新买回）来结清自身的期货头寸，而无须进行最后的实物交割。这样，既克服了远期交易流动性差的问题，又比实物交割方式省事和灵活。

四、金融期权市场

金融期权市场是在世界各国利率、汇率和股价等波动越来越频繁的情况下，为了规避金融资产价格变动风险，在原生工具上衍生和发展起来的。期权交易的种类包括普通股票期权、利率期权、股价指数期权、货币期权和期货期权等。与传统的金融远期和金融期货交易相比，金融期权交易具有投资小、风险小和灵活便利的特点，成为投资的一个重要领域。

（一）金融期权的概念及特征

金融期权（Option）是指赋予其购买方在规定期限内按买卖双方约定的价格（简称协议价格或执行价格）购买或出售一定数量某种金融资产（称为标的资产）的权利的合约。

金融期权合约的基本特征包括以下三点：

第一，期权交易本质上是一种权利的买卖。这种权利可以是按协议价格买进某种金融资产的权利，也可以是按协议价格卖出某种金融资产的权利。也就是说，期权的购买方可能是合约标的资产的买方，也可能是合约标的资产的卖方。即卖方确立了一种权利供买方交易，故将卖方称为立权人。

第二，买卖双方的权利和义务具有不对称性。期权的买方由于向卖方支付了期权费，即权利金，因而取得了某种权利，但不承担任何义务。而期权的卖方由于收取了期权费，从而只有应买方的要求被动买卖某种金融资产的义务，却没有选择的权利。

第三，期权交易中将涨和跌分开进行交易。例如，投资者担心某种资产价格将上涨，可以买进该资产的看涨期权。其付出的费用是支付给卖方一笔期权费，得到的权利是在到期日，当市场价格高于协定价格时，可以按照协定价格从卖方手中买进该资产或者按照协定价格结算差额；当市场价格低于协定价格时，可以放弃执行。相反，如果投资者担心某种资产价格下跌，可以买进看跌期权。按照协定价格买进看跌期权后，一旦到期日市场价格在协定价格以下，买方有权按照协定价格将该资产卖给期权的卖方或者得到其中的差价。

（二）金融期权合约的构成要素

1. 期权购买方和期权出售方

任何一种交易中都既有购买方也有出售方，期权交易也不例外。期权购买方也称为持有者或期权多头，在支付期权费之后，就拥有了在合约规定的时间行使其购买或出售标的资产的权利，而不承担任何义务。期权的出售方也称作签发者或期权空头，在收取买方所支付的期权费之后，就承担了在合约规定的时间应买方要求卖出或买进标的资产的义务，而没有任何权利。显然，在期权交易中，买卖双方在权利和义务上有着明显的不对称性，为弥补这一不对称性，买方需要支付给卖方一定的期权费，且期权费一经支付，均不退还。

2. 期权费

期权费又称为权利金，是期权买方为获取期权合约所赋予的权利而向期权卖方支付的费用。它是买卖期权的交易价格，因此也称为期权价格或期权价值。期权费用是通过期权的买卖双方公开竞价确定的。

3. 执行价格

执行价格是指期权合约规定的、期权买方在行使其权利时实际执行的价格（标的资产的买价或卖价），也称为协定价格、履约价格、合同价格或成交价格。协议价格一经确定，在期权合约有效期内，无论期权的标的物价格上涨或下降到什么水平，只要期权购买者要求执行合约，期权出售者都必须以此协议价格履行其义务。

4. 到期时间

期权合约中规定着期权的到期时间，期权买方只能在合约规定的时间内行使其权利，一旦超过期限仍未执行即意味着自愿放弃了这一权利。按期权买方执行期权的时限划分，期权可分为欧式期权和美式期权。欧式期权的买方只能在期权到期日当日执行期权，而美式期权则允许买方在期权到期前的任何时间内执行期权。

5. 期权类型

期权合约还要规定权利类型，即买权还是卖权。如果是买权，则期权买方所购买的就是未来按协议价格从期权卖方手中买进标的资产的权利；如果是卖权，则期权买方所购买的就是未来按协议价格向期权卖方出售标的资产的权利。

6. 标的物

它是指经过批准允许进入期权交易市场的金融商品、金融证券和期权合约等。金融期权的标的物有外汇、债券、股票和股票价格指数以及期货合约等。

（三） 金融期权的分类

（1） 按照期权合约规定的权利不同，金融期权可分看涨期权和看跌期权。

看涨期权（Call Option）又称买入期权，是指期权买方支付一定期权费后拥有在规定时间，以执行价格从期权卖方手中买入一定数量标的资产的权利。当标的资产的市场价格上升到高于期权执行价格时，期权买方就选择执行期权，按执行价格从期权卖方手中购买相关标的资产，然后再按市场价格卖出，以赚取差价。扣除期权费后，剩余的就是期权买方的净利润。相反，当标的资产的市场价格下降到低于期权执行价格时，期权买方就选择放弃执行期权合约，则仅损失期权费。当然，一般操作是，当市场价格高于执行价格时，仅由期权卖方向期权买方支付价差。

看跌期权（Put Option）又称卖出期权，是指期权买方支付一定期权费后拥有在规定时间，以执行价格向期权卖方出售一定数量标的资产的权利。当标的资产的市场价格下降到低于期权执行价格时，期权买方就选择执行期权，按市场价格低价买进，然后再按执行价格向期权卖方出售相关标的资产，以赚取差价。扣除期权费后，剩余的就是期权买方的净利润。相反，当标的资产的市场价格上升到高于期权执行价格时，期权买方就选择放弃执行期权合约，则仅损失期权费。同样地，一般操作是，当市场价格低于执行价格时，仅由期权卖方向买方支付价差。

（2） 按照期权合约执行日期规定的不同，金融期权可分为欧式期权和美式期权。

欧式期权（European Option）是指期权买方只能在期权到期日当天行使其选择权利的期权。因此，在欧式期权交易中，合约交割日等于合约到期日。我国的外汇期权交易大多采用欧式期权合同方式。

美式期权（American Option）是指期权买方可以在期权到期日之前的任何一个营业日行使其权利的期权。因此，美式期权的合约交割日小于或等于合约到期日。目前，在世界主要的金融期权市场上，美式期权的交易量远大于欧式期权的交易量。

由于美式期权赋予买方更多的选择，而卖方则时刻面临着履约的风险，因此美式期权的权利金相对较高。另有一种修正的美式期权，也称百慕大期权或大西洋期权，是指可以在期权到期日之前的一系列规定日期执行权利的期权。

（3）按照期权合约的标的资产的不同，金融期权可分为利率期权、货币期权、股票期权、股票指数期权及期货期权，而期货期权又可分为利率期货期权、外汇期货期权和股价指数期货期权三种。

股票期权是指以单一股票作为标的资产的期权合约，一般是美式期权。股票期权的每个合约中规定的交易数量是100股股票，即每个股票期权合约的买方有权利按特定的执行价格购买或出售100股股票，而无论是执行价格还是期权费都是针对1股股票给出的。由于股票本身通常是以100股为单位进行交易的，所以这一规定是非常方便的。

股票指数期权是指在约定期限按约定的价格买卖股票价格指数的权利。股指期权是发展最成功的金融期权，其中最著名的是在芝加哥期权交易所（CBOE）交易的S&P100和S&P500股指期权，前者为美式期权而后者为欧式期权，除此之外还有大量的针对不同行业和市场的股指期权。一般来说，每一份指数期权合约购买或出售的金额为特定指数执行价格的100倍。指数期权的最大特点在于其使用现金结算而非真实交割构成该指数的证券组合，也就是说按照执行指数价格与执行日当天交易结束时的指数价格之差以现金进行结算。

股价指数期货期权的标的物就是股指期货合约。通过股指期货期权交易，可以在预计股指期货上涨的情况下买入其看涨期权，在预计其下跌时买入相应的看跌期权。也可以通过同时对股指期货期权与股指期货进行操作，达到保值的目的。例如，某投资者预计股市会上升，便购入一份3个月期的股指期货合约，但同时购入一张看跌期权。如果股市上涨，便放弃期权，从期货方面获取盈利；如果股市下跌，则可利用看跌期权的盈利来弥补期货的损失。

利率期权是指以各种利率相关资产（如各种债券）作为标的资产的期权合约，其中利率期货占了相当大的比重。事实上，在交易所内交易的最普遍的利率期权是长期国债期货期权、中期国债期货期权和欧洲美元期货期权，而大部分的利率期货期权合约的运作是与一般的期货期权合约相似的。

外汇期权又称为货币期权，是以各种货币为标的资产的期权，其中以外币作为标的物的称为外汇现货期权，以外汇期货合约作为标的物的称为外汇期货期权。外汇现货期权指的是，期权买入方在给出售方支付一定期权费后，有权决定在该期权到期日之前，是否以协定价格购入或出售一定数量的某种外汇现货。外汇期货期权的交易单位为一张相应的外汇期货合约，履约时一个看涨期权的购买者成为外汇期货合约的购买者，一个看跌期权的购买者成为外汇期货合约的出售者。

五、金融互换市场

（一）互换交易的概念

金融互换合约（Financial Swap Contracts）也称互换交易（Swap Transaction，Swaps），是指当事人利用各自筹资成本的相对优势，以商定的条件在不同货币或相同货币的不同利率的资产或债务之间进行交换，以规避利率风险、降低融资成本的一种场外金融衍生工具。

互换交易中互换的具体对象可以是不同种类的货币、债券，也可以是不同种类的利率、汇率、价格指数等。在一般情况下，它是交易双方根据市场行情约定支付率（汇率、利率等），以确定的本金额为依据相互为对方进行支付。

（二）利率互换

利率互换（Interest Rate Swaps）是指双方同意在未来的一定期限内，根据同种货币、同样的名义本金以不同利率计算的利息进行现金流的交换。

在利率互换的整个过程中并不会发生实际本金的交换，交易双方只是按照事先商定的互换利息对对方进行支付。在利率互换市场中，市场浮动利率是以伦敦银行同业拆借利率为基准的，参与交易的各方根据自己的情况在 LIBOR 的基础上形成相应的浮动利率。互换的名义本金额通常是 5000000 美元的倍数，金额更大的交易也很常见。互换的标准期限从 1 年到 10 年不等，30 年与 50 年的交易也较为常见。

第五节　其他金融市场

其他金融市场包括投资基金市场、国际金融市场和黄金市场等。

一、投资基金市场

（一）投资基金的概念

基金（Mutual Fund）作为集合管理的资产管理业务的一种，是指向不特定的投资大众募集资金，由资产管理机构指派基金管理人代为管理的标准化业务，所以投资基金是一种集合众多投资者的资金来实现相同投资目的的投资工具。

证券投资基金是一种利益共存、风险共担的集合证券投资方式，即通过发行基金份额，集中投资者的资金，由基金托管人托管，由基金管理人管理和运用资金，从事股票、债券等金融工具投资，并将投资收益按基金投资者的投资比例进行分配的一种间接投资方式。

（二）投资基金的种类

1. 封闭式基金和开放式基金

根据基金规模是否可变，可以分为封闭式基金和开放式基金。

（1）封闭式基金（Closed‐end Fund）。它是指事先确定发行总额，在封闭期内基金单位总数不变，基金上市后投资者可以通过证券市场转让、买卖基金单位的一种基金。

（2）开放式基金（Open‐end Fund）。它是指基金发行之后总额不固定，投资人可直接向托管公司申购或赎回基金的受益凭证，因此其流通在外的受益凭证数量会随着投资人的申购或赎回而变动。基金单位总数随时增减，投资者可以按基金的报价在规定的营业场所申购或者赎回基金单位的一种基金。

2. 契约型基金和公司型基金

根据组织形式的不同，可以分为契约型基金和公司型基金。

（1）契约型基金也称信托型投资基金，是根据一定的信托契约通过发行收益凭证而组建的投资基金。该类基金一般由投资者、基金托管人和基金管理人订立信托契约，通过发行受益凭证组成信托资产。基金的发起人通常是基金管理人，基金管理人依据法律、法规和基金契约的规定负责基金的经营和管理运作；基金托管人负责保管基金资产，执行管理人的有关指令，办理基金名下的资金往来；投资者购买基金单位，意味着承认、遵守基金契约并享有基金投资收益。

（2）公司型基金是具有共同投资目标的投资者，依据公司法组成以盈利为目的、投资于特定对象的股份制投资公司。这种基金通过发行股份的方式筹集资金，是具有法人资格的经济实体。基金持有人既是基金投资者，又是公司股东，按照公司章程的规定，既享受权利又履行义务。公司型基金成立后，通常委托特定的基金管理公司运用基金资产进行投资并管理基金资产。基金资产的保管则委托另一个金融机构，负责保管基金资产，并执行基金管理人指令，二者权责分明。

3. 股票基金、债券基金、货币市场基金、混合基金

根据投资对象的不同，可以分为股票基金、债券基金、货币市场基金和混合型基金。

（1）股票基金在各类基金中历史最为悠久，也是证券投资基金的一种最常见的类型。股票基金的投资对象是股票。各国政府为了避免风险，一般都不同程度地规定了购买某一家上市公司的股票总额不能超过基金净资产价值的一定比例，以防止基金过度投机和操纵股市。

（2）债券基金是指主要以各种债券为投资对象的基金类型。债券基金的规模仅

次于股票基金，其收益受市场利率的影响明显，当市场利率下降时，其收益会上升；当市场利率上升时，其收益会下降。

（3）货币市场基金是指主要以大额可转让定期存单、银行承兑汇票、商业本票等货币市场工具为投资对象的证券投资基金。

（4）混合型基金是指同时以股票、债券为投资对象的基金。根据股票、债券投资比例以及投资策略的不同，混合型基金又可分为偏股型基金、偏债型基金、配置型基金等多种类型。

4. 成长型基金、收入型基金和平衡型基金

根据投资目标的不同，可以分为成长型基金、收入型基金和平衡型基金三大类。

（1）成长型投资基金是指以追求资本增值为基本目标，较少考虑当期收入的基金，主要以具有良好增长潜力的股票为投资对象。成长型基金的投资目标在于使该基金的净值稳定成长，因此其风险较积极成长型基金低。

（2）收入型基金是指以追求稳定的经常性收入为基本目标的基金，该类基金主要以大盘蓝筹股、公司债、政府债券等高收益证券为投资对象。收入型基金的投资目标并不追求资本利得，而是在追求当期收入的极大化，同时降低基金净值波动幅度，非常适合稳健保守的投资人。

（3）平衡型基金是既注重资本增值又注重当期收入的一类基金。平衡型基金通常会设定三种投资目标：一是尽可能保障投资人原来的投资本金的安全，二是注重已实现收入及资本利得的长期成长，三是注重经常性稳定收入及当期收入。因此，平衡型基金的投资目标通常会分散于股票市场与债券市场，投资债券市场的目的在于保障投资本金的安全，而投资股票市场的目的是在追求资本利得的长期成长。

5. 主动型基金和被动型基金

根据投资理念的不同，可分为主动型基金和被动型基金。

（1）主动型投资基金是一类力图取得超越基准市场组合表现的基金，以击败市场为目标。

（2）被动型投资基金并不主动寻求取得超越市场的表现，而是试图复制指数的表现，是希望其绩效表现能与市场指数亦步亦趋，并不追求能击败市场。指数型基金通常会采取被动式管理策略，依照所欲追踪的市场指数成分股及其所占的权重，构建出一个可以模拟市场指数绩效表现的投资组合。

6. 在岸基金和离岸基金

根据基金的资金来源和用途的不同，可分为在岸基金和离岸基金。

（1）在岸基金也称国内基金，是指在本国募集资金并投资于本国证券市场的证券投资基金。由于在岸基金的投资者、基金组织者、基金管理人、基金托管人及其

他当事人和基金的投资市场均处于本国境内，所以，基金的监管部门比较容易运用本国法律法规及相关技术手段对证券投资基金的投资运作行为进行监管。

（2）离岸基金也称海外基金，是指一国的证券基金组织在他国发行证券基金份额，并将募集的基金投资于本国或第三国证券市场的证券投资基金。

（三）投资基金市场的参与主体

1. 基金当事人

投资基金的当事人是指参与投资基金活动的关系人。投资基金的当事人主要包括基金投资人、基金管理人、基金托管人以及基金销售机构、基金份额登记注册机构、会计师事务所、律师事务所、基金监管机构等中介服务机构及监管部门。

基金投资人是基金出资人，是基金资产的所有者和基金投资收益受益人。基金管理人负责基金资产投资运作，在我国一般为基金管理公司。基金托管人通常由具备一定条件的商业银行、信托公司等专业性金融机构担任，负责保管基金资产。

2. 基金市场服务机构

投资基金市场服务机构主要包括基金销售机构、基金份额登记注册机构、会计师事务所、律师事务所等中介服务机构，对于封闭式基金而言，还包括证券交易所。

基金销售机构是指一些为基金管理人提供销售服务，并收取一定的佣金和服务费的独立销售机构，一般是证券公司、商业银行及其他一些中介机构。

基金份额登记注册机构负责投资人账户的管理和服务，负责基金单位的注册登记以及红利发放等具体投资者服务内容。基金份额登记注册机构通常由基金管理人或其委托的商业银行或其他机构担任。

会计师事务所和律师事务所作为专业、独立的中介服务机构，为基金提供专业、独立的会计、审计及法律服务，如为基金出具会计报告、审计报告等。

3. 监管与自律机构

我国基金业的监管与自律机构主要包括三个：国务院证券监督管理机构、中国证券业协会和证券交易所。

（四）投资基金的发行

投资基金的发行又称投资基金的募集，是指基金管理公司根据有关规定向国务院证券管理机构提交募集文件，发售基金份额，募集基金的行为。投资基金的发行一般要经过申请、核准、发售、备案、公告等步骤。

（五）投资基金的交易

1. 封闭式基金的交易

在我国，封闭式基金的委托和交易与股票相类似，所不同的是，价格变化单位不是 0.01 元，而是 0.001 元。

2. 开放式基金的申购和赎回

投资者在开放式基金募集期结束后，申请购买基金份额的行为通常被称为基金的申购。在基金募集期内认购基金份额，一般会享受到一定的费率优惠。开放式基金的赎回是指基金份额持有人要求基金管理人购回其所持有的开放式基金份额的行为。开放式基金应当保持足够的现金或者政府债券，以备支付基金份额持有人的赎回款项。基金财产中应当保持的现金或者政府债券的具体比例，由国务院证券监督管理机构规定。基金份额的申购、赎回价格，依据申购、赎回日基金份额净值加、减有关费用计算。

3. 投资基金的收益

投资基金的收益是指基金资产在运作过程中所产生的超过本金部分的价值。收益主要来源于投资所得红利、股息、债券利息、买卖证券差价、存款利息以及其他收入。

4. 投资基金的费用

在基金的运作过程中，基金要承担一些必要的费用，这些费用主要包括基金管理费、基金托管费、证券交易费、基金运作费等。

二、国际金融市场

国际金融市场是随着世界市场的形成和各国经济交往的不断扩大而产生并发展起来的。近代，随着经济全球化进程的加快和国际经济联系的日益广泛，国际资本流动日益频繁，国际借贷规模不断扩大，于是在一些国际金融交易集中的地方，逐渐形成了如伦敦、纽约等较大的国际金融市场和国际金融中心。

（一）国际金融市场的概念

国际金融市场是涉及非居民参加的各种金融业务活动的市场。它是在国际范围内进行货币资金交易活动的场所。国际金融市场与国内金融市场的主要区别有：（1）参加者的范围不同。国内金融市场的参加者仅限于一国居民，而国际金融市场的参加者涉及非居民。（2）交易范围不同。国内金融市场的业务仅限于本国领土范围之内，而国际金融市场的业务不受国界的限制。（3）使用的货币不同。国内金融市场交易使用的货币一般为本国货币，而国际金融市场交易可以使用多种货币。（4）市场管理和干预程度不同。国际金融市场的业务活动很少或不受所在国政府的政策、法令的管辖和约束，而国内金融市场的业务活动则受所在国政府的政策、法令的管辖和约束。

1. 广义国际金融市场和狭义国际金融市场

国际金融市场有广义和狭义之分。狭义的国际金融市场仅指国际融资市场，包括国际货币市场和国际资本市场。广义的国际金融市场是指从事各种国际金融业务的市场，包括国际货币市场、国际资本市场、国际外汇市场、国际黄金市场、国际金融衍生工具市场等。

2. 在岸国际金融市场和离岸金融市场

在岸国际金融市场又称境内国际金融市场，是指在一国之内进行的为居民与非居民之间融通资金和提供金融服务的市场。离岸金融市场又称境外国际金融市场，是专门从事非居民之间融资和提供金融服务的市场。两者的区别是：离岸金融市场"两头在外"，是非居民之间金融交易的市场，而在岸国际金融市场交易的主体是居民与非居民。

（二）传统的国际金融市场

传统的国际金融市场包括国际货币市场、国际资本市场、外汇市场、国际黄金市场和国际金融衍生工具市场等。

1. 国际货币市场

国际货币市场包括银行同业拆借市场、短期证券市场和贴现市场等。

（1）银行同业拆借市场。主要表现为商业银行同业之间买卖在中央银行存款账户上的准备金余额，用于调节准备金头寸和余缺。

（2）短期证券市场是指在国际间进行短期证券的发行和买卖活动的市场。短期证券市场的交易对象为各类短期信用工具，包括国库券、商业票据、银行承兑汇票和商业承兑汇票、可转让大额定期存单等。

（3）贴现市场是指对到期票据通过贴现方式进行资金融通而形成的交易市场，主要为客户提供短期资金融通的服务，同时也是中央银行进行金融宏观调控的途径之一。

2. 国际资本市场

国际资本市场（International Capital Market）是指资金借贷期在一年以上的中长期信贷或证券发行和交易的跨境市场。国际资本市场可以使资本在国际间进行优化配置，是为已发行的证券提供充分流动性的二级市场。国际资本市场的主要参与者包括商业银行、跨国公司、非银行金融机构。该市场根据不同的业务范围可分为国际债券市场和国际股票市场。

（1）国际债券市场是指国际债券的发行方和投资人所构成的金融市场，具体可分为发行市场及流通市场。国际债券市场上的交易品种主要有两类：一是外国债券，它是指某一国借款人在本国以外的其他国家发行的以该国货币为面值的债券，这种债券只在一国市场上发行并受该国证券法规制约。二是欧洲债券，它是指借款人在本国境外市场发行的，不以发行市场所在国货币为面值的国际债券。

（2）国际股票市场是指由国际股票的发行者和投资者所构成的金融市场，它是一个以各国股票市场为基础，利用现代化通信工具联系起来的全球性交易网络。国际股票市场上的股票交易品种主要分为以下四类：第一，在国外发行的以该国货币为面值并在该国上市交易的股票。第二，以外国货币为面值发行的，但在国内市场流通的，以供境内外国投资者以外币交易买卖的股票。第三，存托凭证（DR），是指在某国证券市场流通的代表外国企业有价证券的可转让凭证，其主要以美国存托凭证（ADR）为主。第四，欧洲股票，是指在股票面值货币所在国以外的国家发行上市交易的股票。

（三）欧洲货币市场

1. 欧洲货币市场的概念

一般来说，欧洲货币市场（Euro – currency Market）是一种以非居民参与为主的，以欧洲银行为中介的，在某种货币发行国国境之外，从事该种货币借贷或交易的市场，也称离岸金融市场。

关于欧洲货币市场的含义，我们可以从以下几个方面理解：

（1）欧洲货币市场不单是欧洲区域内的市场

欧洲货币市场产生于欧洲，但不仅限于欧洲。欧洲货币市场最早是指伦敦及西欧其他地方，在全球范围内经营境外货币存放款等业务的国际资金市场，这是广义的欧洲货币市场。人们通常所说的狭义的欧洲货币市场是指存在于伦敦及西欧其他地方的美元借贷市场。后来，其地域范围逐渐突破"欧洲"界限，扩展至亚洲、北美洲、拉丁美洲等。目前，欧洲货币市场既包括欧洲各主要金融中心，同时还包括日本、新加坡、中国香港、加拿大、巴林、巴拿马等全球或区域性金融中心。广义的欧洲货币市场，有时也称为"超级货币市场"（Super Money Market），或境外货币市场（External Money Market）。欧洲货币市场在亚洲的延伸，就是亚洲美元市场（Asian Dollar Market）。

（2）欧洲货币不单指欧洲国家的货币

欧洲货币（Euro – currency）是指在某种货币发行国国境以外的银行收存与贷放的该种货币资金。与此相应，经营这种货币资金的收存、贷放等业务的银行，称为"欧洲银行"（Euro – bank），而这种货币资金借贷形成的市场就称为"欧洲货币市场"。

（3）欧洲货币市场不受国家或地区政府的管理约束

欧洲货币市场不受国家政府管制与税收限制。这个市场本质上是一个为了避免主权国家干预而形成的"超国家"的资金市场，它在货币发行国辖外，货币发行国无权施以管制；另外，市场所在地的政府为了吸引更多的欧洲货币资金，扩大借贷业务，则采取种种优惠措施，尽力创造宽松的管理氛围。因此，这个市场经营非常自由，不受任何管制。

（4）欧洲货币市场建立了独特的利率体系

欧洲货币市场存款利率略高于国内金融市场，而贷款利率略低于国内金融市场。存款利率较高，是因为一方面国外存款的风险比国内大，另一方面不受法定准备金和存款利率最高额限制。而贷款利率略低，是因为欧洲银行享有所在国的免税和免缴存款准备金等优惠条件，贷款成本相对较低，故以降低贷款利率来招徕顾客。存放利差很小，一般为 0.25% ~ 0.5%，因此，欧洲货币市场对资金存款人和资金借款人都极具吸引力。

2. 欧洲货币市场的业务

欧洲货币市场按借贷方式、借贷期限和业务性质，可分为欧洲货币信贷市场与欧洲货币债券市场。

（1）欧洲货币信贷市场。主要包括欧洲货币短期信贷市场和欧洲货币中长期信贷市场。欧洲货币短期信贷市场是指进行 1 年以内的短期资金拆放的市场。该市场借贷业务主要靠信用，无须担保，一般通过电话或电传即可成交。欧洲中长期信贷市场是指经营 1 年以上的欧洲货币借贷业务的市场。中长期贷款由于期限较长，贷款金额较大，一般均签订书面的贷款协议，采取联合贷放的形式，浮动利率。中长期贷款如果没有物质担保，一般均由政府有关部门对贷款协议的履行与贷款的偿还进行担保。

（2）欧洲货币债券市场。欧洲货币债券市场是指发行欧洲货币债券进行筹资而形成的一种长期资金市场。它是国际中长期资金市场和欧洲货币市场的重要组成部分。

三、黄金市场

（一）黄金与黄金市场概述

黄金是在自然界中以游离状态存在的天然产物，不能人工合成。黄金可以有多种分类。按其来源的不同和提炼后含量的不同大类上分为生金和熟金。黄金市场是指黄金供求双方集中进行交易和兑换的机制。黄金市场既可以是有形的也可以是无形的。有形的黄金市场中，黄金交易双方在特定的交易场所进行交易。这一特定的交易场所通常是在交易所里。

现代黄金市场具有以下几个特点：第一，全球化的程度加强。现代黄金市场已基本实现了全球 24 小时交易，世界各地的市场参与者都可以通过互联网等科技和通信手段随时进入市场进行交易。第二，美国、英国黄金市场仍是影响全球的主要黄金市场。英国伦敦的每日定盘价、美国芝加哥商品交易所主力合约价格影响着全球黄金价格的走势。第三，黄金衍生品发展迅速。特别是交易所上市黄金基金（黄金ETF）近年来发展迅速。第四，黄金交易特别是黄金衍生品交易从场外向场内交易转移。

（二）黄金市场的交易

黄金市场交易包括交易市场、交易主体、交易方式、交易品种等内容。

1. 交易市场

黄金交易市场的基本分类主要包括黄金现货市场、黄金期货市场、黄金期权市场。

（1）黄金现货市场又称为实物黄金市场，是指黄金买卖成交后即期交割的市场。买卖的实物黄金有金条、金块、金币、金丝、金叶和各种黄金首饰等。

（2）黄金期货市场是指成交后在未来规定日期交割的市场。目前世界主要黄金期货交易所黄金期货交易的单位都是 100 盎司的精炼黄金，其成色不得低于99.5%。黄金期货合约的月份从 1 个月到 12 个月不等。

（3）黄金期权市场主要是在交易所进行的黄金期权交易。

2. 交易主体

（1）实物黄金的供需者。黄金矿产企业、黄金精炼厂等产金企业通过黄金市场销售其生产的黄金，也通过黄金市场的交易对其已生产出的或将来要生产出的黄金进行套期保值。黄金工业企业、黄金首饰企业、牙科等医疗企业等用金企业则通过黄金市场购买黄金用于企业的生产制造，也通过黄金市场的交易对黄金原料进行套期保值。

（2）金融机构。参与黄金市场交易的重要金融机构有两类：一类是中央银行，其参与黄金市场交易的目的是通过持有黄金储备并通过买卖黄金来安排国际储备资产和调节国际收支。另一类是商业银行，商业银行居市场中枢地位，具有多重功能。

（3）金商和经纪人。专门经营黄金买卖的各国金商和经纪人是黄金期货市场的大主顾，他们通过买卖黄金现货和期货，既能有效地储备黄金，又能给市场提供贷款。

3. 交易方式

按交易价格形成机制不同可以分为竞价交易方式和询价交易方式。

竞价交易是指交易双方都报价，按照"价格优先、时间优先"的原则，将买卖报价进行撮合配对，当买方的最高价与卖方的最低价一致时形成交易价格的交易方式。目前，竞价交易主要在交易所场内进行。询价交易是指交易主体双方通过询问、磋商等方式达成一致价格的交易方式。商业银行柜台交易属于询价交易方式。

4. 交易品种

交易品种有黄金现货、黄金远期、黄金期货、黄金期权、黄金 ETF。

（1）黄金现货是指买卖双方在成交后约定的几个交易日内按照约定的价格完成黄金清算、交割的交易品种。黄金现货一般是指金条、金锭等实物实际发生交割的交易。

（2）黄金远期是指买卖双方在签订合约后按约定时间在远期按照约定的价格完成黄金清算、交割的交易品种。黄金远期通常是非标准化的，是交易双方按照自身需要量身定做的。

（3）黄金期货是指买卖双方签订合约在未来某一时点按照约定的价格完成黄金清算、交割的标准化合约。

（4）黄金期权是指期权的持有人在未来某一约定时间按照约定的价格买入或者卖出相关黄金合约的权利。期权的买方通过支付期权费而拥有按照约定进行交易的权利而无义务，期权的卖方通过收取期权费而只有义务没有权利。黄金期权交易按照期权基础资产的不同，分为黄金现货期权、黄金期货期权以及黄金 ETF 期权等，其中黄金期货期权较为常见。

按照执行时间的不同，黄金期权又分为欧式期权和美式期权。欧式黄金期权是指只能在期权到期日执行的黄金期权。美式黄金期权是指可以在期权到期日之前任何时点执行的黄金期权。在美国纽约商品交易所交易的黄金期权是基于黄金期货的美式期权合约。

（5）黄金 ETF（交易所上市黄金基金）是一种以实物黄金为基础资产，追踪现货黄金价格的金融衍生产品，其收益情况与黄金收益挂钩。黄金 ETF 通常以 1/10 盎司黄金为一基金单位，每单位的净资产价格等于 1/10 盎司现货黄金价格减去应计的管理费用。

本章小结

1. 经济学家已为金融市场下过不少定义："金融市场是金融工具转手的场所"，"金融市场是金融资产交易和确定价格的场所或机制"，"金融市场应理解为对各种金融工具的任何交易"，"金融市场是金融工具交易的领域"。

2. 金融市场与普通商品市场相比，具有以下的特性：（1）交易对象具有特殊性；（2）交易商品的使用价值具有同一性；（3）交易活动具有中介性；（4）交易双方地位具有可变性。

3. 金融市场主体、金融市场客体（工具）、金融市场媒体和金融市场组织方式构成金融市场四大要素。

4. 金融市场的分类方法很多，常见的分类方法有：按融资期限，金融市场可分为货币市场与资本市场；按融资方式，金融市场可分为直接金融市场与间接金融市场；按交易层次，金融市场可分为初级市场与次级市场；按交易对象，金融市场可分为资金市场、外汇市场、黄金市场、证券市场和保险市场；按交易方式，金融市场可分为现货市场、期货市场与期权市场；按交易场所，金融市场可分为有形市场与无形市场；按交易的区域，金融市场可分为国内金融市场和国际金融市场。

5. 货币市场是指融通资金期限在一年以内的金融市场，又称短期金融市场，是最早和最基本的金融市场组成部分。

6. 货币市场的工具主要有同业拆借资金即金融机构间短期贷款、大商业银行发行的大额可转让存单、银行承兑汇票、短期国库券、商业票据等。

7. 外汇市场是进行外汇交易的场所。外汇市场有广义和狭义之分。狭义的外汇市场是指进行外汇交易的有形市场。广义的外汇市场是指有形和无形外汇买卖市场的总和，它不仅包括封闭式外汇交易中心，而且包括没有特定交易场所，通过电话、传真、互联网等方式进行的外汇交易。

8. 外汇市场可按不同的标准划分为不同的类型：按其组织方式的不同，可分为柜台交易市场和交易所市场；按参加者的不同，可分为外汇零售市场和外汇批发市场；按政府对市场交易的干预程度不同，可分为官方外汇市场和自由外汇市场。

9. 外汇市场和其他金融市场一样，也是由交易工具、市场参与者和市场组织形式三个要素构成。

10. 外汇市场的交易方式包括即期外汇交易、远期外汇交易、外汇期货交易、掉期外汇交易、套汇及套利等。

11. 同业拆借市场又称金融同业拆借市场，是指具有准入资格的金融机构之间进行临时性资金融通的市场，换句话说，同业拆借市场是金融机构之间的资金调剂市场。

12. 回购市场是指通过回购协议进行短期资金融通交易的市场。回购协议是指在出售证券的同时和证券的购买商签订协议，约定在一定期限后按原定价格或约定价格购回所卖证券，从而获得短期融通资金的一种交易行为。

13. 回购协议的要素一般包括五个方面，即回购协议证券的品种和价格、回购协议的期限、回购协议的利率、保证金比例以及报价方式。

14. 回购市场的运行层次包括证券交易商与投资者之间的回购交易、银行同业之间的回购交易、中央银行公开市场业务中的回购交易。

15. 商业票据一般是指以大型工商企业为出票人，到期按票面金额向持票人付现而发行的无抵押担保的远期本票，是一种商业证券。它不同于以商品销售为依据的商业汇票、商业抵押票据等广义商业票据。

16. 银行承兑汇票市场是以银行汇票为金融工具，通过汇票的发行（出票）、承兑及贴现而实现资金融通的市场，也可说是以银行信用为基础的市场。

17. 短期政府债券是政府部门以债务人身份承担到期偿付本息责任的期限在一年以内的债务凭证。

18. 国库券市场是指发行和交易由国家财政部发行、政府提供信用担保、期限在一年以内的短期债券的市场。

19. 可转让大额定期存单是一种特殊的定期存单，是指商业银行或储蓄机构发行，证明某一固定金额的货币存在银行或储蓄机构的存款凭证。可转让大额定期存单市场即可转让大额定期存单转让流通的市场。

20. 资本市场又称长期资金市场，是指期限在一年以上的长期资金的交易市场。广义的资本市场又分为证券市场和银行中长期信贷市场。狭义的资本市场仅指证券市场。

21. 股票是股份有限公司发给股东以证明其向公司投资并拥有所有者权益的有价证券。股票作为一种现代企业制度和信用制度发展的产物，是金融市场上重要的长期投资工具。股票市场是指股票发行和交易的场所，包括股票发行市场和股票流通市场两个部分。

22. 股票的发行制度包括注册制和核准制。股票的发行方式根据承销状况的不同，有直接发行和间接发行；根据发行的公开程度不同，股票发行可以划分为公募发行和私募发行。股票的发行价格一般分为平价发行、市价发行、中间价格发行和折价发行四种价格。股票的承销方式根据公司委托程度的不同，可分为全额包销、余额包销和代销三种方式。

23. 股票流通市场的组织形式包括以证券交易所为主体的场内交易市场和场外交易市场。股票的交易方式根据买卖双方决定价格的方式不同，分为议价买卖和竞价买卖；根据达成交易的方式不同，分为直接交易和间接交易；根据交割的期限不同，分为现货交易和期货交易。

24. 债券是发行者为了筹集资金向社会公众发行，并约定在一定时期内按照一定利率还本的凭证，它表明了一种资金借贷关系。债券的发行人即债务人，债券的投资者或购买人即债权人，他们之间是一种债权债务关系。债券市场是以期限在一年以上的中长期债券作为交易对象的长期资金市场。债券市场与股票市场类似，也分为债券的发行市场和债券交易市场。

25. 金融市场中的衍生工具也叫作衍生产品，通常是指其价值依附于某个更基础的标的资产价格及价格指数的一种金融合约。金融衍生工具主要有远期、期货、期权、互换四种。

26. 金融远期合约是指交易双方约定在未来的某一确定时间，按确定的价格买卖一定数量的某种金融资产（标的物）的协议。常见的金融远期合约主要有远期外汇合约、远期利率协议及远期股票协议等。

27. 金融期货是在特定的交易所通过竞价方式成交，承诺在约定的某个日期按约定的价格买入或卖出一定标准数量的某种标的金融资产的标准化协议，合约中规定的价格就是期货价格。根据各种合约标的物的性质不同，通常将金融期货分为三大类：外汇期货合约、利率期货合约和股票指数期货合约。

28. 金融期权是指赋予其购买方在规定期限内按买卖双方约定的价格（简称协议价格或执行价格）购买或出售一定数量某种金融资产（称为标的资产）的权利的合约。按照期权合约规定的权利不同，金融期权可分为看涨期权和看跌期权；按照期权合约执行日期规定的不同，金融期权可分为欧式期权和美式期权；按照期权合约的标的资产的不同，金融期权可分为利率期权、货币期权、股票期权、股票指数期权以及期货期权，而期货期权又可分为利率期货期权、外汇期货期权和股价指数期货期权三种。

29. 金融互换合约也称互换交易，是指当事人利用各自筹资成本的相对优势，以商定的条件在不同货币或相同货币的不同利率的资产或债务之间进行交换，以规避利率风险、降低融资成本的一种场外金融衍生工具。金融互换交易主要包括利率互换和货币互换。

30. 基金作为集合管理的资产管理业务的一种，是指向不特定的投资大众募集资金，由资产管理机构指派基金管理人代为管理的标准化业务。因此，投资基金是一种集合众多投资者的资金来实现相同投资目的的投资工具。

31. 投资基金根据基金规模是否可变，可以分为封闭式基金和开放式基金；根据组织形式的不同，可以分为契约型基金和公司型基金；根据投资对象的不同，可以分为股票基金、债券基金、货币市场基金和混合基金；根据投资目标的不同，可以分为成长型基金、收入型基金和平衡型基金等；根据投资理念的不同，可分为主动型基金和被动型基金；根据基金的资金来源和用途的不同，可分为在岸基金和离岸基金。

32. 国际金融市场是涉及非居民参加的各种金融业务活动的市场。它是在国际范围内进行货币资金交易活动的场所。传统的国际金融市场包括国际货币市场、国际资本市场、外汇市场、国际黄金市场和国际金融衍生工具市场等。国际资本市场是指资金借贷期在一年以上的中长期信贷或证券发行和交易的跨境市场，包括国际债券市场和国际股票市场。欧洲货币市场（Euro – currency Market）是一种以非居民参与为主的,以欧洲银行为中介的,在某种货币发行国国境之外,从事该种货币借贷或交易的市场,也称离岸金融市场,包括欧洲货币市场和欧洲债券市场。

33. 黄金市场是指黄金供求双方集中进行交易和兑换的机制。黄金市场既可以是有形的也可以是无形的。黄金市场的交易主体包括实物黄金的供需者、金融机构及金商和经纪人。交易品种有黄金现货、黄金远期、黄金期货、黄金期权、黄金 ETF。

34. 目前,中国黄金市场形成了多层次场内场外互补的格局,即由上海黄金交易所黄金现货市场和上海期货交易所黄金期货市场构成的中国黄金场内市场与由商业银行柜台市场和金店零售市场共同组成的中国黄金场外市场互补的格局。

本章重要概念

金融市场 货币市场 资本市场 直接金融市场 间接金融市场 一级市场 二级市场 现货市场 期货市场 外汇市场 同业拆借 回购协议 商业票据 银行承兑汇票 贴现 转贴现 可转让大额定期存单 货币市场基金 股票 普通股 优先股 注册制 核准制 场内市场 场外市场债券 债券评级 投资基金 封闭式基金 开放式基金 金融衍生品 金融远期 金融期货 金融期权 金融互换 国际金融市场 国际货币市场 国际资本市场 外国债券 欧洲债券 离岸金融市场 欧洲货币 欧洲美元 黄金市场

复习思考题

1. 如何理解金融市场的内涵与外延?
2. 金融市场的分类有哪些?
3. 金融市场的构成要素有哪些?
4. 试述金融市场的主要功能。
5. 试述货币市场与资本市场的区别。
6. 试述同业拆借市场的特点和运行机制。
7. 简述商业票据的特点。
8. 试述金融市场的发展趋势。
9. 试述货币市场的工具有哪些。
10. 简述外汇市场的功能有哪些。
11. 试述外汇的类型有哪些。
12. 试述外汇市场的交易形式。
13. 简述同业拆借市场的类型。

14. 试述回购协议的基本要素。

15. 试述商业票据的发行要素有哪些。

16. 简述国库券的特点有哪些，国库券市场的功能是什么？

17. 简述商业票据市场与银行承兑汇票市场的联系与区别。

18. 试述可转让大额定期存单的特点及其类型。

19. 简述股票发行的种类。

20. 简述股票的发行制度有哪些，各有何特点。

21. 简述股票的交易方式有哪些。

22. 试述债券发行价格的影响因素有哪些。

23. 比较金融期货与远期合约的区别。

24. 金融期货的主要种类有哪些？

25. 试述金融期权与金融期货的区别。

26. 试述投资基金的分类。

27. 简述封闭式基金与开放式基金的区别。

28. 试述国际金融市场的分类。

29. 试述我国黄金市场的类型。

30. 简述我国黄金市场的交易品种有哪些。

本章参考文献

［1］曹龙骐. 金融学（第五版）［M］. 北京：高等教育出版社，2016.

［2］刘应森. 货币金融学［M］. 上海：立信会计出版社，2017.

［3］王晓光. 金融学［M］. 北京：清华大学出版社，2018.

［4］蒋先玲. 货币金融学（第二版）［M］. 北京：机械工业出版社，2018.

［5］杜金富. 金融市场学（第三版）［M］. 北京：中国金融出版社，2018.

第十章
货币供求与均衡

学习目标

1. 了解当代货币理论的发展脉络；
2. 界定货币供求的多种口径；
3. 认识货币供给的创造过程；
4. 掌握影响货币供求的主要因素；
5. 熟悉货币均衡的含义及其与社会总需求总供给之间的关系；
6. 认识和了解货币失衡的主要内容及发生的原因。

第一节　货币需求

经济学家研究货币问题时和研究许多其他经济问题一样，采用供求分析的方法。有关货币需求问题的研究是整个货币经济理论的重心，也是中央银行实施宏观调控决策的重要依据，经济学家关注货币需求问题要比货币供给问题更早，而要了解货币需求问题，首先就要对货币需求的含义有一个清晰的认识。

一、货币需求的概念

（一）货币需求的定义

货币需求是指企业、家庭和政府等经济主体愿意用货币形式持有其财产的一种需要，或各经济主体对执行流通手段、支付手段和价值贮藏手段的货币的需求。需要注意的是，经济学家在讨论需求问题时总是从一定的假设条件开始的，研究货币需求问题也不会例外，它不可能简单表述为想持有多少货币的问题。假设提出这种问题从主观出发，那么每个人都会希望自己持有的货币多多益善，因此这种主观心理需要对货币需求的概念没有意义。我们在这里需要研究的是一种客观的货币需求，它实际上是一种财富分配，或者资产选择行为，即是有支付能力的有效需求，受到财富总量、资产相对收益及风险的影响，这种货币需求是指在一定时期各经济主体究竟需要多少货币才能够满足商品生产和商品交换等方面的需要。

在现代高度货币化的经济社会里，社会各部门需要持有一定的货币用于交换、支付费用、偿还债务、从事投资或保存价值，因此便产生了货币需求。货币需求通常表现为一国在既定时间社会各部门所持有的货币量。对于货币需求含义的理解还需把握以下几点。

1. 货币需求是一个存量的概念。它考察的是在某个时点和空间内，社会各部门在其拥有的全部资产中愿意以货币形式持有的数量或份额。而不是在某一段时间内，各部门所持有的货币数额的变化量。因此，货币需求是一个存量概念，而非流量概念。然而，货币存量的多少与流量的大小和速度密切相关，因此，在货币需求量的研究中，需要把存量与流量结合起来考察，做静态与动态的全面分析。

2. 货币需求是一种有支付能力的需求。经济学意义上的需求指的是有效需求，不单纯是一种心理上的欲望，而是一种能力和愿望的统一体。货币需求作为一种经济需求，理当是由货币需求能力和货币需求愿望共同决定的有效需求，这是一种客观需求。

3. 货币需求不仅包括对现金的需求，而且包括对存款等在内的其他货币构成的货币的需求。因为货币需求是所有商品、劳务的流通以及一切有关货币支付所提出的需求，这种需求不仅现金可以满足，存款货币等同样也可以满足。如果把货币需求仅仅局限于现金，显然是不全面的。

4. 人们对货币的需求既包括执行流通手段和支付手段职能的货币需求，也包括执行价值贮藏手段职能的货币需求。二者差别只在于持有货币的动机不同或货币发挥职能作用的不同，但都在货币需求的范畴之内。

（二）货币需求量

货币需求量是指一国在一定时期因国民经济发展水平、经济结构以及经济周期形成的对执行流通手段、支付手段和价值贮藏手段职能的货币的需要量，又称货币必要量。国民经济发展水平是决定货币需要量的主要因素，通常以经由货币媒介的最终产品和劳务的总价值即国民生产总值（GNP）来表示，也有学者以国民财富总值作为决定货币需要量的主要因素，但由于国民生产总值可视为国民财富总值在某一利率下的贴现值，故在统计学意义上二者意义接近。除经济发展水平外，不同的经济结构（农业、轻工业、重工业的比例，三大产业的比例等）和经济周期（繁荣阶段、停滞阶段或衰退阶段）也对货币需要量产生不同的要求。

货币需要量是一个内生变量，形成于国民经济运行系统内部。它属于存量指标，可在一定时期内的若干时点上加以预测和把握。货币需要量具有替代性特征，在信用和金融市场比较发达的条件下，一些金融资产如有价证券、理财产品都具有迅速变为现金的能力，由此可以作为第二准备来替代现金需求，替代性的大小取决于金融资产的流动性、收益性和风险性等因素。

货币需要量可区分为名义货币需要量和实际货币需要量。前者指按当前价格计算的货币需要量，它以货币单位（如"元"）来表示。后者剔除物价的影响，以货币实际对应的社会资源即商品和劳务来表示。二者的关系是：将名义货币需要量以具有代表性的价格指数平减后，可得实际货币需要量。因此，后者也可解释为按某一基期的不变价格计算的货币需要量。

（三）货币需求的分类

1. 名义货币需求与实际货币需求。名义货币需求和实际货币需求是用来说明货币数量变动对经济活动的影响过程时所采用的一对经济范畴。名义货币需求是指经济主体在一定时期内不考虑价格变化时的货币需要，即用名义购买力表示的货币需求数量；而在现实经济生活中，物价总是在发生变化，实际货币需求就是扣除了物价变动后的货币需求数量，其实质是以实物价值来表示的货币需求，所以又被称为实际余额需求。名义货币需求一般记作 M_d，实际货币需求通常记作 M_d/p；在统计计算上，将名义的货币需求以具有代表性的物价指数（如 GDP 平减指数）进行平减之后，就得到实际货币需求。它们之间的区别在于是否剔除物价变动的影响。由于包含物价因素在内的名义货币需求不能直接反映经济主体对货币的实际需求，所以人们一般更注重考察实际货币需求。

2. 微观货币需求与宏观货币需求。微观货币需求与宏观货币需求用于从不同货币需求主体角度研究货币数量变动问题。微观货币需求是指从微观经济主体即家庭、企业、单位等的角度进行考察，研究微观经济主体在既定的收入水平、利率水平和其他经济条件下所需要的货币量。宏观货币需求是指从宏观经济主体角度进行分析，讨论一个国家在一定时期内为满足经济发展与商品生产流通等所需要的货币量。在理论上，这种货币量既能满足经济发展的客观要求，又不会引发通货膨胀和导致社会经济的不稳定。微观货币需求和宏观货币需求这两个概念是相互联系的，既不存在与微观货币需求相脱离的宏观货币需求，也不存在与宏观货币需求相脱离的微观货币需求。

3. 货币需求存量和货币需求流量。货币需求存量和货币需求流量用来考察时间对货币数量变动的影响。货币需求存量是指在一定的约束条件下某一确定时刻的货币需求量，货币需求流量是指在一个确定的经济运行时期内所需要的货币数量。通常我们研究经济主体在特定条件下持有的货币量主要是考察货币需求存量问题，即在某个特定的时刻货币需求量与货币供应量保持一致的条件，而货币需求流量是反映一定时期内货币需求的变动趋势，一般可以用货币需求存量与货币周转次数相乘来表示。鉴于货币本身固有的流动性属性，讨论货币需求仅仅局限于存量概念是不够的，必须同时考察货币需求的流量。

（四）影响货币需求的主要因素

货币需求的研究任务必须回答两个最基本的问题，即哪些因素影响货币需求和如何测量货币需求。影响货币需求的因素包括以下几个方面：

1. 收入。收入状况对货币需求的决定作用具体表现在两个方面：一是收入水平的高低，二是人们取得收入的时间间隔。在其他条件不变的情况下，收入水平与货币需求呈正向变动，即收入水平越高，货币需求越多。货币需求与收入水平正向变动的原因是：第一，收入水平在一定程度上制约着货币需求。因为货币是人们持有财富的一种形式，是财富的一部分，收入水平往往决定着财富的规模及增长速度。第二，收入的数量决定着支出的数量。在通常情况下，收入越多，支出越多，要求持有的货币也越多。当收入水平变动时，货币需求往往以更快的速度或更大的幅度变动。货币需求还取决于人们取得收入的时间间隔。由于收入通常是定期取得的，而支出则是陆续发生的，为了保证在两次取得收入之间的支出，人们必须持有一定数量的货币。因此，在收入水平一定的条件下，人们取得收入的时间间隔与货币的需求量成正比，即取得收入的时间间隔越长，货币需求越多。

2. 利率。市场利率对货币需求的影响表现为两个方面：一是市场利率决定人们持有货币的机会成本；二是市场利率影响人们对未来利率变动的预期，从而影响人们对资产持有形式的选择。从持有货币的机会成本来看，货币只是人们保有财富的一种方式，虽然它具有流动性和安全性高的特点，但它无法产生收益。其他形式的有价证券则因期限长短和风险大小的不同具有不同的收益率，而这一收益率主要受市场利率的决定，它影响了人们持有货币的成本。利率越高，持币成本越大，因而人们的货币需求会减少；利率越低，持币成本越小，人们则愿意手持货币而减少了购买生息资产的欲望，货币需求就会增加。利率对人们持有的资产形式也会产生影响。各种金融资产与货币之间有替代性。人们在市场上选择各种资产的目的有两个：一是保值，二是获利。资产构成包括金融资产和实物资产；人们可以购买生利的金融资产，包括股票、债券等有价证券，银行和其他金融机构各种有利息的存款，当然还可以购买以土地、房屋等有保值和升值特性的物品为代表的实物资产；也可以选择持有货币。货币虽然既不能生利，也不能保值，且会受到物价变动的影响，但它具有高度流动性，任何其他资产也难以代替。所以当市场利率变动时，各金融资产和实物资产的收益率也会发生变化，从而影响公众的资产结构，货币需求量会发生改变。例如，当银行存款利率大幅度下调时，人们更多地选择以股票、债券或保险单等有价证券的形式保有资产；而当股票等收益率下降时，人们更倾向于选择银行存款或持币。

3. 物价水平及物价变动预期。物价水平与货币需求，尤其是交易性货币需求成正比。货币最基本的职能是价值尺度和流通手段，货币的基本职能是为商品流通充当媒介的，个人或企业为了应付日常交易就必然对货币产生需要。从本质上看，货币需求是在一定价格水平下人们从事经济活动所需的货币量。在商品和劳务量以及货币流通速度一定的条件下，交易总量的大小决定了货币需求量。物价越高，流通中所需的货币量也就越多。需要指出的是，以上结论是针对物价变动率相对稳定的情况而言的。当经济中出现较为严重的通货膨胀或个人和企业形成了通货膨胀预期时，个人会选择持有商品以应对物价的飞速上涨，企业也不会继续扩大投资，此时物价水平与货币需求间的关系就较难判断了，它取决于人们对未来通货膨胀的预期。资本市场的发展对货币需求也会产生影响。理论上较早提出并系统分析资本市场发展对货币需求影响机制的是货币学派的代表人物弗里德曼。他认为资本市场对货币需求的影响主要通过财富效应和交易效应体现出来。从财富效应来看，股票价格的上涨会导致名义财富的增加，财富与收入之比也会上升，在收入不变的条件下，对货币的需求就会增加；从交易效应来看，股票价格上升表明需要有更多的货币来进行股票交易，因此对货币的需求也会增加。

4. 金融发展的程度。一个国家金融制度越发达、完善，信用制度越发达，人们依赖银行进行支付的可靠性越强，需要存储的现金货币就越少，即非现金货币比例越高，因而货币需求就越低。以金融电子化为例，金融电子化的过程会带来支付结算制度和实时清算效率的提高，在其他条件不变的情况下，金融电子化将会减少对货币的需求。

5. 货币流通速度。根据马克思的价值论货币需求说，假定可交易的商品和劳务的总量一定，那么货币流通速度的减慢必然会引起货币需求的增加。反之，如果货币流通速度加快，就会减少现实的货币总需求。例如，1元货币1年内平均执行10次流通手段或支付手段的职能，就起了10元货币的作用。货币流通速度越快，流通中所需要的货币量越少，反之则越多。因此，货币流通速度与货币需求量成反比。

6. 消费倾向。英国经济学家凯恩斯于1936年在《就业、利息和货币通论》一书中首先使用"消费倾向"一词。他认为消费会随收入的增加而增加。消费倾向是指一定消费者群体在不同时期对商品需求的变动趋向。它取决于购买力水平、商品供应品种和社会风尚等。消费倾向可分为平均消费倾向和边际消费倾向。平均消费倾向是指消费总额在收入总额中所占的比例，边际消费倾向是指消费增量在收入增量中所占的比例。一般而言，消费倾向和货币需求同方向变动，即消费倾向越大，货币需求越多；反之则货币需求越少。

7. 经济体制。经济体制涉及产权关系、分配关系、交换关系及宏观管理方式等方面，它与一定时期的经济政策相结合，构成了宏观经济的整体运行环境。这种环境如果存在着根本性差异，也会形成不同的货币需求行为。经济体制不同，居民的收入、消费支出结构、消费支出的排列顺序等都会发生变化，会导致货币需求的差异。

总之，影响货币需求的因素有很多，除上述因素之外，社会商品可供量、人们的心理与预期、国家的政治形势、民族生活习惯、文化传统等也对货币需求有一定的影响。

我们将上述因素分为三大变量，即规模变量、机会成本变量、其他变量。在货币需求量与各影响因素间建立数量关系式：将决定和影响货币需求的各种因素作为自变量，而将货币需求本身作为因变量而建立起来的数量变化关系。规模变量是指在货币需求函数中决定和制约货币需求总规模的变量，主要是收入；机会成本变量是指经济主体因持有货币而放弃持有其他资产所能获得的收益，包括货币与非货币资产的预期收益率；其他变量是指与上述各变量相比，对货币需求的影响相对较小、作用机理较为复杂的因素，这些因素可统称为其他变量而列入货币需求函数，包括影响货币需求的制度、偏好等。货币需求函数用数学公式表示为

$$M_d = f(Y,r,P,C_r,V,E,\cdots) \tag{10-1}$$

式中，Y 为收入状况，r 为市场利率，P 为一般物价水平，C_r 为金融发展程度，V 为货币流通速度，E 为人们的预期和偏好。

二、货币需求理论

货币需求数量论是一种古老的经济理论，早期并没有把货币需求作为直接的研究对象，而是研究名义国民收入和物价的决定机制，但是在研究中分析了名义国民收入与货币量之间的关系，因此也被看成是货币需求理论。随着经济理论的发展，剑桥学派的现金余额说已经是一种完整意义上的货币需求理论，并进一步发展出凯恩斯的货币需求理论和弗里德曼的现代货币数量论。

货币需求的理论研究有着悠久的历史，从重商主义开始西方许多经济学家都探讨过货币需求问题并形成了各种观点，产生了各种流派。这些理论从古典的货币需求理论到现代的货币需求理论，从马克思的货币必要量理论到西方盛行的货币数量

论，都有其局限性。因此，只有全面、深入地掌握这些理论，才能运用它们正确地解释货币需求自身的规律。

（一）古典货币数量需求理论

货币数量论是一个丰富而多样的传统思想，可以追溯到 18 世纪。19 世纪末 20 世纪初发展起来的货币数量论是一种探讨总收入的名义价值如何决定的理论。因为该理论揭示了对既定数量的总收入应持有的货币数量，所以它也是一种货币需求理论。古典货币数量论最主要的观点是，利率对货币需求没有影响，经济中的货币供给变动导致价格水平按比例变动。费雪的现金交易说和剑桥学派的现金余额说是这种理论的主要代表。

1. 费雪现金交易说（Cash Transaction Approach）。20 世纪初，美国耶鲁大学教授欧文·费雪在 1911 年出版的颇具影响的《货币购买力》中对古典数量论提出了最清晰的阐述。费雪试图考察货币总量 M（货币供给）与整个经济生产出来的最终产品和劳务的支出总量 PT 之间的联系，其中，P 代表价格水平，T 表示交易总量，即实际财富与劳务的交易总量；PT 代表的是该时期内商品和劳务交易的总价值。PT 与 M 的比值即为货币流通速度，即货币周转率，也就是每一元钱用来购买经济中最终产品和劳务总量的次数。用公式表示为

$$M = PT/V \text{ 或者 } MV = PT \tag{10－2}$$

从式（10－2）看，P 的值取决于 M、V、T 这三个变量的相互作用。费雪的结论是："如果我们选择交换方程的话，它只不过是建立在等价基础上的、适用于所有交易的不言而喻的事：一手交出货币或支票，一手得到买来的东西……该方程阐明了价格会直接随着 M 的变化而变化。"

首先，费雪认为货币流通速度是由制度因素决定的，具体来说，它取决于人们的支付习惯、信用的发达程度、运输与通信条件及其他与流通中的货币数量无关的社会因素。由于这些因素是随时间而缓慢变化的，所以在短时间内可以将货币流通速度视为一个常数。其次，费雪认为通过工资和物价的灵活调整，经济会保持在充分就业水平上，实际国民收入在充分就业水平上将保持不变，交易总量 T 与国民收入成正比，因而也会维持不变。根据费雪的假设，20 世纪关于经济中的产出和就业的主流理论，在宏观经济上是古典理论，在微观经济分析上是瓦尔拉斯理论。这意味着，除了暂时失衡状态外，劳动力市场会出清，即充分就业，产出会保持在充分就业水平上。这种充分就业的产出与货币供给和价格都无关。这种论述与当时的实物经济理论一致，假设货币供给的变化不会影响物品的产出。当然这一假设后来受到凯恩斯和凯恩斯主义者提出的有效需求不足理论的挑战。由于 V 和 T 都保持不变，如果经济中的货币存量增加，那么一般物价水平就会同比例地上升；反之，经

济中的货币存量减少，物价水平也将随之同比例地下跌。所以费雪方程的本质是描述货币数量与物价水平之间关系的等式，货币数量决定物价水平，而不影响交易总量所代表的实际经济，货币只是笼罩在实物经济上的一层"面纱"。费雪的交易方程及现金交易数量论对于货币流通速度为常数的基本假定并不符合现实，其货币数量的决定也只局限于货币的交易职能，并且其始终都是在宏观经济的框架内讨论货币需求，但其在西方货币金融理论研究的历史上占有非常重要的地位，它既是前人货币数量说的总结，又成为许多货币需求学说研究的出发点。

2. 剑桥学派的现金余额说（Cash Balance Theory）。货币数量论的另一种常见的方法是从货币供求的角度来研究价格的决定。现金余额说是从被人们当作备用购买力的现金余额角度来研究币值和物价波动问题。以阿尔弗雷德·马歇尔和 A.C. 庇古为代表的剑桥学派的经济学家认为费雪方程存在一定的缺陷，它没有考虑微观主体的动机对货币需求的影响，仅仅把货币看作交易媒介。他们认为研究货币流通规律，不应该只研究经济主体对货币交易功能的需求，而应该从主体的持币动机出发，全面地研究货币需求。因此他们从货币的职能和微观视角两方面对货币需求理论进行了扩展，提出了现金余额数量说，虽然最后得出了和交易数量学说完全相同的结论，但是分析的出发点却是完全不同的。剑桥学派将交易水平和影响人们交易方式的制度作为研究货币需求的关键性决定因素，探讨在不同环境中人们愿意持有的货币数量。同时，也不排除利率对货币需求的影响。他们认为，处于经济体系中的个人对货币的需求，实质是选择以怎样的方式保有自己资产的问题。决定人们持有货币多少的因素包括个人的财富水平、利率变动以及持有货币可能拥有的便利等。但在其他条件不变的情况下，对每一个人来说，名义货币需求与名义收入水平之间保持着一个较稳定的比例关系。对整个经济体系来说，也是如此，因此有

$$M_d = kPY \tag{10-3}$$

式中，Y 代表总收入，P 代表价格水平，k 代表以货币形式保有的财富占名义总收入的比例，M_d 为名义货币需求。这就是有名的剑桥方程式。该等式看起来与费雪方程式一样将 k 视为常量，并同意费雪的货币数量决定名义收入的观点，但他们的理论却允许个人选择愿意持有的货币数量。他们认为其他资产的回报率和预期回报率发生改变，k 在短期内也可能改变。

（二）凯恩斯学派货币需求理论及其发展

1. 凯恩斯的货币需求理论。剑桥学派的庇古在谈到货币余额基本需求的基本原因时指出，其"目的"是提供了便利性和安全性。凯恩斯则把持有货币余额的"目的"改为"动机"，放弃了古典学派将货币流通速度作为常量的观点，发展了一种强调利率重要性的货币需求理论，并将其理论称为流动性偏好理论。这一理论认为，

人们的货币需求行为是由三种动机决定的，即交易动机（Transaction Motive）、预防动机（Precautionary Motive）和投机动机（Speculative Motive）。凯恩斯把交易动机定义为："由于个人或业务上的交易而引起的对现金的需求。"因此交易性需求就是由于货币的交易媒介职能而导致的一种需求。凯恩斯认为，虽然货币的交易需求也受到其他一些次要因素的影响，但主要还是取决于收入的大小，与收入呈正相关关系。预防动机定义为："为了安全起见，把全部资产的一部分以现金的形式保存起来。"之所以有货币的预防动机是由于未来的收入、消费需要和购买活动具有不确定性。这些活动都需要货币，如果只持有非货币资产就不得不在需要时出售来获得支付所需的货币，增加了交易成本与风险。因此主观预期未来收入和支出的日期和数量，以此决定货币余额和其他资产的最佳数量。当然满足预防性动机的资金比例因人而异，但对社会整体来说，出于预防性动机而保有的货币需求也与国民收入水平密切相关，同收入成正比，收入越高，人们出于预防动机的货币需求就会越大；收入越低，则这种需求自然会低一些。投机动机定义为："相信自己比一般人对将来的行情具有较精确的估计并企图从中获利。"凯恩斯认为，人们除了对货币具有交易和预防的需求外，还认为货币是一种贮藏价值的方式。剑桥学派似乎也已经意识到了这一点，但凯恩斯对此做了更为明确而突出的描述。剑桥方程认为人们对货币贮藏价值的需求只与收入水平有关，与利率无关，而凯恩斯则认为利率是人们持有多少贮藏价值的货币的关键性因素。投机动机分析是凯恩斯货币需求理论中最有特色的部分。在投机动机的分析中，凯恩斯引入了利率变量。为了分析的方便，凯恩斯将人们用来储存价值的资产分为两类：货币与债券，并假设持有现金的预期回报为零，而债券的预期收益由红利和资本利得两部分组成。利息收入显然取决于利率的高低，当利率较高时，持有生息资产的利息收入较大。由于债券的价格是和利率成反比例变化的，资本利得又是债券的卖出价和买入价之间的差额，因此，预期资本利得的大小同样取决于利率的高低。综合两种预期报酬的影响，利率越高，生息资产越有吸引力，而相应地对货币的投机性需求也就越小；反之，利率越低，生息资产预期取得的报酬就越少，而相应地对货币的投机性需求也就越大。综上所述，凯恩斯的货币需求函数可以表示为

$$M_d = M_1(Y) + M_2(r) \qquad\qquad (10-4)$$

式中，M_1是交易动机的货币需求，与收入 Y 呈正相关；M_2是投机动机的货币需求，与利率呈负相关。从式（10-4）可以看出，与剑桥方程相比，凯恩斯在其货币需求方程中加入了一个新的变量——利率。凯恩斯认为，一般情况下，由流动性偏好决定的货币需求在数量上主要受收入和利率的影响。其中交易和预防性货币需求是收入的递增函数；投机性货币需求是利率的递减函数，所以这时货币需求是有限的。

但是当利率低到一定程度时，一方面，经济主体将不再愿意持有收益几乎为零的生息资产，而宁愿以货币的形式来持有其全部财富；另一方面，由于现时利率低于安全利率，整个经济中所有的人都预期利率将上升，此时持有债券会因债券价格下跌而蒙受资本损失，于是在利率很低时，经济主体也普遍以货币形式来持有财产。这时投机动机的货币需求便不再是有限的，而是将趋于无穷大。这时如果利率稍微下降，不论中央银行增加多少货币供应，最终都将被强大的货币需求所吸收和贮藏，从而利率不再下降。也就是说，利率在一定低点以下对货币需求是起不到任何调节作用的，这就像存在着一个巨大的货币陷阱，中央银行的货币供给将全部落入其中，在利率低点时货币需求成为完全弹性的情况就称为"流动性陷阱"，它是货币需求发生不规则变动的一种状态。引入利率作为影响货币需求的重要因素是凯恩斯的一大创举。货币需求是不稳定的，同时由于市场利率往往有较大的波动，受其影响人们对货币这种资产的需求也会有较大的波动，而且由于人们对于安全利率的看法也会发生变化，所以货币需求函数本身也是不稳定的。当然这种需求函数的不稳定也有两方面的原因：一是由于经济主体收入水平的变化所带来的货币交易和预防性需求的变化；二是因为预期资本利得是取决于当前利率与安全利率之间的偏差，而不是当前利率水平，所以当安全利率发生变化时，货币的投机性需求发生变化。这两种情况的发生最终都会改变整个货币需求与利率的对应关系，从而表现为货币需求曲线的整体位移。因此货币需求不仅是波动的，而且是难以预测的。凯恩斯主义学派把利率引入货币需求中，进而建立了利率、货币流通速度以及经济波动的联系，这就为利率成为货币政策中介目标的货币政策主张打下了理论基础。即在社会总需求不足的情况下，可以通过增加货币供给量降低利率，从而增加投资需求，促进经济增长；而同时由于存在流动性陷阱，当利率不能降低时，货币政策失效，需要采用积极的财政政策。

2. 凯恩斯学派对货币需求理论的发展。凯恩斯的后继者认为，凯恩斯的货币需求理论还存在缺陷，需要修正补充和发展。从 20 世纪 50 年代开始，他们在两方面取得进展：一是关于交易性货币需求和预防性货币需求同样也是利率的函数的问题，二是关于人们多样化的资产选择对投机性货币需求的影响问题。上面介绍过，在凯恩斯的货币需求函数中，交易性货币需求取决于收入水平。凯恩斯学派的一些经济学家从微观主体的持币行为入手分析，论证出利率对交易性货币需求也有影响，并且提出了一个平方根法则（Square Root Rule）。其表达式如下：

$$M = \sqrt{\frac{bY}{2r}} \qquad\qquad (10-5)$$

公式表示：交易性货币需求是收入 Y 的函数，随着用于交易的收入数量的增加，货

币需求量随之增加。但 Y 的指数为 $\frac{1}{2}$ 又说明其增加的幅度较小，即交易性货币需求

有规模节约的特点。同时又表明货币需求是利率 r 的函数，而 r 的指数 $-\frac{1}{2}$ 说明，

交易性货币需求与利率呈反方向变动，其变动幅度较利率变动幅度要小。凯恩斯学
派的一些经济学家关于利率对预防性货币需求影响的分析也是沿着类似的思路进行
的。在既定收入水平条件下，某些支出的不确定性使人们不能不持有一定量的预防
性货币。任何一个微观主体如果持有的预防性货币较少，当他没有货币来满足不确
定支出时，就要出售其持有的债券。而出售债券要有佣金等支出，节省佣金等支出
要付出一定的代价，因为多存货币就要少持有债券，从而要遭受债券利息损失。这
种利息损失也可以称为每增加一美元预防性货币需求的边际成本。为了求得应付收
支不确定性的最小成本，微观主体不能不考虑出售债券的支出和利息的收益，因而
利率也就必然进入决定预防性货币需求的函数之中。凯恩斯的后继者从凯恩斯的投
机性货币需求理论发展出了多样化资产组合选择理论。他们还认为，凯恩斯关于投
资者会在货币和债券之间选择能带来最大收益的资产的假设也与实际不符。在现实
生活中，大多数情况下是既持有货币又持有债券，变动的只是两者的比例。人们事
实上并非只考虑收益，还要考虑风险；收益高低和风险大小也分许多层次。从债券
角度考虑，持有债券的比重增加，预期财富也增加，但同时也意味着风险大，从而
遭受损失的可能性也相应增大。而保存货币虽然无收益但风险却较小，等于保有流
动性。因此，微观行为主体事实上不得不全面权衡，并找出持有货币和债券的最佳
比例。

（三）　弗里德曼的货币需求函数

作为货币主义（Monetarism）的代表人物，弗里德曼在《货币数量论：换一种
方式重新阐述》中试图改变数量论的核心内容，使其更接近于 20 世纪 50 年代中期
的货币理论。当时在货币理论的发展中有三个方面值得注意：第一，凯恩斯主义的
宏观经济学把货币市场的分析仅限于对货币市场的需求、供给和均衡分析；认为价
格水平会受到产品市场变化的影响，并认为经济在非充分就业状态下，货币供给不
仅影响价格而且影响产出。第二，凯恩斯强调投机动机的货币需求，而且强调货币
作为个人财富的价值贮藏作用。第三，把货币看作是消费者效用函数的一种消费品、
生产函数的投入品，将货币需求理论与一般的商品需求理论整合在一起。弗里德曼
换一种方式来阐述数量论，即对消费者来说货币需求等同于其他消费品的需求，都
是一种持有财富的形式；对企业来说，货币的需求等同于物质资本的需求。弗里德
曼的货币数量新论是建立在现代货币数量论的基础之上的。旧的货币数量论虽然各
自在表达方式上略有不同，但殊途同归，都得出了同一个结论，即物价水平随货币

数量的变动而变动。与旧货币数量论不同的是，弗里德曼认为物价水平是由货币供给和货币需求共同决定的。同时，他也接受了剑桥学派和凯恩斯以微观主体行为作为分析起点和把货币看作受到利率影响的一种资产的观点。对于货币需求的决定问题，他曾用过不止一个函数式，下面是一个具有代表性的公式：

$$M_d/P = f(y, w, r_m, r_b, r_e, gP, u) \tag{10-6}$$

式中，M_d/P 表示实际货币需求；y 表示实际恒久性收入；w 代表非人力财富占个人总财富的比率或来自财产的收入在总收入中所占的比率；r_m 代表货币预期收益率；r_b 是固定收益的债券利率；r_e 是非固定收益的证券利率；gP 是预期物价变动率；u 代表影响财富所有者对不同形式财富所提供效用的嗜好与偏好的各种变量。恒久性收入（Permanent Income）是弗里德曼在分析货币需求中所提出的概念，可以理解为预期平均长期收入，它与货币需求呈正相关关系。以往的凯恩斯学派认为人们的收入越高，相对于消费而言储蓄的份额就越大，这样整个经济的储蓄也就会随之提高。然而这种理论与实际的统计数据明显不符，因为即使国民收入有变化，消费和储蓄之间的比例也是相当稳定的。就此弗里德曼提出了恒久性收入假说。在经济生活中人们安排支出从而带来对货币的需求就取决于其恒久性收入的多少。而由于持久性收入又相对稳定，货币的需求也就很少变动，这样一来货币供给就显得尤为重要，它对物价水平影响重大。弗里德曼把财富分为人力财富和非人力财富两类。他认为，对大多数财富持有者来说，他的主要资产是个人的能力，但人力财富不容易转换为货币，如失业时人力财富就无法取得收入。在总财富中人力财富比例大，出于谨慎动机的货币需求也就越大；而非人力财富所占的比例越大，则货币需求相对越小。这样，非人力财富占个人总财富的比例与货币需求呈负相关关系。弗里德曼没有像以往的经济学家一样研究人们的持币动机，而是把资产需求的理论应用到货币理论上来，笼统地把货币也看作一种资产，因此尽管货币有些特殊性，但是可以利用真实资产或金融资产来替代。他同时认为货币与其他资产的预期收益率之差也会影响人们对货币的需求。因为货币也存在升值的机会，但持有货币又意味着放弃债券、股票或商品可能带来的某种预期收益。因此，两者之间预期收益率的差别也决定了货币需求的大小。r_m、r_b、r_e 和 gP 在其货币需求分析中被统称为机会成本变量，即能从这几个变量的相互关系中衡量出持有货币的潜在收益或损失。这里需要解释一点：在介绍凯恩斯的货币需求函数时，货币是被作为不生利资产看待的，如钞票；而弗里德曼考察的货币扩及 M_2 等，这类大口径的货币中相当部分却是有收益的。物价变动率同时也就是保存实物的名义报酬率。物价变动率越高，其他条件不变，货币需求量越小。在其他条件不变时，货币以外其他资产如债券、证券收益率越高，货币需求量也越小。u 是一个代表多种因素的综合变量，包括各种影响货币流动性效用的因素、习惯、技术与制度等综合性因素，但弗里德曼并没有明确货币需求与其他因素之间的关系，他认为是不确定的，因此可能从不同的方向上对货币需求产生影响。弗里德曼对货币需求函数的决定因素做了进一步的分析。在因素之一的利率方面，弗里德曼认为，货币本身的收益率（r_m）并不是固定不变的，当其他资产的收益率（r_b）和（r_e）由于利率变化而变化时，货币的收益率会随之作出调整，从而使经济主体的资产组合结构发生变化，资产的整体回报率又会达到新的均衡，而货币较之其他资产的预期回报率还会保持着相当程度的稳定，可以认为货币需求对利率变动是不敏感的。而货币需求的另一个主要决定因素恒久性收入自身又是相当稳定，因此整体的货币需求也将相当稳定。由于货币收入、物价水平等变量是货币需求和货币供给相互作用的结果，那就说明货币对于总体经济的影响就主要来自货币供给方面，所以，弗里德曼否定了利率政策的有效性，转而强调货币供应量的变动是引起经济活动和物价水平发生变动的根本的和起支配作用的原因，主张国家控制货币供给以及实行"单一规则"的货币政策。可以看出弗里德曼从理论上推广了凯恩斯的货币需求函数，但他们之间的分歧不在于函数的具体形式，或影响货币需求因素的多少，而在于利率对货币需求的影响程度。即凯恩斯主义者认为，货币需求和利率之间存在着密切的关系，而弗里德曼的拥护者认为两者之间没有特殊的关系。弗里德曼认为，货币需求解释变量中的四种资产——货币、债券、股票和非人力财富的总和，即人们持有的财富总额，其数值大致可以用恒久性收入（Y）作为代表性指标。因此，强调恒久性收入对货币需求的重要影响作用是弗里德曼货币需求理论的一个特点。在弗里德曼看来，在货币需求分析中，究竟哪个决定因素更重要，需要用实证研究方法来解决。对于货币需求，他最具有概括性的论断是：由于恒久性收入的波动幅度比现期收入小得多，且货币流通速度（恒久性收入除以货币存量）也相对稳定，货币需求因而也是比较稳定的。尽管如此，从本质上来说，弗里德曼的货币需求理论并没有真正脱离古典货币数量理论的结论，也没有说明货币量和物价变动的具体关系，因此被称作现代货币数量论。

通过以上货币需求理论流派的介绍可以看出，现代西方货币需求的各种理论可以说是百家争鸣、众说纷纭，但从整体来看，西方货币需求理论的主线是非常清晰的，即从货币的交易媒介职能和价值贮藏职能出发，通过分析人们持有货币的原因及影响这些原因的因素，得出货币的需求函数。同时我们应该认识到无论是哪一种学派的分析，其所指的货币需求实际上是指现金的需求；从剑桥学派开始的理论流派都注重分析微观主体的持币动机；这些货币需求理论不仅分析再生产对货币流通量的影响，而且注意了资产收益对货币需求的影响作用；分析问题的过程当中不仅运用理论方法，更重视精巧的数学分析工具；这些货币需求的分析大都是为制定和选择货币政策奠定理论基础的。

（四） 马克思的货币需求理论

马克思的货币需求理论就是价值论货币需求理论。价值论货币需求理论是由马克思和恩格斯提出的，是分析批判传统货币数量论的非科学性，吸收前人有关价值论的有益成分，以劳动价值论为基础建立起来的货币需求理论。为了分析方便，马克思以完全的金币流通为假设条件。

他的论证过程是：（1）商品价格取决于商品的价值和黄金的价值，而价值取决于生产过程，所以商品是带着价格进入流通的；（2）商品价格有多大，就需要有多少金币来实现它；（3）商品与货币交换后，商品退出流通，黄金却留在流通中使其他商品得以出售，从而一定数量的金币流通几次，就可使相应倍数价格的商品得以出售。

马克思的货币需求理论集中表现在货币流通规律公式中，表示为：执行流通手段职能的货币量＝待售商品价格总额/同名货币流通速度。用符号表示为

$$M = PQ/V \qquad\qquad (10-7)$$

式中，M 表示执行流通手段职能的货币量；P 表示商品价格水平；Q 表示流通中的商品量；V 表示货币流通速度。这一规律马克思用文字表述为"流通手段量决定于流通商品的价格总额和货币流通的平均速度"。马克思的阐述表明货币需求的决定因素取决于流通中的商品量、价格水平和货币流通速度，同时也反映了三者与货币需要量的变化关系。

马克思的货币需求理论是以劳动价值论为基础建立起来的，研究人们对货币的交易需求，即执行流通手段和支付手段职能的货币需要。流通中对金属货币的需求量的计算是以金币价值与商品价值的对比关系为前提的。流通中必需的货币量为实现流通中待销售商品价格总额所需的货币量。在商品流通中，货币是交换的媒介，因此，待销售商品价格总额决定了所需的货币数量。但考虑到单位货币可以多次媒介商品交易，由商品价格总额决定的货币量应当是货币流量而非存量。

上述分析是以金币流通为背景的，在金币本位制下，经济中存在数量足够多的黄金贮藏，能自发地调节流通中货币的数量，使之与商品始终保持对应关系。然而在金块与金汇兑本位制下，实际流通的是纸制的银行券，而不是金币。马克思进而又分析了纸币流通条件下货币数量与商品价格间的关系。纸币流通规律实际上就是这两种货币制度下的银行券流通规律。在这两种货币制度下，银行券本身不具有内在价值，只能代表流通中所需要的货币金属价值。马克思指出：纸币是金币的代表，纸币之所以流通是由于国家强有力的支持。同时，纸币本身没有价值，只有流通，才能作为金币的代表。因此纸币一旦进入流通，就不可能退出流通。如果说流通中

所必要的金币数量是客观决定的，那么流通中无论多少纸币也只能代表客观已经决定了的金币数量，所以纸币流通规律与金币流通规律不同。在金币流通条件下，流通中的货币数量由商品价格总额来决定，货币供给可以自发适应货币需求量的变化。而在纸币作为唯一流通手段的条件下，因纸币始终存在于流通中，失去了自发适应货币必要量的性能，流通中实际存在的货币数量与货币需求量经常存在差异，必然引起商品价格的变化。通过商品价格的上升，使原来过多的纸币量被商品价格上涨所吸收，变成价格上涨后的货币需求量的部分。可见，在金块与金汇兑本位货币制度下，银行券的流通既受足值金本位货币流通规律的制约，即银行券的发行量应该严格控制在足值金属本位币需要量范围之内；又受其自身特殊规律所支配，即银行券的发行量一旦超过足值金属本位币客观需要量，单位银行券就会贬值，物价就会上涨。马克思的货币必要量公式有重要的理论指导意义，它揭示了决定货币需求量的本质，反映了货币需求的基本原理。

三、中国的货币需求

自 1949 年新中国成立以来特别是改革开放以来，许多经济学家都对货币需求问题进行了研究，研究中一般使用货币需要量的概念。研究的中心是如何认识、理解和应用马克思主义的货币需求量理论公式。

（一）中国货币需求的理论研究

在改革开放以前，中国关于马克思主义货币需求量公式的研究主要集中在以下几个方面。

1. 讨论流通中货币需要量是否等于现金需要量。相当长的时期内，占主导地位的观点是货币需要量即现金需要量。20 世纪 80 年代以后，随着中国经济体制改革和对外开放，曾经占统治地位的现金等于货币的观点以及现金加各项活期存款的观点，从 1994 年中国人民银行开始正式按照规定的货币层次定期公布各个层次货币统计指标，这一讨论目前已经宣告结束。

2. 关于对纸币储藏是否也构成对货币的需求的观点。一种观点认为，纸币没有价值，不具备自发调节流通中货币量的功能，也不具备货币储藏的功能。纸币一旦退出流通，就失去了货币的意义，纸币进入储藏只能说是"沉淀"，社会对纸币储藏的需求不构成货币需要量的内容。但是当人们说看到现实社会中的纸币的确作为一种可选择的金融资产时，无论持有纸币用于交易还是用于储藏，均会对货币需求量产生影响，在这一点上似乎也没有进一步争论的必要。

根据马克思主义货币需要量的公式，人们发现，在经济体制不变的情况下，社会商品零售总额与流通中总货币（现金）之比为 8:1 时，社会供求关系处于稳定和基本均衡的状态，无限的上涨压力较低，货币流通状况正常。因此，"8∶1"或者"1∶8"（指流通中现金与社会商品零售额之比）便成为衡量流通中的货币是多或者是少，或者说货币供应量是否等同于货币需要量的一个简明又实用的尺度。如果比值低于"8∶1"，则可以认为货币流通量多于货币需求量，反之，则可以认为货币量不足。

"8∶1"实际上是货币流通速度的一个经验数字。在该速度下的货币供应量较好地适应了在特定经济环境下货币的需要量。直到20世纪80年代初期以前，"8∶1"已经成为马克思主义货币需要量在中国的具体化。但是随着20世纪80年代以后经济体制改革的深化，"8∶1"经验数字已经不能够再成为衡量货币流通正常与否的尺度。随着商品流通范围的不断扩大，渠道增加，货币的外延也发生了重大变化，继续运用马克思主义货币需要量公式的原理，寻找简便易行的经验数据作为衡量货币供应量正常与否的尺度，已经不是一件容易的事情了。

20世纪90年代以来，对我国货币政策实践有较大影响力的货币需求公式是 $M = Y + P$，即货币供给增长率（M）等于经济增长率（Y）加预期的物价上涨率（P）。

在这个公式中，经济增长率用国民生产总值增长速度表示。首先，这个概念涵盖的内容远远大于商品零售总额。可以更好地反映商品与劳务交换对货币需求的影响。其次，货币的定义也不仅仅指现金，可以灵活地使用不同层次的货币，如 M_1、M_2、M_3。最后，将预期的物价上涨率加入模型，实际上是承认了物价上涨对于名义货币需求的作用。因此，此公式比"8∶1"经验数字更接近于体制改革后的中国现实。

（二）中国货币需求的分析

不管是货币需求理论分析，还是货币需求的实践研究，核心内容都是考察影响货币需求量的经济因素。由于不同国家在经济制度、金融发展水平、文化和社会背景以及所处的经济发展阶段不同，影响货币需求的因素也会存在差别。如果把我国现阶段的货币需求看作个人、企业部门的货币需求之和的话，可以说影响我国货币需求的主要因素如下：

1. 收入。在市场经济中，各微观经济主体的收入最初都是以货币形式获得的，其支付也都要以货币支付。一般情况下，收入提高可以认为社会财富增多了，支出也就会相应扩大，也就需要更多的货币来介入商品和劳务交易，因此，收入与货币总需求总量呈同向变动。

2. 价格。从本质上看，货币需求是一定价格水平下人们从事经济活动所需的货币量。在商品和劳务量既定的条件下，价格越高，用于商品和劳务交易的货币需求也必然增多。因此，价格和货币需求之间是同向变动的关系。

在实际经济活动中，物价变动率对货币需求量变动影响非常大。由于商品价值或者供求关系变化所引起的物价变动率对货币需求的影响是相对稳定的，二者之间通常可以找到一个相对稳定的比率。而由通货膨胀造成的非正常物价变动对货币需求的影响极不稳定。因为这种非正常的物价变动不仅通过价格总水平的波动影响货币需求，而且通过人们对未来通货膨胀的预期来影响货币需求。例如在通货膨胀率极高的时期，通常会出现持币待购和抢购的非正常行为，必然会带来对货币总需求的非正常增长。如果对这类货币需求的变动，货币当局不采取措施进行调节，则会使通货膨胀更加恶化。至于这部分货币需求会增加多少，它的决定因素过于复杂而难以确定。

3. 利率。利率变动与货币需求量之间的关系是反向的。一般来说，利率越高，各微观主体的货币需求量将会减少，利率越低，货币需求量将会增多。然而微观主体的货币需求又有不同的目的，因此，利率与货币需求量之间的关系十分复杂，需要具体情况具体分析。

4. 货币流通速度。从动态的角度考察，一定时期的货币需求是指该时期的货币流量。而流量又不外乎是货币平均存量与货币流通速度的乘积。现假定为交易的商品和劳务总量不变，而货币流通速度加快，则可以减少货币流通总需求。反之，如果货币流通速度减慢，则必然增加现实的货币需求量。因此，货币流通速度和货币需求总量是反向变动关系，并且在不考虑其他因素的条件下，二者之间的变化存在固定的比例关系。

5. 金融资产收益率。金融资产收益率是指债券收益率或者股票收益率。在金融制度发达和比较发达的国家和地区，人们往往有投资的货币需求，即以营利为目的、以资产选择为内容的货币需求。当金融资产收益率明显高于存款收益率时，人们理所当然地愿意购买有价证券，因而会增加投资性货币需求。金融资产的收益率对货币需求的影响非常复杂，既然它是一种资产选择行为，也就包含了人们对流动性和安全性的选择，并非单纯追求盈利性。与此同时，它更多地影响货币需求结构，使不同的货币需求动机之间产生此消彼长的替代关系。由于我国金融市场发展迅速，对这类需求因素要进行深入分析和研究。

6. 企业和个人对利润与价格的预期。当企业对利润预期很高时，往往有很高的交易性货币需求。因此，它同货币需求呈同向变化。当人们对通货膨胀预期较高时，往往会增加消费，减少储蓄、抢购和持币待购成为普遍行为现象，因此，它同货币需求呈反向变动。

7. 财政收支状况。当财政收入大于财政支出并且有结余时，一般意味着对货币需求的减少，因为社会产品中的一部分无须货币去分配和使用，从而减少了一部分交易货币的需求。反之，当财政支出大于财政收入出现赤字时，便出现对货币需求的增加。赤字的弥补不论是通过向社会举债还是向中央银行短期借款，都会引起货币需求的增加。

8. 其他因素。这些因素主要有以下三个方面。首先，信用发展的状况。若信用关系不发达，信用形式单一，则对现实货币需求就大。其次，金融机构技术手段的先进程度和服务质量的优劣。先进的技术手段和高质量的金融服务往往能提高货币流通速度，减少现实的货币需求；反之，则增加货币需求。最后，国家政治制度稳定也会对货币需求产生重大影响。此外，一个国家历史、文化、民族性、生活习惯也对货币需求有一定影响。

总之，在上述影响货币需求的诸多因素中，收入、物价、利率和货币流通速度对货币需求的影响是最主要的，而企业、个人对利润和价格的预期、财政收支状况等因素则是促使货币需求扩张的常见动因。

第二节　货币供给

对货币需求进行研究最终还是为了能更有效地指导实际政策操作，为中央银行实施货币政策、组织货币供给提供操作的数量依据，在最大限度上使货币供应量和货币需要量保持一致，保持货币、物价的稳定，为经济发展创造一个良好的货币环境。

一、货币供给量的含义与计量

（一）货币供给量的含义

货币供给是一个动态概念，指货币供给主体——银行向货币需求主体供给货币的经济行为，其数量表现即货币供给量。货币供给量是一个静态的存量概念，是指财政部门、各个基层企事业单位、居民个人持有的由银行体系所供给的债务总量。货币供给又分为名义货币供给和实际货币供给。名义货币供给是指一定时点上不考虑物价因素影响的货币存量；实际货币供给就是指剔除了物价影响之后的一定时点上的货币存量。若将名义货币供给记为 M_s，那么实际货币供给就是 M_s/P。我们通常讲的货币供给是指名义货币供给。例如某年度的货币供给增长量、增长率，都是根据名义货币供给量计算得出的。但是当经济体系内发生较大的物价水平变动时，如果不对名义货币供给量和实际货币供给量进行区分，则可能会造成错误的判断和政策选择。名义货币供给量应该与实际货币需求量大体保持适应。按照货币价值论的观点，商品的价格由商品的价值与货币代表的价值的比例决定。名义货币供给如果超过实际货币需求，就会引起货币贬值。这样，由贬值的名义货币表现出来的是物价上涨，反之则可能表现为物价下跌。因此，货币当局应该保持名义货币供给与实际货币需求之间的平衡，以便促进经济协调发展。

货币供给是相对于货币需求而言的。货币供给行为研究的是货币供给的原理和机制，货币供给的必然结果是在经济中形成一定的货币供给量。货币供给量研究的是金融系统向流通中供应了多少货币，货币流通与商品流通是否相适应等问题。许多金融工具具有货币的职能，因此，对于货币存量的定义也有狭义和广义之分，而且各个国家定义的层次多寡也不一样。由于货币供应量包括现金货币与存款货币，货币供给的过程也分解为现金货币供给和存款货币供给两个环节。现金货币供给通常包括三个步骤：（1）由一国货币当局下属的印制部门（隶属于中央银行或隶属于财政部）印刷和铸造通货；（2）商业银行因其业务经营活动而需要通货进行支付时，便按规定程序通知中央银行，由中央银行运出通货，并相应贷给商业银行；（3）商业银行通过存款兑现方式对客户进行支付，将通货注入流通，供给到非银行部门手中。在不兑现信用货币制度下，商业银行的活期存款与通货一样，充当完全的流通手段和支付手段，存款者可据此签发支票进行购买、支付和清偿债务。因此，客户在得到商业银行的贷款和投资以后，一般并不立即提现，而是把所得到的款项作为活期存款存入同自己有业务往来的商业银行中，以便随时据此签发支票。所以，商业银行一旦获得相应的准备金，就可以通过账户的分录使自己的资产（放款与投资）和负债（活期存款）同时增加。从整个商业银行体系看，即使每家商业银行只能贷出它所收受的存款的一部分，全部商业银行却能把它们的贷款与投资扩大为其所收受的存款的许多倍。由上述分析可以看出，货币供给的主体分为中央银行和商业银行（包括接受活期存款的金融机构，即存款货币银行）。其中，中央银行供应基础货币，商业银行创造存款货币。

在中央银行体制（中央银行与商业银行分设）下，货币供给量（M_s）等于基础货币（B）与货币乘数（m）之积。即 $M_s = mB$。所以，中央银行只要能控制住基础货币与货币乘数，就能有效调控货币供给量。

（二）货币供给量的计量

1. 供应量计量模型

基础货币与货币供应量之间的关系是"源"与"流"的关系，下面我们就从基础货币这一"源"入手，推导货币供应量的计量模型。下列各式中的字母的含义分别为：M_s：货币供应量，m：货币乘数，B：基础货币（$C + R$），R：存款准备金，ER：超额准备金，C：流通中的现金，D：活期存款，T：定期存款，r_d、r_t：活期存款法定准备金率与定期存款法定准备金率，e：超额准备金率（ER/D），k：现金漏损率（C/D），t：定期存款转化率（T/D）。

$$B = C + R \qquad (10-8)$$
$$C = kD \qquad (10-9)$$
$$R = r_dD + r_tT + eD \qquad (10-10)$$
$$T = tD \qquad (10-11)$$

将式（10-9）、式（10-10）和式（10-11）代入式（10-8）得

$$B = kD + r_dD + r_ttD + eD$$
$$D = B/(k + r_d + r_tt + e) \qquad (10-12)$$
$$M_1 = C + D \qquad (10-13)$$

将式（10-9）和式（10-12）代入式（10-13）得

$$M_1 = B(1+k)/(k + r_d + r_tt + e) \qquad (10-14)$$
$$M_2 = M_1 + T \qquad (10-15)$$

将式（10-11）和式（10-14）代入式（10-15）得

$$M_2 = B(1+k+t)/(k + r_d + r_tt + e)$$

若用 m_1 表示 $(1+k)/(k+r_d+r_tt+e)$、m_2 表示 $(1+k+t)/(k+r_d+r_tt+e)$，则

$$M_1 = Bm_1, M_2 = Bm_2$$

用 M_s 表示 M_1 和 M_2；m 表示 m_1 和 m_2，则

$$M_s = Bm \qquad (10-16)$$

2. 影响货币供应量的因素

从货币供应量计量模型看，影响货币供应量的因素为基础货币与货币乘数。

（1）影响基础货币的因素。基础货币是中央银行的负债，因此其数量多少决定于中央银行的资产业务的规模。具体而言，有以下几个方面的因素：

首先，变动对商业银行等金融机构债权。这是影响基础货币的最主要因素。一般来说，中央银行的这一债权增加，意味着中央银行对商业银行再贴现或再贷款资产增加，同时也说明通过商业银行注入流通的基础货币增加，这必然引起商业银行超额准备金增加，使货币供给量得以多倍扩张。相反，如果中央银行对金融机构的债权减少，就会使货币供给量大幅收缩。通常认为，在市场经济条件下，中央银行对这部分债权有较强的控制力。

其次，变动对政府债权。中央银行对政府债权净额增加通常通过两条渠道实现：一是进行公开市场操作，买卖政府债券；二是直接贷款给财政以弥补财政赤字。无论哪条渠道都意味着中央银行通过财政部门把基础货币注入了流通领域。

再次，变动国外净资产。国外净资产由外汇、黄金占款和中央银行在国际金融机构的净资产构成。其中外汇、黄金占款是中央银行用基础货币收购来的。一般情

况下，若中央银行不把稳定汇率作为政策目标的话，则对通过该项资产业务投放的基础货币有较大的主动权；否则，中央银行就会因为要维持汇率的稳定而被动进入外汇市场进行干预，以平抑汇率，这样外汇市场的供求状况对中央银行的外汇占款有很大影响，造成通过该渠道投放的基础货币具有被动性。

最后，变动其他项目（净额）。这主要是指固定资产的增减变化以及中央银行在资金清算过程中应收应付款的增减变化。它们都会对基础货币量产生影响。

（2）影响货币乘数的因素。从货币乘数公式可知，影响货币乘数大小的因素有现金漏损率（k）、定期存款占活期存款的比率（t）、超额准备金率（e）、法定存款准备金率（r_d，r_t）。

①现金漏损率（k）。现金漏损率是指流通中的现金占商业银行活期存款的比率。现金漏损率与货币乘数负相关，现金漏损率越高，说明现金退出存款货币的扩张过程而流入日常流通的量越多，因而直接减少了银行的可贷资金量，制约了存款派生能力，货币乘数变小。影响现金漏损率的因素有：

第一，社会公众的收入水平与消费倾向。现金是流动性最高的财富形式，如果人们的收入水平和对将来的预期发生变化，对现金的需求量就会发生改变，从而引起 k 的上升和下降。

第二，持有现金的机会成本。如果银行存款利率或其他金融资产的收益率提高，因保有现金而损失的收益就增大，社会公众将倾向于增加存款或各种有价证券的持有量，现金漏损率将下降。另一种可能是，人们把有价证券作为存款的替代品，而不是作为现金的替代品，结果当人们购买有价证券时，存款减少，现金占活期存款的比率反而上升。

第三，通货膨胀预期。如果社会公众认为物价上涨会加剧，则会减少对存款货币的需求，进而提取更多的现金，以便尽快转换为保值资产，从而避免购买力的损失。因此，社会公众对未来价格的预期也会影响现金漏损率的高低。

第四，其他因素。主要包括社会公众的流动性偏好、货币结算制度、银行制度的发达程度和服务水平、社会支付习惯、现金管理制度以及其他一些自然随机因素。

②定期存款占活期存款的比率（t）。由于定期存款的派生能力低于活期存款，各国中央银行都针对商业银行存款的不同种类规定不同的法定准备金率，通常定期存款的法定准备金率要比活期存款的法定准备金率低。这样即便在法定准备金率不变的情况下，定期存款与活期存款间的比率改变也会引起实际的平均法定存款准备金率改变，最终影响货币乘数的大小。一般来讲，如果定期存款占活期存款的比率上升，在其他因素不变的情况下，以通货＋活期存款来量度的狭义货币 M_1 就会下降。影响定期存款占活期存款的比率有以下几个因素。

第一，定期存款的利率。如果该利率上升，将诱使人们更多地以定期存款方式保留财富，定期存款占活期存款的比率趋向于上升。反之，则会下降。即使在定期存款利率不变的情况下，如果活期存款的隐含收益上升，定期存款比率也会下降。第二，其他金融资产的收益率。其他金融资产（股票、债券等）的收益率相当于保有定期存款的机会成本，它们与定期存款比率呈反向变动关系。第三，收入或财富的变动。收入或财富的增加往往会引起各种资产持有额的同时增加，但是其增加幅度未必相同。仅就定期存款与活期存款这两种资产而言，随着收入的增加，定期存款的增加幅度一般要大于活期存款的增加幅度。因此，收入或财富的变动一般引起定期存款占活期存款的比率同方向变动。第四，对定期存款的偏好程度等因素也在一定程度上影响定期存款占活期存款的比率，从而影响货币乘数。

③超额准备金率（e）。商业银行保有的超过法定准备金的准备金与存款总额之比，称为超额准备金率。显而易见，超额准备金的存在相应减少了银行创造派生存款的能力，因此，超额准备金率与货币乘数之间也呈反方向变动关系，超额准备金率越高，货币乘数越小；反之，货币乘数就越大。超额存款准备金率的大小主要取决于商业银行自身的经营决策。商业银行愿意持有多少超额准备金，主要取决于以下几个因素：

第一，持有超额准备金的机会成本大小。一般用市场收益率的高低来衡量。超额准备金是银行的非营利资产，市场收益率高，银行进行放贷或投资就有利，势必减少超额准备金；市场收益率低，保留超额准备金的机会成本降低，相应就会增加超额准备金的持有量。第二，借入准备金的成本大小。主要体现为中央银行再贴现率的高低。商业银行在准备金不足时，可以拿客户贴现的票据向中央银行申请再贴现。如果再贴现率高，意味着向中央银行借入资金的成本高，商业银行就会减少向中央银行的资金融通，并相应保留较多的超额准备金，以备不时之需；如果再贴现率低，意味着商业银行向中央银行融通资金的成本低，势必鼓励商业银行扩充银行信用，减少超额准备金。同理，同业拆借利率对超额准备金率也起到类似的作用。第三，社会公众的资产偏好及资产组合的调整。当社会公众偏好现金时，银行为防备大量存款提现，势必保留更多的超额准备金；若社会公众对定期存款的偏好增加，银行超额准备金将随之降低。第四，经营风险和资产的流动性。如果经营风险较大，而现有资产的流动性又较差，商业银行就有必要保留一定的超额准备金，以备应付各种风险。第五，社会资金需求愿望、商业银行的经营态度及资金拆借市场的完善状况等因素都会影响商业银行的超额准备金，使超额准备金率发生变动。

④法定存款准备金率（r_d，r_t）。法定存款准备金率提高，商业银行就必须缩减贷款以满足法定存款准备金率的要求，进而减小了货币乘数，收缩了货币供给。法

定存款准备金率的大小完全由中央银行决定，是中央银行的政策变量。法定存款准备金率的变动一般都是中央银行为实现对宏观经济的调节，使用货币政策工具的结果。中央银行可以根据其货币政策的需要调整该比率，从而鼓励或限制商业银行创造存款货币，以达到控制货币供给量的目的。

二、货币供给量的形成

现代经济条件下的货币供给机制是由两个层次构成的：第一个层次是中央银行提供基础货币和对货币供给的宏观调控，第二个层次是商业银行创造存款货币。当中央银行将创造的基础货币投入流通时，这部分基础货币就形成了公众所持有的通货，公众将通货存入银行，就形成了商业银行的原始存款；商业银行由此创造存款货币。下面我们按照货币供给形成的过程对货币供给形成的机制进行介绍。

（一）中央银行与基础货币

1. 基础货币的定义。基础货币又称高能货币、强力货币或货币基数，它是商业银行存于中央银行的存款准备金和流通于银行体系之外的通货之和。基础货币表现为中央银行的负债。用公式表示即为

$$B = R + C \qquad\qquad (10-17)$$

式中，B 代表基础货币；R 代表商业银行存于中央银行的存款准备金；C 代表流通于银行体系之外的通货。

2. 基础货币的投放渠道。基础货币的投放是由中央银行的信用活动来完成的，中央银行资产和负债的变动导致基础货币供应量的变动。基础货币的投放主要通过以下几个主要渠道实现：

（1）贴现及放款。中央银行对商业银行的资产业务是中央银行进行基础货币投放的最主要渠道，其主要形式是中央银行票据再贴现和放款。以再贴现为例，在再贴现业务中，中央银行增加了其资产负债表中以票据形式持有的资产，在贷款中增加了对商业银行的债权，而无论哪种业务，都相应增加了其负债——商业银行在中央银行的准备金存款，从而使基础货币等额增加。若中央银行收回贷款或减少对商业银行的票据再贴现，则会导致基础货币相应缩减。

（2）购买政府债券及财政借款。无论是中央银行直接对财政贷款或直接买入国债，还是通过公开市场业务使持有的国债资产增大，都是中央银行扩大了对财政的资产业务，并同时使财政金库存款相应增加。财政金库存款支用时，在中央银行的财政金库存款减少，商业银行的准备金存款相应增加。也就是说，中央银行对财政的资产业务成为商业银行存款准备金增加的来源，从而增加了基础货币的投放。

（3）购买外汇或黄金。中央银行通过收购金银、外汇增加外汇储备，形成中央

银行的资产；如果是向居民、企业直接收购，则要么是通货投放增加，要么是居民或企业在商业银行的存款增加，从而使商业银行在中央银行的存款准备金增加；如果直接向商业银行收购外汇、黄金，则会直接引起商业银行的准备金存款增加。以上各种情况都意味着基础货币的增加。相反，如果中央银行出售黄金、外汇而使此项资产减少，则会引起基础货币的相应减少。

（4）其他债权债务关系。其他债权债务关系是指中央银行资产负债表中的其他项目。这主要是指固定资产的增减变化以及中央银行在资金清算过程中应收应付款的增减变化。它们都会对基础货币量产生影响。中央银行的资产负债简表如表 10 - 1 所示：

表 10 - 1 中央银行的资产负债简表

资产	负债
对商业银行贷款	现金
对政府的债权	商业银行存款
外汇、黄金储备	财政存款
其他资产	资本

通过对上述情况的阐述可以看出，中央银行资产负债表中资产余额或负债余额增加会导致基础货币的增加；相反，表内的资产余额或负债余额减少会导致基础货币的减少。

（二）商业银行与派生存款

商业银行是以盈利为目的的企业，其传统业务是信用中介业务，即以较低的利率吸收存款再以较高的利率发放贷款，从存贷利差当中获利。在整个金融机构体系中，商业银行与其他金融机构的显著区别在于，只有商业银行才能经营活期存款业务并因此具有创造派生存款的能力。在二级银行制度下，商业银行是货币供给形成体系中的一个重要层次，是整个货币运行的最主要的载体，货币总规模及其结构、货币运行质量都与商业银行的活动有直接联系。在信用货币流通的条件下，银行系统供给货币的过程必须具备两个基本条件：（1）部分准备制，即建立了存款准备金制度；（2）非现金转账结算制度，即不使用现金，通过银行将款项从付款单位（或个人）的银行账户直接划转到收款单位（或个人）的银行账户的货币资金结算方式。

1. 商业银行的存款派生与收缩。商业银行创造多倍派生存款的过程不是由一家银行单独完成的。单一银行仅能创造等于其超额准备金的存款，而整体银行体系却能够进行多倍存款扩张。银行存款的来源可分为两种：一是原始存款，即能增加其准备金的存款，包括客户以现金方式存入银行的直接存款和中央银行向商业银行提供的再贴现与再贷款；二是派生存款（Derivative Deposit），即从银行的贷款等资金运用行为中派生出来的存款。在现代信用制度下，商业银行的客户几乎不可能将所有的可支配资金以现金形式保留，大部分都是以银行存款的形式保留的。

（1）存款的多倍扩张。假设某客户在 A 银行存入了 10000 元支票存款，这 10000 元就形成了 A 银行的原始存款（Primary Deposit）。此时 A 银行在中央银行的准备金增加了 10000 元，支票存款增加了 10000 元。我们假定准备金存款没有利息收入，故银行不愿持有超额准备金。分析银行的 T 形账户发现，A 银行在中央银行的准备金增加了 10000 元，支票存款也增加了 10000 元。

表 10 - 2　　　　　　　　　　　A 银行的 T 形账户

A 银行			
资产		负债	
准备金	+ 10000	支票存款	+ 10000

如果法定准备金率（Legal Reserve Ratio）是 10%，则 A 银行发现法定准备金增加 1000 元，超额准备金为 9000 元。由于 A 银行不愿持有超额准备金，因而全额贷出，A 银行的贷款和支票存款增加 9000 元，但当借款人动用其 9000 元存款时，A 银行的支票存款和准备金将降低 9000 元，因而 A 银行的 T 形账户最终如表 10 - 3 所示：

表 10 - 3　　　　　　　　　变动后的 A 银行的 T 形账户

A 银行			
资产		负债	
准备金	+ 1000	支票存款	+ 10000
贷款	+ 9000		

如果借款人将该笔支票存款存入 B 银行，则 B 银行的 T 形账户为：

表 10 - 4　　　　　　　　　　　B 银行的 T 形账户

B 银行			
资产		负债	
准备金	+ 9000	支票存款	+ 9000

同样的道理，B 银行会进一步调整其资产负债。9000 元的 10%（900 元）作为法定准备金，剩余的 8100 元是 B 银行的超额准备金，B 银行将这笔金额贷出，由于借款人支用这笔款项，使 B 银行的 T 形账户变为：

表 10 - 5　　　　　　　　　变动后的 B 银行的 T 形账户

银行 B			
资产		负债	
准备金	+ 900	支票存款	+ 9000
贷款	+ 8100		

从 B 银行借款的人再将 8100 存入 C 银行。到此阶段为止，银行体系最初的 10000 元，在此已合计为 27100 元（ = 10000 + 9000 + 8100）。这一过程继续下去，在最初 10000 元存款的基础上，通过银行发放贷款，整个银行体系的存款总额增加到 100000 元，是最初存款的 10 倍，正好是法定存款准备率的倒数。这个过程可以表示为：A 银行吸收客户甲的存款→提取部分比例准备金后向另一客户乙发放贷款→形成客户乙在 A 银行的存款→客户乙用该存款进行转账支付→形成 B 银行客户丙的存款增加→B 银行提取部分准备金后继续放款……如果资金不流出银行体系，银行体系就可以派生出数倍的存款货币。从存款的先后顺序来说，10000 元是最初的存款，我们将这种商业银行吸收到的能增加其准备金的存款称为原始存款；在此基础上通过商业银行的转账贷款等资产业务所创造出的存款称为派生存款。若以 ΔD 表示经过派生的存款总额的增额，以 ΔR 表示原始存款的增额，r_d 表示法定存款准备率，则有

$$\Delta D = \Delta R / r_d \qquad (10-18)$$

可见，每一笔原始存款的增加最终会引致数倍于自身的派生存款，其最大的扩张倍数称为派生倍数（Withdrawal Multiplier），也即乘数。若以 K 表示存款总额变动对原始存款的倍数，则 $K = \dfrac{1}{r_d}$，即派生倍数是法定存款准备率的倒数。

（2）存款的多倍收缩过程。上面我们假设客户最初在银行存入一笔款项，使银行增加一笔原始存款，从而在银行体系中创造出多倍的存款货币；与之相反，若客户从银行提取存款，引起银行体系原始存款的减少，在银行体系无超额准备金的前提下，也必然会出现存款货币多倍减少的过程。存款的多倍收缩过程和存款的多倍扩张过程是相对应的。

2. 存款派生倍数的制约因素。在以上介绍的存款创造过程中，我们假设银行不愿持有超额准备金，只保留法定准备金，其余的全部贷出或购买债券，并且客户将全部收入存入银行而不提取现金。在这些假设前提下，商业银行创造存款能力的大小基本取决于法定存款准备金率的高低，并与之呈反向关系。但是，除了法定存款准备金率这个最主要的基础因素以外，影响商业银行创造存款能力的还有诸如超额准备金、现金漏损率等因素。下面我们继续考察和理解各种因素对存款派生倍数的限制作用。

（1）法定存款准备金率（r_d）。现代银行体系普遍实行部分准备金制度，即各家商业银行均须按一定比率将其存款的一部分转存于中央银行，目的就在于限制商业银行创造存款的能力。存款准备金率越高，商业银行创造存款的能力越小；反之则相反。如果舍掉其他影响存款创造倍数的因素，则整个商业银行创造存款货币的数量受法定存款准备金率的限制，其派生倍数同存款准备金率呈倒数关系。

（2）现金漏损率（k）。在存款扩大过程中，有些得到支票的人很可能不把这些

存款存入银行，而是通过提现将之存放于银行体系之外，出现所谓的现金漏损。现金漏损的出现使银行可用于放款的资金减少，因而削弱了银行创造存款的能力。由于社会经济中现金的数量同存款的数量之间在一定时期内大致存在某种比率关系，故我们可用这种比率来表示现金在存款派生过程中的漏损率。将现金漏损问题考虑进去后，银行体系创造存款的派生倍数公式发生变化。一般来说，影响现金漏损率的因素有：①社会大众可支配收入水平的高低。可支配的收入越高，需要持有的现金越多，但是现金漏损率趋于下降。②用现金购买或用支票购买的商品和劳务的相对价格的变化。比如，食品的价格相对于耐用消费品价格上升会增加现金需求，现金漏损率提高。③大众对通货膨胀的预期。预期的通货膨胀率高，现金漏损率则高。相反，现金漏损率就低。④地下经济规模的大小。地下经济多以现金交易为主，其规模越大，现金漏损率也越大。⑤社会的支付习惯。信用工具的发达程度、社会及政治的稳定性、利率水平等都影响现金漏损率的变化。

（3）超额准备金率（e）。出于经营的安全性与流动性原则，银行实际保留的准备金总是大于法定准备金，超出的部分称为超额准备金（Excess Reserves）。银行的超额准备金占存款总额的比例称为超额准备金率。如果超额准备金率高，则银行信用扩张的能力缩小；如果超额准备金率低，则银行存款的派生倍数提高。商业银行愿意持有多少超额准备金，主要取决于以下因素：①持有超额准备金的机会成本的高低，即生息资产收益率的高低。如果利率低，超额准备金率就高，反之则低。②借入准备金的成本高低，主要是中央银行再贴现率的高低。再贴现率高，意味着借入准备金的成本增高，商业银行就会保留较多的超额准备金，以备不时之需；反之，如果借入准备金的成本较低，就没有必要保留较多的超额准备金，超额准备金率就低。③银行拆入资金的能力。银行获取短期负债的能力越强，为了防范不时之需所要保留的超额准备金就越低。

（三）货币乘数

1. 货币乘数的定义。货币乘数（Money Multiplier）是货币供给量相对于基础货币的倍数。货币供给的基本模式可以表示为

$$M_s = mB \tag{10 - 19}$$

式中，M_s 为货币供给总量；m 为货币乘数；B 为基础货币。

货币供给之所以和基础货币之间具有倍数的关系，主要是由于银行准备金（R）的多倍存款创造作用。货币乘数的一个重要特征是它小于存款派生倍数。理解这一点的关键在于理解基础货币的不同构成。基础货币由通货和准备金构成，虽然存在存款的多倍扩张，但通货不存在类似的扩张。这样，如果基础货币增量中的一部分为通货，则这一部分就不会产生多倍扩张效应。

2. M_1的货币乘数（m_1）推导。若以包括通货和活期存款的货币存量 M_1 为对象，c 表示通货比率，即流通中的现金（C）与活期存款（D）的比率；r_d 表示活期存款的法定准备金比率；r_t 表示定期存款的法定准备金比率；t 表示定期存款（T）对活期存款的比率；e 表示商业银行的超额准备率。则将上述货币供给的基本模式稍加变形可得

$$m = M_s/B \qquad (10-20)$$

这里的 M_s 用 M_1 代替，由于：

$$M_1 = D + C \qquad (10-21)$$
$$B = R + C \qquad (10-22)$$

式中：R 指商业银行的存款准备金，既包括商业银行的法定存款准备金，又包括超额存款准备金（E）；既包括商业银行的库存现金，又包括商业银行在中央银行的存款准备金。即

$$R = r_d D + r_t DT + eD \qquad (10-23)$$

将式（10-20）、式（10-21）、式（10-22）代入式（10-23），并将分子分母都除以 D，得

$$m_1 = M_1/B$$
$$= (D+C)/(R+C)$$
$$= (1+c)/(r_d + r_t T + e + c) \qquad (10-24)$$

3. M_2的货币乘数（m_2）推导。通过前面对货币层次的介绍，我们已经知道：

$$M_2 = D + C + T \qquad (10-25)$$

根据 M_1 货币乘数的推导过程，同理可得 M_2 的货币乘数公式：

$$m_2 = M_2/B$$
$$= (D+C+T)/(R+C)$$
$$= (1+c+t)/(r_d + r_t T + e + c) \qquad (10-26)$$

以上分析表明，货币乘数是由活期或定期存款的法定准备金率、商业银行的超额准备金率、定期存款比率以及通货比率等变量决定的。在这些因素中，活期存款的法定准备金率、定期存款的法定准备金率由中央银行决定，而超额准备金率由商业银行行为决定，通货比率和定期存款占活期存款的比率由社会公众的行为共同决定。在基础货币一定的条件下，货币乘数与货币供应量成正比关系。

三、货币供给理论

（一）货币供给的内生性与外生性

货币供给理论是研究货币供给量的决定因素、货币供给量的形成、货币当局如

何控制货币供给量的理论。处于这一系列讨论核心的是货币供给的内生性或外生性问题。货币供给的外生性是指货币供给量并不是由经济因素，如收入、储蓄、消费、投资等因素所决定的，而是由货币当局完全操控的。货币供给的内生性是指货币供给的变动不是由货币当局决定的，起决定作用的是经济体系内的多种因素。如果认为货币供给是内生变量，就是认为货币供给总是要被动地决定于客观经济过程，货币当局不能有效地控制货币供给的变动，货币政策的调节作用是有限的。而如果认为货币供给是外生变量，就等于认为货币当局能够有效地对货币供给进行控制。

（二）凯恩斯的货币供给理论

凯恩斯认为货币是国家的创造物。以此为基础，他提出了外生货币供给论。凯恩斯认为货币供给是由中央银行控制的外生变量，它的变化影响着经济的运行，但其自身却不受经济因素的制约，这是由货币的供给弹性和替代弹性的特征决定的。一方面，由于货币的供给弹性极小，几乎为零，当货币需求上升时，无法用多投入劳动力的方法来提高货币的供给；另一方面，货币的替代弹性为零，它是依靠国家权力发行并强制流通的，任何其他商品都无法取代货币，因而无法降低对货币的需求。凯恩斯认为利率是由货币的供给和需求所决定的，因而货币供给变动的直接影响便是利率的波动。利率的波动会进而影响储蓄、消费、投资等变量，并最终影响有效需求。公开市场操作是增加或减少货币供给的主要办法，通过对货币供给的调节，可以对社会的有效需求进行管理。

（三）新剑桥学派的货币供给理论

新剑桥学派认为，虽然从形式上看，现有的货币量都是由中央银行投放出去的，但实质上，供给多少货币并不完全取决于中央银行的意志，而是中央银行被动适应公众货币需求的结果。在当代高度发达的信用经济中，商业银行作为整个货币运行的最主要的载体，会在很大程度上影响货币供给量。例如，当经济处于上升周期时，企业的贷款需求会增加，银行体系的贷款也会相应增加。通过贷款发放和信用创造功能，货币供给量会扩大。中央银行不能直接干预商业银行的自主经营决策，因而只能被动地适应。在货币供应量的调控问题上，新剑桥学派认为中央银行能够控制货币供给量。这点同凯恩斯的观点是一致的。但他们同时指出，中央银行的控制能力是有限的。这主要基于两个方面的原因：一是当货币需求旺盛时，银行体系会想方设法逃避中央银行的控制，造成货币供给量增多。二是中央银行在货币供给的控制方面存在漏区，银行可采取一些灵活多样的信用方式增加投放。

（四）新古典综合学派的货币供给理论

新古典综合学派明确地提出了内生货币供给论。他们认为货币供给量主要是由银行和企业行为所决定的，而银行和企业的行为又取决于经济体系内的许多变量，中央银行不可能有效地限制银行和企业的支出，更不可能支配它们的行为。新古典综合学派的理论依据如下：

1. 由金融机构业务活动决定的信贷及创造的存款货币是货币供给的源头。在金融体系高度发达的当代，只要有贷款需求，银行就能提供信贷并由此创造出存款货币，导致货币供给量的增加。

2. 金融体系的创新能起到动员闲置资金、节约头寸、改变货币流通速度的作用。因此，即使中央银行只是部分地提供所需货币，通过金融创新也可以相对地提高货币供给量。

3. 企业可以创造非银行形式的支付来提高信用规模。通过发行或交换期票，相互提供融资便利等手段，企业可以解决银行信贷不足带来的融资困难问题。

（五）货币学派的货币供给理论

货币学派的货币供给理论兴起于 20 世纪 60 年代，它是现代新经济自由主义流派中影响最大的流派，其主张具有重要的现实意义。下面对货币学派中较有影响的理论模型做简要介绍。

1. 弗里德曼—施瓦茨的分析。其主要分析及观点出于二人合著的《1867—1960年的美国货币史》。首先，两位经济学家把货币划分为两大类：货币当局的负债，即通货；商业银行的负债，即银行存款。然后，假设 M 为货币存量，C 为非银行公众所持通货，D 为商业银行存款，H 为高能货币，R 为商业银行存款准备金，那么可列出下列等式：

$$M = C + D \qquad (10-27)$$
$$H = C + R \qquad (10-28)$$

则

$$M = H \cdot \frac{\frac{D}{R} \cdot \left(1 + \frac{D}{C}\right)}{\frac{D}{R} + \frac{D}{C}} \qquad (10-29)$$

这就是弗里德曼—施瓦茨的货币供给模型。从该模型中可看出，决定货币存量（M）的因素有三个：高能货币（H）、商业存款与其准备金之比（D/R），商业银行存款与非银行公众所持通货之比（D/C）。其中，D/R、D/C 同时也是货币乘数的影响因素。首先，高能货币受政府或货币当局的影响。其次，D/R 受银行体系影响。银行体系能够通过改变超额准备金数量，改变银行存款与准备金之比，即改变D/R。最后，D/C 受社会影响，当然，同时也受银行服务和利率水平的影响。两位经济学家利用上述方法，检验了 1867—1960 年美国货币史，并得出基本结论：H 的变化是导致广义 M 变化的重要原因，决定并影响 M 长期性变化和周期性变化；另外，D/R 与 D/C 对金融危机条件下的货币运动有着决定性影响；D/C 的变化还对货币量的变化有影响，是 M 呈现长期缓慢的周期性变化的重要原因。

2. 菲利普·卡甘的分析。菲利普·卡甘于 1965 年出版了专著《1875—1960 年美国货币存量变化的决定及其影响》，提出了其货币供给理论与模型。菲利普·卡甘对货币的定义与划分同弗里德曼——施瓦茨基本一致，只是推导过程和模式不同，其货币供给模型为

$$M = \frac{H}{\dfrac{C}{M} + \dfrac{R}{D} - \dfrac{CR}{MD}} \qquad (10-30)$$

卡甘据此认为：货币存量（M）长期的、周期性的变动，决定于高能货币（H）、通货比率（C/D）和准备金比率（R/D）这三个因素。H 的增长是 M 长期增长的主要原因。H 的增长，在信用货币制度下，主要取决于黄金储备的增长和联邦储备体系的操作。政府控制 H，公众和商业银行则决定持有 H 的比例。公众通过通货与银行存款的相互转化，改变其高能货币持有额。商业银行通过贷款和投资的变动，改变其高能货币持有额。C/D 的变动是 M 周期性波动的主要原因。C/D 在长期中呈下降趋势，主要原因在于收入和财富的增长以及城市化。公众的行为对 C/D 的变动有很大影响。如果公众减少通货持有，而相对增加银行存款，银行准备金就增加。此时如果 R/D 不变，则 M 增加。R/D 即准备金与存款的比率的变动，是由法定存款准备金率的变化引起的。商业银行的行为对 R/D 的变动有很大影响。如果银行贷款增加，而存款不变，银行准备金就减少，此时 M 增加。

3. 乔顿的分析。20 世纪 60 年代末，美国经济学家乔顿发展了上述两种分析与结论，提出了更为复杂的模型，而且对货币以及存款准备金等概念都进行了重新界定。乔顿采用的是狭义货币 M_1，并且区分了联储银行和非联储银行，以及不同法定存款准备金率要求的不同存款。据此，他认为决定货币存量的因素主要有以下几个方面：

第一，货币基数。货币基数即公众与商业银行所持有的政府的净货币负债，其实就是通货和商业银行存款准备金，即基础货币（B）。

第二，联储银行的准备金与存款的比率。根据银行类型和存款种类不同，商业银行的存款准备金率也不同。如果以 D、T、G、r 分别表示商业银行的私人活期存款、私人定期存款、政府存款和各种存款的加权平均准备金率，则商业银行的全部准备金（R）可表示如下：

$$R = r(D + T + G) \qquad (10-31)$$

第三，通货与活期存款的比率。如果以 C、D、k 分别表示通货、活期存款、通货与活期存款的比率，即有

$$C = kD \qquad (10-32)$$
$$k = C/D \qquad (10-33)$$

该比率是影响货币供给的重要因素。该比率越小，货币基数增加，进入银行作为准备金的部分越大，从而银行体系所创造的存款就越多。

第四，定期存款与活期存款的比率。如果以 T、t 分别表示定期存款、定期存款占活期存款的比率，则有

$$T = tD \qquad (10-34)$$
$$t = T/D \qquad (10-35)$$

在存款总额中，定期存款比率越大，活期存款的比率就越小，当存款总额与通货不变时，M_1 就会减少。同时，定期存款在存款总额中所占比重越大，货币乘数就越小。

第五，政府存款与私人活期存款的比率。如果以 G、g 分别表示政府存款、政府存款占私人活期存款的比率，则有

$$G = gD \qquad (10-36)$$
$$g = G/D \qquad (10-37)$$

在美国，商业银行可吸收政府活期存款，并为此必须保持准备金率，该准备金率与私人活期存款准备金率相同。因此，当货币基数或准备金量一定时，政府存款的变化会影响存款量，从而影响货币乘数。根据上述认识，乔顿提出了货币乘数（m）的模型：

$$
\begin{aligned}
m &= M/B \\
&= (C+D)/(C+R) = (kD+D)/[kD+r(D+tD+gD)] \\
&= (1+k)/[r(1+t+g)+k] \qquad (10-38)
\end{aligned}
$$

这个模型说明 m 是行为参数 r、t、g 的递减函数，这意味着商业银行各种存款的加权准备金率、定期存款比率和政府存款比率的变化对货币乘数产生反向影响与效应。

（六）新自由主义学派的货币供给理论

新自由主义学派又称弗莱堡学派。该学派认为应通过保持币值的稳定来保证市场经济的协调与稳定运行。该学派提出了两条货币供给的原则：第一，货币供给应与社会生产能力相适应；第二，保持商品追逐货币的局面，以吸引商品源源不断地流入市场，通过公众投资的货币票值来判断商品的优劣，以此提高商品的质量和数量。

第三节 货币的均衡

在现代市场经济条件下，一切经济活动都必须借助于货币的运动，社会需求都表现为拥有货币支付能力的需求，即需求必须通过货币支付实现。由于货币供求均衡直接影响和制约社会总供给均衡，所以，研究货币均衡问题具有重要的理论和实践意义。

一、货币均衡的含义与概述

（一）货币均衡的含义

西方经济学的货币均衡理论不如货币需求理论和货币供给理论那么成熟，对究竟什么是货币均衡的问题存在着分歧，主要有以下三种解释：

1. 货币供给与货币需求相等。西方主流经济学家以对货币供给与货币需求的比较作为逻辑思维的起点来研究货币均衡问题。他们主要是通过对货币的非均衡——通货膨胀，这种典型的失衡状态来间接研究该问题，认为只要通货膨胀问题解决了，货币均衡问题也就迎刃而解了。

2. 货币利率与自然利率相等。北欧学派的经济学家始终以货币利率和自然利率的比较作为直接出发点来对货币均衡问题展开研究。他们认为，利率对货币问题的重要性以及对金融问题的重要性就同价格对整个经济问题的重要性一样，几乎所有的金融问题都是围绕着利率进行的，因此，利率对于货币均衡而言至关重要，对不同种类利率的研究就演化为货币均衡研究的直接对象。

3. 储蓄与投资相等。"储蓄＝投资"是宏观经济学中非常重要的一个等式，有人把它与费雪的"$MV = PY$"宏观经济模型并列起来运用，甚至还有人将其替代费雪交易方程式，并称之为第三代宏观经济学模型。西方不少学者现在都把储蓄与投资的比较作为研究货币均衡的直接目标。

（二）货币供求均衡的一般理论

"均衡"一词来源于物理学，是指相反的力量处于相持的均势，但之后被广泛应用于经济学中，主要用于描述和分析市场供求的对比状态，以发现其运行的态势和规律，进而研究调控的措施和方法。对于"均衡"这一概念的界定，经济学家有着不同理解，主要有以下几种。

1. 瓦尔拉斯的一般均衡理论。瓦尔拉斯运用数理方法，从交换、生产、资本形成和货币流通四个方面创建了以边际效用价值论为基础的一般均衡理论。一般均衡理论从市场上各种商品的供给、需求和价格是相互影响、相互依存的前提出发，来考察每种商品的供给和需求同时达到均衡状态下的价格决定问题。瓦尔拉斯认为，当整个经济体系达到均衡状态时，每个部门的产品的均衡价格和均衡产量，以及所有生产要素的均衡价格和均衡供给量，都将相应地被决定，市场上的供给和需求完全相等。这种均衡的获得和维持是通过价格调整实现的。后人常常称之为瓦尔拉斯均衡。按照瓦尔拉斯均衡理论，市场上既不存在过剩也不存在短缺，或者说既不存在过量供给也不存在过量需求时，市场就处于均衡状态。因此，要真正实现瓦尔拉斯均衡，就必须要求市场和整个社会都处于完全和谐的状态。然而，现实中的每种经济社会都会有其不和谐之处，经济运行也不会顺此理想状态进行。

2. 马歇尔的局部均衡理论。阿尔弗雷德·马歇尔总是在"假定其他条件不变"时，分析一种商品或一种生产要素的价格如何由供求两种相反力量的作用而达到均衡。局部均衡理论相对于一般均衡理论而言，指在不考虑所分析的经济体系内某一局部以外因素的影响时，这一局部所达到的均衡。即在研究整个经济体系中的某一局部问题时，假定局部以外的其他因素都不变，从而只考虑局部本身所包含的各种因素之间的相互影响、相互作用及其达到均衡的过程。

3. 凯恩斯的非充分就业的均衡理论。由于瓦尔拉斯一般均衡理论过于理想化，许多学者都对它提出了质疑和批评，并逐渐形成了一种影响极大的非瓦尔拉斯均衡理论。该理论一般由四个宏观经济模型来概括：凯恩斯的失业均衡模型、压抑的通货膨胀模型、波兹的短边规则模型和科尔内的短缺均衡模型。其中，以凯恩斯的失业均衡模型和下面要介绍的科尔内的短缺均衡模型尤为著名。

凯恩斯的分析是围绕失业均衡或小于充分就业均衡的思路展开的，其基本特征是在需求约束型经济中，普遍存在非自愿失业和非自愿的商品供给过剩，由于愿意提供的供给大于实际的需求，所以现实经济生活中的供求均衡是由有效需求确定的，即凯恩斯均衡是指由有效需求所决定的非充分就业均衡。

4. 科尔内的短缺均衡理论。匈牙利著名经济学家亚诺什·科尔内从需求大于供给的资源约束型经济角度出发，对于瓦尔拉斯的一般均衡理论给予了系统的批判。他认为，瓦尔拉斯均衡只是一种理想状态，其价值在于作为一种理想标准或参照系，在现实经济运行中，客观存在的是广义均衡和超广义均衡。广义均衡是指短缺和滞留都不超过一定幅度时的均衡，而超广义均衡是指均衡本身是一种正常状态，任何一个系统都处于正常状态，改变这种正常状态并不是从不均衡（失衡）过渡到均衡，而只是从一种均衡过渡到另一种均衡。

科尔内的均衡学说在社会主义国家甚至在西方的影响都非常大，为社会主义理论经济学的创新指明了方向。他强调，经济学家不应该在理想的瓦尔拉斯均衡状态下去分析现实经济的运行，而应该在不那么理想但更为现实的非瓦尔拉斯均衡状态下来分析其运行。然而，科尔内的均衡观仍是不可接受的。该学说将短缺设定为社会主义的正常状态，并将之定义为社会主义的均衡，认为没有必要消除短缺，即供给持续偏离需求是正常的，研究均衡问题也就完全没有必要了。

二、货币均衡与社会总供求

（一）社会总供求

社会总供给和社会总需求是一国经济中十分重要的宏观经济变量，两者间的基本平衡是稳定、协调发展国民经济的一项基本要求。

1. 社会总供给和总供给曲线

社会总供给通常是指在一定时期内，一国生产部门按照一定价格提供给市场的全部产品和劳务的价值总和，以及在市场上出售的其他金融资产总量。由于商品都是在市场上实现其价值，所以社会总供给也就是一定时期内社会的全部收入或总收入。在宏观经济中有若干变量会对总供给产生影响，其中，最直接、最重要的影响来自价格水平。总供给曲线即是用来表示在其他条件不变的前提下，一般价格水平与总供给（即总收入）之间关系的曲线。图 10-1 所示的总供给曲线表明，当经济未达到充分就业时，总供给曲线是一条向右上方倾斜的曲线，这表示价格水平的上升将导致总供给的增加。该曲线在低产量水平处相对平坦，而在高产量水平处相对陡峭的理由是：在低产量处，经济中存在过剩的生产能力，劳动力和机器设备利用不足，因此价格水平的略微上升将引起非常大的产量增加。在高产量水平处，劳动力和机器设备已极大限度地得到利用，很难再生产出更多产品。当经济达到充分就业时，总供给曲线变为一条过 Y_f 点垂直于横轴的直线。这意味着无论价格如何上升，总供给都不会再增加，因为此时劳动力和机器设备已得到充分利用。Y_f 这一产

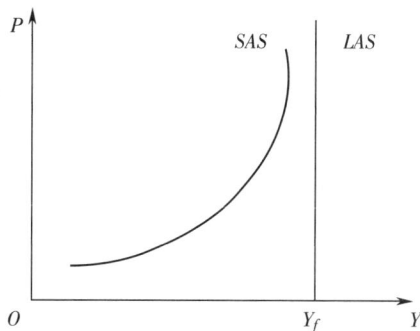

图 10-1　长期总供给曲线和短期总供给曲线

量通常被称为充分就业产量或潜在产量，该曲线也被称为长期总供给曲线（LAS）。向右上倾斜的曲线则被称为短期总供给曲线（SAS）。

2. 社会总需求和总需求曲线

社会总需求是指在一定时期内，一国社会各方面实际占用或使用的全部产品之和。在市场经济下，社会需求通常表现为有货币支付能力的购买需求，所以社会总需求也就是一定时期内社会的全部购买支出。它通常由以下四个部分组成：消费需求（C）、投资需求（I）、政府支出（G）和净出口需求（NX）。在这四个变量中，通常假设政府支出是一个固定的政策变量，其他三个变量则取决于经济状况，特别是取决于物价水平。总需求曲线可以用来表示物价水平和总需求量的关系（见图 10-2）。

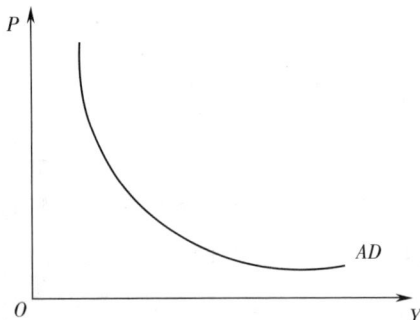

图 10-2　总需求曲线

图 10-2 表明，总需求曲线向右下方倾斜。这意味着在其他条件相同的情况下，物价总水平下降会增加商品与服务的需求量。有三个理论可以解释总需求曲线会向右下方倾斜的原因：（1）庇古的财富效应理论说明消费需求与物价水平呈负相关关系。庇古指出，物价水平下降使消费者感到更富裕，这又鼓励他们更多地支出。消费支出增加意味着消费需求的增大。（2）凯恩斯的利率效应理论说明投资需求与物价水平呈负相关关系。凯恩斯指出，较低的物价水平降低了利率，鼓励了更多的投资，从而增加了投资需求。（3）蒙代尔—弗莱明汇率效应理论表明净出口需求与物价水平呈负相关关系。蒙代尔和弗莱明认为，一国物价水平下降会引起该国利率下降，并进而引起该国实际汇率降低，这将刺激该国的净出口增加，从而增加净出口需求。

3. 社会总供求平衡

社会总供求之间的平衡是指社会总供给与总需求之间的相互适应，是宏观经济的最终平衡。其主要表现为：

（1）社会总供求平衡是货币形态的均衡，而非实物形态的均衡。

（2）社会总供求平衡是动态均衡，允许短期偏离，但长期均衡。

（3）社会总供求平衡是现代经济运行中的市场总体均衡，即商品市场和货币市场均衡的统一。

（二）总供求模型 （*AD—AS* 曲线）

将总供给和总需求曲线绘制到同一个坐标系中，就构成了总供求模型。

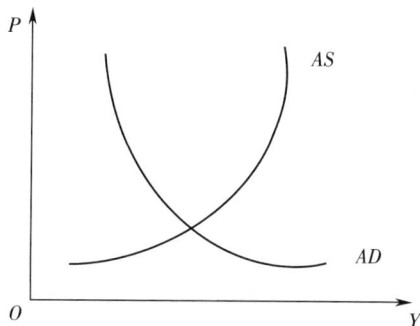

图 10 – 3　总供求平衡模型

在图 10 – 3 中，横轴表示商品与劳务的总产量（*Y*），纵轴表示物价水平（*P*）。总供给曲线和总需求曲线的交点所对应的横坐标为均衡产量，纵坐标为均衡物价水平。当总需求曲线和总供给曲线中的一方或双方由于受到包括政策因素在内的各种因素的影响而发生移动时，物价水平和总产量都会相应变动，以达到新的均衡点。

三、货币供求与社会总供求的内在联系

在现代经济运行中，一方面，社会总供给需要一定量的货币来帮助其实现生产，从而提出对货币的需求；另一方面，社会总需求作为社会货币购买力的总额，其载体为货币，所以一定量的社会总需求的形成也离不开相应的货币供给。因此，货币供求与社会总供求之间存在密切的内在联系。

（一）货币需求与社会总供给

货币需求量是社会最终产品实现其价值时所需要的货币数量，在一定货币流通速度下，社会最终产品的价格总额决定货币需求量。社会总供给是由社会最终产品构成的，由此，社会总供给决定货币需求。

1. 社会商品供给规模对货币需求的制约。在市场经济的条件下，任何商品都需要用货币来度量其价值并通过与货币的交换来实现其价值，商品供给的规模必然决定了与此对应的货币需求。

2. 社会商品生产周期对货币需求的影响。生产周期包括生产时间和流通时间，

当生产周期一定时，投入一定量的货币，就促使生产不间断地循环。上述分析有一个很重要的前提条件：假设商品价格在一定时期内保持不变。如果考虑到价格因素，则商品价格水平的涨跌也会相应扩大或减小对货币的需求。总之，社会总供给从商品数量、生产规模、生产周期等多方面影响货币需求。

（二）货币供给与社会总需求

社会总需求作为一定时期内社会货币购买力总额，由该时期内货币供给量与货币流通速度之积构成。其构成通常包括消费需求、投资需求、政府需求和净出口需求。在信用货币制度下，货币供应量通常是由银行体系的资产业务活动创造出来的。一方面，银行通过发放流动资金贷款和固定资金贷款，形成了直接的投资需求；另一方面，由贷款进入流通的货币供给量经过复杂的收入分配和再分配过程后，形成了政府机构、厂商以及个人的收入，从而间接地增加了消费需求和投资需求。另外，货币供给量的增加也会扩大净出口需求。由于货币乘数效应，所形成的社会总需求通常是货币供给量的数倍，因此，调节货币供给量的规模就能影响社会总需求的扩展水平。

四、货币均衡与社会总供求平衡

（一）货币均衡与总供求平衡的联系

通过以上对货币供求和社会总供求之间内在联系的分析，不难发现货币供求关系的变化必然引起社会总供求关系的变化。在此，我们利用 $AD - AS$ 模型来简单分析一下货币均衡发生变化对社会总供求短期平衡产生的影响。

在宏观经济学中，对 AD 曲线的分析是在设定货币市场和产品市场均衡的条件下对价格的分析，因此当货币市场和产品市场均衡发生变化时，相应的 LM 曲线和 IS 曲线就会发生变化，从而引起 AD 曲线移动。在引起 AD 曲线移动的众多因素中，货币供给通常被认为是最重要的因素。在给定的价格水平上，货币供给量增大，会使总需求相应增大，于是 AD 曲线向右平移；反之，则 AD 曲线向左平移。

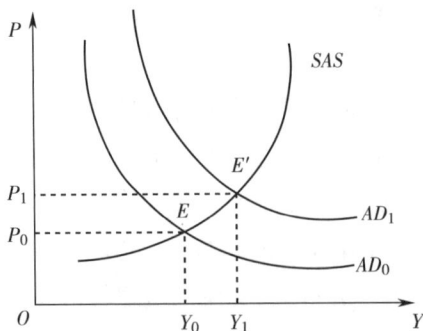

图 10-4　货币供给量变动时总供求模型

如图 10 - 4 所示，总需求曲线 AD_0 和短期总供给曲线 SAS 在 E 点相交，此时，从短期来看，社会总需求量正好等于社会能提供的总供给量，宏观总量达到了短期均衡。此时决定的均衡价格水平是 P_0，均衡总产量是 Y_0。当货币供给量增加时，AD_0 曲线向右平移至 AD_1 曲线，均衡价格由 P_0 上升至 P_1，同时产量提高。对总供给曲线 AS 的分析主要是通过对生产成本的变化来进行说明的：在既定的价格水平下，生产成本的提高意味着利润下降，企业减少产出，AS 曲线向左移动，此时对货币的需求也将相应减少；反之，生产成本降低，企业增加产出，AS 曲线向右移动，货币需求增加。然而长期中，总供求平衡所决定的均衡价格水平和均衡产出水平并不取决于货币供给、货币需求的变化，而是取决于经济发展的最根本因素如资本、劳动的投入状况。

（二）货币均衡与社会总供求平衡的区别

尽管货币均衡与社会总供求平衡之间有着密切的联系，但两者之间仍旧存在区别，即货币均衡并不意味着社会总供求平衡。

1. 社会总需求是由满足交易需求而作为流通手段（包括流通准备手段）的货币所形成的，而作为保存价值的不流通货币则不构成社会总需求，但货币供给则包含这两种货币。

2. 社会总供给所提出的货币需求也并不是货币需求的全部。积蓄财富所需的价值保存手段的货币并不单纯取决于社会总供给，因为其中很大部分货币是多年的积累。

3. 货币供给量变动与社会总需求量变动在时间上也不一致。事实上，现实流通的货币与现实不流通的货币之间是不断转化的，所以现实不流通的货币量对社会总供求平衡也是有作用的。

五、货币失衡及其调整

一个国家的货币流通通常是由均衡到失衡，再调整恢复到均衡的一个动态的过程。通货膨胀和通货紧缩都是货币失衡的两种外在表现形式，其效应可以溢出到境外，对世界经济均衡产生重大影响。虽然货币失衡是各国都会遇到的问题，而且通货膨胀已经成为一种普遍的货币失衡现象。但目前对失衡的原因存在多种不同的认识，其中包括失衡概念的争论度量的分歧以及货币均衡适度性的把握等。

（一）货币失衡的原因

货币均衡是一个动态过程，在短期内货币供求可能不一致，但在长期内大体是一致的。需要注意的是货币均衡不是货币供给量和实际货币需求量一致，而是货币供给量与适度货币需求量基本一致。货币失衡往往是经济不稳定的重要因素，尤其是在经济过热或者过冷条件下，中央银行货币供给面临两种不同的信贷压力。

货币失衡又分为总量性失衡与结构性失衡。总量性失衡分为两种情况：货币供应量相对货币需求量偏小，或者货币供应量相对货币需求量偏大。结构性货币失衡是在货币供给与货币需求总量大致一致的情况下，货币供给量的结构与货币需求量的结构不匹配。结构性货币失衡往往表现为短缺与滞留并存。即部分商品、部分生产要素供过于求，或者是供小于求。因此，结构性货币失衡必须通过经济结构调整加以解决。

总量性货币失衡是指货币供给在总量上偏离货币需求达到一定程度从而使货币运行影响经济状态。这里也有两种情况：货币供应量相对于货币需求量偏小，或货币供应量相对于货币需求量偏大。在现代信用货币制度下，前一种货币供给不足的情况很少出现，即使出现也容易恢复，经常出现的是后一种货币供给过多引起的货币失衡。造成货币供应量大于货币需求量的原因很多，例如政府向中央银行透支以融通财政赤字，一味地追求经济增长速度而不适当地采取扩张性货币政策刺激经济等，其后果之一就是引发严重的通货膨胀。

结构性货币失衡是另一大类货币失衡，主要发生在发展中国家，是指在货币供给与需求总量大体一致的总量均衡条件下，货币供给结构与对应的货币需求结构不相适应。结构性货币失衡往往表现为短缺与滞留并存，经济运行中的部分商品、生产要素供过于求，另一部分又求过于供。其原因在于社会经济结构的不合理。因此，结构性货币失衡必须通过经济结构调整加以解决，而经济结构的刚性往往又使其成为一个长期的问题。

总量性货币失衡和结构性货币失衡不是非此即彼的简单关系，在现实经济运行中往往是二者相互交织、相互联系，难以分辨。由于结构性货币失衡的根源在于经济结构，中央银行在宏观调控时应更多地关注总量失衡。

货币供给小于货币需求的原因主要是生产规模扩大后货币供给没跟上；在货币供给正常状态下，中央银行收紧银根；经济危机时，信用失常，货币需求急剧膨胀，而中央银行货币供给没有跟上。货币供给大于货币需求的原因主要有政府财政赤字面向中央银行透支；在经济发展中，银行信贷规模不适当扩张；扩张性货币政策过度；经济落后、结构刚性的发展中国家，货币条件相对恶化和国际收支失衡，在出口换汇无法满足时，由于汇市崩市、本币大幅贬值造成货币供给量急剧增长。

（二）从货币失衡到货币均衡的调整

首先，要有均衡的利率水平。均衡的利率水平是指在货币供给既定的条件下，货币需求正好等于货币供给时的利息率。均衡利率是货币均衡的重要条件。均衡利率水平的形成是由货币供求的条件决定的。货币供不应求，利率上升；货币供过于求，利率下降。同样的道理，适当调节利率水平，就可以有效地调节货币供求，使其处于均衡状态。例如，当货币需求大于货币供给时，适当提高利率水平，可减少货币需求。当货币需求小于货币供给时，适当降低利率水平，能够刺激投资并增加国民收入。而收入水平的提高，将增加对货币的需求，从而使货币供求处于均衡状态。

其次，要有均衡的国民收支。一定时期内的国民收入经过企业的初次分配之后，还要经过财政和银行的再分配，最终形成积累基金和消费基金。只要这两部分基金形成的国民支出与同期国民收入均衡，货币供求就处于均衡状态。

（三）从失衡到均衡需要采取的政策措施

1. 加强汇率弹性，进一步完善汇率形成的市场机制。扩大汇率浮动区间，利用市场机制调节外汇市场供求，摆脱为了维持汇率稳定而被动地大量增发基础货币，避免人民币升值压力的货币化。在人民币汇率参考的一篮子货币中，适当减少美元成分，增加欧元、英镑、日元等货币比重，将未来以市场为基础的均衡汇率与世界多元化经济体联系在一起。

2. 加强对外资流入资产市场的监测和管理。继续加强对房地产市场的调控，切实贯彻执行规范外资流入房地产的各项政策措施，加大打击房地产投机和炒作的力度，防止房地产价格的反弹和泡沫的滋长。同时，在加大证券市场对外开放力度的同时，加强对外资投资中国证券市场的管理和监测，建立相应的预警机制和体系。严格限制短期投机性资金的流入，对投机资金进入房地产、证券等行业的投机行为课以高额交易税，以挤压投机获利空间。

3. 高度关注潜在的通货膨胀压力。中央银行要高度关注经济不断积累通货膨胀的压力，采取有效措施回收商业银行的流动性。在科学分析 CPI 指数的同时，更多地关注房地产价格、股票价格、大宗生产资料价格的上涨情况，跟踪监测资产价格向消费价格的传递，在货币调控中处理好商品价格和资产价格之间的关系，避免通货膨胀对经济造成不良影响。

4. 合理估计资本外流可能产生的金融风险。随着人民币升值压力的逐步消除，国外资金可能获利撤出国内市场，给我国的房地产市场和证券市场带来较大的冲击。因此，要在加强对国外投机资金流入资产市场管理的同时，逐步增强外汇储备的稳定性，适当控制债务性外汇储备，提高债权性外汇储备的比重，避免未来资本外流可能产生的金融风险。

六、开放经济条件下的货币均衡

前面的分析都是以封闭经济为假设前提的，实际上，各国经济都要通过商品市

场和金融市场与国际经济的大循环联系在一起，从而对一国的货币供求产生重大
影响。

（一）国际贸易对货币供求的影响

一国的商品进出口贸易，可能表现为以下三种情形之一：（1）商品出口额大于
商品进口额，即贸易顺差；（2）商品出口额小于商品进口额，即贸易逆差；（3）商
品出口额等于商品进口额，即贸易平衡。在这三种情形中，第三种情形即商品进出
口贸易的绝对平衡在现实中几乎不会发生，并且不会影响国内货币供给量在规模上
的增减。大量的经济现象呈现为第一种情形或第二种情形。在第一种情形下，贸易
顺差形成了国内商品可供量的缺口。如果原来中央银行供给的货币量是与待流通的
商品量相平衡的，现在则因贸易顺差，国内市场上的商品流通量减少，货币供给量
又未见减少，这就会出现货币供给量大于货币需求量（这里仅指商品可供量）的情
形。另外，出口企业又因贸易顺差而持有外汇，同时在我国国内市场上流通的唯一
合法货币是人民币和以人民币表示的银行存款，一切外币和金银都被禁止在国内流
通，因此，如果出口企业不想持有外汇，就需要到银行兑换，将外汇存款换成人民
币存款。而这笔人民币存款作为国内购买力又没有相应的物资与之对应（当然，即
使允许外币在国内市场流通，结果也一样）。可见，在这种情形下，一定数量的贸
易顺差就形成了双倍的国内商品供应缺口。这时，要保证货币供给量不要过多，就
必须在原有基础上对货币供给量进行相应压缩。在第二种情形下，贸易逆差表现为
国内商品可供量的增加，这时形成了国内货币供给量的缺口。由于贸易逆差，打破
了原来的货币供给量与货币需求量（商品供给量）的平衡，使国内商品可供量大于
原来的货币供给量，即国内货币需求量增加了。为求得货币供需新的均衡，货币供
给量就必须相应增加。同时，进口商如果在进口前没有外币存款，就需要用人民币
存款去兑换外汇，这本身又使得国内货币供给量减少。所以，为保证商品流通对货
币的需求，货币供给量还得相应增加。

（二）国际资本流动对货币供求的影响

近年来，由于我国经济长期高速增长，投资环境改善，特别是国际社会普遍存
在的人民币升值预期，导致国际资本净流入的规模越来越大，流动的频率越来越高，
这些因素对我国货币均衡的影响越来越大。国际资本流动对一国货币流通的影响分
为两种方式：第一种方式是，当资本以借款的方式流入时，它对国内货币流通的影
响与一国出口收汇对货币流通的影响相同。因为外汇流入会转化为中央银行的外汇
储备，导致中央银行增加投放基础货币，造成国内货币供给量增加，从而国内需求
上升。当资本以贷款方式流出时，其对国内货币流通的影响与一国进口付汇对货币
流通的影响相同。因为外汇流出，会导致中央银行外汇储备的减少，从而中央银行

会收回基础货币，国内货币供给量减少。第二种方式是，当资本以实物方式，即原材料、机器设备等形式流入时，不会对国内货币流通产生直接的影响，但为这些进口的机器设备提供配套资金时，会对货币流通造成间接影响。为外资流入所提供的配套资金是通过投放国内货币来完成的，根据改革开放以来的经验数据，我国外资净流入 1 美元需要配套的人民币资金为 6～8 元。

（三）中国货币的均衡问题研究

依据货币均衡理论，对中国货币均衡问题的研究与分析不应脱离货币作用理论。随着计划经济向市场经济体制的转变，中国经济运作的商品化和货币化大幅度提升，货币已经成为一切的交易媒介和资源配置的主要手段，极大地拓展了货币作用的范围并增强了货币作用的力度，使货币在当代经济体系运行中发挥着越来越明显的主导作用。主要表现为：在投资拉动型的增长方式没有发生根本变化以前，货币量的增长对于经济总量的增长仍然具有拉动作用，但这种拉动力随着闲置资源的减少而正在减弱；同时货币价值的稳定不仅仅是价格机制发挥作用的基础，而且成为金融稳定和经济稳定的主要条件，在这种情况下，货币供给与需求的均衡将会对经济均衡产生重要影响。

中国货币失衡与均衡是通过怎样的机制作用于经济运行的？什么变量可以作为货币均衡与失衡的体现？长期以来，银行业在我国的金融体系中居于重要地位和主体地位，在一定时期银行信贷几乎支持了所有微观主体经济的资金需求，在利率管制的背景下，投资需求、货币需求对利率不敏感。因此，商业银行人民币新增贷款规模及增长率就成为货币作用于经济运行的主要变量。商业银行的信用货币创造机制与货币供给量之间的关系决定了中国人民银行选择货币供给量作为其货币政策的中介目标，物价水平变化主要反映货币均衡与失衡的状况。

2000 年之后，我国的非银行金融机构、金融市场快速发展，微观经济主体的自我约束机制和风险意识逐渐建立起来了，市场利率化步伐加快，特别是 2008 年国际金融危机以后，我国金融体系中非银行金融机构发展加快，利率与投资成本对微观经济主体的投资决策和资产选择行为的影响逐步加大加强，已经成为反映我国货币均衡和失衡的重要的方向性指标。

本章小结

1. 名义货币需求是指经济主体在一定时期内不考虑价格变化时的货币需要。实际货币需求是指扣除了通货膨胀因素以后的货币需要。对货币需求进行研究时，还应区分微观货币需求和宏观货币需求。

2. 马克思提出了价值论货币需求说，认为在纸币流通条件下，商品价格水平与流通中的纸币数量成正比。费雪现金交易说认为货币需求与收入正相关，货币流通速度为常数。剑桥学派也认为对实际货币余额的需求同实际收入成比例，但他们并没有排除利率对货币需求的影响。凯恩斯提出了货币需求的三种动机，即交易动机、预防动机和投机动机，认为货币需求同时受收入和利率水平的影响，货币流通速度是不稳定的。凯恩斯的后继者发展了凯恩斯的理论，提出交易动机和预防动机也是利率的函数，以及货币需求的资产组合理论。弗里德曼认为货币需求主要由恒久收入决定，货币需求是稳定的。

3. 货币供给有多重口径，各国在实际操作中对货币进行了不同的层次划分。在各国所采用的符号中，只有通货和 M_1 两项包含的内容大致相同，其他则各有差异。

4. 基础货币又称高能货币、强力货币，由商业银行的存款准备金和流通于银行体系之外而为大众所持有的通货这两部分构成。中央银行投放基础货币的渠道主要包括贴现及放款、购买政府债券及财政借款、购买外汇或黄金。

5. 商业银行吸收到的能增加其准备金的存款称为原始存款，商业银行在此基础上通过转账贷款等资产业务所创造出的存款称为派生存款。商业银行创造存款能力的大小基本上取决于法定存款准备金率、超额准备金率、现金漏损率等因素。

6. 影响货币需求的因素主要包括收入、利率、物价水平及物价变动预期、金融发展程度、货币流通速度以及消费倾向。中央银行主要通过利率调控和预期管理的方式进行货币需求调控。

7. 货币供给是由基础货币和货币乘数共同决定的。基础货币的变动主要受中央银行的影响，但其并非完全受中央银行控制。货币乘数则由社会公众、商业银行等其他经济主体的行为共同决定。

8. 货币供给理论的发展主要围绕货币供给是内生的还是外生的这一问题展开。凯恩斯认为货币供给可以由中央银行完全控制，因而是外生的。新剑桥学派认为中央银行对货币供给的控制力和效果不是绝对的。新古典综合学派明确提出了货币内生论。货币学派也认为货币供给是外生的，但他们反对国家过多干预，并提出了单一规则。弗莱堡学派认为货币供给量的调控是货币供给理论的核心，主张通过对货币供给量的调控来保证币值的稳定，从而达到稳定经济的目的。

本章重要概念

货币需求　货币流通速度　实际货币需求　货币需求量　货币化指数　货币供给
基础货币　货币创造　货币乘数　原始存款　派生存款　存款准备金　超额准备金
货币供给的外生性　货币供给的内生性　货币均衡　货币失衡　通货膨胀　通货紧缩
金融稳定　瓦尔拉斯均衡　社会总供求平衡　总供求模型

复习思考题

1. 货币供给量是内生的还是外生的？请给出理由。

2. 货币供给的形成机制是怎样的？

3. 比较凯恩斯货币需求理论与弗里德曼货币需求理论的异同。

4. 简述费雪方程式与剑桥方程式的差异。

5. 影响货币需求的因素主要有哪些？

6. 简述凯恩斯货币需求的三种动机。

7. 货币需求的调控手段包括哪些？举出具体例子说明。

8. 假设 A 国公众持有的现金为 500 亿元，商业银行库存现金为 400 亿元，在中央银行的法定准备金为 200 亿元，如果超额准备金为 100 亿元，A 国的基础货币是多少？

9. 如何理解货币均衡和货币失衡？

10. 货币供求和社会总供求的关系如何？

11. 结合目前的金融形势，谈谈如何加强我国金融稳定。

12. 试用 AD—AS 模型分析货币均衡与社会总供求均衡之间的联系。

本章参考文献

［1］黄达，张杰. 金融学（第四版）［M］. 北京：中国人民大学出版社，2017.

［2］杜金富. 货币与金融统计学（第四版）［M］. 北京：中国金融出版社，2018.

［3］曹龙骐. 金融学［M］. 北京：高等教育出版社，2016.

［4］王晓光. 金融学［M］. 北京：清华大学出版社，2016.

［5］朱新蓉. 货币金融学（第四版）［M］. 北京：中国金融出版社，2015.

［6］萧松华. 货币金融学［M］. 四川：西南财经大学出版社，2015.

［7］吴少新. 货币金融学［M］. 北京：中国金融出版社，2014.

第十一章
通货膨胀和通货紧缩

学习目标

1. 掌握通货膨胀的含义、类型、成因及其效应以及治理通货膨胀的对策；
2. 理解通货膨胀形成的各种原因，尤其是重点掌握需求拉升原因形成通货膨胀的机理；
3. 了解通货膨胀的各种治理措施；
4. 了解通货紧缩的含义、成因及其治理思路。

社会总供给决定货币需求，社会总需求决定货币供给。货币失衡或表现为货币供给大于货币需求，即社会总需求大于社会总供给，可能会表现为通货膨胀；或表现为货币供给大于货币需求，即社会总供给大于社会总需求，可能会表现为通货紧缩。本章介绍通货膨胀和通货紧缩的一般原理及其治理。

第一节 通货膨胀的一般理论

通货膨胀是一个古老的经济现象，是当今世界各国普遍存在的问题。经济学家就通货膨胀问题进行了大量的研究，取得了一些共识，但仍存在一些分歧。这里我们对通货膨胀的含义、度量、类型及社会经济效应等进行介绍。

一、通货膨胀的含义

对通货膨胀至今还没有一个被普遍接受的定义。西方经济学家对通货膨胀的定义大致可以归纳为两类：一是从强调通货膨胀的表现形式来定义，认为通货膨胀是一个价格持续上涨的过程。二是从强调通货膨胀的成因来定义，即大规模的通货膨胀总是一个货币现象。

从上面的定义可以看出，通货膨胀的定义往往涉及以下几个方面：（1）通货膨胀意味着一般的商品和服务的平均价格在一段时间的上涨。它不是指个别商品，而是商品和劳务价格的加权平均值。（2）通货膨胀不是价格水平的暂时性的上涨，而是一种持续的上涨。以油价为例，假设价格水平瞬间从 6 元上涨到 8 元，并从那时起保持在较高水平。在这种情况下，我们称之为价格水平的持续上涨。也就是说，当价格上涨到 8 元并稳定在 8 元，之后价格不再发生高幅度增长，我们就不能称之为通货膨胀。

一种见解从物价的角度来阐述价格上涨，被称为"物价派"。例如，萨缪尔森认为"通货膨胀定义为价格水平的百分比变化，因此，从一开始我们就必须努力正确地设定价格水平"。另一种见解则认为通货膨胀产生的根源是货币供应量增长快于国民收入增长。例如，弗里德曼则强调"通货膨胀始终是一种货币现象"。

二、通货膨胀的度量

若通货膨胀是一般物价持续上涨的经济现象，如何衡量物价上涨，也就成了衡量通货膨胀程度问题。物价指数是目前世界各国度量通货膨胀程度所采取的一种普遍的方法。因此，通常所说物价指数上涨多少，实际上是指通货膨胀率。现实中，衡量通货膨胀的指标主要有消费价格指数、商品零售价格指数、农业生产资料价格指数、农产品生产价格指数、工业生产者出厂价格指数、工业生产者购进价格指数、国内生产总值平减指数等。社会和政府以及相关部门经常采用的物价指数有以下三个。

（一）消费者价格指数

消费者价格指数有两个指标，分别是商品零售物价总指数（RPI）和居民消费者价格指数。改革开放以前，我国由于第三产业占国民经济比重和经济开放程度较低，主要采用 RPI 来衡量物价总水平变动。改革开放以后，我国三次产业结构发生较大变化，尤其是第三产业迅猛发展，RPI 的调查范围无法覆盖增大的消费品，RPI 无法反映消费物价总水平的变动。居民消费价格指数（Consumer Price Index，CPI）能更全面地衡量消费物价总水平的变动，因此，RPI 逐渐被 CPI 取代。CPI 主要用来衡量一篮子消费品和服务价格加权平均值的指标，如运输、食品和医疗保健。大多数国家都有 CPI。因为一个国家的 CPI 不仅是反映经济发展的重要统计标志，而且影响经济增长率，还关系到一个国家的货币政策、财政政策的制定。

当前大多数国家都采用 CPI 来追踪影响居民生活的各类消费品的价格波动。尽管如此，各国对 CPI 作为衡量物价的标准以及其本身的计算方式一直存有争议，并没有统一的计算标准。CPI 是宏观经济领域的核心指标之一，是各国政府、企业和居民重点关注的经济指标之一，编制方法尤为重要。CPI 的国际标准最早由国际劳工组织（ILO）负责制定。1989 年，国际劳工组织出版《消费者价格指数：国际劳工组织手册》，后经多次修改，该手册的法文版、俄文版、西班牙文版等相继出版。[①]

在中国，CPI 权重数据每五年一大调，并根据实际情况进行微调。近些年，随着调查制度和计算方法的不断完善，我国 CPI 能较好地满足国民经济核算的需要和民众的需求，但编制方法仍存在问题，如权重更新频率低、网络价格应用范围偏小、价格采集数量和代表性不足、季节性产品处理不及时等问题。[②] 以网络价格应用范围偏小为例，网经社"电数宝"电商大数据库显示，2019 年国内网络零售市场交易规模达 10.32 万亿元，较 2018 年同比增长 20.56%。目前我国采用网络价格的商品和服务仅为一小部分，削弱了 CPI 的全面性和代表性。[③]

（二）生产者价格指数

生产者价格指数（Producer Price Index，PPI）是度量全国生产资料和消费资料批发价格变动程度及趋势的价格指数，主要包括工业生产者出厂价格指数（Producer Price Index for Industrial Products）和工业生产者购进价格指数。工业生产者价格指数度量通货膨胀，其优点是能在最终产品价格变动之前获得工业投入品及非零售消费品的价格变动信号，进而能够判断其对最终进入流通的零售商品价格变动可能带来的影响。

（三）国内生产总值平减指数

国内生产总值平减指数（GDP Deflator，也称为 GDP 平减指数或 GDP 缩减指数）是国内经济核算重要的衍生指标，通常将它定义为一定时期内以现价计算的国内生产总值与同时按可比价计算的国内生产总值的比率，也即名义 GDP 与实际 GDP 之比，[④] 是一个能反映综合物价水平变动情况的指标。具体计算公式为：GDP 平减指数 = 现价国内生产总值 ÷ 不变价国内生产总值。GDP 平减指数是没有剔除价格变动的 GDP 增长与扣除价格变化后的 GDP 增长之比。相较于 CPI，GDP 平减指数的涉及范围更广泛。

从现有关于通货膨胀的研究来看，大多数学者认为 CPI 和 PPI 的核算都限定在

[①] 徐强. 国际视野下指数研究与实践的进展、动向与挑战 [J]. 统计研究，2017（2）：110 – 128.

[②] 陈立双，祝丹. 中国 CPI 编制方法面临的问题及进一步改革的若干设想 [J]. 财贸经济，2014（12）：133 – 145.

[③] 胡胤. CPI 采价方法有待三方面完善 [N]. 中国信息报，2020 – 03 – 12.

[④] 许宪春. 中国国民经济核算与宏观经济问题研究 [M]. 北京：中国统计出版社，2003.

一定范围内，CPI 侧重于居民消费价格领域，而 PPI 侧重于工业领域。而 GDP 平减指数更能全面而真实地反映通货膨胀，可以作为判断物价走势的重要指标。①

三、通货膨胀的类型

通货膨胀的衡量标准关系到经济政策的有效性。中央银行根据价格信号制定货币政策来实现一定的经济目标和社会目标。保持价格稳定是中央银行制定货币政策的重要信号。因此，通货膨胀的度量至关重要。根据不同的标准，通货膨胀具有不同的类型。根据物价上涨速度，通货膨胀可分为爬行通货膨胀、温和通货膨胀和恶性通货膨胀。根据物价上涨方式，通货膨胀可分为公开性通货膨胀和隐蔽性通货膨胀。根据通货膨胀影响范围，通货膨胀可分为核心通货膨胀和一般通货膨胀。根据通货膨胀预期，通货膨胀可分为预期通货膨胀和非预期通货膨胀。根据通货膨胀原因，通货膨胀可分为需求拉动型通货膨胀、成本推动型通货膨胀、供求混合型通货膨胀和结构型通货膨胀。

表 11 - 1　　　　　　　　　　通货膨胀的分类

分类标准	类别			
物价上涨速度	爬行通货膨胀	温和通货膨胀	恶性通货膨胀	
物价上涨方式	公开性通货膨胀	隐蔽性通货膨胀		
通货膨胀影响范围	核心通货膨胀	一般通货膨胀		
通货膨胀预期	预期通货膨胀	非预期通货膨胀		
通货膨胀原因	需求拉动型通货膨胀	成本推动型通货膨胀	供求混合型通货膨胀	结构型通货膨胀

1. 按物价上涨的速度，通货膨胀可以分为爬行通货膨胀、温和通货膨胀、恶性通货膨胀。

物价每年上涨为 2% ~ 3% 时，即为爬行通货膨胀。一些经济学家认为，当价格上涨 2% 或者更低时，对经济增长反而有利。由于这种通货膨胀提高了人们对未来价格上涨的预期，增加消费需求，进而推动经济增长。

温和的通货膨胀率在 3% ~ 10% 之间。温和通货膨胀的界定主要有两种标准：一种是以低于 7% 的通货膨胀率为标准，另一种是以低于 10% 的通货膨胀率为标准。当经济中发生温和的通货膨胀，人们开始购买更多商品，进一步拉动需求。同时，供给并不能跟上消费需求的增长，工资上涨有限，那么商品的价格会超出人们的购买力。当经济中出现温和的通货膨胀时，必须加以控制，否则很容易出现恶性通货膨胀。

恶性通货膨胀对经济的影响较大，会引起物价快速上涨。恶性通货膨胀有两个

① IMF. Deflation Determinants, Risks and Policy Options [R]. IMF Occasional Paper, No. 221, 2003.

明显的特点：一是物价连续暴涨，人们对本国货币失去信心。货币的交易职能、贮藏职能弱化甚至完全丧失。二是持续时间不会太久，通常对经济的影响是致命的。恶性通货膨胀并不常见，但一些国家也发生过恶性通货膨胀，如 1920 年在德国、2010 年在委内瑞拉都出现过恶性通货膨胀。

2. 根据物价上涨的方式，通货膨胀可以分为公开性通货膨胀和隐蔽性通货膨胀。

公开性通货膨胀是指在较为完善的市场机制条件下，由于价格对供求反应灵敏，过度需求通过价格的变动得以消除，通货膨胀通过一般物价上涨形式表现出来。

隐蔽性通货膨胀又称受抑制的通货膨胀，是指物价水平并没有完全在官方零售商品价格指数中反映出来的通货膨胀。在计划经济时期，官方价格指数并不能完全反映国营商店中商品价格的实际变化状况，这种缺陷很容易导致隐蔽性通货膨胀的发生。[①]

3. 根据通货膨胀的影响范围，通货膨胀可分为一般通货膨胀和核心通货膨胀。

一般通货膨胀是指我们平时引用的通货膨胀率，通常用 CPI 衡量。

核心通货膨胀的概念于 20 世纪 70 年代被提出，此后，虽然存在不同的核心通货膨胀度量方法，但就其定义一直存在争议。大多数的研究倾向于核心通货膨胀的计算，而不是核心通货膨胀的度量对象。[②]

4. 根据通货膨胀可否预期，将其分为预期通货膨胀和非预期通货膨胀。预期通货膨胀是指在经济生活中，人们预计将要发生通货膨胀，为避免经济损失，在各种交易、合同投资中将未来的通货膨胀预先计算进去。非预期通货膨胀是指物价的上涨速度超出了人们的预料，或者人们根本没有预料到价格会上涨。

5. 根据通货膨胀的原因，将其分为需求拉动型通货膨胀、成本推动型通货膨胀、供求混合型通货膨胀和结构型通货膨胀。

价格总水平的持续上涨需要有一种推动力量，根据这种推力是源于需求还是供给，或者两者兼而有之，或者是结构方面，或者根据通货膨胀产生的原因机理，可以对通货膨胀进行这样的分类。

四、通货膨胀的社会经济效应

通货膨胀影响经济增长、收入财富分配、资产结构等，恶性通货膨胀还会引发社会经济危机。

---

① 史晋川. 公开性、隐蔽性和抑制型通货膨胀简介 [J]. 探索，1989 (3)：69 – 71.
② 侯成琪，龚六堂. 核心通货膨胀理论综述 [J]. 经济学季刊，2013，12 (2)：549 – 576.

（一）通货膨胀与经济增长

物价稳定与经济增长是宏观经济政策的首要目标。它们之间的相互关系一直是人们长期关注的焦点。通货膨胀既有利于经济复苏，也有可能带来负面影响。如果通货膨胀率过高，经济就会受到影响；相反，如果通货膨胀受到控制并处于合理水平，经济则会繁荣发展。通过控制并降低通货膨胀，就业增加。消费者有更多的钱购买商品和服务，促进经济增长。目前，学术界关于通货膨胀与经济增长之间的关系一直未达成共识，主要有三种观点，分别为促进论、促退论和中性论。

促进论是指通货膨胀促进经济增长。如果通货膨胀有助于经济增长，那就意味着政府可以通过适度的通货膨胀刺激产出，扩张支出，提高货币供给，刺激有效需求，促进经济增长。部分学者认为"适度"通货膨胀对经济增长是有利的。通货膨胀意味着需求大于供给，经济中有效需求增加。需求的增加会进一步带来产量增加，工人工资上涨，最终带来经济的增长。

促退论是指通货膨胀不利于经济增长。如果通货膨胀率过高，推高商品价格，进而减少工人的工资甚至裁员，则会导致经济萎缩。

中性论是指通货膨胀对经济增长既无正效应，也无负效应。

（二）通货膨胀与分配效应

通货膨胀以各种方式影响人们的经济生活，同时影响整个社会的经济生活。通货膨胀对人们的影响主要是分配效应。

1. 通货膨胀对收入的分配效应

通货膨胀对固定收入人群的影响要远大于对非固定收入人群的影响。因为收入固定的人群，其收入滞后于价格上涨，导致其收入的实际购买力因通货膨胀而下降，进而导致其生活水平下降。

通货膨胀在债权人和债务人之间也会创造收入的再分配。具体而言，通货膨胀牺牲了债权人的利益，使债务人受益。大量研究表明，政府从通货膨胀中获得了大量的再分配财富，主要有两个来源：第一，政府获得了通货膨胀税收。由于一些税收是渐进的，如个人所得税，在通货膨胀期间，个人的名义收入可能会增加，交纳更多的个人所得税，因此政府收到更多的税收。由此，一些经济学家认为，政府不介意经济中是否会存在通货膨胀。第二，在现代经济中，政府发行政府债券作为筹集资金的手段和政府调节经济的手段，使政府拥有更多的国债，通货膨胀使政府受益。

除此之外，通货膨胀还会影响一个国家的商业竞争力。如果一个国家在相当长一段时间内的通货膨胀率远高于其他国家，这将使其出口产品在世界市场上的价格竞争力降低。最终，这可能表现为出口订单减少、更低的利润和更少的就业机会，以及使一个国家的贸易平衡恶化。出口下降可能会对国民收入和就业产生负面的乘数和加速器影响。

2. 通货膨胀的财富分配效应

通货膨胀的财富分配效应又称资产结构调整效应。通货膨胀对财富结构不同的经济单位会产生不同的影响，使其或受益或受损，这就是通货膨胀的资产结构调整效应。

一个经济单位的财富或资产主要由两部分构成：实物资产和金融资产。在通货膨胀中，实物资产的货币价值通常会和通货膨胀率保持相同的变动方向。至于变动的幅度，有的实物资产货币价值增长的幅度会高于通货膨胀率，有的则低于通货膨胀率。对于金融资产而言，在通货膨胀时期，股票行市会呈上升趋势，但影响股票价格的因素很多。所以具体某只股票在某个通货膨胀时期，其货币价值将怎样变动是很难确定的。

（三） 通货膨胀与失业

通货膨胀与失业的关系可以通过菲利普斯曲线体现。菲利普斯曲线是菲利普斯根据现实统计资料所给出的反映货币工资变动率与失业率之间相互关系的曲线。经过改造，菲利普斯曲线通常用来表示失业率和通货膨胀之间的关系。短期菲利普斯曲线与长期菲利普斯曲线存在区别，对应的政策含义也不相同。

短期菲利普斯曲线表明在预期通货膨胀率低于实际发生的通货膨胀率的短期中，失业率与通货膨胀率之间存在交替关系的曲线。当失业率不能接受时，采用扩张的财政政策和货币政策，以较高的通货膨胀率换取较低的失业率；当通货膨胀率为社会不能接受时，就应采取紧缩的财政政策和货币政策，以较高的失业率换取较低的通货膨胀率。这种菲利普斯曲线表明的是高通货膨胀率与高失业率不会同时发生，通货膨胀率与失业率是此消彼长的。

长期菲利普斯曲线是一条位于"自然失业率"水平的垂直线，表明失业率与通货膨胀率之间不存在替代关系。一旦形成了通货膨胀预期，短期菲利普斯曲线就会上移，工人会要求足以补偿物价上涨的更高的名义工资。而雇主则不愿在这个工资水平上提供就业，最终，失业率又恢复到"自然失业率"水平。无论政府如何继续采取通货膨胀政策，工人预期的调整必然带来短期菲利普斯曲线的进一步上移，结果长期内通货膨胀率和失业率之间并不存在稳定的替代关系。弗里德曼将长期的均衡失业率称为"自然失业率"，它可以和任何通货膨胀水平对应，且不受其影响。因此长期的菲利普斯曲线是一条垂直线。

总而言之，在有通货膨胀的情况下，其必将对社会经济生活产生影响。如果社会的通货膨胀率是稳定的，人们可以完全预期，那么通货膨胀率对社会经济生活的影响很小。因为在这种可预期的通货膨胀之下，各种名义变量（如名义工资、名义利息率等）都可以根据通货膨胀率进行调整，从而使实际变量（如实际工资、实际利息率等）不变。这时通货膨胀对社会经济生活的唯一影响是人们将减少他们所持有的现金量。但在通货膨胀率不能完全预期的情况下，通货膨胀将会影响社会收入分配及经济活动。因为这时人们无法准确地根据通货膨胀率来调整各种名义变量，以及确定他们应采取的经济行为。

第二节 通货膨胀的成因与治理

一、通货膨胀的成因

根据不同原因，可以将通货膨胀的成因大致归纳如下。

（一）需求拉动型通货膨胀

需求拉动型通货膨胀又称超额需求通货膨胀，是指经济体中对商品和服务的总需求增长速度超过经济体生产能力。

当经济体中对商品和服务的总需求增长速度超过经济体的生产能力时，就会出现需求拉动型通货膨胀。总需求的一个潜在冲击可能来自快速增加货币供应的中央银行。有关冲击可能发生的情况的说明参见图 11 -1。横轴 Y 为总产出，纵轴 P 代表物价水平。社会总供给曲线 AS 可按社会就业状况而分成三个区间，分别为 AB、BC 和 CS；总需求曲线会随着总需求的扩大向右上方移动。

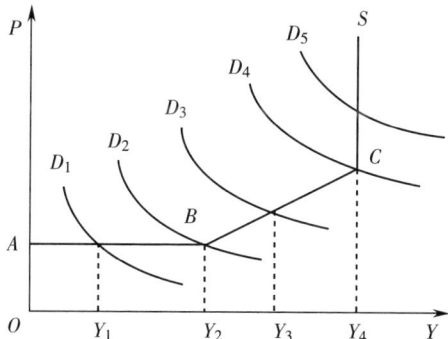

图 11 -1 需求拉动型通货膨胀

首先，在 AB 区间段，总供给曲线呈现水平状态，此时资源闲置，总产量较低，总需求的增加不会引起价格上涨。

其次，在 BC 区间段，总需求增加会带来价格上涨。由于劳动、原料、生产设备等不足，导致成本提高。此时，社会闲散资源已经不多，总供给潜在的增加能力也较小。

最后，在 CS 区间段，总供给曲线呈现出垂直形状，此时社会上已经不存在任何可利用的闲置资源。这时候，总需求继续增加，总需求曲线从 D_4 移到 D_5，只会导致价格上涨，而产量不变。

（二）成本推动型通货膨胀

当生产过程投入的价格增加时，就会出现成本推动型通货膨胀。工资的快速上涨或原材料价格的上涨是这种通货膨胀的常见原因。如图 11-2 所示，横轴代表总产出 Y，纵轴代表物价水平 P，Y_f 为充分就业条件下的国民收入。AS、D 曲线分别代表社会总供给曲线与总需求曲线。在总需求不变时，工资的提高会使生产成本增加，使总供给曲线从 A_1S 移动到 A_2S 再到 A_3S，由此导致产出水平由 Y_f 下降到 Y_2 和 Y_1，同时物价水平却由 P_0 上升到 P_1、P_2。

成本推动型通货膨胀主要是由于生产成本增加导致产品和服务供应量下降，生产成本主要指劳动力、资本和土地等。当企业生产成本增加且生产力达到最大化，无法在原有的生产规模基础上维持相同的利润率，商品价格就会上涨。我们称这种通货膨胀为利润推动通货膨胀。如果企业因为劳动力成本上升而提高产品价格，则称为工资推动通货膨胀。

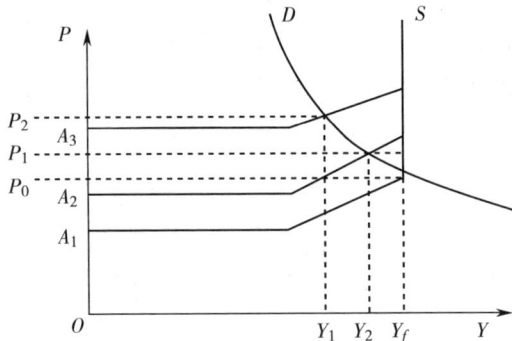

图 11-2　成本推动型通货膨胀

（三）供求混合型通货膨胀

实际上，现实中的通货膨胀很难分清是由于需求拉动的还是成本推动的。萨缪尔森和索洛提出"混合型通货膨胀"（Hybrid Inflation）是指由需求拉动和成本推动共同起作用而引起的通货膨胀，即需求与成本因素混合的通货膨胀。单一的供给型通货膨胀在现实经济中很难持续发展下去。如果出现了单一的供给型通货膨胀，政府会通过扩张性的宏观经济政策去增加需求。此时，供给型通货膨胀也就演化成供给—需求混合型的通货膨胀了。

供求混合型通货膨胀又分为螺旋式混合型通货膨胀和直线式混合型通货膨胀。两者主要存在以下区别：一是价格方式。螺旋式混合型通货膨胀价格水平呈螺旋状上升，而直线式混合型通货膨胀的价格水平呈现直线上升。二是形成动因。螺旋式通货膨胀发端于生产领域，它的生成路径是随着企业成本上升，为了不减少产出和就业率，政府通过增加货币发行来拉动需求和投资。然后，供给和需求盘旋式向上攀升。而直线式通货膨胀发端于流通领域，发端于商品市场的过度需求。过度需求产生两种后果，一种是价格指数上升，另一种是非意愿性的需求沉淀增加。前者直接影响生产要素价格，迫使生产要素价格和工资上扬，后者对商品市场形成潜在压力。[①]

（四）结构型通货膨胀

结构型通货膨胀是由鲍莫尔在 1967 年提出的。他把经济活动分为两个部分：一是劳动生产率不断提高的先进部门（工业部门），二是劳动生产率保持不变的保守部门（服务部门）。当前者由于劳动生产率的提高而增加货币工资时，由于攀比，后者的货币工资也以同样的比例提高。在成本加成定价的通常做法下，整个经济必然产生一种由工资成本推动的通货膨胀。因此，在经济结构的变化中，某一部门的工资上升，将引起其他部门向它看齐，从而以同一比例上升。结构型通货膨胀是发展中国家和低收入国家中普遍存在的另一种通货膨胀形式。由于大多数发展中国家的经济结构薄弱，发展中国家的通货膨胀大多属于结构型通货膨胀。此外，薄弱的制度和不完善的市场运作也是发展中国家发生结构型通货膨胀的原因。

二、通货膨胀的治理

通货膨胀对社会经济生活的影响是方方面面的。鉴于通货膨胀的不利影响和后果，各国都把反通货膨胀政策作为一个重要的宏观经济目标。通货膨胀的发生是一个复杂的社会经济现象，会受到各种因素的影响。因此，各国应对通货膨胀的政策也不尽相同，大致可分为紧缩政策、收入政策和供给政策。

（一）紧缩政策

在面对需求拉动型通货膨胀时，各国采取的典型方法是采取宏观的紧缩政策来减少总需求，抑制价格上涨。紧缩政策一般包括两种：紧缩的货币政策和紧缩的财政政策。

1. 紧缩的货币政策。狭义的紧缩货币政策是指中央银行为实现既定的经济目标（稳定物价、促进经济增长、实现充分就业和平衡国际收支）运用各种工具调节货币供应量和利率，进而影响宏观经济的方针和措施的总合。广义的紧缩货币政策指政府、中央银行和其他有关部门所有有关货币方面的规定和采取的影响金融变量的

---

① 吴晓求.混合型通货膨胀的运行过程及经济效应分析［J］.经济研究，1994（9）：20－26.

一切措施。主要紧缩手段有：（1）减少货币发行。中央银行利用货币发行权调节和控制货币供应量。（2）控制和调节对政府的贷款。（3）推行公开市场业务。中央银行通过公开市场发放政府债券，居民购买国债，经济体系中货币量减少。其他紧缩手段还有提高法定存款准备金率、再贴现率等。

2. 紧缩的财政政策。紧缩的财政政策是指通过增加财政收入或减少财政支出以抑制社会总需求增长来降低通胀压力。紧缩性财政政策也称盈余性财政政策。其基本内容是削减政府支出，增加税收和减少政府支出。当经济增长有过热的危险时，可以实施紧缩的财政政策。较高的税收会减少居民的可支配收入，进而减少消费者支出，从而达到减缓经济增速的目的。

在实践中，财政政策和货币政策是影响国家经济活动最广泛的政策工具，两者相互作用。货币政策主要激发经济活动，财政政策旨在解决经济总量中的总支出水平和构成。在实际经济中，大多数国家越来越倾向于使用货币政策。货币政策由各国中央银行决定，不会过多考虑政治、社会发展等因素。而财政政策对经济产生的副作用更大。例如，政府为了降低通货膨胀，通常会提高税收和减少支出，这样将直接影响居民的生活。因此，财政政策的实施会更加慎重。货币政策也有自身的局限性，如实施效果滞后、实施技术存在局限性、影响范围广泛等。

关于货币政策和财政政策有效性的争论，仍未形成一致意见。不同的政策都有其利弊。在现代市场经济条件下，货币政策和财政政策对经济管理都起着重要作用，对居民和企业都有直接和间接的影响。

（二）收入政策

收入政策又称工资与价格控制，是后凯恩斯主流学派提出的政策主张之一，指政府为了影响货币收入或物价水平而采取的措施，其目的通常是为了降低物价的上涨速度。收入政策并不是要控制个人收入，而是通过宏观调控价格和收入的总增长率。相较于财政政策和货币政策，收入政策的作用方向更加精准，作用力度更大。通常，政府在实施收入政策的时候，会选择与之相适应的财政政策和货币政策，保持国民经济良性运转。

收入政策主要指工资—物价管制，即在某个时期内，由政府运用法律对工资和物价实行强制性的管制，甚至加以冻结。工资—物价管制方法遭受一些经济学家的强烈反对。原因如下，一是工资—物价管制政策违反市场经济规律，阻碍供求价格信号。二是工资—物价管制政策有碍公平，降低市场效率。三是工资—物价管制减少供给，从而导致黑市交易猖獗。

（三）供给政策

解决通货膨胀既可以依赖需求紧缩，也可以扩大供给。这样，一方面可以解决总需求和总供给的不平衡，实现平抑物价的目标；另一方面又不致引起失业率的增加，甚至还可以降低失业率，主要措施包括减税、削减政府福利开支和政府开支增长率、减少政府对企业活动的干预等。

第三节　通货紧缩的一般理论

一、通货紧缩的定义

依据诺贝尔经济学奖得主保罗·萨缪尔森的表述，价格和成本的普遍下降即通货紧缩。Rogoff（2003）认为通货紧缩是指总体物价水平指标（CPI 和 GDP 平减指数）的持续下降。[①] 从以上分析来看，通货紧缩的定义有两个关键要素：一是总体价格水平下降，二是价格水平持续下降。

二、通货紧缩的度量

从通货紧缩的定义来看，判断经济中是否发生通货紧缩需要解决两个问题：一是用什么指标来测度总体价格水平，二是连续下降多长时间才可视为持续下降。一般来说，衡量总体物价水平的指标主要有消费者物价指数（CPI），批发物价指数（PPI）和国内生产总值平减指数（GDP Deflator）。许多学者提出通货紧缩的度量不应采用单一指标，而应多指标相结合。易纲（2000）提出度量通货紧缩需要结合"两个特征、一个伴随"，即物价水平和货币供应量的持续下降以及伴随着经济衰退。[②] 例如，在 19 世纪 30 年代和 19 世纪后 30 年，美国均出现了消费者物价指数持续下降，货币供应仍在增加。因此，采用多指标来度量通货紧缩更符合经济特征，并采取相应措施。

三、通货紧缩的效应

通货紧缩对经济会造成许多负面影响，主要包括以下经济问题：

（1）延迟消费，抑制开支。当经济出现衰退信号时，消费者预期未来价格会持续下跌，他们可能会推迟消费需求。

---

① Rogoff K. Deflation：Determinants，Risks，and Policy Options – findings of an Interdepartmental Task Forces [R]. IMF Occasional Papers Series 2003.

② 钟红，李宏瑾，苏乃芳. 通货紧缩的定义，度量及对当前经济形势的判断 [J]. 国际金融研究，2015（7），33 – 43.

（2）债务负担增加，减少借贷。通货紧缩将导致有债务的家庭的债务负担增加。由于居民和企业的债务采用固定利率，如个人贷款或固定抵押。对于居民而言，个人住房贷款不会随价格的下跌而下降，反而使贷款的实际成本增加。而对于企业而言，价格下跌也造成了债务负担，尽管收入下降，但实际上债务负担却在增加。

（3）实际利率上升。通常情况下，名义利率不会为负数，因此价格下跌会导致实际利率上升。例如，当前名义利率为10%，通货膨胀率为2%，则实际利率为则为8%。但如果价格下降2%，实际利率则为12%。

第四节　通货紧缩的成因与治理

一、通货紧缩的成因

一般而言，通货膨胀是由于过多的货币追逐较少的商品，那么通货紧缩则是较少的货币追逐过多的商品。在现代经济体系中，导致通货紧缩下降有两个原因：总需求下降和总供给增加。总需求下降的因素是货币供应量和人们对经济的信心。当中央银行通过货币政策收紧利率，利率上升导致借贷成本增加，从而阻碍经济支出。此外，当人们对未来经济变得更加悲观，他们就倾向于增加储蓄而减少支出。相关数据显示，受新冠肺炎疫情影响，中国有五成家庭表示将增加储蓄并减少投资。[①]总供给增加则是由于生产成本的降低或者技术进步。

二、通货紧缩的治理

当一个国家发生通货紧缩时，除少数经济学家相信经济的自我恢复能力外，大多数学者仍主张政府采取一些措施来振兴经济，摆脱通货紧缩。为了更好地应对通货紧缩，建议从以下几个方面着手。第一，采用适度宽松的货币政策。可以通过适当降低法定存款准备金率、降低再贴现利率、进行公开市场购买等方式增加货币供给量。第二，采用积极财政政策。财政政策的手段更加积极，调控目标精准。以税制改革为突破口，辅以针对小微企业的减税政策等政策。第三，调整产业政策。政府要进行产业结构调整，优化产业结构，对重点产业要给予优惠政策，解决因结构性供给过剩导致的消费需求下降和投资需求下降，抑制通货紧缩。第四，价格管制。

---

① 此数据来自西南财经大学中国家庭金融调查与研究中心、蚂蚁金服集团研究院联合发布的《中国家庭财富指数调研报告（2020年第1季度）》。

当经济中存在某种不正当竞争，政府要适当介入，对其产品或服务的价格进行直接或间接管制。

本章小结

1. 通货膨胀是指流通中的货币量超过了客观需求量，从而引起货币贬值和物价普遍、持续上涨的经济现象。

2. 通货膨胀的度量，我国主要采用居民消费价格指数、工业生产者出厂价格指数等。

3. 通货膨胀的成因包括需求拉动、成本推动、供求混合推进、经济结构因素的变动等。

4. 通货紧缩是商品和服务价格的普遍持续下降，是经济衰退的货币表现。

5. 通货紧缩对经济社会的影响：通货紧缩可能形成经济衰退，通货紧缩会加重债务人的负担，通货紧缩使消费总量趋于下降。

本章重要概念

通货膨胀　通货紧缩　消费者价格指数　生产者价格指数　国内生产总值平减指数
需求拉动型通货膨胀　成本推动型通货膨胀　供求混合型通货膨胀　结构型通货膨胀

复习思考题

1. 什么是通货膨胀？为什么各国都将通货膨胀作为货币政策首要目标？
2. 试述通货膨胀的类型。
3. 如何度量通货膨胀？
4. 试述通货膨胀对国民经济的影响及对通货膨胀效应的不同评价。
5. 什么是通货紧缩，如何分类？
6. 试述通货紧缩形成的原因。

本章参考文献

［1］黄达. 货币银行学［M］. 北京：中国人民大学出版社，1999.

［2］殷孟波. 货币金融学［M］. 成都：西南财经大学出版社，2012.

［3］王晓光. 货币银行学［M］. 北京：清华大学出版社，2017.

［4］朱新蓉. 货币金融学［M］. 北京：中国金融出版社，2015.

［5］曹龙骐. 金融学［M］. 北京：高等教育出版社，2010.

第十二章
货币政策

学习目标

1. 理解货币政策的内涵和货币政策的基本原理；
2. 熟悉货币政策的目标和工具以及使用规则；
3. 了解货币政策的传导机制和传导途径；
4. 掌握提高货币政策调控和宏观调控有效性的途径。

货币政策是一个国家宏观政策的重要组成部分，中央银行代表国家履行制定和执行货币政策的职能。各国货币政策目标不同，其政策框架也不同，如实施通货膨胀单一目标制国家的货币政策框架与多目标制国家的货币政策框架就不完全一样。这里我们主要介绍多目标制国家的货币政策框架，同时也介绍单一目标制国家的货币政策框架。货币政策框架涉及货币政策目标、货币政策工具、货币政策传导机制等内容。本章将对这些内容进行介绍。

第一节　货币政策目标

一、货币政策概述

（一）货币政策的含义

货币政策有广义与狭义之分。广义货币政策是指国家所有有关货币方面的规定和所采取的影响货币供需的一切措施。狭义货币政策是指中央银行在一定时间内为实现一定的经济目标所采取的各种措施。一个完整的货币政策体系包括货币政策目标、货币政策工具、货币政策传导机制、货币政策选择理论依据，以及货币政策效果的影响因素等。中央银行在国家法律授权范围内独立或在中央政府领导下制定货币政策，并运用其拥有的货币政策发行权和各种政策手段，利用其领导和管理全国金融机构的特殊地位，组织货币政策的实施。

（二）货币政策的功能

货币政策的功能主要包括以下方面：

1. 促进社会总需求与总供给的均衡，保持币值稳定。社会总需求与总供给的均衡是社会经济平稳运行的重要前提条件。社会总需求是有支付能力的总需求，它是由一定时期的货币总供给量决定的，中央银行通过货币政策的实施，调节货币供给量，影响社会总需求，从而促进社会总需求与总供给的平衡。

2. 促进经济稳定增长。经济发展依据一定的规律而行，并不是直线发展。受各种因素的影响，经济增长不可避免地出现周期性波动。剧烈的经济周期波动对经济增长是非常有害的，逆经济周期进行调整的货币政策具有熨平不稳定周期的作用。在经济过度膨胀时，通过实施紧缩性货币政策，有利于抑制总需求过度膨胀和价格总水平的快速上升，实现社会经济稳定。在经济衰退和萧条时期，通过实施扩张性货币政策，有利于刺激投资和消费，促进经济增长和资源的充分利用。

3. 促进充分就业，实现社会稳定。促进充分就业，实现社会稳定是宏观调控的重要目标之一。就业水平受经济规模、速度和结构等因素影响，货币政策通过一般性货币政策工具的运用可以对货币供给总量、经济增长速度和发展规模产生重要影响，从而对就业水平产生影响。通过选择性货币政策工具的运用可以对货币供应结构与经济结构产生重大影响，从而对就业产生重大影响。

4. 促进国际收支平衡，保持汇率相对稳定。在当前经济和金融日趋全球化、国际化的宏观环境下，一个国家汇率的相对稳定是保持国民经济稳定健康发展的必然条件，而汇率的相对稳定又是国际收支平衡的必备条件，货币政策通过本外币政策的协调、本币供给的控制、利率和汇率的适时适度调整，促进国际收支平衡、保持汇率相对稳定。

5. 保证金融稳定，防范金融危机。保持金融稳定是防范金融危机的重要前提，货币政策通过一般性货币政策工具和选择性货币政策工具的合理使用，可以调控社会信用总量，有利于抑制金融泡沫和经济泡沫的形成，避免泡沫的突然破灭对国民经济特别是金融部门产生剧烈冲击，有利于保持金融稳定和防范金融危机。

（三）货币政策的构成

货币政策主要由三个部分构成，即信贷政策、利率政策和外汇政策。

1. 信贷政策。信贷政策是中央银行为控制一般金融机构信用规模及信用结构而采用的方针和措施，主要包括两方面内容：在量的方面，中央银行要调节社会信用总量，以适应社会经济发展的资金需求；在结构方面，中央银行要调节社会信用总量的构成及信用方向，促进资金与资源的合理配置。中央银行的信贷政策作为国家指导金融机构贷款投向的政策，其主要目标是改善信贷结构，促进经济结构的调整、科学技术的进步和社会资源的优化配置。

2. 利率政策。利率政策是中央银行控制调节市场利率的方针和措施，一方面，中央银行要调节市场利率的一般水平，使市场利率的高低能反映社会资金供求状况；另一方面，中央银行要调控整个社会利率结构，以便使社会资金在合理价格体系内进行分配，提高资金的使用效率。中央银行将货币政策目标、市场资金供求状况等作为制定基准利率的重要参数，使不同利率水平体现不同的货币政策要求。当货币政策目标的重点发生变化时，利率政策也随之变化。中央银行调控利率主要包括三个方面的内容：一是通过调高或降低基准利率，确定浮动幅度，调节和影响市场利率的一般水平，使其在大体上能够反映货币政策目标的要求和资金供应状况；二是通过调整利率结构，促使资金在合理的资金价格体系指导下被有效地配置和利用；三是通过对利率体制的放松或集中管制，实现利率政策分层调节的作用。

3. 外汇政策。外汇政策是中央银行调控外汇市场和汇率，实施外汇管制以及平衡国际收支的方针和措施。包括控制和调节外汇市场交易、维护外汇市场和汇率的稳定。实施外汇管制以控制资本流入和流出，保持适度的外汇储备，以维持国际清偿能力。中央银行的外汇政策包括以下内容：一是控制和调节外汇行市，以稳定汇率；二是实行外汇管制，以稳定外汇收支并控制资本流动；三是保持合理的外汇储备，以维持国际清偿能力；四是控制外汇市场的交易，以维护外汇市场的稳定。

（四）货币政策的特征

1. 货币政策是一项宏观经济政策。货币政策通过调节货币供应量、信用量、利率、汇率等金融变量来影响经济增长、物价指数、国际收支等宏观经济变量，是一种总量调节和结构调节相结合并以总量调节为主的宏观经济政策。

2. 货币政策是调节社会总需求的政策。社会总需求是指社会具有支付能力的总需求。货币政策通过调节货币供应总量的变化来调节社会总需求，进而影响社会总供给，最终促使社会总需求和总供给实现平衡。

3. 货币政策是一种间接调控政策。货币政策对经济的调节一般不适应采用直接调控的行政手段，而主要是通过经济手段，利用市场机制的作用影响经济主体的行为，达到间接调控经济变量、影响经济活动的目的。

4. 货币政策既具有短期性也具有长期性。货币政策最终目标具有长期性，但作为特定条件下的各种具体措施，却具有短期性。因此，货币政策是一种通过短期调节实现长期目标的政策，其短期操作必须符合和服务于长期目标。

（五） 货币政策的类型

1. 扩张性货币政策。扩张性货币政策是指通过提高货币供应量的增长率来刺激总需求增加，启动闲置生产要素达到经济增长、充分就业等目标的货币政策。当经济中的生产资料要素和劳动力要素等资源未被充分应用，社会失业率较高，经济增长缓慢甚至出现了负增长时，可采用扩张性货币政策。

2. 紧缩性货币政策。紧缩性货币政策是指通过降低货币供应量增长率来降低总需求水平，促进总需求与总供给平衡，以达到稳定物价、抑制经济过快增长等目的的货币政策。当经济出现明显的总需求大于总供给现象，尤其是在通货膨胀较为严重的情况下，可采用紧缩性货币政策。

3. 均衡性货币政策。均衡性货币政策是指在社会总需求与总供给基本平衡的前提下，使货币供应量的增长率与经济增长率相适应的货币政策。均衡是指货币供给量大体上等于货币实际需求量。即在较长时期里保持合理，以满足国民经济持续、稳定发展的需要。

（六） 货币政策规则

货币政策规则就是基础货币和利率等货币政策工具如何根据经济行为的变化而进行调整的一般要求。货币政策规则就是关于规则原理在货币政策执行中的运用。传统意义上的货币政策规则被理解为静态的、简单不变的原则，其不随其他经济变量的变化而调整。现代意义上的货币政策规则的内涵则比较宽泛，"规则"可以解释为"操作或行动的指南"。

西方经济学界对货币政策规则的研究经历了从零散到系统，从静态到动态，从简单到复杂这样一个变化过程。19 世纪初银行学派与通货学派之间关于"规则与相机抉择之争"，开始了对货币政策规则的研究。到 20 世纪初，维克塞尔、费雪、西蒙分别提出了货币当局应按照规则行事的货币政策。弗里德曼在 20 世纪 50 年代提出了"单一规则"的货币政策，主张美联储应该建立稳定的货币存量增长率，不管经济出现什么情况，经济都要保持这一增长率。20 世纪 70 年代后期，基德兰德和普雷斯科特（Kydland and Prescott，1977）首次将"时间非一致性"的概念引入了宏观经济学，从而开启了新一轮的货币政策规则研究。货币政策规则研究的进展是近年来金融学乃至宏观经济学领域的一个重要突破。货币政策规则不仅可以指导中央银行制定切实可行的货币政策，而且可以提高货币政策调控经济的有效性、可信性和透明度，同时它也为评价货币政策提供了一个可以观察的基本框架，使人们能够衡量货币政策的实施效果。各国经济处于不同的发展阶段，货币政策规则也不尽相同，而且随着一个国家经济发展的不断推进，货币政策也要相应地从一个规则向另一个规则转化。

二、货币政策的最终目标

货币政策目标分为最终目标、中间目标和操作目标。

（一）货币政策最终目标的内容

货币政策作为国家宏观经济调控的重要政策之一，其最终目标与国家宏观经济目标具有一致性。多数国家中央银行通常有四大货币政策目标，即稳定物价、充分就业、经济增长和平衡国际收支。这些最终目标之间存在一致性，又存在一定的冲突性。

1. 币值及物价稳定

抑制通货膨胀，避免通货紧缩，保持价格稳定和币值稳定是货币政策的首要目标。

（1）稳定物价的含义。稳定物价就是设法使一般物价水平在短期内不发生显著的或急剧的波动，实际上是使物价在短期内保持一种相对稳定状态。这里所指的物价是指一般物价水平，即物价总水平，而不是指某种商品的价格。从整个世界的情况来看，由于各国经济条件不同，物价上升的幅度有所不同，但作为总的变动趋势，物价水平是趋于上升的。因此，稳定物价是指把物价上涨幅度控制在一定范围之内，即控制在不危害经济增长、社会公众心理又能承受的范围之内。稳定物价包括两个方面的含义，既要抑制通货膨胀，也要避免通货紧缩。

（2）引起一般物价水平上涨的原因。一般而言，引起物价总体水平上涨的原因主要有三个：一是社会总需求过大，二是成本提高，三是结构性失调。

（3）中央银行稳定物价的作用。货币政策是一种需求管理政策，货币政策对宏观经济调控的着力点在于社会总需求。因此，与中央银行货币政策有关的，主要是增发货币造成总需求过旺而引发的物价上涨。这就告诉我们：中央银行的作用是有限的，只能从对总需求的调整方面来影响物价的变动，稳定物价是全社会共同的任务，并非中央银行一家能够完成。

（4）衡量物价稳定的标准与方法。衡量物价变化的指标主要有三个：一是生产者价格指数，它是反映不同时期批发市场众多商品价格平均变动程度的经济指标；二是居民消费价格指数，它是衡量不同时期居民消费的商品和劳务的价格平均变动程度的经济指标；三是国内生产总值平减指数，它是按当年价格计算的国内生产总值与按固定价格计算的国内生产总值的比率。在这三个指标中，前两种指标属于物价总水平的结构性指标，适合衡量某个方面物价水平的变动；后一指标最适合衡量物价总水平的变动，它的统计范围是以构成国民生产总值的最终产品和劳务为对象的。除上述三种指标外，还有零售价格指数、生产费用指数等，在某一方面也可以反映物价的变化。

抑制通货膨胀的目标并非通胀率越低越好，价格总水平绝对下降，即负通货膨胀率，将会带来通货紧缩。通货紧缩将会严重影响企业和公众的投资和消费预期，制约其有效投资需求和消费需求的增长，使企业销售下降、存货增加、利润下降，从而使企业倒闭和失业率上升，经济增长停滞甚至严重衰退，陷入经济危机。因此，抑制通货膨胀和通货紧缩是保持币值稳定的货币政策目标不可缺少和不可分割的两个部分。

2. 充分就业

充分就业是指任何愿意工作并且有工作能力的人都可以找到一个有报酬的工作。或者说，充分就业通常是指凡有劳动能力并自愿参加工作者，都能在较合理的条件下，随时找到适合的工作。充分就业并不是追求零失业率。由于摩擦性失业、结构性失业、季节性失业和过渡性失业的存在，一定程度的失业在经济正常运行中是不可避免的，这种失业被称为自然失业。当然由于总需求不足导致的失业是应该避免的。因此，充分就业的目标就是要把失业降低到自然失业率的水平。就业水平受到经济发展规模、速度和结构以及经济周期下行的影响。特别是在经济衰退、失业严重的时候，实行扩张性的货币政策，对扩大社会总需求、促进经济发展，降低失业率具有重要意义。

充分就业作为货币政策目标之一，实际上是指把失业率控制在合理程度之内。

（1）造成失业的一般原因有：①需求不足造成的失业，即由于社会劳动力的供给大于对劳动力的需求，造成劳动力市场失衡而形成的失业。一方面是周期性失业，指在随着经济周期的波动而出现的经济衰退和经济萧条阶段，由于总需求下降而产生的失业；另一方面是增长不平衡性失业，指由于劳动力的需求长期得不到充分增长，或跟不上劳动力的正常增长而造成的失业，以及由于劳动力生产率的提高而造成的失业。②结构性失业，即由于劳动力市场上，劳动力供给的种类与劳动力需求的种类之间不相吻合而造成的失业。③摩擦性失业，即短期内劳动力市场上劳动力的供求失调而造成的失业。④季节性原因造成的失业，即经济中某些部门的间歇性需求不足而产生的失业，或是由于劳动力需求的季节性收缩和劳动力供给的季节性扩张而造成的失业。

（2）中央银行在实现充分就业中的作用。一般认为失业率保持在3%～5%为合理的失业水平，也就是说，失业率在5%以下就算是充分就业。由于导致失业的原因很多，货币政策对于充分就业的调节功能仅体现在调节有效需求上，即针对总需求不足造成的失业，中央银行可以通过增加货币供应刺激社会总需求，在一定程度上减少失业，通过促进经济发展为劳动者创造更多的就业机会，促进资源的合理利用和经济的正常运转。

3. 经济增长

任何国家都要不断地促进经济增长以提高国内人民社会生活水平，经济增长也是保护国家安全的必备条件。一个国家的经济实力是决定其在国际经济、政治、军事竞争中的竞争力的重要因素。一个国家为了有效地竞争并且快速发展，必须有效地利用自己的资源，并为增加生产潜力而进行投资，低于潜在水平的增长将导致资源的浪费，高于潜在水平的增长将导致通货膨胀和资源破坏。

在西方经济学中，关于经济增长的含义有不同的解释，主要有两种观点：一是经济增长指国民生产总值的增加，即一国在一定时期内所生产的商品和劳务总量的增加，或者是指人均国民生产总值的增加。二是经济增长指一国生产商品和劳务的能力的增长。经济增长取决于一国政治与经济的稳定和技术的进步、资本投入的增加和投资效率的提高、社会劳动力的增加和劳动生产率的提高以及经营管理的现代化等。货币政策是影响经济增长的重要因素，高投资率不仅意味着人均资本量的增大，而且也是促进技术进步的一条重要途径。一般而言，增加投资的货币政策有两种：一是低利率政策，二是信用扩张政策。

中央银行通过调节货币信用规模，创造一个适宜于经济增长的货币金融环境，促进经济增长。作为宏观经济目标的增长是长期稳定的增长，货币政策作为国家干预经济的重要手段，保持国民经济长期稳定增长是不可推卸的责任。

4. 国际收支平衡

保持国际收支平衡是保持国民经济增长和经济安全甚至政治稳定的重要条件。一个国家国际收支失衡，无论是逆差还是顺差，都会给该国经济发展带来不利影响。巨额的国际收支逆差可能会导致外汇市场对本币信心的急剧下降，资本大量外流，外汇储备急剧下降，本币出现大幅度贬值，并导致货币和金融危机。而长期的巨额国际收支顺差，即可能使大量的外汇储备闲置，造成资源浪费，又要为购买大量的外汇而发行国内货币，可能导致或者加剧国内通货膨胀。此外，巨额经常项目顺差或者逆差还可能加剧贸易摩擦。当然相比之下，逆差的危险更大一些。因此，各国调节国际收支失衡主要是为了减少甚至消除国际收支逆差。

货币政策在调节国际收支方面具有重要作用，在资本项目自由兑换下，提高利率将吸引资本流入、降低资本项目逆差或者增加盈余，反之则相反。汇率的变动对国际收支平衡也具有重要作用。本币贬值有利于促进出口，抑制进口，降低贸易逆差或者增加其盈余，但不利于资本项目的平衡。反之，本币升值将吸引国际资本的流入，有利于资本项目平衡，但却抑制出口鼓励进口，不利于经常项目平衡。因此，货币政策目标之一，就是要通过本外币政策的协调，实现国际收支平衡。

（二）货币政策最终目标之间的相互关系

货币政策最终目标之间既有统一性又有矛盾性。

1. 充分就业与经济增长之间的关系，稳定物价与充分就业之间的关系

按照奥肯定律，GDP 增长比潜在 GDP 增长每快 2%，失业率下降 1 个百分点；GDP 增长比潜在 GDP 增长每慢 2%，失业率上升 1 个百分点。失业率与经济增长之间通常存在负相关关系。因此，充分就业与经济增长之间通常存在正相关关系。但是，经济增长可以采用劳动密集型或者资源密集型、知识密集型等不同的发展模式，除劳动密集型外，其他几种增长模式都与充分就业有一定的矛盾。一个国家的稳定物价目标与充分就业目标之间经常发生冲突，因为要降低失业率，增加就业人数，就必须增加工资，货币工资增加过少，对充分就业目标就无明显的促进作用，货币工资增加过多则致使其上涨率超过劳动生产率的增长，便会产生成本推动型通货膨胀。最先在理论上总结、分析这样一种矛盾的经济学家是澳大利亚的菲利普斯，他提出了著名的菲利普斯曲线。

2. 稳定币值与经济增长和充分就业之间的关系

根据菲利普斯曲线，通货膨胀与经济增长之间和就业之间通常存在正相关关系。但过高的通货膨胀会破坏正常的经济秩序，从而迫使经济进行紧缩调整，从而降低经济增长和就业。经济增长作为一项货币政策目标，既与稳定物价有矛盾，又与充分就业有矛盾。也就是说，要使一个国家保持持续的、较高的经济增长率，很可能既引发通货膨胀，又增加失业人数。第一，经济增长与稳定物价的矛盾。通常经济增长与稳定物价之间并无大的冲突：只有经济增长，物价稳定才有雄厚的物质基础；只有稳定物价，经济增长才有良好的社会环境。但从西方国家货币政策实践的结果来看，要实现经济增长与稳定物价齐头并进并非易事。主要原因在于：政府往往较多地考虑经济发展，刻意追求经济增长的高速度，以至于信用扩张和造成投资规模过大，有意或无意地以通货膨胀为手段来促进经济增长，其结果必然造成货币供应量增加和物价上涨，使经济增长与稳定物价之间出现矛盾。第二，经济增长与充分就业之间的矛盾。一般来说，经济增长能够创造更多的就业机会。但是在现代技术进步的条件下，实现经济增长主要不是靠扩大就业人数，而是依靠科技进步、劳动者技能水平的提高和经营管理手段的现代化。随着企业资本有机构成的提高，经济增长本身更有较大可能排斥非熟练工人的就业机会。从长期趋势来看，经济增长并不一定能保证扩大就业，特别是在人口增长率较高和劳动生产率提高较快的情况下更是如此。

3. 稳定币值和国际收支平衡之间的关系

币值稳定和汇率稳定，有利于国际收支平衡，但为了贸易平衡而对外贬值则可能导致国内通货膨胀的加剧。有时为拯救濒临破产的银行而增发货币，可能导致通

货膨胀。国际收支平衡有利于金融稳定。国际收支失衡，如贸易赤字和资本大量外流，将导致货币危机。金融稳定有利于国际收支平衡，金融动荡加剧资本外流，加剧国际收支失衡。

4. 国际收支平衡同稳定物价、经济增长的矛盾

第一，国际收支平衡与稳定物价的矛盾。一般来说，当一国出现通货膨胀时，说明总需求超过了总供给，使国内的物价水平高于外国的物价水平，从而国内出口商品的价格和进口商品的价格都高于外国商品的价格，这样必然会导致国内出口减少、进口增加，从而增加本国的贸易逆差，或者减少本国的贸易顺差，本国外汇储备减少，引起国际收支变化。相反，当本国物价稳定时，如果其他国家出现了通货膨胀，则会使本国的物价水平相对低于其他国家的物价水平，从而本国的出口商品价格相对低于其他国家的商品价格，价格竞争力增强，使本国的出口增加、进口减少，增加本国的贸易顺差，或者减少本国的贸易逆差，进而影响到国内物价水平。第二，国际收支平衡与经济增长的矛盾。在正常情况下，经济增长必然带来国际收支状况的改善，但从动态的角度来看，二者也存在着不一致。如果一个国家进口商品增多，国际收支状况恶化，最终使经济增长难以持久。为了扭转这种失衡状况，通常是在国际收支平衡和经济增长两大目标之间进行合理抉择。当国际收支出现逆差时，就必须限制国内总需求，而随着国际收支逆差的消除，国内经济有可能衰退，此时就要果断采取扩张性货币政策。随着货币供应量的增加，社会总需求也会增加，一方面可能刺激经济的增长，另一方面也有可能由于输入的增加及通货膨胀的产生而导致新的国际收支失衡。

（三）通货膨胀目标制

1. 通货膨胀目标制的含义

通货膨胀目标制是指中央银行直接以通货膨胀为目标并对外公布该目标的货币政策制度。通货膨胀目标制（Inflation Targeting）是一套用于货币政策决策的框架，其基本含义是：一国当局将通货膨胀作为货币政策的首要目标或唯一目标（该目标具有无可争议的优先权），迫使中央银行通过对未来价格变动的预测来把握通货膨胀的变动趋势，提前采取紧缩或扩张的政策，使通货膨胀率维持在事先宣布的水平或范围内，在通货膨胀控制得比较好的国家，这是当局认定的不可避免的（如调动潜在生产力所必需的）通货膨胀率；高通货膨胀率的国家则是当局认定的可能实现的反通货膨胀的目标，借以实现长期的价格稳定。自 20 世纪 90 年代以来，一些发达国家及发展中国家直接采用通货膨胀目标制本身为货币政策目标。

设立通货膨胀目标制并进行操作时，物价稳定为首要目标，并将当局在未来一段时间所要达到的目标通货膨胀率向外界公布，同时，通过一定的预测方法对目标

期的通货膨胀率进行预测得到目标期通货膨胀率的预测值，然后根据预测结果和目标通货膨胀率之间的差距来决定货币政策的调整和操作，使实际通货膨胀率接近目标通货膨胀率。如果预测结果高于目标通货膨胀率，则采取紧缩性货币政策；如果预测结果低于目标通货膨胀率，则采取扩张性货币政策；如果预测结果接近于目标通货膨胀率，则保持货币政策不变。

在通货膨胀目标制下，传统的货币政策体系发生了重大变化，在政策工具与最终目标之间不再设立中间目标，货币政策的决策依据主要依靠定期对通货膨胀的预测。由政府或中央银行根据预测提前确定本国未来一段时期内的中长期通货膨胀目标，中央银行在公众的监督下运用相应的货币政策工具使通货膨胀的实际值和预测目标相吻合。

通货膨胀目标制是一种高度前瞻（Forward–Looking）的货币政策框架，同时也是一种长期货币政策目标。然而，准确预测通货膨胀率的难度较大，货币政策对价格的影响又存在较长的时滞，而且各种经济冲击对价格也会产生影响。所以，通货膨胀目标制国家并不排除中央银行在特殊情况下，以充分就业、经济增长和汇率稳定等短期货币政策目标为重心，允许在短期内偏离长期通货膨胀目标。如果真的出现偏离目标区的情况，中央银行必须作出解释。其实，推行通货膨胀目标制并不意味着中央银行只关心通货膨胀，它应当是一个货币政策框架，而不是一个简单的货币政策规则。通货膨胀目标制的最大优势是为货币政策引入了约束机制，迫使中央银行增强其货币政策的可信性。与此同时，通货膨胀目标制还通过扩大中央银行的法定职责构建金融宏观审慎政策框架，以维护金融稳定。

在多数情况下，通货膨胀目标制仍是一种偏重于单一目标追求的货币政策框架。一旦实际通货膨胀率与目标通货膨胀率产生较大偏离，后者就会成为"压倒一切"的目标。中央银行为了实现既定目标，会放弃干预经济周期的努力，"不顾一切"地把通货膨胀率控制在事先宣布的水平上或范围内。也就是说，虽然赋予了中央银行相机选择权，但同时这种政策框架的确又限制了相机处置权的运用。另外，实行通货膨胀目标制也需要具备一系列条件，诸如中央银行具有运用货币政策工具的独立性；对经济状况的变化有灵敏的反应；能以短期利率作为操作目标；可靠的通货膨胀预测体系；实行浮动汇率制度或爬行汇率区间制度；发达的金融体系。这无疑对中央银行的货币政策操作提出了更高的要求。

通货膨胀目标制在 20 世纪 90 年代最为盛行。但通货膨胀目标制并没有产生主要的益处；相反，它对于就业方面可能还有负面的影响。因为通货膨胀目标制增加了金融危机发生的概率。原因在于这种货币政策框架使各国中央银行将官方利率设置在很低的水平，从而诱发金融危机。最初，只有不多的几个工业化国家实施了通货膨胀目标制，如新西兰、加拿大、英国、瑞典、芬兰、澳大利亚、西班牙。此后，一些新兴市场国家也开始实行该货币政策框架，如巴西、智利、捷克、以色列、波兰、南非、韩国、泰国等。2012年1月，美国联邦公开市场委员会宣布其长期通货膨胀目标为2%，由此意味着美国联邦储备体系开始实施通货膨胀目标制货币政策框架。随后，日本中央银行于2013年4月中旬首次设定中长期物价稳定目标，即将短期CPI的同比增幅设定为1%，中长期CPI目标设定在2%以内，该目标原则上每年进行调整或更新。中国每年的《政府工作报告》均设定CPI目标，也可视作一种近似的通货膨胀目标制。

2. 采用通货膨胀目标制的优越性

与利率、货币供应量、汇率等货币政策中介目标相比，采用通货膨胀目标制的优越性是显而易见的。

（1）通货膨胀目标制克服了传统货币政策框架下单纯盯住某种经济、金融变量的弊端，实现了规则性和灵活性的高度统一。通货膨胀目标制是建立在一定的规则之上的，货币当局一旦公布了通货膨胀目标，中央银行就要在政策连贯性方面作出承诺，维持实际通货膨胀率和目标通货膨胀率的基本一致；与此同时，中央银行有权自主决定使用何种货币政策工具来实现通货膨胀目标，并且这个目标是一个区间值，当发生无法预见的经济危机的时候，通货膨胀率允许超出这个区间范围。这样，通货膨胀目标制就实现了规则性和灵活性的高度统一。

（2）通货膨胀目标制提高了货币政策的透明度。实行通货膨胀目标制国家的中央银行不但预先公布明确的通货膨胀目标或目标区间，而且定期向政府和公众解释当前的通货膨胀状况和应对措施。这样，中央银行、政府和公众之间就形成了一个开放、透明的沟通机制与监督机制。通过与公众的交流，一方面有利于增强公众对货币政策的信心，另一方面也有利于公众评估中央银行货币政策的实绩。

（3）通货膨胀目标制有助于经济的稳定。钉住汇率的货币制度往往是为了实现外部均衡而放弃内部均衡。而直接盯住通货膨胀目标的货币制度是以国内经济均衡作为首要目标的货币政策制度。它可以直接缓和经济的波动，有利于经济的稳定。

3. 采用通货膨胀目标制带来的主要问题

首先，通货膨胀目标制可能会导致失业的增加。在通货膨胀目标制下，中央银行只对通货膨胀率负责而不需要考虑其他变量。当通货膨胀率的预测结果高于目标通货膨胀率，则采取紧缩性货币政策。根据传统的凯恩斯主义理论，如果这种价格的上涨是由过度需求引起的，那么紧缩性货币政策就是正确的；如果这种价格的上涨是供给冲击条件恶化的结果，那么紧缩性货币政策就是错误的，它将进一步减少产出，增加失业。其次，通货膨胀目标制容易导致货币政策工具的过度波动。当货币政策工具对货币政策目标的影响随着时间的推移而逐渐增强时，不顾经济条件变化而长期盯住一个具体的政策目标会增加政策工具的波动性。

4. 美国的隐性通货膨胀目标制

美国联邦储备体系虽然没有明确指出其货币政策的名义锚是通货膨胀指标，但是其的确隐含了对通货膨胀指标的高度关注。1994—1995 年，美联储在艾伦·格林斯潘的领导下，实施了先发制人的货币政策，在通货膨胀上涨之前提高利率，从而有效地控制了通货膨胀指标。2014 年上任的美联储主席珍妮特·耶伦主张"最优控制"政策方法，即为了让美国失业率更快下降，可以容忍通货膨胀率暂时高于美联储 2% 的通货膨胀目标水平。可见，美联储在实施货币政策时是充分考虑了通货膨胀这一指标的。

（四）我国的货币政策目标

1995 年通过的《中国人民银行法》规定，中国人民银行的货币政策目标是：保持货币币值的稳定，并以此促进经济增长。这就在"稳定"和"增长"之间明确了先后顺序。在中国，货币政策目标的选择在实际中有两种主张：一种是单一目标，以稳定币值作为首要的基本目标；另一种是双重目标，即稳定货币和发展经济兼顾。从各国中央银行货币政策的历史演变来看，无论是单一目标、双重目标或多重目标，都不能脱离当时的经济社会环境以及当时面临的最突出的基本矛盾。但货币政策要保持足够的稳定性和连续性，政策目标不能偏颇和多变。

2013 年 12 月 27 日修订的《中国人民银行法》第三条规定，中国人民银行宏观调控最终目标为"保持货币币值的稳定，并以此促进经济增长"。这样定格的背景和条件是：（1）宏观经济经常遭受通货膨胀的影响，稳定币值是央行宏观调控的头等大事。（2）间接融资是中国融资的主要方式，直接融资的规模小到可以忽略不计。（3）货币需求函数和货币流通速度相对稳定，货币供给量与物价和产出保持高度的正相关性。（4）国家实行的是低工资和高就业政策。（5）国际收支基本持平，且国际收支占整个国民经济的比重不大。

我国自改革开放以来，宏观经济体系各个组成部分各有特点，因此各自的调控目标也各有重点。总体来看，我国货币政策调控目标一直都以稳定币值为总的调控目标，同时，也必须兼顾支持经济增长。在不同的发展阶段，也将保持国际收支平衡和促进就业作为一个时期关注的重点。改革开放以来，我国宏观经济环境不断发生变化，不同时期的货币政策目标也在发生变化。在我国改革开放初期，由于通货膨胀多次发生，保持币值稳定和物价稳定就成了当时货币政策的主要目标。在 1997 年亚洲金融危机之后保持经济稳定增长就成了货币政策的重要目标。在 2008 年国际金融危机之后保持经济稳定和促进就业成为我国货币政策目标关注的重点。而在近几年贸易摩擦较为严重的时期，保持国际收支平衡和汇率稳定则成了这一时期货币政策最终目标关注的重点。因此，货币政策的目标并非唯一的，其相对重点也不是固定不变的，而是随着国内与国际经济金融形势变化而变化。以 2008 年国际金融危机为例，当国际金融危机爆发以后，中国经济面临衰退的危险，货币政策从稳健型转向适度宽松，保增长成为政策的相对重点，而 2013 年经济已经有了较快的复苏，通货膨胀开始加速，下半年货币政策开始转向，从适度宽松的货币政策转向稳健的货币政策，政策重点从保增长转向保持币值稳定。2015 年以后，随着经济增速和通货膨胀逐步回落，中央银行货币政策重点逐步转向稳增长、调结构、促转型方面，2018 年以来开始进一步转向金融供给侧结构性改革方面，聚焦于调结构、补短板、防范风险。

三、货币政策的中间目标和操作目标

（一）货币政策中介目标、操作目标与最终目标之间的关系

货币政策的最终目标并不在中央银行的直接控制之下，从货币政策工具开始实施到货币政策目标的实现，这个过程中需要一些容易观察和控制的中间金融变量作为"名义锚"，以直观迅速地反映货币政策效果，并通过它们的变化传导政策工具的应用，实现最终目标的要求。根据对货币政策工具反映的先后和作用于最终目标的过程，这些金融变量可分为中介目标和操作目标两大类。其中，中介目标是距离货币政策最终目标较近的金融变量，它与最终目标关系密切，对最终目标有直接影响，但它离货币政策工具较远。操作目标是离货币政策工具较近的金融变量，它直接受金融工具的影响，对货币政策工具反应灵敏，中央银行能够对它进行准确控制，但它离货币政策最终目标较远。

使用货币政策中介目标和货币政策操作目标的意义在于，中央银行能更及时地判断所实施货币政策是否正确，而不是要等到政策实施的最后结果出来后才能断定是否实现了最终目标。在最初设定货币政策工具之后，中央银行可以通过有效控制操作目标来调整政策工具，当中央银行观察到中介目标的变化时，可再根据需要进行政策工具的修正，由此逐步引导货币政策实现最终目标。可见，货币政策中介目标和操作目标的选择是保障货币政策效果的关键。

（二）货币政策中介目标和操作目标选择的标准

选择的金融变量应满足三个基本标准。

1. 可测性

可测性是指所选择的金融变量具有可计量性，中央银行能够迅速而准确地获得该指标的数据资料，并且能够通过这些数据资料对指标的变化情况进行度量、分析和判断。这样，当货币政策在实施过程中脱离目标时，中央银行就能够及时发现其

所发出的信号。

2. 可控性

可控性是指中央银行能够运用货币政策工具，对所选金融变量进行有效的控制和调节，指标能够在足够短的时间内接受货币政策工具的影响，并且按照货币政策设定的方向和力度发生变化，且较少受经济运行本身的干扰。

3. 相关性

相关性是指所选金融变量与货币政策最终目标必须有密切的、稳定的关系，中央银行通过控制与调节这些指标，可促使最终目标的实现。也就是说，所选指标必须对最终目标产生可以预计的影响，且两者之间的相关程度越高越好。

（三）货币政策的主要中介目标

货币政策中介目标不尽相同，但一般来说，较为广泛采用的中介目标主要有利率和货币供应量，少数国家采用汇率作为中介目标。

1. 利率

这是凯恩斯学派推崇的货币政策中介目标。在20世纪70年代以前各国中央银行大都将此作为中介目标。利率之所以能作为货币政策的中介目标，是因为：第一，可控性强。中央银行可直接控制再贴现率，而通过公开市场业务或再贴现政策能调节市场利率的走向。第二，可测性强。中央银行在任何时候都能观察到市场利率的水平及结构，可随时收集这些利率的资料并进行分析。第三，相关性强。市场利率作为经济的一个内在因素，总是随社会经济的发展状况而运转：当经济处于萧条阶段，利率呈下降趋势；当经济转向复苏以至高涨时，利率则趋向上升。

2. 货币供应量

这是以弗里德曼为代表的现代货币主义者推崇的中介目标。20世纪70年代中期以来各国中央银行纷纷将中介目标由利率改为货币供应量。把货币供应量作为中介目标的理由是：首先，就可测性而言，该指标随时都被反映在中央银行和商业银行及其他金融机构的资产负债表内，分别表现为中央银行的负债和商业银行及其他金融机构的负债，可以进行量的测算和分析。其次，就可控性而言，按照界定，货币供应量一般由通货和各种存款货币构成。通货直接由中央银行发行并进入流通，其可控性最强，而各种存款货币则是商业银行和其他金融机构的负债，中央银行通过控制基础货币可以间接地进行控制。最后，就相关性而言，一定时期的货币供应量代表了当时社会的有效需求量和整个社会的购买力，直接影响着货币政策目标的实现。因此，货币供应量与货币政策目标之间存在着密切的联系。

3. 汇率

将汇率作为货币政策的中介目标是一些实行开放经济的小国。这些国家的中央银行确定本国货币同另一个较强国家货币的汇率水平，并通过货币政策操作，钉住这一水平，以此实现最终目标。

（四）货币政策的操作目标

操作目标也称为近期中介目标，是指货币政策工具变量直接影响的变量，操作目标会随工具变量的改变而迅速变动。目前各国中央银行经常采用的操作目标主要有基础货币和存款准备金。

1. 基础货币

基础货币的投放和回流构成了货币供应量倍数伸缩的基础，因此，中央银行以基础货币作为货币政策的操作目标具有十分重要的意义。作为操作目标，基础货币同样符合可控性、可测性和相关性的要求。首先，从可测性来看，基础货币表现为中央银行的负债，其数额随时在中央银行的资产负债表上反映出来，中央银行很容易掌握这些资料。其次，基础货币中的通货是中央银行向社会注入的现金量，中央银行注入多少现金是可以直接控制的。金融机构的存款准备金总量则取决于中央银行的再贴现和再贷款，以及法定存款准备金比率水平，因此有较强的可控性。最后，从基础货币与货币政策目标的相关性来看，中央银行通过对基础货币的操纵，就能使商业银行及社会大众调整其资产构成，改变社会的货币供应量，从而影响市场利率、价格以及整个社会的经济活动。

2. 存款准备金

银行体系的存款准备金是中央银行创造的负债的一部分。它由商业银行的库存现金和在中央银行的准备金存款两部分组成。存款准备金作为货币政策操作目标，很容易满足可测性要求：中央银行比较容易了解商业银行在中央银行的存款准备金情况，同时在一般国家，商业银行要定期报告其库存现金这一部分准备金额。此外，就可控性和相关性而言，存款准备金也是容易满足要求的。尽管存款准备金的可控性程度很高，但对存款准备金总额中的超额准备金部分，中央银行则难以准确控制，因为每家银行愿意保有多少超额准备金，不是由中央银行决定的，而是由商业银行根据该银行的业务状况、财务状况以及对经济形势的判断和估计而决定的。在法定存款准备金率一定的条件下，商业银行愿意保有的超额准备金正是决定信贷规模和货币供应量的基本要素，从这个意义上说，存款准备金指标的可控性程度是不确定的。

3. 短期利率

短期利率一般又称为利率操作目标。短期利率操作可以导致作为货币政策中介目标的长期利率的变动，从而具有较强的相关性。中央银行随时可以在市场上观察到短期利率水平，然后通过货币政策工具影响商业银行的准备金水平，准备金水平又会造成商业银行同业拆借市场上资金供求的变动，进而导致短期利率水平与结构的变动，所以，在可测性和可控性方面短期利率是符合操作目标要求的。

（五）我国的货币政策中介目标

现阶段，中国人民银行货币政策的中介目标主要是货币供应量。1996 年，人民银行采用货币供应量 M_1 和 M_2 作为货币政策调控目标，标志着我国开始引入货币政策中介目标。1998 年，我国正式取消对商业银行贷款规模的直接控制，宣布以货币供应量作为唯一的货币政策中介目标，由此确立了货币供应量作为中介目标的地位。目前，M_2 仍是人民银行进行宏观调控的重点选择。但近年来随着利率市场化速度加快和金融创新不断扩大，金融自由化和创新对 M_2 的冲击越来越大，导致 M_2 的作用在不断下降，人民银行同时开始关注社会融资规模的变化。

第二节　货币政策工具

经过长期探索和发展，目前各国中央银行普遍使用的货币政策工具大致可分为三类：一般性货币政策工具、选择性货币政策工具和其他货币政策工具。

一、一般性货币政策工具

（一）存款准备金政策

法定存款准备金率是金融机构按规定向中央银行交纳的存款准备金占其存款总额的比率。当中央银行提高法定准备金率时，商业银行提供放款及创造信用的能力就下降。因为准备金率提高，货币乘数就变小，从而降低了整个商业银行体系创造信用、扩大信用规模的能力，其结果是银根偏紧，货币供应量减少，利率提高，投资及社会支出都相应缩减；反之则相反。但是由于货币乘数的作用，准备金政策冲击力太大，在商业银行一般只保留少量超额准备金的情况下，容易导致银行资金周转严重不灵，经营陷入困境。人们通常认为这一政策工具效果过于猛烈，它的调整会在很大程度上影响整个经济和社会的心理预期，因此，中央银行对法定存款准备金率的调整都持谨慎态度。

1. 法定存款准备金政策的作用过程。货币供应量是基础货币和货币乘数的乘积，法定存款准备金政策发挥作用的过程正是同时从这两个方面对货币供应量产生影响的。一方面，商业银行的超额准备金与法定存款准备金率呈反向变化，因此调整法定存款准备金率可以直接影响商业银行持有的超额准备金数量，从而调节其信用创造能力，最终达到调控货币供应量的目的。另一方面，法定存款准备金率是货币乘数的一个因子，所以中央银行可以通过提高或者降低法定存款准备金率来改变货币乘数，进而使货币供应量和信用总量得以成倍地收缩或者扩张，达到调控的目的。

2. 法定存款准备金政策的优缺点。它的主要优点在于：其对所有货币存款银行的影响是均等的，对货币供给量具有极强的影响力，力度大，效果明显。作为一种货币政策工具它的局限性也是非常明显的：首先，对经济平稳发展的震动太大。由于整个存款机构规模巨大，法定存款准备金率的轻微变动都将会带来法定存款准备金量的巨大变动，通过货币乘数的效应，将对货币供给总量产生巨大的影响，甚至可能带来经济的剧烈震荡。其次，法定存款准备金率的提高，可能使超额准备金率较低的银行立即陷入流动性困境。为了减小这种冲击力，中央银行将被迫通过公开市场业务或者贴现业务向急需流动性的银行提供流动性支持。由于法定存款准备金对经济的极大冲击力，各国中央银行使用此项工具时一般都比较谨慎。

（二）再贴现政策

1. 再贴现政策的作用过程。贴现是票据持票人在票据到期之前，为获取现款而向银行贴付一定利息的票据转让行为。再贴现是商业银行或其他金融机构将贴现所获得的未到期票据再向中央银行进行贴现的票据转让行为。贴现是商业银行向企业提供资金的一种方式，再贴现是中央银行向商业银行提供资金的一种方式，两者都是以转让有效票据——银行承兑汇票为前提的。因此，再贴现政策是中央银行对商业银行用持有的未到期票据向中央银行融资所做的政策规定。再贴现政策一般包括再贴现率的确定和再贴现的资格条件。它不仅影响商业银行的筹资成本，限制商业银行的信用扩张，控制货币供应总量，而且可以按照国家产业政策的要求，有选择地对不同种类的票据进行融资，促进结构调整。再贴现率工具主要着眼于短期政策效应。中央银行根据市场资金供求状况调整再贴现率，以影响商业银行的借入资金成本，进而影响商业银行对社会提供的信用量，从而调整货币供应总量。在传导机制上，再贴现率上升后，商业银行需要以较高的代价才能获得中央银行的贷款，这时它便会提高对客户的贴现率或提高放款利率，其结果就会使信用量收缩，市场货币供应量减少；反之则相反。中央银行对再贴现资格条件的规定则着眼于长期的政策效用，以发挥抑制或扶持作用，并改变资金流向。由于再贴现政策作为一种货币政策工具，与存款准备金政策一样也是通过影响商业银行活期存款准备金的增减而发挥作用的，所以在一定程度上它也具有准备金政策的特点。如果金融市场发达，商业银行融资渠道广，对中央银行再贴现的依赖性减少，自然会削弱这一政策的效果。

2. 再贴现政策的优缺点。它的优点是中央银行可以利用政策承担最后贷款人的职责，并在一定程度上体现了中央银行的政策意图，既可以调节货币总量，又可以调节信贷结构。但是其同样具有局限性。首先，调整贴现率的效应的告示作用是有限的，并不能反映中央银行的政策意图。其次，当中央银行将贴现率确定在一个特定的水平，市场利率与再贴现率的中间利差将随市场利率的变化发生较大波动。最后，利用贴现率来调整货币供给量的主动权不在中央银行，中央银行虽然可以调整贴现率但是不能强迫商业借款。

（三）公开市场业务

1. 公开市场业务作用过程。公开市场业务又称公开市场政策，指中央银行在金融市场上买进或卖出有价证券，直接决定基础货币的变动，从而达到收缩和扩张信用、控制和调节利率与货币供应量目的的行为。公开市场操作的目的一般有两个：一是维持既定的货币政策，以保证货币政策目标的实现。二是实现货币政策的转变。当中央银行货币政策方向和力度发生变化时，可通过公开市场业务实现其转变。

公开市场操作有两种基本方式：（1）长期性储备调节，为改变商业银行等存款货币机构的储备水平而使用；（2）临时性储备调节，为抵消其他因素的影响，维持商业银行等存款货币机构的储备水平而使用。其交易方式通常为有价证券的买卖、回购和发行等。公开市场业务的作用范围比较广泛。首先，它能够调控存款货币银行的准备金和货币供应量。中央银行通过在金融市场上买进或卖出有价证券，可直接提高或降低存款货币机构的超额储备水平，从而影响其贷款规模和货币供应总量。其次，它会影响利率水平和利率结构。当中央银行买进有价证券时，证券需求增加，证券价格上升，利率则会下降。当中央银行卖出有价证券时，利率的变化方向相反。此外，中央银行在公开市场买卖不同期限的有价证券，可以直接改变市场上不同期限证券的供求状况，从而使利率结构发生变化。最后，公开市场业务与再贴现政策配合使用，可以提高货币政策效果。当中央银行提高再贴现率时，如果商业银行持有较多超额准备金而不依赖中央银行贷款，紧缩的货币政策则难以奏效，这时中央银行若以公开市场业务相配合而在公开市场上卖出证券，则商业银行的准备金必然减少，紧缩政策目标得以实现。

2. 公开市场业务的优缺点。公开市场业务具有以下优点：一是公开市场业务的主动权完全在中央银行，其操作规模大小完全受中央银行自己控制，可以灵活精巧地进行，用较小的规模和较慢的节奏进行操作，以较为准确地达到政策目标，不会像存款准备金政策那样对经济产生过于猛烈的冲击。二是公开市场业务可以进行经常性、连续性的操作，具有较强的伸缩性，是中央银行进行日常性调节较为理想的工具。三是公开市场业务具有极强的可逆转性，当中央银行在公开市场操作中发现错误时，可立即逆向使用该工具纠正其错误。

公开市场工具不可避免地存在着局限性。主要是公开市场操作较为细微，技术性较强，政策意图的告示作用较弱；需要以较为发达的有价证券市场为前提，如果市场发育程度不够、交易工具太少等，都将制约公开市场业务的效果。公开市场操作要有效地发挥其作用，必须具备一定的条件。首先，金融市场必须是全国性的，必须具有相当的独立性，可用于操作的证券种类必须齐全并达到必需的规模。其次，必须有其他政策工具的配合。一个极端的例子是，如果没有存款准备金制度，这一工具也无法发挥作用。

二、选择性货币政策工具

（一）直接信用控制

直接信用控制（Direct Credit Control）是指从质和量两个方面，以行政命令或其他方式，直接对金融机构尤其是商业银行的信用活动进行控制。其手段包括规定存贷款最高利率限制、信用配额、流动性比率等。

存贷款最高利率限制是最常用的直接信用管制工具。比如在 1980 年以前，美国有 Q 条例。该条例规定，活期存款不准付息，对定期存款及储蓄存款则规定了最高利率限制。其目的是为了防止银行用抬高利率的办法竞相吸收存款和为谋取高利而进行高风险贷款。

信用配额或信贷分配（Credit Allocation）是指中央银行根据金融市场状况及客观经济需要，分别对各个商业银行的信用规模加以分配，限制其最高数量。这是一个颇为古老的做法。如今，在大多数发展中国家，由于资金供给相对于需求来说极为不足，这种办法相当广泛地被采用。

流动性比率（Liquidity Ratio）也是限制信用扩张的直接管制措施之一。商业银行的流动性比率是指流动资产占存款的比重。一般来说，流动性比率与收益率成反比。为保持中央银行规定的流动性比率，商业银行必须采取缩减长期放款、扩大短期放款和增加易于变现的资产持有等措施。直接干预是指中央银行直接对商业银行的信贷业务、放款范围等加以干预。例如，对业务经营不当的商业银行拒绝再贴现，或采取高于一般利率的惩罚性利率；直接干涉商业银行对存款的吸收等。

证券市场信用控制是中央银行对有关证券交易的各种贷款进行限制，目的在于抑制过度投机。例如，规定一定比例的证券保证金率，并随时根据证券市场的状况加以调整。

不动产信用控制是指中央银行对金融机构在房地产方面放款的限制措施，以抑制房地产的过度投机，比如对金融机构的房地产贷款规定最高限额、最长期限以及首付款和分期还款的最低金额等。

优惠利率是中央银行对国家重点发展的经济部门或产业（如出口工业、农业等）所采取的鼓励措施。优惠利率不仅在发展中国家多有采用，发达国家也普遍采用。

预缴进口保证金类似证券保证金，即中央银行要求进口商预缴相当于进口商品总值一定比例的存款，以抑制进口的过快增长。预缴进口保证金多被国际收支经常出现赤字的国家采用。

（二）间接信用控制

间接信用控制（Indirect Credit Control）是指中央银行通过道义劝告、窗口指导等办法间接影响商业银行的信用创造。

道义劝告（Moral Suasion）是指中央银行利用其声望和地位，对商业银行和其他金融机构发出通告、指示或与各金融机构的负责人面谈，劝告其遵守政府政策并自动采取贯彻政策的相应措施。例如，在国际收支出现赤字时劝告各金融机构减少海外贷款；在房地产与证券市场投机盛行时，要求商业银行缩减对这两个市场的信贷等。

窗口指导（Window Guidance）的内容是，中央银行根据产业行情、物价趋势和金融市场动向，规定商业银行每季度贷款的增减额，并要求其执行。如果商业银行不按规定的增减额对产业部门贷款，中央银行可削减向该银行贷款的额度，甚至采取停止提供信用等制裁措施。虽然窗口指导没有法律约束力，但其作用有时也很大。

间接信用控制的优点是较为灵活，但它要起作用，必须是中央银行在金融体系中有较强的地位、较高的威望和拥有控制信用的足够的法律权力和手段。

三、我国新型货币政策工具——公开市场短期流动性调节工具与常设借贷便利

立足于现有货币政策操作框架并借鉴发达经济体相关经验，中国人民银行于2013年初创设了公开市场短期流动性调节工具（Short - term Liquidity Operations，SLO）和常设借贷便利（Standing Lending Facility，SLF），在银行体系流动性出现临时性波动时相机运用。公开市场短期流动性调节工具作为公开市场常规操作的必要补充，以7天期以内短期回购为主，遇节假日可适当延长操作期限，采用市场化利率招标方式开展操作。中国人民银行根据货币调控需要，综合考虑银行体系流动性供求状况、货币市场利率水平等因素，灵活决定该工具的操作时机、操作规模及期限品种等。公开市场短期流动性调节工具的操作对象为公开市场业务一级交易商中具有系统重要性影响、资产状况良好、政策传导能力强的部分金融机构。常备借贷便利的主要功能是满足金融机构期限较长的大额流动性需求。常备借贷便利的最长期限为3个月，目

前以 1~3 个月期操作为主，利率水平根据货币调控需要、发放方式等综合确定。常备借贷便利主要以抵押方式发放，合格抵押品包括高信用评级的债券类资产及优质信贷资产等；必要时也可采取信用借款方式发放。常备借贷便利的使用对象主要为政策性银行和全国性商业银行。上述流动性管理工具的及时创设，既可以有效调节市场短期资金供给，熨平突发性、临时性因素导致的市场资金供求大幅波动，促进金融市场平稳运行，也有助于稳定市场预期和有效防范金融风险。

第三节 货币政策传导机制

货币政策传导机制包括从货币政策工具作用于操作目标，操作目标作用于中介目标，中介目标作用于最终目标的全过程。这一传导机制及货币政策工具、操作目标、中介目标和最终目标之间的关系见图 12-1。

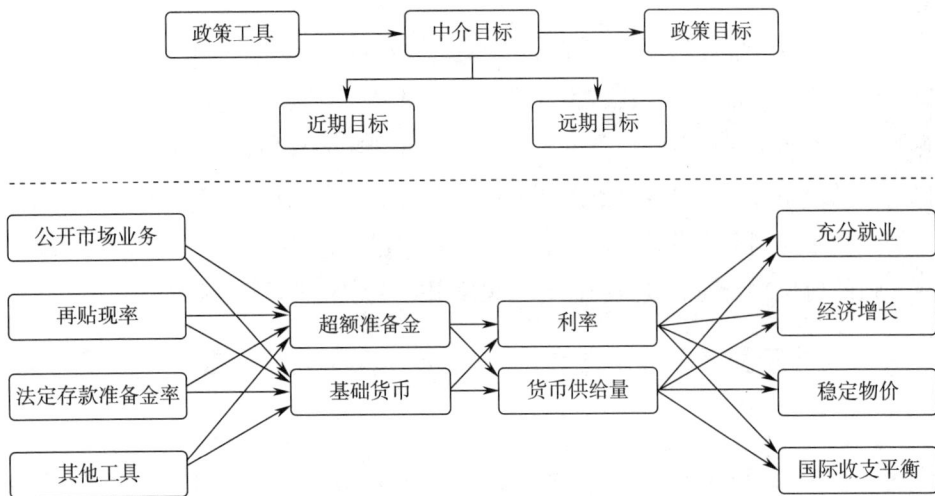

图 12-1 货币政策传导机制的一般模式

一、货币政策传导机制的含义和模式

（一）货币政策传导机制的含义

货币政策传导机制是中央银行运用货币政策工具影响中介目标，进而最终实现既定目标的传导途径与作用的机制。

货币政策传导途径一般有三个基本环节。其顺序是：（1）从中央银行到商业银行等金融机构和金融市场。中央银行的货币政策操作，首先影响的是商业银行等金融机构的准备金、融资成本、信用能力和行为，以及金融市场上货币供给与需求状况。（2）从商业银行等金融机构和金融市场到企业、居民等非金融部门的各类经济行为主体以及商业银行等金融机构根据中央银行的政策操作调整自己的行为，从而对各类经济主体的消费、储蓄、投资等经济活动产生影响。（3）从非金融部门经济行为主体到社会各经济变量，包括总支出、总产出量、物价、就业等。

（二）货币政策的传导模式

货币政策的一般传导模式是：（1）货币数量增加后，对金融市场的利率会产生影响，同时对股票价格或者债券价格也会产生影响；（2）由于利率或者股票价格、债券价格发生变化，企业家的投资意向和消费者消费欲望及现实支出就会发生改变；（3）当投资和消费发生变化后，国民生产总值自然会发生相应的变化。因此，货币政策传导机制的一般模式就显现出来了。

二、货币政策传导机制理论

货币政策传导机制在西方早期的研究中主要分为凯恩斯学派货币政策传导机制理论和货币主义学派的货币政策传导机制理论等。

（一）凯恩斯学派货币政策传导机制理论

凯恩斯在 1936 年出版的《就业、利息和货币通论》中提出了货币政策经由利率及有效需求影响社会经济活动的货币政策传导机制理论。凯恩斯认为，在 20 世纪 30 年代的大萧条中，造成极为严重的失业现象的关键原因是有效需求不足，尤其是投资需求不足。投资需求之所以不足，是因为利率水平过高，阻碍了投资的正常进行。因此，必须采取适当的财政政策和货币政策来降低利率水平，扩大投资支出，从而增加有效需求，解决就业问题。也就是说，根据凯恩斯的分析，货币政策影响经济活动的传导过程是经由利率和有效需求的变动来完成的，尤其是以利率为跳板而发挥作用的。具体地讲，当中央银行采取扩张性的货币政策时，一方面，新增加的货币弥补了财政支出过大所造成的赤字，直接扩大了社会总需求；另一方面，货币供应量（M）的增加，会在一定程度上引起利率（r）的下降和投资（I）的增加，再通过乘数效应，直接增加社会实际产出和名义收入（Y），扩大社会就业量。用符号概括表示，则为

$$M\uparrow \rightarrow r\downarrow \rightarrow I\uparrow \rightarrow Y\uparrow$$

凯恩斯学派认为，货币政策在增加国民收入上的效果，主要取决于投资的利率弹性和货币需求的利率弹性。如果投资的利率弹性大，货币需求的利率弹性小，则增加货币供给所能引起的收入增长就比较大。总之，凯恩斯学派非常重视利率指标在货币政策传导机制中的作用。

（二） 货币主义学派的货币传导机制理论

以弗里德曼为代表的货币主义学派认为，利率在货币政策的传导机制中并不起重要作用，因为增加货币最初会使利率降低，但不久就会因货币收入增加和物价上涨而使名义利率上涨，而实际利率则可能回到并稳定在原来的水平上。货币供应的变化所影响的不仅是投资，而且还有消费。货币供给量的变动是通过多种复杂的途径而影响支出的。弗里德曼不主张一一找出这些途径并深究货币政策的传导过程，而主张用实证的方法证明货币与收入的相关性，并找出货币供应量与经济波动之间的变动规律。所以弗里德曼的货币政策传导机制理论强调的是，货币供应量在整个传导机制中影响社会总支出和总收入的直接作用。他所描述的货币政策传导机制非常简单，可以表述为货币供应量→国民收入，或用符号表示为 $M \rightarrow Y$。

（三） 货币政策的信贷传导理论

该理论是从资金供给者的角度即贷款人的角度，分析货币政策通过影响商业银行等金融机构信用的供给量的意愿而作用于经济活动。

信贷渠道可细分为两个基本渠道：资产负债表渠道和信贷配给渠道。资产负债表的作用机制是中央银行的货币政策导致货币供给量和利率发生变动，利率变动使企业股票价格发生变动，进而影响企业净值（企业的流动资产和可抵押品之和），使企业贷款的道德风险和逆向选择行为发生改变，影响商业银行的贷款供给意愿，最终引致企业投资的变动。信贷配给渠道作用的机制是：当中央银行调整货币政策时，基础货币和货币供给量的变动会引起商业银行等金融机构的可贷规模发生变化，进而通过银行信贷配给行为的改变影响企业的贷款可能性，从而影响企业的投资支出和总产出。信贷渠道的货币政策传导机制就是在这两个基本渠道的相互结合下发挥作用的。

（四） 开放经济条件下的货币政策传导机制

1. 从利率渠道到汇率渠道

自希克斯 1937 年提出 IS—LM 模型以来，利率机制就受到凯恩斯主义者的一贯重视。在货币政策传导的货币渠道中，利率是核心环节，中央银行通过货币供应量的变动影响市场利率，再通过市场利率变动影响投资进而影响产出，正因为如此，货币政策传导的货币渠道通常被称为利率渠道，主要阐释了封闭经济下利率传导机制的作用。在开放经济下，由于资本的自由流动，利率传导机制变得更加复杂，汇率渠道的货币政策传导机制随着经济全球化的趋势而凸显。汇率机制传导途径实质上描述的是国际收支理论的一种标准模式，理论基础是利率—汇率平价和以不同货币计价的资产之间的替代性。其一般逻辑为：当一国货币供给改变了利率水平时，国内的总供给和总需求水平将发生变化，从而导致国际收支和汇率水平的相应变化，更影响到净出口值，并进一步导致国民收入的增减；同时利率水平的变动引起国内外资金的套利活动，使国内货币供应总量发生变化，而且国际资金的套利活动会改变外汇市场供求状况，本国货币汇率水平发生相应的变动，汇率的变动又会引起宏观经济的一系列调整。

2. 从货币市场渠道到资本市场渠道

货币市场是金融市场最基础的市场，它具有融资功能、价格形成功能、货币政策传导功能，中央银行对法定存款准备金率和再贴现率的调整以及进行公开市场业务操作，无不依赖货币市场这一载体的有效传导。货币市场是中央银行吞吐基础货币、调控社会资金流动的重要场所。资本市场在货币政策传导机制中的作用是投资与资产组合理论研究的侧重点。货币政策意图在通过资本市场向实体经济的传导中，主要通过资产价格水平的变化对居民投资和消费的影响而发挥作用。

三、货币政策的有效性

（一）货币政策有效性的理论与实践

根据西方货币经济学理论，货币政策有效性有以下三种含义：（1）从定性的角度来考察货币政策有效性。货币政策有效性与货币中性有着密切联系，甚至可以说是一个概念。若货币政策能系统地影响真实产出、价格及就业等真实经济变量，则表示货币是非中性的，这也表明货币政策是有效的；反之，若货币政策不能系统地影响真实产出、价格及就业等真实经济变量，则表示货币是中性的，这也表明货币政策缺乏有效性，或者说货币政策无效。（2）从定量的角度来考察货币政策有效性。在承认货币政策有效即货币非中性的基础上，讨论货币政策在定量方面效果的大小问题，即货币政策实施的效果问题。从 IS—LM 曲线的角度考察，货币政策是否有效与 IS—LM 曲线的斜率有关，一般认为反映商品市场均衡的 IS 曲线斜率越小，即 IS 曲线越平缓，且反映货币市场均衡的 LM 曲线斜率越大，即 LM 曲线越陡，货币政策越有效；反之，IS 曲线的斜率越大，即 IS 曲线越陡，且 LM 曲线的斜率越小，LM 曲线越平缓，货币政策效果越小。（3）从时间的角度来考察货币政策有效性。这是指货币政策从研究、制定到实施后发挥实际效果的全部时间过程。货币政策时滞对货币政策有效性的影响极大，因为如果货币政策发挥作用的时滞太长或难以确定何时收效，那么货币政策能否实现其目标（稳定物价、经济增长等）就成了问题。

（二）货币政策的时滞效应

货币政策的时间效应又称货币政策的时滞，是指中央银行从研究、制定货币政策到货币政策取得预期效果的时间滞差。由于货币政策时滞的存在，中央银行在实施货币政策的过程中常常发生这样的问题：当中央银行采取的货币政策正在发挥作用时，经济状况却已发生了完全相反的变化。如中央银行在前一经济高涨时期实施紧缩的货币政策，但由于时滞的存在，紧缩的货币政策在随后出现的经济衰退时期仍然发挥着降低收入的作用，这时，货币政策不仅不能起到熨平经济周期的作用，反而还会扩大经济周期波动的幅度，使国民经济更加不稳定。如果货币政策的时滞短，并能进行较为准确的预测，则可大大提高货币政策的有效性。货币政策时滞可以分为三个部分：内部时滞、中间时滞、外部时滞。

内部时滞是指从经济形势发生变化，需要中央银行采取行动，到中央银行实际采取行动所花费的时间过程。内部时滞还可以细分为两个阶段：（1）认识时滞，即从经济形势发生变化需要中央银行采取行动，到中央银行在主观上认识到这种变化，并承认需要采取行动的时间间隔。（2）行动时滞，即从中央银行认识到需要采取行动，到实际采取行动的时间间隔。内部时滞的长短主要取决于中央银行对经济形势变化和发展的敏感程度、预测能力，以及中央银行政策抉择的效率和行动的决心，而这些又与决策人员的素质、中央银行独立性以及经济体制的制约程度等密切相关。

中间时滞是指从中央银行采取行动开始，到商业银行和其他金融机构根据中央银行货币政策意图改变其信用条件的时间过程。这段时间的长短决定于商业银行及其他金融机构的货币政策响应以及金融市场的敏感程度，是中央银行所不能操纵的。

外部时滞是指从金融机构改变其利率、信用供给量等运行条件开始，直到对货币政策最终目标产生影响为止这段时间。外部时滞又可分为两个阶段：（1）微观决策时滞，即在金融机构信用条件改变以后，个人和企业面对新的情况作出决定改变自己的投资决策和支出决策的这段时间。（2）作用时滞，即从个人和企业作出新的投资决策和支出决策，并采取行动，到对整个社会的生产和就业等经济变量产生影响所耗费的时间。外部时滞是货币政策时滞的主要部分。它既包括微观经济主体在新货币政策出台后的决策过程，也包括微观经济主体行为对储蓄、投资、消费、货币需求、产出和价格等重要经济变量产生影响的过程。它的长短主要由客观经济条件和微观经济主体的行为所决定，也是中央银行无法控制的。

（三）货币政策的效果检验

考核货币政策效果是制定货币政策措施的一项重要任务。在实际工作中常常使用一些指标进行分析检验。这类指标就是指用来表明某种经济现象的某种特征数量指标，其具有两方面的含义：一是它必须是宏观经济运行状况的自身特征，是国民经济是否恢复或者保持均衡的基本表现形式；二是它必须是可以计量的因素，可以通过不同的数据进行对比分析，可以反映出宏观经济运行过程是否保持均衡或者不均衡的程度。以中央银行为主体，按照内部效应（中介变量对政策工具操作的反映）和外部效应（目标变量对中介变量的反映）划分，货币政策的检验指标可以分为外部效应指标和内部效应指标。

1. 外部效应指标

（1）反映总体社会经济状况的指标。货币政策主要为促进经济增长、就业、国际收支等宏观经济问题服务。因此，利用一组国民经济发展和效益指标，就可以考核货币政策对解决宏观经济问题、实现预期经济目标的效果。具体使用的指标主要有三个。首先，国内生产总值（GDP）指数和国民生产总值（GNP）指数。这两个指标反映了一个时期一个国家的经济增长情况。其次，失业率指标。失业率在一定程度上可以反映经济增长的潜力。最后，国际收支状况指标。它反映一定时期内的对外经济关系和对外经济依存度。可从国际收支平衡表中看出大致的情况。

（2）反映通货膨胀程度的指标。在不兑现信用货币制度下，物价水平波动的主要原因在于货币供给过多。过多投放货币必然引起物价上涨。因此，利用物价水平指标，可以直接考核通货膨胀程度。具体使用的指标主要有居民消费价格指数、商品零售价格指数、农业生产资料价格指数、农产品生产价格指数、工业生产者出厂价格指数、工业生产者购进价格指数、固定资产投资价格指数、国内生产总值平减指数等。

2. 内部效应指标

（1）反映货币供给数量及结构变化的指标。货币政策操作变量的调整是否有效，取决于中介变量，主要是货币供应量是否发生相对应的变化。反映货币供给数量及结构变化的指标主要有两个。一个是货币供应量增长率。货币供应量增长率指标是反映在一定时期内货币供应量增量变动情况的相对数指标，包含 M_0、M_1、M_2 三个层次。通过不同时期的货币供应量增长率的比较分析，可考核货币政策操作变量对中介变量的效果。另一个是货币供应量结构比率。这里主要指 M_0 占 M_1 的比重，以及 M_1 占 M_2 的比重。M_0 和 M_1 体现社会现实购买力，M_2 还包括一些储蓄性质的潜在的或者未来的社会购买力，很明显，有效需求过度的问题在于现实社会购买力过剩，主要与 M_1 的增长率过高有关。

（2）反映货币情况的指标。货币供给数量变化，总是会体现在货币的币值上。如果货币供给过度，引起物价上涨，单位货币购买的商品或者劳务减少。因此，货币的币值能够通过商品的物价水平变动情况反映出来。反映货币币值变动情况的指标是货币购买力指数。在不兑现信用货币制度下，货币币值主要是指每单位货币能够在一定的价格水平下买到包含多少价值量的商品或者劳务，即通常所说的货币购买力。货币购买力指数是反映不同时期同一货币购买商品、劳务等能力的相对指数指标，也就是单位货币的币值。它一般用物价指数的倒数来衡量。货币购买力指

数 =1/物价指数。

四、货币政策与其他经济政策的关系

（一）货币政策与财政政策的搭配

宏观调控实践证明，货币政策的顺利实施必须以国家财政支持为前提，否则无法建立起一个兼有稳定性和高效率的金融体系；财政政策的目标实现，只有经由货币信贷政策的正确传导，才能起到"四两拨千斤"的作用。

1. 两大政策的功能差异。财政政策主要通过参与社会产品和国民收入的分配来实现对国民经济的调节，偏重于公平。货币政策主要从流通领域出发对国民经济进行调节，偏重于效率。财政政策可以由政府通过直接控制和调节来实现。（1）作用机制的差异。财政直接参与国民收入的初次分配，并对集中的国民收入在全社会范围内进行再分配，因而财政从其收入和支出两个方面影响社会需求的形成；货币政策主要是以其信贷投放（支出）变量影响消费和投资需求的形成。（2）调控目标的差异。财政政策的目标是资源合理配置、收入公平分配、经济稳定增长，侧重点在于控制失业，解决财政赤字问题，实现社会总供给与总需求的平衡；货币政策的目标是保持币值稳定并以此促进经济增长，侧重点在于控制货币总量，解决通货膨胀问题，实现流通中的货币量与实际所需的商品和劳务总量的平衡。（3）时间效应的差异。财政政策在制定和执行过程中，认识问题时滞短、决策过程时滞长；货币政策恰好相反。（4）调节手段的差异。财政一般采取盈余手段以紧缩需求，采取赤字手段以扩张需求。然而，因财政本身并不具有直接创造需求即创造货币的能力，财政的紧缩或扩张效应必须通过货币信贷机制的传导才能产生。货币信贷政策相对于财政调节途径来说，是紧缩和扩张需求的总阀门。

2. 两大政策的相机抉择。在某一个时期，主要采取财政政策还是选择货币政策，则取决于国家宏观经济运行状况及政策目标预期。两大政策不能相互替代，只能各取所长，相互弥补。货币政策与财政政策的搭配从形式上分析，主要包括以下几个方面：（1）政策工具的协调配合。我国货币政策工具和财政政策工具的协调配合主要表现为财政投资项目中的银行配套贷款，同时要求国债发行与中央银行公开市场的反向操作结合。（2）政策时效的协调配合。货币政策以微调为主，财政政策可以迅速启动投资，但只能做短期调整。（3）政策功能的协调配合。基础性和公益性投资应以财政政策投资为主，而竞争性投资只能是货币政策的投资范围，否则会造成社会资源的浪费。（4）调控主体、层次、方式的协调配合。货币政策由于权力相对集中，偏重于宏观层面和中观层面。由于政府的多层及相对独立的经济利益，财政政策形成了宏观、中观、微观三个层次的调节体系。

（二）　货币政策与产业政策

产业政策是政府为了促进国民经济协调发展，对产业组织和产业结构进行必要干预的政策。产业政策在西方国家被看作是以凯恩斯理论为基础的总量控制政策的补充，产业组织政策和产业结构政策是核心。政府利用产业政策通过对资源在各产业间配置过程的干预，弥补和修正市场机制的缺陷，从而通过使资源配置合理化和产业结构高度化，提高资源的利用效率。产业政策与货币政策的关系主要表现在：产业政策决定货币政策，货币政策又反作用于产业政策。在现实经济中具体表现为，产业结构特别是已形成的产业结构需要相应的资产供应，但信贷资金的分配和货币供应并不是完全受制于产业结构的，对不合理的产业结构要通过货币政策加以矫正。产业政策与货币政策的配合方式是：产业政策作为经济发展战略意图的体现，具有相对稳定性，对货币政策特别是短期货币政策具有导向作用。产业政策作为供给管理政策，以增加有效供给来引导有效需求；货币政策在一定程度上承担着对货币供应实行结构性调整的任务。

（三）　货币政策与外贸政策

中国贸易政策的政策目标是多元、多层次的，在根本层次上的目标有长期和中短期之分。在经济全球化的时代，贸易政策的根本目标是要充分利用国际市场、资源等为本国经济社会发展服务，同时不断提升本国在国际分工体系中的地位，改善本国在国际经贸利益分配格局中的地位，实现本国经济社会的可持续发展。选择内外互补型经济发展战略是指一个国家为了在经济全球化的进程中实现本国经济持续、稳定、快速的发展，从全球视角对经济发展战略进行重新定位，放弃以前只是单方面利用国外资源或国内资源的出口政策或进口政策，把进口和出口有机地结合起来，把国内外两种资源、两个市场有机地结合起来，优势互补，形成良性互动的整体。货币政策与外贸政策的关系，一是通过利率调整影响贸易进出口、资金流入和国际收支。当一国需鼓励出口和资金流入，限制进口和资金流出时，政府可通过提高中央银行对商业银行的再贴现率，促使商业银行利率上升，从而一方面可抑制社会总需求，其结果必然使出口增加，进口减少；另一方面，利率上升必然会吸引国外资金流入国内，抑制国内资金流出。这两方面作用最终会使国际收支逆差减轻。反之，当一国需消除国际收支顺差时，通过降低再贴现率就可达到目的。二是通过汇率调整来影响贸易进出口和资金流出入。因为汇率的变动一方面必然引起进出口商品价格的变动，从而使进出口发生变化；另一方面必然引起资本特别是短期资本在国际间流动的变化，因此一国政府可以通过提高外汇汇率来减少国际收支逆差，也可通过降低外汇汇率来减少国际收支顺差。

（四） 货币政策与收入分配政策

收入分配政策是指国家为实现宏观调控总体目标和主要任务，针对居民收入水平高低、收入差距大小在分配方面制定的原则和方针。必须坚持的基本原则包括：按劳分配为主体，多种分配方式并存的原则；效率优先、兼顾公平的原则；处理好社会成员个人收入分配两极分化的原则。在初次分配领域制定并实施积极的收入分配政策，从多个层面调整国民收入分配结构，调整政府、企业与居民的收入分配关系。收入分配与社会总供给和总需求之间有着密切的内在联系，所以货币政策的制定和实施必须与当期国家的收入分配政策配合进行。比如，在通货膨胀出现时，除了实行紧缩的货币政策之外，政府还可以实行工资和价格的强制性管制，以抑制成本推进对物价产生的冲击。

五、货币政策的国际协调

一国货币政策的独立性或自主性是指一国中央银行在获得独立于政府的地位后既不受政府干预，更不受外国影响而独立地制定和实施货币政策。开放经济条件下货币政策独立性应包含两个层面的意义：一是货币政策的"绝缘性"或非传染性，即一国货币政策的制定与实施不受国外经济金融态势及他国货币政策溢出效应或外部效应的冲击和影响。显然，在经济全球化或者说经济相互依存度日益提高的今天，货币政策这一层面的独立性已经显著地削弱了，除非一国经济完全封闭地运行。二是货币政策的主权性，即一国有权制定与实施适合国内经济金融发展需要的货币政策，这是一国的主权事宜，如同一国的领土主权一样不允许外国干涉。在公正的国际经济金融秩序下，这两个层面的货币政策独立性应有本质区别，然而，在两种情形下这两者却是统一的。一方面，在不公正的国际经济金融秩序下，强国以各种软硬手段威逼弱国或其他国家实施弱国或其他国家不愿意实施的货币政策，货币政策主权性受损，货币政策独立性也被削弱；另一方面，在经济一体化最高阶段的货币联盟下（如欧元体系），各国自愿承诺放弃货币与货币政策主权，也就意味着放弃了货币政策独立性。伴随着经济全球化的迅速发展，各国在货币经济领域的相互联系日益密切，相互影响也日益加深。具体而言，一国的货币政策在实现内外均衡的同时会影响到其他国家的经济运行与货币政策的取向，同时也会受制于其他国家的货币政策。也就是说，在经济相互依赖程度提高的情况下，各国经济的运行结果不再只取决于自身的货币政策，而是会通过货币政策的外部效应而相互影响、相互作用。货币政策的国际协调主要有两种类型：一是以规则为基础的制度性协调，布雷顿森林体系就属于这种类型；二是有关国家根据不断变化的国内外经济金融形势需要，临时采取一些合作性的灵活政策措施的临时性协调。随着改革开放的深入发展，中国与世界经济的融合程度不断加强，中国的货币政策就需要与世界其他国家进行协调。各国只有通过货币政策的协调，建立符合各方面利益的协调机制，才能在一定程度上化解政策矛盾和减少利益冲突，尽可能地保证一国货币政策目标的实现和共同福利的最大化。各国也唯有在货币政策上进行协调，才能充分发挥利率、汇率等的杠杆作用，引导全球资金合理流动，实现资源的有效配置。

本章小结

1. 货币政策是一个国家宏观经济政策的重要组成部分，中央银行代表国家履行制定和执行货币政策的职能。货币政策所涉及的内容实质上是一个包括货币政策目标、货币政策工具、货币政策作用过程及其效果在内的完整宏观调控体系。

2. 货币政策规则研究的进展是近年来货币金融学乃至宏观经济学领域的一个重要突破。货币政策的规则不仅可以指导中央银行制定切实可行的货币政策，而且可以提高货币政策调控经济的有效性、可信性和透明度，同时也为评价货币政策提供了一个观测、考量的基本框架，使人们能够评价货币政策的实施效果。

3. 货币政策传导机制包括从货币政策工具作用于操作目标、操作目标作用于中介目标、中介目标作用于最终目标的全过程。传统的货币政策传导机制理论着重分析货币渠道和利率渠道，探讨的是在封闭经济条件下货币政策如何通过货币市场传导到微观经济主体，最终促进经济增长和其他目标的实现。随着金融结构和经济环境发生了重大的变化，货币政策的传导机制也发生了显著变化，信贷渠道、汇率渠道和资本市场渠道变得更加重要，逐步成为货币政策传导的主要渠道。

4. 宏观调控是对经济金融运行失衡的修正，宏观调控本身就是一个动态的渐进过程。进一步提高货币政策的有效性，必须注重货币政策与财政政策、产业政策、外贸政策以及收入分配政策的协同，更加关注货币政策的国际协调。

本章重要概念

货币政策　货币政策目标　货币政策传导机制　货币政策有效性　货币政策独立性
宏观调控　信贷政策　利率政策　外汇政策　货币政策规则　相机抉择
通货膨胀目标制　货币政策工具　结构性失业　摩擦性失业　存款准备金政策
再贴现政策　公开市场业务　信用控制　利率渠道　信贷渠道　货币政策时滞

复习思考题

1. 货币政策传导要经过哪几个环节才能对实体经济产生影响？
2. 你认为应如何缩短货币政策的内在时滞？

3. 评述国际收支失衡的社会总供求效应。

4. 通货紧缩时期货币政策和收入政策应如何配合？

5. 经济全球化背景下的货币政策、汇率政策与外贸政策如何协调？

6. 试述货币政策工具规则中"三大法宝"的含义、作用过程及各自利弊。

7. 什么是货币政策时滞？货币政策时滞分为哪几类？

8. 简述财政政策和货币政策的不同特点。

9. 货币主义的政策主张有哪些？货币主义与凯恩斯主义的主要分歧是什么？

10. 简述现代宏观金融调控的目标、方式和手段。

11. 影响货币政策有效性的因素有哪些？

本章参考文献

［1］黄达，张杰．金融学（第四版）［M］．北京：中国人民大学出版社，2017.

［2］杜金富．货币与金融统计学（第四版）［M］．北京：中国金融出版社，2018.

［3］曹龙骐．金融学［M］．北京：高等教育出版社，2016.

［4］王晓光．金融学［M］．北京：清华大学出版社，2016.

［5］王松奇．金融学［M］．北京：中国金融出版社，2012.

第十三章
金融危机与金融监管

学习目标

1. 掌握金融危机形成的宏观和微观机理、形成条件和决定因素；
2. 了解金融风险转化为金融危机的条件和内在的机制；
3. 能够以金融监管理论为基础分析金融监管对金融风险的抑制作用；
4. 了解金融监管的基本做法。

金融危机与金融风险是相辅相成的。由于金融风险是金融活动的内在属性，它广泛存在于金融市场活动中。特别是随着电子信息技术、金融科技和金融创新的快速发展，各国以及全球金融市场的波动性显著增强，金融体系的稳定性下降。2008年美国次贷危机导致金融风险在全球几乎所有国家的传播，最终出现了国际金融危机。因此，风险管理在全球和我国监管部门引起高度重视。金融风险是现实存在的，如何发现和管理这些风险成为全球共同关心的重要问题。本章将重点研究和介绍金融风险基本理论，对风险的监管与管理进行详细阐述，并对《巴塞尔资本协议》的演变进行说明。

第一节　金融风险与金融危机

一、金融风险的定义及特征

金融风险是指经济主体在金融活动中遭受损失的不确定性或可能性。金融风险作为金融体系内的风险，具有客观性、多面性、潜在性和不确定性等特征。由于金融根植于经济体系之中，所以，金融风险与经济运行周期以及经济主体的投融资活动密切相关。但与其他风险相比，金融风险又具有一些独有的特征。

（一）相互之间的传染性很广泛

在现代金融体系中，银行、证券公司、保险公司、信托公司、基金等金融机构之间密切相关，它们不仅在业务活动中相互来往拆借资金，并且作为战略投资者互相持股、并购以及相互代持资产。因此相互之间债权债务关系极为复杂。最终导致不同金融机构之间的风险容易相互作用、相互影响，风险快速叠加后导致金融风险在金融系统快速广泛地传染，最终风险扩大到整个金融体系。

（二）长期累积性强

金融风险的长期累积性是指风险是长期累积的，不是一日而爆发的。一般情况下，随着时间的推移，风险会日复一日地积累，因为正反馈作用而不断积累变大，当积累到爆发的临界点时，风险容易发生质的变化，最终可能导致风险大爆发，产生严重经济金融损失，例如2008年国际金融危机带来了巨大损失。

（三）风险爆发时破坏性极大

金融是现代经济的核心，金融稳则经济稳。在经济全面快速发展的今天，金融已经成为各国经济的核心，也成为全球经济发展的核心，一旦金融体系出现问题，对整个国民生产循环、经济增长周期都会造成严重破坏，会影响整个世界经济的稳定，更会导致一个国家经济体系和金融体系的崩溃。特别是对全球经济增长产生强烈的破坏性作用，将迟滞全球社会经济的正常发展。

（四）导致连锁性效应

在经济全球化的大趋势下，各国经济金融联系空前密切，国家与国家之间经济联动效应更加明显，如果有一个国家的经济运行或者全球经济运行的某一环节出现问题，或者一个主要经济体发生重大风险，都会通过国际金融风险的传导机制，波及相关国家和地区，引发世界性经济危机并且带来全球性破坏作用。在经济全球化和金融自由化大背景下，金融风险和金融危机在全球所有国家中是没有边界的，作用是连锁的，没有一个国家在国际金融危机中可以置身事外。

（五）具有一定的周期性

一般情况下金融活动会受到经济周期和货币政策的直接影响，呈现出一定的周期性。通常，在经济繁荣期，货币政策宽松，资金供应的充足性掩盖了许多企业的财务困难，金融风险显现的可能性较小。但在经济衰退期，银行银根收紧，导致借贷困难，出现流动性陷阱，使本来有可能正常经营的企业也陷入财务困境或者流动性陷阱，金融风险随之增大并且快速传播。经济的周期性决定了金融危机也具有周期性，经济危机的周期爆发也决定了金融危机的周期爆发。

二、金融风险的表现形式

（一）客观性

金融风险与金融活动是相伴产生的，有金融活动的存在，就必然会产生金融风险，它是不以人们的意志为转移而客观存在的。从客观上看，金融机构的各种经营活动在各个不同阶段都包含着不同程度的风险。

（二）扩散性

金融风险的扩散性是指个别金融活动的某个环节出现经营危机时，会迅速扩散到其他金融机构，甚至引起整个社会的动荡。因为现代金融是由众多金融机构组成的复杂体系，各金融机构之间紧密相连，相互依存。它们通过同业拆借、清算、票据贴现和再贴现、金融债券发行和认购以及信用工具的签发使用等活动形成了密切复杂的债务链。一般情况下，一家金融机构经营管理上出现问题，往往会影响整个金融体系的运转，甚至会危及整个金融体系和国家经济体系的安全与稳定，并产生多米诺骨牌效应，最终通过风险和危机的扩散，殃及一个国家的金融体系和整个社会。

（三）社会性

与其他普通企业相比，金融机构通常具有较高的资产负债率。由于金融机构自有资本所占的比重非常小，绝大部分营运资金都是来自吸收存款人的存款和借入资金。通过吸收存款和借入资金，金融机构同社会公众之间建立了一种依附型、紧密型的债权债务关系。在这种情况下，如果金融机构资金周转困难，清偿能力不足，就会使社会公众对金融体系失去信心，导致银行挤兑，最终可能会对信用体系和社会经济秩序的稳定造成非常大的破坏性影响。

（四）破坏性强

金融风险一旦发生，不但会给股东和客户带来很大的经济损失，而且往往会波及社会再生产整个环节，影响社会再生产的顺利进行和经济持续增长，造成社会经济巨大损失，并有可能引发一国政治危机。

（五）可控性

金融风险的可控性是指金融主体在一定条件下，采取一系列措施，对金融风险进行事前识别、预测，并通过一定手段来防控化解金融风险，以减少资产、收入发生损失的可能性。尽管金融风险具有客观性的特征，任何主体及其采取的任何措施都不可能完全消除金融风险，但是金融风险还是可以通过分析预测金融机构的经营状况而被认知的，并且可以通过金融机构的内部控制、金融行业的自律、政府金融监管机构及社会的监管、市场约束等方式来予以防范和分散以及减弱或者推后。

三、金融风险的分类

（一）按照风险来源进行分类

按照金融风险的来源不同，可以将金融风险分为市场风险、信用风险、流动性风险、操作风险、环境风险、政策风险、关联风险和国家风险等。

1. 市场风险

市场风险也称金融资产价格风险，是指由于金融市场变量（市场风险因子）的变化或波动而引起的资产组合未来收益的不确定性。根据引起市场风险因子的不同，可以将其细化为利率风险、汇率风险、证券价格风险和通货膨胀风险。

（1）利率风险。利率风险是指由于市场利率水平变化使经济主体在筹集资金和运用资金时可能遭受的损失。以商业银行为例，如果银行资产主要为固定利率的长期债券和长期贷款，而负债为短期存款，则当利率上升时，银行利息支出加大，而固定利率下的利息收入不变，使银行收益下降而增加风险。

（2）汇率风险。汇率风险也称作货币风险，指由于汇率变化而导致的风险，主要包括交易风险、会计风险和经营风险。交易风险指外汇买卖后所持头寸由于汇率变动引起损失的可能性；会计风险也称折算风险，指由于外汇汇率的变动而引起的企业资产负债表中某些外汇资金项目金额变动的可能性；经营风险是指意料之外的汇率变动通过影响企业的生产销售数量、价格、成本而引起企业未来一定期间收益或现金流量减少的一种可能性。

（3）证券资产价格风险。证券资产价格风险指证券资产价格的变化给投资者带来的风险。投资者从事证券的买卖，不仅是为了取得利息收入，而且是为了获得资本利得，即通过低价买进、高价卖出而赚取差价。由于金融市场证券价格受到政治、经济、行业、心理等多种因素的影响，价格波动频繁，投资者既可能获得较大的收益，也可能遭受严重的损失。

（4）通货膨胀风险。通货膨胀风险是指物价水平变化带来的风险。通货膨胀会导致货币购买力的下降，使债权人面临债权价值下降；通货膨胀也会导致实际收益率的变化，在名义利率一定时，通货膨胀率越高，实际收益率越低，因此通货膨胀会导致金融资产价值的变化；通货膨胀还会通过影响企业的经营活动给经济主体带来风险。

2. 信用风险

信用风险是指由于借款人或交易对手不能或不愿履行合约而给另一方带来损失的可能性，以及由于借款人的信用评级变动或履约能力变化导致其债务市场价值的变动而引发损失的可能性。狭义的信用风险主要指信贷风险，即在信贷过程中由于各种不确定性使借款人不能按时偿还贷款而造成另一方本息损失的可能性；广义的信用风险是指参与经济活动的各方根据需要签订相关合约以后，由于一方当事人不履约而给对方带来的风险，包括传统的信贷风险，以及贷款、承诺、证券投资、金融衍生工具等各种表内和表外业务中所有与违约或信用有关的风险。按照不同标准，信用风险可分为以下几种类别：

（1）按照信用风险的性质，可将信用风险分为违约风险、信用等级降级风险、信用价差增大风险。违约风险是指借款人或交易对手违约给金融机构带来的风险。信用等级降级风险是指由于借款人信用等级变动造成的债务市场价值变化的不确定性。信用价差增大风险是指由于资产收益率波动、市场利率等因素变化导致信用价差增大带来的风险。

（2）按照信用风险涉及的业务种类，可将信用风险分为表内风险和表外风险。源于表内业务的信用风险称为表内风险，如传统信贷风险；源于表外业务的信用风险称为表外风险，如商业票据承兑带来的风险。

（3）按照信用风险导致的结果，将信用风险分为本金风险和重置风险。当交易对手不按约足额交付资产或价款时，金融机构有可能收不到或不能全部收到应得的资产或价款而面临损失的可能性，称为本金风险；当交易对手违约而造成交易不能实现时，未违约方为购得金融资产或进行变现就需要再次交易，将有可能遭受因市场价格不利变化而带来损失的可能性，称为重置风险。

3. 流动性风险

流动性风险指金融参与者自身现金流动性的变化或证券市场流动性的变化造成损失的可能性。流动性风险包括筹资流动性风险和市场流动性风险。筹资流动性风险是指金融机构缺乏足够现金流且没有能力筹集资金偿还到期债务而在未来产生损失的可能性；市场流动性风险是指由于交易的头寸规模相对于市场正常交易量过大，不能以当时的有利价格完成该笔交易而在未来产生损失的可能性。

4. 操作风险

操作风险从狭义上讲，仅指由于操作不当而引发的风险，与交易过程和系统失灵有关；从广义上讲，指除市场风险和信用风险以外的一切金融风险。《巴塞尔新资本协议》将操作风险定义为"由于内部流程、人员、技术和外部事件的不完善或故障造成损失的风险"，并将引起操作风险的原因细化为七个方面：内部欺诈、外部欺诈、雇用及工作现场安全性、客户产品以及经营行为、有形资产损失、经营中断和系统出错、执行交割以及交易过程管理。

5. 环境风险

环境风险是指金融活动参与者由于所处的自然、法律、政治、社会等环境的变化而遭受的直接或间接损失的可能性。如地震、火山等自然灾害可能对银行等金融机构的经营活动带来损失，违反法律法规或者监管部门要求而遭受处罚等。

6. 政策风险

政策风险是指货币政策、财政政策、汇率政策的变化及相关政策工具的使用对金融机构和非金融机构带来的风险。

7. 关联风险

关联风险是指因相关产业或相关市场的变化而导致经济主体未来收益变化的不确定性。关联风险源于金融机构与相关产业或相关市场之间的相互依赖性，相关企业或市场上的风险事件有时可以通过种种传导机制引起金融机构未来收益的不确定性变化，进而演化成金融危机。

8. 国家风险

国家风险是指在跨国金融活动中，由于外国政府行为的不确定变化而导致经济主体未来收益变化的不确定性。国家风险可以分为政治风险和经济风险。政治风险是指由于他国内部政治环境或国际关系等因素的不确定性变化而导致本国经济主体发生损失的可能性，如政局动荡、工人罢工、政府政策变化等；经济风险是指他国各种经济因素的不确定性变化而导致本国经济主体遭受损失的可能性，如其他国家出现通货膨胀、股市崩盘等。

（二）按照风险影响范围分类

按照风险影响范围，金融风险可以划分为系统性风险和非系统性风险。

1. 系统性风险

系统性风险又称不可分散风险，是指由影响全局性金融市场的风险因素所引起的风险。这些因素包括经济周期、宏观经济政策变化、战争动乱等。系统性风险对所有金融变量都有影响，因此不能通过调整投资机构和投资组合多样化来规避。由于系统性风险是建立在无法控制的外在不确定性基础上的，个体金融机构一般不可能实现风险分散，而只能采取一定的措施来转嫁或者规避这种金融风险。

2. 非系统性风险

非系统性风险又称可分散风险，是指某家金融机构自身决策失误、资产组合不当、债务人违约等使该金融机构及其关联机构遭受损失的可能性，或者是指对特定公司和行业发生影响的金融风险，与影响整个金融市场的经济政治变量无关。对于这类风险，投资者可以通过多样化投资策略分散投资、规避风险，或者借助于一定的策略予以降低，甚至消除该风险。

四、金融风险对经济的影响

（一）给微观经济主体带来直接或潜在损失

在经济全球化的背景下，一个国家的金融风险很容易向其他国家扩散，很有可能酿成国际金融危机。在危机之下每一个微观个体都无法独善其身。例如，股票投资者可能因为股价下跌而减少资本利得收入，股指期货投资者也会因为指数变动与预期相反而遭受重大损失，这些影响都是直接的。房地产投资人会因为流动性不足而失去房价升值的机会；同时，金融风险也可能带来间接损失，如一家商业银行出现流动性不足，通过拆借资金途径无法规避流动性不足风险，存款人可能出于某种原因对其信任度降低，则银行吸储能力下降，资金来源减少和业务萎缩，使银行出现挤兑风险或者遭受潜在损失。有时候这些损失很难准确度量，可能会长期影响一家银行或者一个国家金融系统的健康发展。

（二）增大金融体系交易和经营管理成本

金融风险的存在必定会增加经济主体特别是金融系统收集和整理信息的难度，也将增大预测工作的成本、难度以及经济主体特别是金融体系的决策风险；经济主体特别是金融体系在实施计划和决策的过程中，正在发生的或者潜在的金融风险有可能会导致市场环境变化，迫使它们必须适时调整生产经营方案，修改或者放弃已经制定好的计划。这样导致政府和有关监管部门的管理成本增加，还可能出现金融风险估计失误，最终导致不必要的损失。

（三）导致产业结构不合理和降低资金利用率

当金融风险存在时，生产要素必然更多地流向金融风险低的产业或部门，不会流向金融风险高的产业或部门。这样的结果严重影响了要素的分配使用效率，使一些产品的边际生产率接近甚至低于要素价格，造成产业结构不合理，整个经济产出效率降低。由于金融风险出现的突然性和广泛性，一些机构和居民个人通常需要持有一定的风险准备金来预防和应付风险，使整个社会的一部分资金无法正常进入国民经济循环体系，从而降低整个社会的资金利用率。同时，由于对金融风险的顾虑，也会让部分消费者和投资者持币观望，造成大量社会资金闲置，同样降低整个国民经济体系中资金的利用效率。

（四）影响一国的国际收支

在国际金融活动中，汇率波动影响着商品的进出口和贸易收支。利率风险和国家风险的增大将会影响国际资本流动，导致汇率的急速变化，出现大量外币资金外逃，从而直接影响一国的资本项目的稳定。2008年国际金融危机就是一个最现实的例证。

（五）对宏观经济政策的制定和实施产生重大消极影响

政府对宏观经济的调节很大程度上就是对金融风险的调控。系统性金融风险不但会增加宏观经济政策制定的难度，也会削弱宏观经济政策的实施效果。从政府政策制定的角度来看，金融风险会导致市场环境的消极变动，从而使政府难以及时准确地掌握社会总供给和总需求的状况，不能及时作出决策；从政策传导和实施的角度来看，金融风险不但会使货币政策传导机制中某些重要环节（如利率、信贷规模等）出现非预期障碍，还会导致货币政策实施效果滞后、传导机制不畅，最终导致经济政策的实施效果偏离政策的预定目标。

（六）引起一国经济增长、消费水平和投资水平普遍下降

由于金融风险的存在，企业与机构迫不得已选择风险较低的技术组合，而创新型项目通常风险较高，机构与投资者由于担心不能获得足够的风险补偿而不愿投资创新项目，使一些创新项目因缺乏资金而搁置。长期下去将不利于国家的技术进步和资本有机构成的提高，最终阻碍国家的经济增长，并导致消费者和投资者的消费和投资行为更加保守。其结果必将造成消费、投资和进出口的作用共同减弱，使一个国家或者全球经济的长期发展低迷不振。

五、金融风险的成因

金融风险的成因较为复杂。目前，金融风险成因的理论主要有：金融脆弱性假说、安全边界说、借贷双方不信任学说。

（一）金融脆弱性假说

金融脆弱性假说认为，私人信用创造机构特别是商业银行和其他相关的贷款人的内在特性使它们不得不经历周期性危机和破产冲击，银行部门的困境又被传递到经济体的各个组成部分，产生经济危机。美国经济学家明斯基最早对金融内在脆弱性问题做了系统阐述。他对资本主义繁荣与衰退长期波动（50年）现象进行了总结。他特别指出在经济繁荣时期就种下了金融危机的种子。他认为在经济上升时期贷款人的条件比较宽松，而借款人利用了这一有利时期更多地借款。明斯基将借款企业分为三类。第一类是抵补性的借款企业。其特征是其预期收入在总量上大于预期债务额，并且在每一个时期内，预期的收入流大于到期债务本息。一般来讲，抵补性企业是最安全的借款人。第二类是投机性的借款企业。这类企业的预期收入在总量上大于其债务。但是在借款后前一小段时期内，其预期收入小于其到期债务本金，但总体看其预期收入总的方面仍大于其到期债务。这样的企业仍然是履约企业。第三类是庞氏企业，虽然其预期收入在总量上大于其负债总额，但这类企业一般都承担着更大的不确定性。因为要维持经营，这些企业必须不断地借新还旧，一旦利

率升高，这类企业的财务就更加困难，利率的进一步升高会导致这类企业资不抵债。

金融危机不断发生，为什么银行家不能从中吸取教训，明斯基提出两种可能的原因。一是代际遗忘原因，今天的贷款人忘记了过去的痛苦经历，贪婪战胜了恐惧，价格的上涨推动了更多的购买。二是竞争压力的原因，贷款人由于竞争压力不得不作出许多扩大贷款的不审慎的决定，因为不这样做这些银行会失去客户和市场。

（二）"安全边界说"推理：银行角度

安全边界可以理解为银行收取利息之中包含着必要的风险报酬边界，即银行能够承受的风险的程度，它能够给银行提供一种保护。美国经济学家克瑞格在1997年首次引用了"安全边界"这个概念。他认为，对于贷款人和借款人来说，仔细研究预期现金收入说明书和项目投资计划承诺书，是确定双方都可以接受的安全边界的关键一环。由于扩张时期的投资预测错误很难被发现，借款人和银行家都很自信，安全边界就不断被降低。金融的脆弱性就是建立在安全边界变化上的，就是那些缓慢的、难以察觉的对安全悄然的侵蚀，产生了金融脆弱性。当安全边界减弱到最低限度时，即使经济现实仅仅略微偏离预期，借款人就可能无法兑现债务偿还的承诺，从而引起信贷关系的紧张。结果债务紧缩过程开始，金融危机发生。克瑞格指出，对于金融的脆弱性，即使你很努力也不能防止它的出现。事实上你的努力是非理性的，这是资本主义制度运行的必然结果。但是如果货币政策发生了变化就可能会降低脆弱性的程度。这就解释了现实情况：即使发生了金融危机，仍然还有部分银行幸免于难，同时处于危机中的各家银行受到损失的程度也各不相同。

（三）借贷双方信息不对称

金融机构的存在可以在一定程度上减少信息不对称的矛盾。当存款人将他们的资金集中到某家金融机构时，事实上是委托该金融机构作为代理人来对不同借款人进行筛选，并根据借款人的风险大小来决定是否贷款。相对于个体的存款人而言，金融机构也处于更有利的地位来监督和影响借款人在借款后的行为。金融机构信息不对称要受到两个前提条件的制约。第一个条件是储户对金融机构的信心。只有在所有储户对金融机构信心保持不变，不同时提取存款的情况下，才能保证金融机构不发生挤提现象并且保持正常经营，并获得利润。第二个条件是金融机构对借款人的筛选和监督是有效的、低成本的，这样才能保证金融机构赚取利润。但一般情况下，这两个条件是不能完全实现的。首先，当存款人对金融机构失去信心时，就会出现对金融机构的挤兑。作为一种中介机构，金融机构的重要功能就是化短为长，积少成多。如果储户提款是随机发生的，银行就会有一个相对稳定的余额，这样金融机构的资金来源就是稳定的。只要存款基础稳定，金融机构就可以保持充足的流动性，并将一部分流动性投资于其他高收益的资产上。但如果发生金融危机这样的意外，使提现速度加快并且不再有人存款，导致金融机构不得不出售自己的资产来满足客户提现，金融机构就会蒙受一定的损失。所以，当出现非理性挤兑时，原本没有丧失清偿能力的金融机构也会由于挤兑丧失清偿能力。其次，由于信息不对称，金融机构对借款人的筛选会出现偏差和不完全，导致金融机构不能有效或者完全有效地筛选借款人。金融机构要有效地筛选借款人或者项目就必须对借款人的投资项目有充分的了解。但事实上，借款人总是比金融机构更了解其项目的收益和风险，但经济形势一旦出现逆转，项目收益可能无法达到预期的目标，而这些项目常常又很难用通常的方法进行准确预测。

尽管金融机构的产生可以在相当程度上解决借贷双方客观存在的信息不对称问题，但继续存在的那部分信息不对称，仍然会导致金融机构资产选择过程中的内在问题以及储户的信心问题。

六、金融危机的含义和特点

金融风险在金融市场中无处不在，当金融风险在金融机构间产生连锁反应和传染效应，从而被无限放大，急剧上升为金融业整体产生损失的可能性时，就发生了金融危机。

（一）金融危机的概念

金融危机又称金融风暴，《新帕尔格雷夫经济学大辞典》将其定义为：全部或大部分金融指标——短期利率、资产（证券、房地产、土地）价格、商业破产数和金融机构倒闭数的急剧、短暂和超周期的恶化。具体而言，当金融体系出现严重困难乃至崩溃，表现为所有或绝大部分金融指标急剧恶化，各类金融资产价格暴跌，金融机构陷入严重困难并大量破产，并对实质经济的运行产生极其不利的影响时，就发生了金融危机。金融危机实质就是金融风险大规模、高强度的集中爆发，使货币信用领域出现的混乱状态，一般都具有形成的潜伏性、爆发的突然性、传染的广泛性等基本特点。

（二）金融危机的类型

国际货币基金组织（1998）按照性质和内容不同，将金融危机划分为货币危机（Currency Crisis）、银行危机（Banking Crisis）、债务危机（Foreign Debt Crisis）、资本市场危机和系统性金融危机（Systematic Financial Crisis）。

1. 货币危机。货币危机又称货币汇率危机，通常爆发在实行钉住汇率制或者固定汇率制的国家。当实行该种特定汇率制度的国家出现本币汇率高估时，投机者会在外汇市场上对该国货币发起投机性攻击，导致外汇市场上该国货币大幅贬值，这就迫使该国金融当局为维持本币汇率动用大量外汇储备干预货币市场或急剧提高国内利率，从而造成该国货币市场出现严重混乱，甚至是原有汇率制度崩溃转而实行浮动汇率制，因此称之为货币危机。货币危机容易进一步引发银行危机、资本市场危机以及债务危机等其他多种危机。1997 年亚洲金融危机中的泰国危机就是典型的货币危机。

2. 银行危机。银行危机是指商业银行由于大量放贷给高风险行业，其资产负债严重失衡，资产质量下降，信用等级恶化，出现支付困难甚至挤兑，进而在行业内引发多米诺骨牌效应，导致大量金融机构破产倒闭的危机。20 世纪 90 年代以来，银行危机在世界范围内频发，银行的资产流动性缺乏成为危机爆发的主因。各金融机构之间因资产配置而形成复杂的债权债务联系，因此银行危机的传染性极强。一般情况下，银行危机比货币危机持续时间更长、影响更深远，很容易扩散至整个金融系统形成系统性危机。由于银行危机的破坏性较大，一旦发生银行危机，政府会迅速采取救助措施以防止危机进一步蔓延和恶化。

3. 债务危机。债务危机是指一国在国际借贷中大量负债，超过了该国的清偿能力，造成无力还债或必须延期还债的情况。衡量一个国家外债清偿能力有多个指标，其中最主要的是外债清偿率指标。即一个国家在一年中外债的还本付息额占当年或上一年出口收汇额的比率。一般情况下，该指标应保持在 20% 以下，超过 20% 就说明外债负担过高。20 世纪 80 年代的拉美债务危机和 2009 年末爆发的欧洲债务危机都是债务危机的典型代表。

4. 资本市场危机。资本市场危机又称证券市场危机，指一国资本市场（主要是股票市场）价格在短期内急剧下降形成的危机。1987 年的美国"股灾"就是资本市场危机的典型代表，20 世纪 80 年代末 90 年代初的日本泡沫危机也是最先由资本市场危机开始的。资本市场危机与货币危机、银行危机具有很强的联动性，它们往往相继发生于一次金融危机之中，1997 年的亚洲金融危机就是多种类型金融危机相继混合发生的情形。

5. 系统性金融危机。系统性金融危机又称全面金融危机，是指主要的金融领域都出现严重混乱，常常表现为以上几种危机同时或相继发生、相互演化。系统性金融危机往往发生在经济金融比较繁荣的国家和地区，以及赤字和外债较为严重的国家，危机通常波及整个金融体系乃至整个经济体系，对世界经济发展具有巨大的破坏作用。20 世纪 30 年代引发西方经济大萧条的美国金融危机、1997 年的亚洲金融危机和 2007 年美国次贷危机都是典型的系统性金融危机。

七、金融危机的特点

（一）突发性

从 20 世纪初到 21 世纪，全球发生几次大的经济金融危机都非常突然，虽然一些理性的学者事前作出过预测，但并未引起人们的警觉。比如 20 世纪 90 年代末爆发的亚洲金融危机，爆发前国际上已经有经济学家作出预测和判断，然而当时并没有多少人相信这一判断，整个亚洲都沉浸在"亚洲经济奇迹"氛围之中，没有多少人相信会出现这一事件。从本质上讲，金融危机的突然爆发往往源于金融风险的突发性。当金融风险在量上集聚时，只要数量上没有突破一个临界点，就不会发生根本变化。然而，当金融风险和金融隐患不断积聚时，在达到临界点时一个小小的偶然事件极可能会导致全局性大规模的金融危机出现。进入 20 世纪 70 年代以来，全球几次大的金融危机无不证实了金融危机突发性这一特点。

（二）可预测性

金融危机从本质上看是金融风险集聚的结果。虽然它具有突发性，但是它并不是没有规律可循的，是可以预测的，从风险管理的角度分析，风险是可以衡量和预测的，因此可以通过量化风险来判断发生金融危机的可能性，从而在一定程度上预测金融危机的爆发。由于经济金融运行的复杂性，金融危机不可能被准确无误地预测，什么时候发生、发生的强度有多大，只能在一定范围内预测。金融危机的可预测性是防范金融危机的逻辑基础。因此，对金融危机可预测性需要人们重点研究和认识。

（三）传染性

金融危机的传染性主要表现在两个方面：一个是货币危机、银行危机与股市危机之间的传播。可以简单地称为金融危机在中枢之间的传播。金融危机的中枢危机是指货币危机、银行危机与股市危机之间的相互传染，既可能是股市危机导致货币危机或者银行危机，也可能是货币危机导致银行危机或者股市危机；在经济与金融运行中，直接融资与间接融资、外汇市场与股票市场之间的联系越来越紧密，因此，危机的发生不仅仅局限一个国家或者地区。二是金融危机在国别与国别、地区与地区之间的传播，可以简单地称为金融危机在地理上的传播。金融危机之间的传染和地理之间的传染具有交叉性。即一个国家国内股市发生金融危机可能会导致世界另一些地区或者国家发生银行危机。一个国家的金融危机可以通过贸易关系以及金融关系迅速传导到其他国家或者地区，如 1997 年亚洲金融危机及 2008 年国际金融危机莫不是一种混合传播。

八、全球主要金融危机回顾

（一）大萧条（1929—1933 年）

大萧条（Great Depression）是发生在 1929 年至 1933 年之间的一次全球性经济大衰退。20 世纪 20 年代，美国耐用消费品尤其是住房的生产过剩，而社会总需求却下降，耐用消费品尤其是住房的过度供给和总需求不足形成了供需不平衡的局面。房地产价格急剧下跌，并迅速波及股票市场，引起资本市场价格骤降，进而构成了大萧条爆发的主要原因（金德尔伯格，2000）。1929年10月24日，美国迎来了"黑色星期四"，美国股票市场突然暴跌，出现了空前的抛售风潮；10月28日，"黑色星期一"继续跌势，股指狂泻13%；10月29日的"黑色星期二"，美国股市崩溃达到极点，有1638万股股票易手，再跌22%，又一次打破了历史纪录，损失比协约国所欠美国的战债还大五倍；紧接着，从1929年10月29日到11月13日短短的两个星期内，共有300亿美元的财富消失，相当于美国在第一次世界大战中的总开支。股市的跌势一直持续到1932年中期，在34个月中，道琼斯工业指数下跌了87.4%，冶金、机械、汽车、电力、化工等这些领跌行业的股票，跌幅均在90%以上。纽约的股市暴跌还波及英国、德国、法国、比利时、奥地利、瑞典、挪威和荷兰，引发了一场大规模的、持久的股市下跌风潮。从那时起，世界金融和经济发展陷入了长期的萧条之中。面对经济的颓势，各国政府和商业组织采取各种措施振兴经济，1930年，中期利率已经降至新低，但预期通货紧缩和信贷市场的萧条使消费和投资依然低迷。弗里德曼（1963）认为，正是20世纪30年代初期美国货币供给不足引发的通货紧缩，导致了严重的经济衰退。1933年，美国国民生产总值由2036亿美元减少至1415亿美元，降幅达到30%；倒闭企业家数达到85600家，银行倒闭10500家，占总数的49%；工业生产降幅达55.6%；进出口减少了77.6%；失业率达到25%。1933年初，新任美国总统富兰克林·罗斯福（Franklin Roosevelt）针对危机采取了一系列改革措施，历史上被称为罗斯福新政。罗斯福新政的主要内容可以用"3R"来概括，即复兴（Recover）、救济（Relief）、改革（Reform）。由于大萧条始于投机活动引发的金融危机，罗斯福总统的新政也先从整顿金融入手。在被称为"百日新政"（1933年3月9日至6月16日）期间制定的15项重要立法中，与金融相关的法律就占了三分之一。1933年3月9日，美国国会通过《紧急银行法》，决定对银行采取个别审查颁发许可证制度，让有偿付能力的银行尽快复业。从3月13日至15日，已有14771家银行领到执照重新开业，与1929年危机爆发前的25568家相比减少了近一半。在整顿银行的同时，罗斯福还竭力促使议会先后通过了《农业调整法》和《全国工业复兴法》，为美国的经济复苏和社会稳定发挥了积极作用。1935年开始实施第二期"新政"，在第一阶段的基础上着重通过《社会保险法案》《全国劳工关系法案》《公用事业法案》等法规，以立法的形式巩固新政成果。从1935年开始，美国几乎所有的经济指标都稳步回升，国民生产总值从1933年的742亿美元又增至1939年的2049亿美元，失业人数从1700万人下降至800万人，恢复了国民对国家制度的信心。

（二） 亚洲金融危机（1997—1998 年）

1997 年 7 月 2 日，泰国宣布放弃固定汇率制，转而实行浮动汇率制，就此引发了一场遍及东南亚的金融危机。7 月 2 日当天，泰铢兑美元汇率下降了 17%，外汇及其他金融市场一片混乱。在泰铢波动的影响下，菲律宾比索、印尼盾、马来西亚林吉特相继成为国际投机者的攻击对象。10 月下旬，国际投机者开始攻击港元，香港的联系汇率制度岌岌可危，股指急剧下跌。香港恒生指数在 10 月 23 日大跌 1211.47 点，28 日又下跌 1621.80 点。11 月中旬，韩国也受到了金融危机的冲击，东亚的韩国也爆发金融危机。11 月 17 日，韩元兑美元汇率跌至历史新低 1008∶1。韩国政府不得不向国际货币基金组织请求援助，危机得以暂时控制，但韩元兑美元汇率到 12 月 13 日继续降至 1737.60∶1。韩元危机进一步冲击了在韩国有大量投资的日本金融业，日本的银行和证券公司相继破产，东南亚金融风暴演变为亚洲金融危机。1998 年初，印度尼西亚再次陷入金融危机的泥淖，经济严重衰退。2 月 11 日，印度尼西亚政府宣布实行印尼盾与美元保持固定汇率的联系汇率制，以稳定印尼盾。此举遭到国际货币基金组织及美国、西欧的一致反对，国际货币基金组织意欲撤回对印度尼西亚的援助，印度尼西亚陷入政治和经济的双重危机。2 月 16 日，印尼盾兑美元汇率跌破 10000∶1，新加坡元、马来西亚林吉特、泰铢、菲律宾比索等东南亚货币受此影响纷纷下跌。同时，日元的大幅贬值使国际金融形势更加不明朗，亚洲金融危机继续深化。1998 年 8 月初，由于美国股市动荡、日元汇率持续下跌，国际投资者对香港发动新一轮进攻，恒生指数一度跌至 6600 多点。香港特区政府予以回击，香港金融管理局动用外汇基金进入股市和期货市场，吸纳国际投资者抛售的港元，将汇市稳定在 7.75 港元兑换 1 美元的水平上，成功抵制了国际投机资金的冲击。与此同时，俄罗斯中央银行 8 月 17 日宣布年内将卢布兑换美元汇率的浮动幅度扩大到 6.0～9.5∶1，并推迟偿还外债及暂停金融市场上国债交易。俄罗斯就此爆发金融危机，股市和汇市急剧下跌，1998 年底俄罗斯经济仍没有摆脱困境。这说明亚洲金融危机已经超出了区域性范围，具有了全球性。

（三） 2008 年美国次贷危机引发的国际金融危机

在经济普遍看涨的背景下，自 2004 年 6 月至 2006 年 6 月两年的时间里，美国联邦储备委员会连续 17 次提息，将联邦基金利率从 1% 提升到 5.25%，利率大幅攀升加重了购房者的还贷负担。另外，自 2005 年第二季度以来，美国住房市场出现大幅下跌，购房者难以将房屋出售或者通过抵押获得融资。受以上因素影响，很多次级抵押贷款市场的借款人无法按期偿还借款，次级抵押贷款市场危机开始显现并呈愈演愈烈之势。银行基于盘活资产、规避风险和扩大业务规模的需要，将住房抵押贷款出售给投资银行，由其打包重组后形成一种新的金融创新产品——住房抵押贷款证券（MBS）。这种产品的价值源于抵押贷款偿付和住房资产价格，由于美国房地产市场在危机前长期稳定增长，住房抵押贷款证券市场的规模迅速扩大，风险也不断累积。金融机构持有大量次级抵押贷款证券，从危机爆发至 2008 年 7 月 17 日已亏损约 4350 亿美元。2007 年 4 月 2 日，美国第二大抵押贷款公司——新世纪金融公司因无力偿付投资人贷款回购申请而破产，导致美国拉开次贷危机的序幕。随后，多家次级抵押贷款机构陷入坏账危机，次级债券价格大幅下跌。市场弥漫着悲观和恐慌情绪，人们不再信任银行，纷纷要求银行清偿债务；人们也不再信任次级债券发行人，纷纷抛售次级抵押贷款和次级债券相关公司的股票。银行为缓解流动性不足，不得不将违约借款人的房产收回拍卖。房地产市场上随处可见急于出售的房产，导致房价进一步下跌，启动了费雪的"债务—通货紧缩"机制，即由于过度负债导致债务链条断裂而不得不通过贱卖商品来偿债，引起商品价格的普遍下跌。

2008 年 1 月，美国银行宣布收购陷入困境的美国第一大抵押贷款公司——美国国家金融服务公司（Countrywide）；3 月，美国第二大投行摩根士丹利收购濒临破产的第五大投行贝尔斯登；9 月 7 日，美国政府宣布接管"两房"；9 月 14 日，有着 158 年历史的美国第四大投行雷曼兄弟宣布申请破产保护；9 月 15 日，美国银行收购第三大投行美林集团；9 月 16 日，美国政府同意以控股的方式接管美国国际集团（AIG）；9 月 25 日，华盛顿互惠银行被美国联邦存款保险公司接管，成为美国历史上倒闭的规模最大银行。到 2008 年 10 月，美国五大投资银行中的三家不复存在，仅剩的高盛和摩根士丹利也已转向了商业模式的银行控股公司。

2008 年 10 月，国际货币基金组织在 2008 年 4 月的估算基础上，对美国金融部门的损失再一次进行估算。贷款和债券损失总额由 9450 亿美元升至 1.4 万亿美元。在贷款损失方面，优级抵押贷款的损失额由 400 亿美元升至 850 亿美元，说明不断下跌的房价对抵押贷款借款人的负面影响日渐加深。美国股票市场和房地产市场也相应受到冲击，2008 年 11 月初美国股市标准普尔 500 指数已经从 2007 年的高点下跌 45%，房价从 2006 年的高峰下跌了 20%。次贷危机引发的国际金融危机对全球金融市场产生了严重冲击。从危机爆发至 2008 年 8 月，全球各地金融机构相继减持其与次贷有关的债券共 5010 亿美元。美国实体经济受到了较大冲击。

九、国际金融危机的传导

2008 年，美国的次贷危机引起的国际金融危机迅速蔓延，此次危机造成的负面影响极为重大和深远。起源于美国的金融危机很快向全世界其他国家传导，这是因为危机是通过全球金融市场传导的，市场化程度越高的国家危机传导越快。一般认为危机的传导效应主要有以下几个：

（一）季风效应

季风效应最早是由美国经济学家梅森提出的。它是指由于共同冲击引起的危机传导，比如主要工业化国家实施的经济政策会对新兴市场国家经济政策产生相似的影响和作用。此次金融危机是在美国次贷危机的冲击下引发的全面流动性危机，这是一个典型的共同冲击而引起的季风效应传导途径。

（二）溢出效应

溢出效应分为两种：一种是金融溢出效应，另一种是贸易溢出效应。在金融溢出效应和贸易溢出效应双重作用下，危机从市场到实体的传播速度会更快。

（三）羊群效应

由于缺乏足够的信息，投资者一般认为在一个国家发生金融危机时其他国家也会发生金融危机，为了避免投资损失，大投资人会及时撤出投资，小投资人会跟风。所以，当金融危机发生时，大投资人会立即减持或者出售资产，小投资人一般会盲目跟进，这就导致羊群效应产生。

从2008年次贷危机引起的国际金融危机的传导途径来看，金融危机的国际传导渠道主要包括以下几个：

1. 贸易渠道的传导。这是指一国发生金融危机时，导致发生危机的国家货币贬值或国民购买力急剧下降，这些危机发生的国家很快影响与其贸易关系密切的经济体及国家，从而增大其他国家发生金融危机的压力。比如2008年美国次贷危机发生后，美国国内经济增速下降，外部需求减少，进口急剧下降，从而导致以美国为主要出口国的国家企业利润下降，这些国家对美国出口困难或者急剧减少。因此，金融危机从美国通过贸易渠道迅速传导到相关国家。

2. 金融渠道传导。金融传导主要以汇率和利率为传导渠道，在经济全球化的今天，各国金融机构之间联系非常紧密，许多国家大的银行机构或者跨国金融机构都相互持有头寸或者资产，一个国家出现风险问题，就会在另一个国家金融机构迅速表现出来。因为美元是国际储备货币，美国的金融危机通过金融市场上美元与其他国家币值之间的利率或者汇率变动迅速传导到全球各国。

3. 心理渠道传导。金融市场一个重要的支撑因素是信心，一个国家特别是像美国这样的金融大国对金融市场提升信心尤为重要，美国发生金融危机对全球投资者的打击首先是投资信心。为了避免投资损失，投资人在危机来临时，大量抽逃资金更进一步加剧危机的程度。

在经济全球化和金融贸易自由化的背景下，国家与国家、地区与地区之间金融部门联系非常紧密，如果一个经济大国出现金融危机，会迅速通过不同的渠道传导到其他国家，最终对全球经济增长和金融稳定造成严重的负面影响。

第二节 金融监管

在任何一个国家，金融业都是特殊的高风险行业，一旦发生支付危机很可能引发连锁反应，影响宏观经济的稳定发展和货币政策的有效执行，甚至可能演变为极具破坏力的金融危机。金融风险往往是经济主体追求利益最大化的"理性行为"，具有自发性和内在性，因此金融业需要权威机构来实施监督管理，以确保金融体系的安全与稳定。金融监管就成为预防金融危机的一个最主要的手段，也是金融风险管理的主要形式。

一、金融监管的概念

金融监管是金融监督和金融管理的统称，一般是指政府通过特定机构对金融交易主体进行的某种规范或限制，以实现金融机构稳健经营、金融体系稳定发展的目标。也可以说是金融管理当局对各金融机构的市场准入、市场经营流程和市场退出按照法律和货币政策实行严格管理，通过行政手段严格控制金融机构设置及其资金运行方式、方向、结构，甚至严格规定金融从业人员的法律资格。随着金融业的发展，监管的对象已经由对银行的监管扩展到对包括证券业、保险业的监管。理论上，金融监管有狭义和广义之分。狭义的金融监管指金融监管当局依据国家的法律法规，对金融机构和金融业务实施一系列的监督和管理；广义的金融监管是指除了狭义概念所覆盖的金融监管范围外，还包括政府对同业自律性组织和社会中介组织的监管，以及金融机构的内部控制和稽核等。

进入 21 世纪以来，在经济全球化的大格局下，金融经营从分业向混业经营不断发展，导致金融监管的内涵也在不断发生变化。主要体现为：首先，金融监管已经由封闭式监管向开放式监管转变。金融全球化导致资金在全球金融市场快速流动，使监管的难度上升，并且出现监管真空，经济全球化和金融自由化对监管提出由封闭式向开放式转变的要求。其次，现代金融监管将由机构监管向功能监管和政策性监管转变。现有的监管范式主要是预防性监管模式。理论界经常将金融监管视为金融抑制和金融制约，并与金融自由化和金融创新相对立。从国际金融监管制度的演进看，2008 年国际金融危机后，金融监管正从机构监管向功能监管转化。再次，金融监管正在从静态监管向动态监管转化。在市场性金融制度中，金融制度的功能大部分是依靠微观金融组织的行为实现的，而微观金融组织更倾向于金融产品和金融市场创新以及增加更多的负债和资产，以此追求利润最大化。金融监管部门一定会对金融创新进行必要的约束和监管，以防止出现无序的创新。最后，金融监管必须是现代化的高技术的监管。金融科技推动金融创新进一步发展，帮助金融突破了传统的业务渠道和服务方式，但金融科技带来的风险也是不可低估的。金融科技带来的风险是全新的，所以要求监管也必须是现代化和高技术的，否则无法适应快速发展的金融科技对监管的要求。

二、金融监管的理论基础

新古典经济学的公共利益监管理论是现代金融监管最重要的基础理论之一。这一理论假设公共监管服务于社会公众利益，目的是防止欺诈、价格扭曲以及风险发生，保护消费者和社会公众利益最大化。该理论认为，对金融市场和机构监管的主要目的是维护金融安全和资源的合理配置，增进社会福利并实现最大化。金融监管的理论基础包括以下几个方面：

1. 金融机构自由竞争的悖论。金融机构是经营货币的特殊企业，一般情况下，工商企业的自由竞争原则对这类企业不能完全适用。一方面，金融机构规模经济的特点使金融机构的自由竞争很容易发展成为高度集中和垄断，不仅在效率和保护消费者权益方面造成损害，也将在政治和经济上产生不利影响；另一方面，竞争的结果是优胜劣汰，激烈的竞争将导致一个国家的金融体系不稳定，进而危及整个国家经济体系的稳定。与对其他企业监管不同的是，金融监管的一个重要使命就是如何在保持金融体系高效运行的前提下，保证金融体系的相对稳定和防范风险。

2. 金融机构的负外部效应。该效应的含义是：金融机构的破产倒闭及其连锁反应将通过信用破产破坏经济增长的基础。按照福利经济学的观点，外部性可以通过征收"庇古税"来进行补偿。但是这种方法在个别金融机构的利益与整个社会利益之间的不对称面前是毫无作用的。此外，科斯定理从交易成本的角度也说明了外部性无法通过市场机制的自由交换得以消除。因此，有必要引进一种市场机制以外的监管力量来限制金融体系的负外部性影响。

3. 金融体系的公共产品特性。一个稳定、公开而有效的金融体系带来的利益为社会公众共同享受，无法排斥一部分享受此利益，而且增加一个人享受此利益并不增加成本。因此，金融体系对整个社会经济而言具有明显的公共产品特性，在西方市场经济条件下，私人部门构成金融体系主体，政府主要通过外部监管来保持金融体系的健康稳定的发展。

4. 不确定性。在不确定性研究基础上发展起来的信息经济学表明，信息不完全和不对称是市场经济体系不能像古典经济学所描述的那样完美运行的重要原因之一，金融体系中更加突出的信息不完全和不对称现象，导致即使主观上愿意稳健经营的金融机构也有可能因信息问题而陷入困境。金融机构也往往难以承受收集和处理信息的高昂成本，在这种情况下，政府及金融监管部门就有责任采取措施减少金融体系中的不确定性和信息不对称性。

三、金融监管理论的演进

金融监管理论源于政府管制理论。根据产生的起因，政府管制理论主要分为三种：社会利益论、俘虏论、管制新经济理论。其中社会利益论是政府管制的必要性理论基础。政府管制一般是政府机构根据法律授权，采用特殊的行政手段或者立法，对企业、消费者等行政相对人的行为实施直接控制的活动。

1. 金融监管理论的来源。早期的经济学对管制理论和实践的研究集中考察一些较为特殊的产业价格和准入的控制方面。早期管制理论的代表人物是卡恩。他认为管制的焦点应该在公用事业上。这是管制理论长期关注和研究的方面。卡恩强调的领域主要是对垄断的管制及费率的决定，尤其关注边际成本定价的一般原则、长期和短期的边际成本及价格歧视等问题。卡恩观察到："管制的实质是政府命令对竞争的明显取代，作为基本的制度安排，它企图维护良好的经济绩效。"

2. 金融监管理论的发展。金融监管理论的发展共分为三个阶段。第一阶段：早期的金融监管理论（20 世纪 30 年代以前）。由于早期的金融监管没有固定的制度可循，所以早期金融监管理论是随着中央银行制度的产生和发展而建立起来的。中央银行制度的普遍建立是确定早期监管理论的起点，有关的金融监管理论也由此逐步形成。这期间金融监管理论主要集中在如何实施货币政策以及货币管理和防止银行挤提层面，但对金融机构的经营行为的监督和干预极少论及。早期的金融监管理论是建立在古典经济学和新古典经济学对金融市场自由放任的理论基础之上的，这种状况与当时自由市场经济正处于鼎盛时期有关。但到了 20 世纪 30 年代，全球经济大危机最终扭转了金融监管理论关注的重点和方向。第二阶段：全面控制的金融监管理论（20 世纪 30 年代至 70 年代末）。在 20 世纪 30 年代的大危机中，大批银行及其他金融机构倒闭，给西方金融体系和经济带来极大冲击。这一时期的金融监管理论主要讨论规模经济与自然经济、不确定性与理性预期、银行体系的外部性影响、银行服务的公共品性质等。这些理论为从 30 年代开始的严格、广泛的政府金融监管提供了正式的理论支撑。1936 年凯恩斯发表了《就业、利息和货币通论》，使"看不见的手"理论第一次遭到系统挑战。此后，凯恩斯的宏观经济理论一直在西方经济政策中占支配地位。第三阶段：放松的金融监管理论（20 世纪 70 年代至 90 年代）。放松的金融监管理论并不是对政府监管的全面否定和抛弃，而是要求政府金融监管作出适合于效率要求的必要调整和改革。其中，麦金农和肖详细分析了国际资本流动与一国金融信用自由的关系，并指出这会加速一国的金融自由化，但同时也可能加剧金融风险。金融压抑和金融深化理论是放松金融监管的基本理论。其主张是放松对金融机构的过度严格管制，特别是解除金融机构在利率水平、业务范围和经营地域选择等方面的种种限制，恢复金融业的竞争，以提高金融业的活力和效率。

3. 金融监管理论的新发展。20 世纪末建立在金融危机和金融脆弱化理论、产业组织理论和博弈论基础上的新的金融监管理论更为全面地研究了金融监管问题。新金融监管理论中较为重要的有道格拉斯和蒂伯维格提出的银行挤兑模型。该模型对金融危机和金融脆弱性提供了有效的金融研究工具，实行金融监管非常有效。该模型的主要特点是多重均衡点。除了好的均衡点以外，还有类似于"自我实现的预言"的坏的均衡点：因为别人去挤兑，所以我也要去挤兑。新的金融监管理论关注金融监管的有效性和经济的关联性，尤其关注对银行系统的影响。哈佛商学院的罗伯特·莫顿认为，金融监管最重要的目标是保证金融因素在经济发展中起到良好的稳定的持续的促进作用和最优化实现资源的跨越地域和时间的匹配，这是实现金融监管效率根本所在。为此，他首先提出功能型金融监管的概念。功能型监管是指依据金融系统的基本功能而设计的监管。较之传统金融监管，它能够实现跨产品、跨机构、跨市场的协调，而且更具有连续性和一致性。

四、金融监管的目标和原则

不同的国家和不同的经济体系以及不同的金融市场导致各国在金融监管的目标方面存在一定的差异。此外，随着不同国家金融业的发展，各国金融监管目标也在不断调整和完善。一般来看，金融监管的目标主要包括以下四个方面：

1. 保护金融机构的正常经营活动，保护存款人和投资人的正当利益。金融监管的主要目的在于保护公众权利人的利益，这种保障有时是应理性公众权利人的要求而实施的，有时则是政府机构自上而下普遍实施的。其常规方式有最低资本要求、投资组合限制、多样化经营要求、公司及其雇员的一般行为准则以及以现场检查为补充的定期报告要求等。

2. 降低金融风险，管理和控制金融危机，避免系统性金融风险的产生和扩散。金融监管的一个显著目的就是要防范系统性的金融风险，这种风险可通过激起金融恐慌的连锁反应、破坏支付系统或者干扰授信流程而实现传导，严重的将导致金融系统的崩溃，阻止一国经济增长、破坏社会稳定与政治安全。例如，为了应付金融危机，有的国家政府不得不出台某些行政措施，对中央银行清算机构和支付系统进行管制，用于隔离因金融机构倒闭而引发的负面外部效应。

3. 创造公平市场环境，促进金融市场有效竞争，提高资源配置效率。这一目标充分揭示了为什么长期以来金融机构被禁止向其他行业实体进行直接投资，并且在向其附属企业提供信用支持或者进行交易方面受到严格管制。这些不但是出于竞争因素的考虑，同时也是监管当局对金融机构市场份额作出特别限制的原因。

4. 规范金融市场参与者的市场行为，打击各种非法交易、非法投机、金融欺诈和其他金融犯罪行为与活动，维护良好的金融秩序。监管还有一个目标是防止并惩罚舞弊及不诚实的经营活动，防止并惩罚金融市场上传播错误信息或者以虚假信息牟利行为，防止黑社会、国际犯罪组织与恐怖主义组织的各种洗钱活动。

五、金融监管的原则

金融监管的原则各国大致相同，特别是巴塞尔委员会于 1997 年 9 月公布了《有效银行监管的核心原则》之后，各国金融监管当局基本上都将其作为金融监管的指导原则。主要包括以下几点：

1. 独立原则。指参与金融监管的各个机构要有明确的责任和目标，并应享有操作上的自主权和先决条件。这些条件主要包括稳健且可持续的宏观经济政策、完善的公共金融基础设施、有效的市场约束、高效率解决银行问题的程序、适当的系统性保护（或者公共安全网络）的机制。

2. 适度原则。金融监管机构的职能空间必须得到合理确定，应以保证金融市场内在调节机制正常发挥作用为前提，金融监管当局的监管重心应放在保护、维持、培育、创造一个公平、高效适度、有序的竞争环境上。这就必须做到：既要避免造成金融高度垄断，排斥竞争，从而丧失效率与活力，又要防止出现过度竞争，从而波及金融业的安全和稳定。

3. 法治原则。这一原则包含两个方面的含义：一是所有金融机构都必须接受金融监管当局的监督管理，不能有例外；二是金融监管必须由金融监管机构依法进行，有关各方权利与义务的划分必须有明确的法律依据，以确保金融监管的权威性、严肃性、强制性和一贯性，从而确保金融监管的有效性。金融监管要依法监管，不能用行政的随意性代替法律，要防止金融监管者的行为扭曲，建立对监管者的权力制衡机制。

4. 内控与外控相结合的原则。世界各国的金融监管工作，从管理风格上说，差异较大。美国和日本强调外部强制监督管理，而英国和许多欧盟国家则更强调在道义劝说基础上的自我约束、自我管理。不同的监管风格与本国传统有关。但要保证监管的及时和有效，客观上要求内控与外控有机结合。

5. 动态原则。金融监管应与金融发展保持同步，以免成为限制金融业发展的羁绊。监管机构应尽快对不适应金融发展新形势的规则进行修订，避免窒息金融创新的积极性。监管机构还要努力具备一定的前瞻性，把握金融市场走向和金融机构演变趋势。提前作出相应的准备，缩短监管时滞，提高监管的事前性和先验性。

6. 母国与东道国共同监管的原则。经济全球化使金融国际化成为强劲趋势，跨国银行日趋增多，国际金融业务迅猛发展，证券交易日益全球化，保险业务越来越趋于国际化。随着金融国际化的发展，以国界为范围的金融监管难以实现金融监管目标。为了维护国际金融业的平稳运行，保护公平竞争以及国际投资者的利益，各有关国家开始联手进行金融监管。跨国金融机构的母国与东道国对其监管应负有明确的责任。母国与东道国建立紧密联系、交换信息，共同完成对跨国金融机构和金融业务的监管，逐步实现金融监管的国际化。

六、金融风险的监管模式与内容

金融监管模式主要分为机构性监管和功能性监管，统一监管、分业监管和不完全统一监管。

（一）机构性监管和功能性监管

1. 机构性监管。机构性监管是指按照金融机构的类型设置监管机构，不同的监管机构分别管理不同的金融机构，某一类金融监管机构无权监管其他类型金融机构的金融活动，各监管机构的监管高度专业化，其业务划分只根据金融机构的性质，而不论其是何种业务。比如，银行监管机构只监管银行，保险监管机构仅监管保险机构，对于它们之间的交叉业务无人监管。

2. 功能性监管。功能性监管是指依据金融体系基本功能对金融机构进行监管，即一个给定的金融活动由同一个监管者进行监管，而无论这个活动由谁来从事。功能性监管的概念主要来自有关金融体系的功能观点学说。该学说的创始人诺贝尔经济学奖得主莫顿和博迪（1993）提出两个假设：金融功能比金融机构更稳定，金融功能优于组织机构。他们将金融体系的功能分为以下六种：（1）清算和支付结算功能；（2）聚集和分配资源功能；（3）在不同时间和不同空间之间转移资源的功能；（4）管理风险的功能；（5）提供信息的功能；（6）解决激励问题的功能。由此，他们提出了依据金融机构功能进行监管的设想。

（二）统一监管、分业监管和不完全统一监管

1. 统一监管模式。统一监管模式是指不同的金融行业、金融机构和金融业务均由一个统一的金融监管机构负责监管，即由单一机构对银行、证券及保险业实行综合监管。监管主体可以是中央银行，也可以是其他机构或者监管当局。目前，世界大多数国家都采用了这种模式，英国是典型的代表。

2. 分业监管模式。分业监管模式是指在银行、证券、保险三个领域内分别设立一个专职的监管机构，负责各行业的审慎监管。实行分业监管较为典型的国家有德国、波兰等。

3. 不完全统一监管模式。这是在金融混业经营体制下，对完全统一监管和完全分业监管的一种改进型。这种模式可按照监管机构不完全统一和监管目标不完全统一划分。具体形式有：（1）牵头监管模式。在分业监管的模式下，随着金融混业经营的发展，可能存在一些处于监管真空或者相互交叉的情况。为此，几个主要监管机构需要建立及时磋商的制度来相互交换监管信息，为了防止监管机构之间的冲突，指定某一监管机构为主或者作为牵头监管机构负责协调工作。巴西属于较为典型的牵头监管模式。（2）双峰监管模式。根据监管目标设立两类监管机构。一类机构负责对所有金融机构进行审慎监管，控制金融系统的系统性风险；另一类机构是对不同金融业务的经营进行监管。澳大利亚是双峰监管模式的典型。澳大利亚由中央银行负责银行业的审慎监管，证券投资委员会负责对证券业、银行业、保险业的业务进行监管。（3）"伞式"＋功能监管模式。由"伞式"监管机构负责金融控股公司的综合监管，金融控股公司又按照其所经营的种类接受不同行业主要功能监管人的监管。美国就属于此种监管模式。

（三）金融监管的内容和方法

1. 金融监管的内容

中央银行或者货币管理当局对金融业的监管包括对商业银行及非银行金融机构和金融市场进行监管。监管的具体内容主要表现在三个方面：市场准入监管、市场运作监管、市场退出的监管。

（1）市场准入监管。所有国家对金融机构的监管都是从市场准入开始的，各国金融监管当局都会参与金融机构进入市场的审批过程。银行设立审批必须符合法律规定。主要包括两个方面：一是具有素质较高的管理人员，二是具有最低限度的资本认缴额。管理人员的条件和资本额的标准各国都有具体规定。我国金融机构设立申请一般也要审查这两个方面。在我国，金融机构设立的最后审批权限在银保监会以及人民银行。按照有关法律规定，我国商业银行应采取有限责任公司或者股份有限公司的形式设立，城市和农村信用社以及联社都是采取合作制，但是部分农村金融机构近几年也正在开始采用股份制的模式。设立这类金融机构，必须符合规定的最低资本金要求。另外，我国金融机构设立还采取特许证制度。

（2）市场运作监管。金融机构经批准开业后，监管机构还要对其整个运行状况进行有效监管，防范风险的发生，监督金融机构经营规范化。主要监管内容包括：

第一，资本充足性监管。对于商业银行的资本金，除注册时要求的最低标准外，一般还要求银行自有资本金、存款总额、负债总额以及风险投资之间保持适当的比例。银行在开业时要受自有资本金的制约。不能脱离自有资本金而任意扩大业务。2012 年 6 月 7 日，银监会发布了《商业银行资本管理办法（试行）》（以下简称《资本办法》），该办法被称为中国版的"巴塞尔新资本协议"，于 2013 年 1 月 1 日正式开始实施，商业银行应于 2018 年底全面达标。商业银行资本充足率监管包括：最低资本储备资本要求、逆周期资本要求、系统重要性银行附加资本要求、第二支柱资本要求。2013 年 1 月 1 日，商业银行应该达到最低资本要求，国内系统重要性银行还应满足附加资本要求。过渡期内逐步引入储备资本要求（2.5%），商业银行应达到分年度资本充足率要求。《资本办法》将商业银行资本充足率监管要求分为四个层次：第一层次为最低资本要求，即核心一级资本充足率、一级资本充足率和资本充足率分别为 5%、6% 和 8%；第二层次为储备资本要求和逆周期资本要求，分别为 2.5% 和 0~2.5%；第三层次为系统重要性银行附加资本要求，为 1%；第四层次为根据单一银行风险状况提出的第二支柱资本要求。《资本办法》实施后，我国大型银行和中小银行的资本充足率监管要求分别为 11.5% 和 10.5%。符合《巴塞尔新资本协议》最低监管标准，并与国内现行监管要求保持一致。多层次的资本监管要求既符合《巴塞尔新资本协议》确定的资本监管新要求，又增强了资本监管的审慎性和灵活性，确保资本充足率覆盖国内银行面临的系统性风险和个体风险。

第二，流动性监管。各国金融监管当局对银行流动性监管与对资本监管一样重视，只是监管流动性的方法不同。对流动性的监管既包括本币流动性监管也包括外币流动性监管。目前在实践中要恰当评价、准确预测银行的流动性是很困难的。基本趋势是以考核银行资产负债表期限和利率结构搭配是否合理为基础对流动性进行系统评价。

第三，业务范围监管。金融机构可以经营哪些业务，不可以经营哪些业务，监管当局都是有一定限制和规定的。特别是相当一部分国家禁止混业经营以及限制某些风险较大的投资活动。

第四，贷款风险的控制。追求利润最大化是商业银行最直接的经营目的，商业银行把吸收的存款尽可能地用于项目贷款和投资，并且尽可能地投向收益较高的业务。收益与风险成正比，导致贷款越集中风险越大，因此大多数国家的中央银行和监管部门都会限制银行对单一客户的贷款数量和比重以及对风险较大业务贷款的投向，防止风险集中。从风险监管的角度看，监管部门极其重视银行机构的资产风险，也比较重视商业银行的负债风险。目前，在金融科技快速发展的背景下，监管部门不仅对银行机构的整体业务进行管理，还必须采用新的监管方式和技术。

第五，外汇风险管理。在外汇管理领域，大多数国家对银行的国际收支都非常重视，并制定了适当的管理制度，但各自管理制度因国情不同差别较大。如日本要求经营外币的银行在每个营业日结束时，其外汇净头寸不得突破核准限额。英格兰银行对所有在英国营业的银行外汇头寸进行监控，要求任何交易比重的头寸净缺口数不得超过资本金的10%。

第六，准备金管理。银行资本充足性与其准备金政策之间有着内在的联系。因此，对资本金充足性的监管必须考虑准备金因素。监管当局主要任务是确保银行准备金是在充分考虑谨慎经营和真实评价业务质量的基础上提取的。

第七，存款保险管理。为了维护存款者的利益和金融业稳健经营与安全，许多国家都建立了存款保险制度，在金融体制中设立了存款保险机构，规定本国金融机构按照吸收存款的一定比例向专门的存款保险机构缴存保险金。当金融机构出现信用危机时，由存款保险机构向金融机构提供财务支持，或者由存款保险机构向存款人支付部分或者全部存款。从国际金融业的经验看，存款保险制度对促进金融业的稳定发展是非常有益的。

（3）市场退出监管。金融机构市场退出的原因和方式可以分为两类：主动退出与被动退出。主动退出是指金融机构因为分立、合并或者出现公司章程规定的事由需要解散，因此退出市场。其主要特点是"主动自行要求解散"。被动退出则是由于法定原因，如严重违规或者资不抵债，中央银行或者金融监管机构取消其金融经营资格，金融机构因此退出金融市场。我国对于金融机构退出市场的监管是法律赋予监管者的职责。市场退出主要有以下几种形式：接管、解散、撤销、破产。

2. 金融监管的方法

中央银行和金融监管组织主要依据法律、法规进行监管。

（1）依法实施金融监管。中央银行和金融监管机构对金融机构的监管主要依据国家的法律法规，并据此对金融机构实行外部监督、稽核、检查和对违法者进行处罚。各国金融机构必须接受国家法律法规的指导并依法经营，这是由金融机构的特殊地位和对一个国家经济具有重大影响的特点决定的，金融监管也是依法进行的。要保证监管的权威性、严肃性、强制性和一贯性，才能保证它的有效性，要保证金融机构在竞争中合法经营，监管必须依靠法律做保证。

（2）运用稽核手段进行金融监管。金融稽核是中央银行和金融监管部门根据国家有关法律法规对金融机构的业务活动进行认真和必要的监督检查。对金融机构业务经营合法性和合规性、真实性、完整性作出评价和建议。在我国中央银行和金融监管部门稽核检查的主要内容包括以下几个方面：

第一，业务经营的合法性，即对金融机构遵守国家和中央银行以及监管部门的各种法律、规章制度和要求的执行情况进行检查。其中包括货币政策和利率的执行情况、存款准备金的缴存、代理财政存款的划缴、业务经营的合规性、投资风险等内容。

第二，资本金的充足性，即金融机构实收资本的构成及来源是否适当，以及资本金与资产总额、负债总额的比例等。

第三，资产质量与清偿能力。从金融机构资产的流动性、安全性和效益性的角度来评价其资产质量。主要检查存款总量、贷款投向、贷款结构、贷款风险程度、贷款担保状况、贷款的集中程度等。对负债的清偿能力主要检查和稽核备付金数量占存款总额的比重、同业拆借状况以及可拆入资金的数量等。

第四，盈利情况和经营管理状况。主要稽核金融机构收益率以及利润来源和结构是否合理；金融机构的内部控制制度和制度遵守状况以及高级管理人员的工作胜任状况。

七、宏观审慎监管

宏观审慎监管最早是由国际清算银行在 20 世纪 70 年代后期提出来的。其核心观点是：如果一国金融监管当局仅仅关注单个金融机构的风险问题，那么就不能确保整个金融体系的稳定，为保证金融市场的稳定，一国金融监管应当具有宏观视野，从水平和垂直两个方向加强监管。

宏观审慎监管和微观审慎监管主要在监管目标、关注风险和政策工具的着眼点三个方面存在不同。（1）微观审慎监管的主要目标是避免单一金融机构的倒闭和保护金融消费者以及投资人的权益，而宏观审慎监管的目标是避免系统性风险及其对 GDP 的负面影响；（2）微观审慎监管主要考虑单个金融机构的风险，而宏观审慎监管则关注风险的相关性和金融机构的共同风险暴露，并以此分析金融机构同时倒闭的可能性以及给整个金融体系带来的风险；（3）宏观审慎监管与微观审慎监管使用的政策工具并无本质区别，例如，都会使用资本监管、贷款损失准备、审慎信贷标准、流动性风险指标和其他风险管理要求等政策工具，但政策工具的着眼点和具体运用则有所区别。例如，微观审慎监管会在整个经济周期上对所有机构运用同样的资本监管标准，而宏观审慎监管则会考虑提出针对系统性的随经济周期变动的逆周期资本要求，也会根据系统重要性机构的风险表现情况提出差异性资本要求；微观审慎监管采用的贷款损失准备金会考虑当期的贷款损失，而宏观审慎监管则会因考虑在整个经济周期的平均损失而采用动态拨备方法；微观审慎监管只会针对个体金融机构流动性风险状况设计流动性风险监管指标，而宏观审慎监管则会从系统流动性风险的角度设计流动性风险指标。

八、我国金融监管体系

目前，我国实行功能性监管模式。依据《中国人民银行法》《商业银行法》《证券法》《保险法》和《银行业监督法》规定实施具体的金融监管。从体制上看，我国的监管机构属于"一元多头"。金融监管权集中于中央政府，由中央政府设立的金融主管部门和相关机关分别履行金融监管职责，即银保监会、证监会履行银行业、保险业和证券业的监管职责。国务院金融稳定发展委员会、中国人民银行、审计署、税务机关分别履行国家部分职能。这种功能管理体制中，国务院金融稳定发展委员会处在监管的最高层，而中国人民银行处于核心地位，是全国金融业的最核心管理机关，它不仅负责我国金融体系的宏观审慎监管，而且从宏观上对证券业和保险业的监管予以指导，以保证整个金融业的健康发展。银保监会对全国银行业和保险业机构进行日常监管，并负责监管政策的制定，证监会负责全国证券业监管与制定监管政策。同时，我国法律还规定由金融业的自律监管和社会监管作为辅助监管。自律监管包括金融机构自我监管和行业自律监管，社会监管主要是指中介机构的监管。

（一）国务院金融稳定发展委员会

2017年召开的全国金融工作会议宣布设立国务院金融稳定发展委员会，旨在加强金融监管协调、补齐监管短板。2017年11月，经党中央、国务院批准，国务院金融稳定发展委员会成立。作为国务院统筹协调金融稳定和改革发展重大问题的议事协调机构，其主要职责是：落实党中央、国务院关于金融工作的决策部署；审议金融业改革发展重大规划；统筹金融改革与监管，协调货币政策与金融监管相关事项，统筹实施金融监管重大事项，协调金融政策与相关财政政策、产业政策等；分析研判国际国内金融形势，做好国际金融风险应对，研究系统性金融风险防范处置和维护金融稳定重大事项，指导地方金融改革与发展和监管，对金融管理部门和地方政府进行业务监督和履职问责等。

（二）中国人民银行

作为国务院的组成部门，中国人民银行在金融监管中拥有较高的政治地位，但中国人民银行不再拥有对商业银行、信用社、信托业等行业的直接监管权力，与过去相比，中央银行已经不再通过机构设立审批、业务审批、任职责格审查和监管指导等直接调控方式实施对金融业的宏观调控和防范化解金融风险，而是主要通过监测、监控、评估与研究等方式进行。中国人民银行职能最大的变化集中表现为强化了与制定和执行货币政策有关的职能，对我国金融及经济运行实行"双支柱"管理与调控，突出了宏观审慎监管的职能。因此，在金融监管方面，目前中国人民银行能够发挥不同于过去的重要作用，并被国务院赋予金融稳定、反洗钱、征信管理等重要职能。首先是货币政策与宏观审慎调控与金融稳定职能。其次是反洗钱职能。按照国务院的要求，中国人民银行组织全国金融系统的反洗钱工作，指导部署金融业的反洗钱工作，承担全社会的反洗钱资金监测职责。最后是征信管理职能。按照国务院关于征信管理工作先从信贷征信起步的要求，中国人民银行管理全国的信贷征信业，推动全社会征信体系的建设。主要职责有：第一，开展个人和企业征信系统建设；第二，征信法规建设；第三，培训征信服务市场，并对其进行监督管理；第四，开展征信宣传，促进全社会公众信用意识和水平的提高；第五，制定信用服务行业标准，推动信息共享。根据国务院要求，中国人民银行还负责建设和管理全国征信数据的责任。

（三）中国银行保险监督管理委员会

2018 年 4 月，在原银监会和保监会的基础上成立了中国银行保险监督管理委员会，新成立的银保监会承担我国银行业和保险业监督管理职能。

（四）中国证券监督管理委员会

1998 年 4 月，根据国务院机构改革方案，决定将国务院证券委员会与中国证监会合并成立中国证券监督管理委员会，2008 年 4 月，国务院进一步明确和调整了证券监督管理委员会的职责分工。目前，其职能是统一监管全国证券期货行业。

第三节　国际银行业的监管及其趋势

目前，我国的金融体系以银行业为主导，在金融风险的防范与金融安全的维护方面，银行业无疑是重中之重。因此，本节重点介绍国际银行业监管标准——《巴塞尔协议》发展演变的过程和现状及其对银行业的影响，以及目前国际银行业监管的最新发展趋势。

一、《巴塞尔协议》及其发展

（一）《巴塞尔协议 I》产生的背景

20 世纪 70 年代以来，随着金融全球化步伐的加快，跨国银行业务迅速扩张，在世界经济中逐渐扮演越来越重要的角色，跨国银行之间的竞争也越来越激烈。加之当时布雷顿森林体系的崩溃导致汇率和利率剧烈波动，汇率风险和利率风险显著加大，银行业的经营环境变得更加复杂多变。由于缺乏统一的监管标准，跨国银行处于监管缺位状态，在一定程度上累积风险和引发危机，1974 年德国赫斯塔特银行和美国富兰克林国民银行的相继倒闭就是实例。当时各国金融监管部门给予高度重视，呼吁制定统一的国际银行监管标准。1974 年底，巴塞尔委员会（Basel Commit-tee on Banking Supervision）正式成立，陆续制定和颁布了一系列关于国际金融监管的文件。1988 年 7 月 15 日，巴塞尔委员会正式公布了一个具有里程碑意义的文件——《关于统一国际银行的资本计算和资本标准的协议》（*International Conver-gence of Capital Measurement and Capital Standards*），《巴塞尔协议》就此诞生。该协议第一次建立了一套完整的、国际通用的、以加权方式衡量表内与表外风险的资本充足率标准，并在 1996 年 1 月通过《资本协议市场风险补充规定》进行了补充和更新。《巴塞尔协议》主要针对信用风险和市场风险，提出了统一的国际资本充足率标准，消除因各国资本要求不同而产生的不公平竞争，将原本注重规模扩张的银行业逐步转为注重资本资产质量，强化了国际银行系统的稳定性。

（二）《巴塞尔协议Ⅰ》的主要内容

1. 确定资本的构成。《巴塞尔协议Ⅰ》将商业银行资本分为核心资本（Core Capital）和附属资本（Supplementary Capital）。核心资本亦称一级资本（Tier 1），主要包括实收资本和公开储备；附属资本亦称二级资本（Tier 2），主要包括未公开储备、重估储备、一般损失准备金、混合债务工具和长期次级债券。

2. 确定银行资产的风险权重。《巴塞尔协议Ⅰ》根据资产风险的大小，将表内资产分为四个风险等级，每个等级适用不同的风险权重，即 0、20%、50%、100%。另外，《巴塞尔协议Ⅰ》利用转化系数将表外授信业务也纳入资本监管框架中。表外资产如信用证、回购协议、票据发行便利、金融衍生交易等，先按照相应的信用转换系数转换成表内等同的风险资产，然后再乘以表内资产的风险权重。

3. 资本充足率方面的规定。《巴塞尔协议Ⅰ》规定，商业银行的总资本充足率不得低于 8%，核心资本充足率不得低于 4%。

二、《巴塞尔协议Ⅱ》

（一）《巴塞尔协议Ⅱ》产生的背景

国际银行业的经营监管环境在 20 世纪 90 年代发生了巨大变化，信用风险和市场风险以外的风险（如操作风险、流动性风险等）也对银行业形成了很大威胁，仅通过最低资本规定已经无法维系金融体系的安全和稳定，《巴塞尔协议Ⅰ》的局限性逐渐暴露出来，巴塞尔委员会对其继续进行修订。巴塞尔委员会先后于 1999 年6 月、2001 年 6 月和 2003 年 4 月推出了三次《巴塞尔协议Ⅱ》修正案征求意见稿，最终于 2004 年 6 月由十国集团的央行行长一致通过《资本计量和资本标准的国际协议：修订框架》，这就是《巴塞尔新资本协议》，又称《巴塞尔协议Ⅱ》。《巴塞尔协议Ⅱ》延续了《巴塞尔协议Ⅰ》以资本监管为核心的风险监管思路，同时又对银行资本监管规则进行了一次根本性的推陈出新。

（二）《巴塞尔协议Ⅱ》的主要内容

《巴塞尔协议Ⅱ》的主要内容可以概括为三大支柱、三类风险和三种方法。

1. 三大支柱

三大支柱即最低资本要求、外部监管和市场纪律。

（1）最低资本要求。《巴塞尔协议Ⅱ》延续了《巴塞尔协议Ⅰ》对最低资本要求8%的规定，资本充足率的分子（即监管资本构成）基本不变，而对分母（即加权风险资产）作出了较大修改。第一，对旧协议中信用风险的处理方法进行了调整，如以是否为经合组织成员国来划分国家信用；第二，将市场风险和操作风险纳入监管框架，作为资本充足率分母的一部分，使商业银行资本充足率的分母由信用风险加权资产、12.5 倍的市场风险和 12.5 倍的操作风险三个部分构成。资本充足率的计算公式为

资本充足率 = 资本净额（信用风险加权资产 + 12.5 倍市场风险资本要求 + 12.5 倍操作风险资本要求）

（2）外部监管。外部监管是《巴塞尔协议Ⅱ》确立的第二支柱，是最低资本标准的重要补充。《巴塞尔协议Ⅱ》给予各国监管当局更大的决策自主权，同时也对各国监管当局的监管能力提出了更高要求。第二支柱的目的是：根据银行的风险状况和外部经营环境，对银行资本充足率进行严格控制；确保各家银行建立有效的内部控制程序，以此评估银行在风险分析基础上确定的资本充足率。《巴塞尔协议Ⅱ》使银行业的监管思路从合规导向转为风险导向，即从静态的事后被动监管转为动态的事前主动监管。《巴塞尔协议Ⅱ》强调对商业银行的资本监管采用"骆驼评级"体系（CAMEL），即采用资本充足程度（Capital Adequacy）、资产质量（Asset Quality）、管理能力（Management）、盈利性（Earnings）和流动性（Liquidity）五个评估指标对商业银行进行评估。

（3）市场纪律。市场纪律又称为信息披露，是《巴塞尔协议Ⅱ》确立的第三支柱，旨在通过要求银行进行相关信息披露而引入市场约束机制，以加强前两个支柱对于银行风险管理的监督。有效的信息披露可以向市场参与者提供信息，能够让市场参与者评估具体银行的风险结构和资本充足问题，帮助市场纪律发挥作用。市场纪律具有强化资本监管、帮助监管当局提高金融体系安全稳健性的潜在作用。信息披露内容包括适用范围、资本构成、风险暴露评估和风险管理技术、资本充足率。《巴塞尔协议Ⅱ》允许银行使用内部模型法来计算信用风险及操作风险的资本要求，其中一个重要条件就是必须自始至终满足适当信息披露的规定。对于信息披露的频率，《巴塞尔协议Ⅱ》要求大银行每季度进行一次信息披露，一般银行每半年披露一次信息。

2. 三类风险

三类风险即信用风险、市场风险和操作风险。《巴塞尔协议Ⅱ》在原有信用风险的基础上加入了市场风险和操作风险，对风险的认识更加系统和全面，监管的准确性和灵敏度也有所提高。

（1）信用风险。信用风险是指借款人到期不能偿还债务造成损失的可能性。《巴塞尔协议Ⅱ》将银行资产分为公司贷款、国家贷款、银行同业、零售贷款、专项贷款和股权投资六类。其中，对于公司贷款、国家贷款和银行同业三类贷款，《巴塞尔协议Ⅱ》规定了标准法、基础内部评级法和高级内部评级法三种不同的风险计量方法。而对零售贷款的风险评估只允许采用高级内部评级法，商业银行不必计算单笔风险敞口（指由于债务人的违约所导致的可能承受风险的信贷业务余额），但需计算一揽子同类风险敞口的估计值。

（2）市场风险。市场风险是指在一段时期内由于汇率、利率等市场价格变化导致金融工具市场价格下降造成损失的可能性。《巴塞尔协议Ⅱ》规定了债务衍生产品、股权衍生产品和外汇衍生产品等市场风险的资本要求，商业银行要运用金融工程技术把股权、利率产品和汇率产品三大类衍生产品转化成相应的基础工具（即股票、债券和货币），然后将转换的基础工具分别按照三套不同的计算规则计量。另外，《巴塞尔协议Ⅱ》还鼓励银行采用自己的内部风险管理模型。

（3）操作风险。操作风险是指由于内部程序、人员、系统不完善或运行失当，以及因为外部事件冲击导致直接或者间接损失的可能性。《巴塞尔协议Ⅱ》指出操作风险包含法律风险，但是并不包含策略性风险和声誉风险。《巴塞尔协议Ⅱ》要求商业银行评估操作风险并相应配置资本，规定了三种不同的操作风险计量方法：第一，基本指标法，所需资本等于商业银行前三年总收入的平均值乘以 0.15 的系数；第二，标准法，银行根据每一产品线总收入乘以巴塞尔委员会规定的几项特定系数，计算出各产品线的资本要求，然后加总，就是所需要的操作风险总资本；第三，高级计量法，银行可以运用自己的风险模型计量操作风险。

3. 三种方法

三种方法即标准法、基础内部评级法和高级内部评级法。《巴塞尔协议Ⅱ》保留了旧协议的标准法，并鼓励有能力的银行运用内部评级法（Internal Rating Based Approaches，IRB）衡量和测算信用风险和操作风险，从而使监管规则具有一定的灵活性。内部评级法是银行根据以往借款人的历史记录，估算借款人的违约概率（Probability of Default，PD），在给定违约损失（Loss Given Default，LGD）的条件下，与标准风险权重（Benchmark Risk Weight，BRW）比较来确定借款人风险权重的方法。内部评级法分为基础内部评级法（初级法）和高级内部评级法（高级法）。

（三）《巴塞尔协议Ⅱ》的影响

《巴塞尔协议》从单一的资本充足率监管到三大支柱的确立，体现了监管思想的重大变革。实施资本充足率监管对于提高银行体系的稳定性具有重要意义，《巴塞尔协议Ⅱ》的推广和实施为全球商业银行风险管理产生了更多积极的影响。第一，《巴塞尔协议Ⅱ》促进商业银行建立更加完善的数据积累和管理系统，这也为各种风险计量模型的开发和应用奠定了基础，使商业银行的风险量化能力显著提高；第二，《巴塞尔协议Ⅱ》促进银行对风险管理政策和流程进行改造，完善了风险管理组织架构和政策框架，银行的风险管理水平得到全面提升；第三，高级内部评级法为大型跨国银行节约了资本成本，使其更具竞争优势，有利于其进一步拓展业务份额。因此，国际银行业普遍认为，与实施《巴塞尔协议Ⅱ》所带来的长期收益相比，前期的成本支出是值得的。

三、《巴塞尔协议Ⅲ》的基本框架

（一）《巴塞尔协议Ⅲ》产生的背景

2007 年爆发的次贷危机及其引发的国际金融危机，暴露了银行体系及其监管的脆弱性，对原有的金融监管模式、方法和工具均构成了前所未有的挑战。首先，次贷危机暴露出《巴塞尔协议Ⅱ》缺乏对系统性风险的认识和监管；其次，《巴塞尔协议Ⅱ》已经明显跟不上金融创新的步伐，对表外业务（尤其是金融衍生品）的监管明显不足，也无法实现对投资银行、对冲基金、特殊目的实体等影子银行金融机构的监管；最后，《巴塞尔协议Ⅱ》的监管框架具有顺周期性，能够通过影响银行体系的信贷行为放大宏观经济周期的波动。自 2009 年初以来，按照宏观审慎与微观审慎兼顾、资本监管和流动性监管并重、资本数量和质量同步提高的改革方向，巴塞尔委员会对现行资本监管框架进行了原则性修订。2009 年 12 月，巴塞尔委员会发布了《增强银行业抗风险能力（征求意见稿）》，其中资本监管改革的方案包括两个方面，一是提高资本的质量、一致性和透明度；二是加强资本框架的风险覆盖能力。2010 年 7 月，巴塞尔委员会审议了资本和流动性改革一揽子建议，包括对作为资本充足率分子的资本定义的更改，对资本充足率进行了有效的补充。2010 年 12 月，基于一系列定量测算及征求意见的基础上，巴塞尔委员会发布了《巴塞尔协议Ⅲ》。第一次将流动性风险监管提升至与资本监管同等重要的地位。2013 年 1 月 6 日，巴塞尔委员会发布了《巴塞尔协议Ⅲ》的最新规定，放宽了对高流动性资产的定义和实施时间。

（二）《巴塞尔协议Ⅲ》的主要内容

1. 提高资本充足率要求。《巴塞尔协议Ⅲ》将普通股比率的最低要求从 2% 提升至4.5%，这也是增加的"核心一级资本充足率"监管指标；将一级资本充足率下限从现行的4%调高至6%；另外还需要建立2.5%的资本留存缓冲（由普通股构成）和0～2.5%的逆周期资本缓冲。银行需要在2015年前达到最低资本比率要求，即不包括资本缓冲在内的普通股占风险加权资产的比率达到4.5%，一级资本比率达到6%，缓冲资本在2016年1月至2019年1月期间分阶段落实。虽然总资本充足率下限仍保持在8%，但是由于银行还须持有相应数量的留存资本缓冲，实际的普通股（含留存收益）充足率、一级资本充足率和总资本充足率分别达到了7%、8.5%和10.5%。

2. 提高银行资本的质量。《巴塞尔协议Ⅲ》重新确立了普通股在监管资本中的主导地位，明确普通股为核心一级资本，而其他计入一级资本工具需满足严格的条件，强调一级资本中普通股、股本溢价和股本留存收益的作用；明确了二级资本的标准，并简化了二级资本结构，取消了原先的子类；取消了专门用于覆盖市场风险资本要求的三级资本。同时，为了加强市场约束，提高市场透明度，《巴塞尔协议Ⅲ》要求银行必须披露资本工具的全部条款及主要特征。

3. 建立资本缓冲运行机制。巴塞尔委员会在《巴塞尔协议Ⅲ》中引入资本缓冲机制，主要用于商业银行在经济衰退期缓冲资本损失，缓解经济周期通过信贷渠道传导带来的资本波动，从而在一定程度上降低资本监管的顺周期性。

4. 引入流动性监管标准。与其他风险相比，流动性风险具有不确定性强、冲击破坏力大、传染性强等特点，这在历次金融危机中体现得极为突出。次贷危机发生后，2010年4月，巴塞尔委员会正式公布《流动性风险测量的国际框架、标准和监测》，引入两个流动性监管指标，即流动性覆盖率及净稳定资金比率。

5. 增加杠杆率的限制。2009年12月，巴塞尔委员会发布《增强银行业抗风险能力（征求意见稿）》，正式引入杠杆率监管作为资本充足率监管的重要补充。最低一级资本杠杆率被确定为3%，同时杠杆率监管的过渡时期安排得以确定。为保证其计算与财务报表一致，表内非衍生品风险暴露应扣除专项拨备和估值调整（如信用估值调整）；实物或金融抵押、担保或者购买的信用风险缓释都不允许用于抵扣表内风险暴露；存贷款不允许净额结算。杠杆率有利于缓冲风险评估模型中的错误，且与风险独立、计算简单，不需要复杂的风险计量模型，有利于降低其在银行业的实施成本和推广难度。同时，杠杆率作为逆周期宏观审慎监管的工具，在一定程度上能够防止银行业在经济繁荣期过度扩张，产生过高的杠杆，威胁稳健经营。

（三）《巴塞尔协议Ⅲ》的影响

通过对危机的反思，《巴塞尔协议Ⅲ》对监管思路的设计更加全面，促进提高银行业抗击冲击、风险管理等方面的能力，且有利于进一步加强银行的透明度，保护投资者利益。从长期来看，《巴塞尔协议Ⅲ》对系统性风险的认识和监管达到了前所未有的高度，能够对全球长期金融稳定和经济增长起到支持作用，并促进改善银行业的经营和竞争环境。

2012年6月，中国银监会正式发布《商业银行资本管理办法（试行）》，我国正式进入《巴塞尔协议Ⅲ》的全面实施阶段，我国的银行业也将面临考验。与《巴塞尔协议Ⅲ》相比，我国银行业新的资本监管标准更加严格。如普通股核心资本充足率标准比《巴塞尔协议Ⅲ》要求的高0.5个百分点，杠杆率监管标准比巴塞尔协议3%的最低标准高1个百分点，留存缓冲资本的实施时间比《巴塞尔协议Ⅲ》规定的早3年。监管新规实施更多考虑我国国情和经济周期性底部等因素，采取更加灵活和差别化的措施稳步推进，在一定程度上降低了我国银行业的改革成本。

四、21世纪国际银行业监管的新趋势

2008年国际金融危机在美国首先爆发，然后迅速蔓延至全世界主要市场经济国家，危机带来的教训是极其深刻的。为了应对此次金融危机，也为了防范下次金融危机的出现，国际上采取许多监管改革措施，各国也出台了许多规定与金融监管改革措施，但国际层次的金融机构监管改革更具有广泛性和适应性。目前这一趋势主要表现在：国际货币体系的改革、金融部门评估规划功能的发挥、《巴塞尔协议Ⅲ》新规发布、国际跨境资本流动管理、去杠杆化等。

（一）国际货币体系的改革——特别提款权体系改革以及机构改革

2008年国际金融危机爆发后，国际社会开始更多地关注当前国际货币体系。因为在当前国际货币体系下，由于主权信用货币作为主要国际储备货币，发行国国内的货币政策目标与各国对储备货币的要求经常产生矛盾，特里芬难题依旧存在。国际货币基金组织于1969年创设了具有超主权储备货币特征的特别提款权（SDR），由于分配机制和使用范围的限制，SDR的作用至今没有能够得到充分发挥。国际上对SDR的建立及运作机制都不满意，许多国家认为，作为国际储备货币，其币值应有一个稳定的基准和明确的发行规则以保证供给有序；其供给总量可及时、灵活地根据需求的变化进行增减调节，并且这种调节必须超脱于任何一国的经济状况和经济利益。为此，应该创造一种与主权国家脱钩并能保持币值长期稳定的国际储备货币（超主权货币），从而避免主权信用货币作为储备货币的内在缺陷，为调节全球流动性提供可能，这是国际货币改革的理想目标。中国人民银行原行长周小川建议先从拓宽SDR适用范围开始，真正满足各国对储备货币的要求。其中最重要的是2016年人民币加入了SDR的计价篮子，成为国际储备货币的一个重要组成部分。在

国际金融组织和世界银行的份额分配时，发展中国家成员国不满发达国家份额过大的现状，纷纷要求增加发展中国家成员国的份额，扩大发展中国家在国际金融组织中的话语权，并且要求按照发展中国家的需求对国际金融体系进行改革，目前国际货币体系的改革与国际金融危机前相比，已经取得一定的进展。

（二）金融部门评估规划功能的发挥

金融部门评估规划（FSAP）是国际货币基金组织与世界银行于 1999 年针对亚洲金融危机创立的项目，目标是帮助各国政府查明金融部门的脆弱性并制定长期的政策和措施。金融部门评估规划对稳定和发展问题进行一体化分析和评估。主要内容包括金融部门的总体稳定性评估；金融部门执行和遵守有关标准、准则和良好实践情况评估；金融部门改革和发展必要性的评估。金融部门评估规划提出的金融体系稳定性评估框架包括三个方面：宏观审慎监管、金融体系监管效率评估、金融基础设施是否健全的评估。评估方法主要包括金融标准和准则评估、金融稳健指标评估和压力测试。

（三）《巴塞尔协议Ⅲ》新规

2008 年国际金融危机后，基于金融危机的教训，巴塞尔委员会对现行银行监管的国际规则进行了重大改革，并发布一系列国际银行业监管新规，最终版本即《巴塞尔协议Ⅲ》。《巴塞尔协议Ⅲ》根据金融危机暴露出来的问题对原标准进行了修正。主要修正内容有：一是强化了现行的资本充足率监管标准；二是着力建立一个流动性监管框架；三是针对金融机构"大而不能倒"的问题，加强了对具有系统重要性银行的监管。大幅提高了银行以及资本充足率的要求，建立了资本缓冲防护基金，采用了长达 8 年的过渡期以避免短期内对商业银行的冲击。

（四）国际跨境资本流动管理

2008 年国际金融危机迫使许多国家采取了一些针对跨境资本的管理措施，主要包括限制资本流出、鼓励资本流入。限制资本流出的措施包括：选择性金融救助、确保国内机构和资金优先、鼓励被救助机构开展国内业务、临时性外汇配给及汇兑限制，防止资本流失，中央银行加大外汇市场干预力度，防止资金外流等。鼓励资本流入的措施包括：强化监管，迫使跨国金融机构收缩海外业务和抽回海外资金，政府为新的融资提供担保，通过强化税收监管、打击避税天堂，鼓励资金流入，降低外资审批标准，鼓励外国投资直接流入等。

（五）去杠杆化

杠杆化是指通过负债实现以较小的资本金控制较大的资产规模，从而提高盈利能力。杠杆化率是指资产与风险资本的比率。金融业本质上是一个高杠杆化行业，无论是商业银行还是投资银行，都具有高资产负债率，这是由金融企业经营的产品特性决定的。2008 年国际金融危机爆发的一个主要原因就是金融机构杠杆率太高。高杠杆率意味着经营上的高风险，高杠杆对风险的估算提出更高的要求。一旦金融机构低估了高杠杆率带来的风险，准备金的拨备不足，很容易使单一的业务风险在 20 倍甚至 30 倍的杠杆作用下，扩大到整个行业，传导到整个金融市场。金融去杠杆化是一个过程，就是要通过降低金融机构的负债比率来达到避免金融机构规模盲目扩张、金融投机盛行的目的。目前全球金融机构去杠杆化主要通过三个途径：一是通过降低资产规模来降低资产权益比率；二是通过增加资本来降低资产权益比率；三是通过将风险转化到良性范围实现去杠杆化。

本章小结

1. 金融风险是指经济主体从事金融活动时，由于预期与结果偏离而造成的资产或者收入损失的可能性。一般意义上风险可分为主观风险和客观风险、系统性风险和非系统性风险。按照风险成因可以分为信用风险、市场风险、流动性风险、操作风险、结算风险。

2. 公共利益的监管需求理论、金融机构内在脆弱性理论、金融监管政策理论、跨国监管理论从不同角度揭示了金融监管的必要性，表明金融监管是有效防止金融危机爆发并减少由此引发的成本，同时促进金融市场公平、有效竞争的不可缺少的一环。

3. 一个国家采用什么样的金融监管模式，是由这个国家的经济体制和社会制度以及金融发展水平决定的。各国金融监管出现了从分业向混业过渡的发展趋势，各国根据自己的国情都在不断创新监管模式和方法以及监管工具。

4. 巴塞尔委员会及其他机构构成了国际金融监管协作的主体，通过不同的形式公布统一的监管标准，并对危机中的金融机构实行救助，防止金融风险在不同国家之间的传染。

5. 金融风险的特征主要包括客观性、扩散性、社会性和可控性。

6. 中央银行金融监管主要内容有三个方面：市场准入监管、市场运作监管、市场退出监管。

本章重要概念

主观风险　客观风险　市场风险　信用风险　流动性风险　操作风险　结算风险
宏观审慎监管　功能监管　非现场监管　分业监管　混业监管　金融风险　金融监管
金融监管体制　巴塞尔协议　资本充足率

复习思考题

1. 简述金融风险的基本概念。

2. 简述明斯基的金融脆弱性理论。

3. 简述金融监管的主要方法。

4. 试述《巴塞尔协议》发展历史沿革和《巴塞尔新资本协议》的主要内容。

5. 金融监管的主要内容有哪些？

6. 简述中国的金融监管体制。

本章参考文献

［1］黄达，张杰．金融学（第四版）［M］．北京：中国人民大学出版社，2017.

［2］杜金富．货币与金融统计学（第四版）［M］．北京：中国金融出版社，2018.

［3］曹龙骐．金融学［M］．北京：高等教育出版社，2016.

［4］王晓光．金融学［M］．北京：清华大学出版社，2016.